中等职业教育数控技术应用专业规划教材

数控加工技术

主　编　廖声洋　周　建
副主编　宛永江
参　编　陈　胜　李茂林　黄小琴

SHUKONG JIAGONG JISHU

SHUKONG JIAGONG JISHU

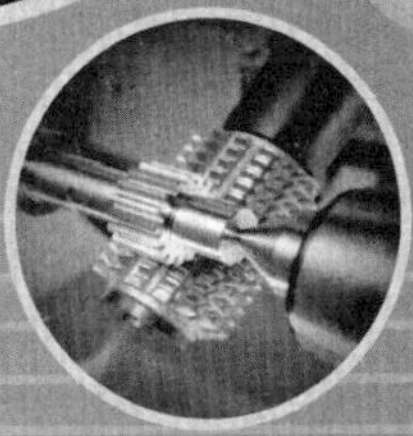

中国人民大学出版社
·北京·

前　言

本书是根据教育部关于职业教育教学改革的意见、职业教育的特点和数控技术的发展以及对职业院校学生的培养要求，按照“任务引领、工作过程导向”的职业教育理念，并参照有关职业技能标准和行业职业技能鉴定规范编写而成的，是一本典型的“项目式”理实一体化教材。

本书的特点有：

(1) 坚持以就业为导向、以能力为本位的原则，注重理论与实践的有机结合，重点突出数控车削加工工艺和技能操作。

(2) 以编程为基础，以典型零件（部分为射钉器实际零件）为例，按照由浅入深、循序渐进的方式介绍，既适合中职学生或初学者使用，也可以作为理实一体化培训教材使用。

(3) 本书将典型零件的数控加工工艺（工艺路线的确定、刀具的选择、数控加工工序卡的填写等）和程序编制方法等融合到实训生产中，充分体现了“教产合一”的职教办学特色。

(4) 本书除基础训练以外，还融入了数控车工、铣工的技能鉴定和技能竞赛试题。

本书包括数控车削篇和数控铣削篇两部分，其中数控车削篇是以 GSK980TB1 数控车床的编程和操作为基础，分为 4 个项目共 21 个任务；数控铣削篇是以 GSK983M 数控铣床的编程和操作为基础，分为 5 个项目共 21 个任务。数控车削篇由廖声洋主编，数控铣削篇由周建主编。

本书适合于中等职业技术学校和成人教育院校数控技术应用专业使用，也可供机械加工技术、机电技术应用等机电类相关专业选用。

由于时间仓促和编者水平有限，书中错误和缺点在所难免，恳请广大读者批评指正。

目　录

数控车削篇

项目一　数控车削编程与操作基础 …… 3
任务 1　认识数控车床 …… 3
任务 2　认识 GSK980TB1 操作面板 …… 11
任务 3　数控程序的编辑与校验 …… 17
任务 4　数控车削的对刀 …… 24
任务 5　数控车削加工工艺分析 …… 38
项目二　轴类零部件的编程与加工 …… 51
任务 1　简单阶梯轴零件的编程与加工 …… 51
任务 2　带圆锥面零件的编程与加工 …… 59
任务 3　简单成形面零件的编程与加工 …… 67
任务 4　大直径零件的编程与加工 …… 76
任务 5　手柄的编程与加工 …… 82
任务 6　宽槽类零件的编程与加工 …… 88
任务 7　螺纹轴的编程与加工 …… 93
任务 8　弹膛体的编程与加工 …… 106
项目三　套类零部件的编程与加工 …… 113
任务 1　通孔零件的编程与加工 …… 113
任务 2　盲孔零件的编程与加工 …… 120
任务 3　限位螺帽的编程与加工 …… 127
项目四　综合零件的编程与加工 …… 135
任务 1　锁紧丝圈的编程与加工 …… 135
任务 2　钉管的编程与加工 …… 140
任务 3　中级数控车工试题（一） …… 148
任务 4　中级数控车工试题（二） …… 154
任务 5　技能大赛试题 …… 160

数控铣削篇

项目五　数控铣削编程与操作基础 …… 173
任务 1　认识数控铣床 …… 173
任务 2　认识 GSK983M 操作面板 …… 177
任务 3　数控铣削刀具的选用 …… 183
任务 4　数控铣削编程基础（一） …… 188
任务 5　数控铣削编程基础（二） …… 192
任务 6　数控铣床的对刀 …… 198
项目六　轮廓的编程与加工 …… 202
任务 1　大平面的编程与加工 …… 202
任务 2　台阶面的编程与加工 …… 207
任务 3　外轮廓的编程与加工 …… 213
任务 4　内轮廓的编程与加工 …… 220
项目七　槽类零件的编程与加工 …… 226
任务 1　键槽的编程与加工 …… 226
任务 2　凹槽的编程与加工 …… 232
项目八　孔类零件的编程与加工 …… 238
任务 1　钻孔的编程与加工 …… 238
任务 2　铣孔的编程与加工 …… 245
任务 3　铰孔的编程与加工 …… 251
任务 4　镗孔的编程与加工 …… 258
任务 5　螺纹的编程与加工 …… 265
项目九　综合零件的编程与加工 …… 272
任务 1　中级数控铣工试题（一） …… 272
任务 2　中级数控铣工试题（二） …… 277
任务 3　中级数控铣工试题（三） …… 283
任务 4　中级数控铣工模拟试题 …… 290

附　录 …… 296
参考文献 …… 299

数控车削篇

项目一　数控车削编程与操作基础

任务 1　认识数控车床

【任务描述】

图 1—1 所示为 CJK6132 数控车床，仔细观察后，指出图中数字1～6 所指示的名称以及功能和作用，并了解该数控车床的主要技术参数。

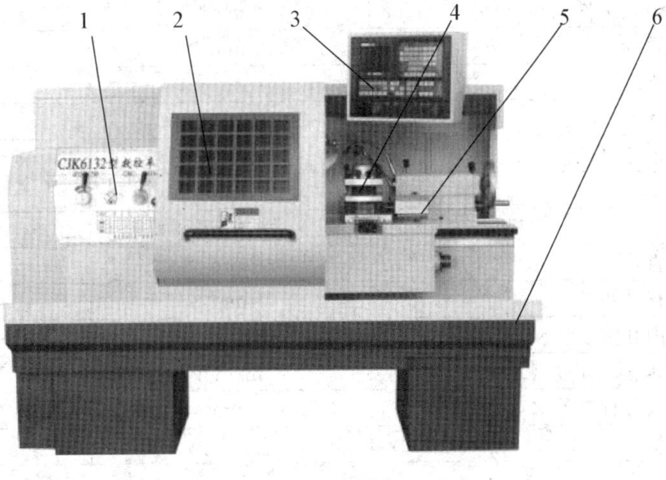

图 1—1　CJK6132 数控车床

【任务分析】

数控车床是数控机床中的一种。操作数控车床，首先要认识它，了解它的产生、组成、分类、功能特点以及应用发展趋势。本任务围绕数控机床和数控车床的一些基础知识进行介绍。

【任务实施】

1. 认真学习知识储备的相关内容

掌握数控机床（车床）的组成、分类、功能特点和数控车床的安全操作规程。

2. 了解数控车床结构、功能及相关参数

通过对学校实训工厂的 CJK6132 数控车床的仔细观察，了解数控车床的主要结构及其功能（见表 1—1）、主要技术参数（见表 1—2）。

表 1—1　　CJK6132 数控车床主要结构及其功能

序号	名称	功能
1	主轴箱	使主轴获得不同的转速
2	防护门	安全防护作用，加工时防止切屑飞出伤人和切削液溅出
3	数控装置	接收输入的信号及指令，经过编译、插补运算和逻辑运算处理后，输出信号和指令到伺服系统，进而控制机床各部分进行动作。数控装置是数控机床的大脑
4	刀架	安装刀具
5	尾座	用于安装顶尖、钻头等
6	床身	支承数控车床各部件

表 1—2　　CJK6132 数控车床主要技术参数

项目		单位	参数
加工范围	床身上最大回转直径	mm	ϕ320
	床身导轨宽度	mm	312
	最大工件长度	mm	750
	最大车削长度	mm	670
	横拖板上最大工件回转直径	mm	ϕ175
主轴	主轴通孔直径	mm	ϕ45
	主轴内孔锥度		莫氏 6 号
	主轴头部形式		A2-6
	主轴转速范围（r/min）	级数	45～2 100（18 级）
	主电机功率	kW	4/5.5
	卡盘直径	mm	ϕ200
尾座	尾座套筒直径	mm	ϕ60
	尾座套筒移动距离	mm	95
	尾座套筒内孔锥度		莫氏 4 号
刀架	进给轴快速移动速度（X/Z）	m/min	X：3；Z：4
	进给轴最大行程（X/Z）	mm	160/670
	刀架具容量	把	4
	刀具规格	mm	20×20
精度	表面粗糙度 Ra 值	μm	2.5
	进给轴最小设定单位（X/Z）	mm	0.001
	进给轴重复定位精度（X/Z）	mm	X：0.012；Z：0.016
重量及外形	机床净重/机床总重	kg	1 800/2 000
	外形尺寸（长×宽×高）	mm	2 100×1 000×1 660

【知识储备】

1. 数控机床的产生与发展

随着科学技术的发展，机械产品日趋复杂、精密，更新换代越来越频繁，社会对机械产品的质量和生产率提出了越来越高的要求。在航空航天、造船、制造和计算机等工业中，零件精度高、形状复杂、批量小、经常改动、加工困难、生产效率低、劳动强度大，质量难以保证。加之个性化的需求也使生产类型由大批、大量生产向多品种、小批量生产转化。为解决上述问题，满足多品种、小批量、复杂、高精度零件的自动化生产，迫切需要一种灵活、通用、高精度、高效率的“柔性”自动化生产设备。数控机床就是在这种情况下应运而生的。

第一台数控机床是 1952 年美国 PARSONS 公司与麻省理工学院（MIT）合作研制的三坐标数控铣床。它综合应用了电子计算机、自动控制、伺服驱动、精密检测与新型机械结构等多方面的技术成果，可用于加工复杂曲面零件。

数控机床的发展先后经历了电子管（1952 年）、晶体管（1959 年）、小规模集成电路（1965 年）、大规模集成电路及小型计算机（1970 年）和微处理机或微型机算机（1974 年）等五代数控系统。

2. 数控技术的基本概念

数字控制（Numerical Control，NC)，是指用输入数控装置的数字化信息来控制机械执行预定的动作，其数字信息包括字母、数字和符号。

用数字化信息对机床的运动及加工过程进行控制的机床，称作数控机床。早期的数控机床的 NC 装置是由各种逻辑元件、记忆元件组成随机逻辑电路，是固定接线的硬件结构，由硬件来实现数控功能，称作硬件数控，用这种技术实现的数控机床一般称作 NC 机床。

计算机数控（Computer Numerical Control，CNC)，是采用微处理器或专用计算机的数控系统，由事先存放在存储器里的系统程序（软件）来实现逻辑控制，实现部分或全部数控功能，并通过接口与外围设备进行连接，称为 CNC 系统，这样的机床一般称为 CNC 机床。

3. 数控机床的组成

数控机床一般由输入输出装置、数控装置、主轴和进给伺服单元及检测反馈系统、伺服驱动和反馈装置、可编程控制器及电气控制装置、辅助控制装置、机床本体等部分组成。如图 1—2 所示是一个基本构成图。

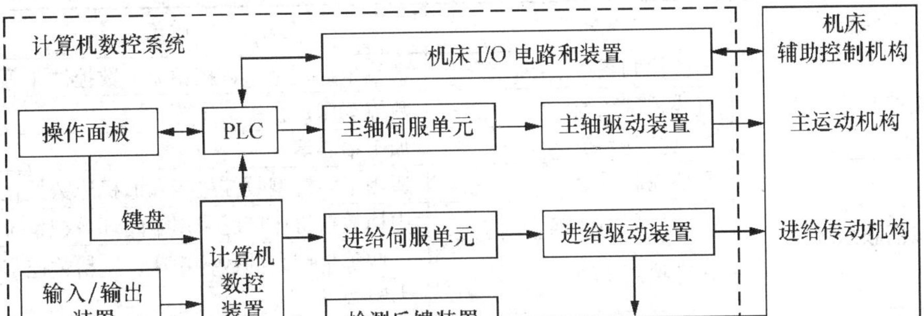

图 1—2　数控机床的组成

(1) 输入输出装置。输入装置的作用是将记录在信息载体（如磁盘）上的数控加工程序和各种参数、数据通过输入设备送到数控装置，输入方式有磁盘、键盘（MDI)、手摇脉冲发生器等。

输出装置的作用是使数控系统通过显示器为操作人员提供必要的信息。各种类型数控机床中最直观的输出装置是显示器，显示器有 CRT 显示器或彩色液晶显示器两种。

（2）数控装置。数控装置是一种专用计算机，一般由中央处理器（CPU）、存储器、总线和输入输出接口等构成。数控装置是整个数控机床数控系统的核心，决定了机床数控系统功能的强弱。

（3）伺服驱动和反馈装置。伺服驱动及检测装置是数控机床的关键部分，它影响数控机床的动态特性和轮廓加工精度。伺服系统包括伺服单元、伺服驱动装置（或执行机构）等，是数控系统的执行部分，其作用是把来自数控装置的脉冲信号转换成机床移动部件的运动。

（4）可编程控制器及电气控制装置。可编程控制器与数控装置协调配合共同完成数控机床的控制，其中数控装置主要完成与数字运算和管理等有关的功能，如零件程序的编辑、插补运算、译码、位置伺服控制等。它接收计算机数控装置的控制代码 M（辅助功能）、S（主轴转速）、T（选刀、换刀）等顺序动作信息，对顺序动作信息进行译码，转换成对应的控制信号，控制辅助装置完成机床相应的开关动作，如工件的装夹、刀具的更换、冷却液的开关等一些辅助动作。它还接收来自机床操作面板的指令，一方面直接控制机床的动作；另一方面将一部分指令送往数控装置用于加工过程的控制。

（5）检测反馈系统。检测反馈系统的作用是对机床的实际运动速度、方向、位移量以及加工状态加以检测，把检测结果转化为电信号反馈给数控装置，通过比较，计算出实际位置与指令位置之间的偏差，并发出纠正误差指令。检测反馈系统可分为半闭环和闭环两种。半闭环系统中，位置检测主要使用感应同步器、磁栅、光栅、激光测距仪等。

（6）机床本体。机床本体包括机床的主运动部件、进给运动部件、执行部件和底座、立柱、刀架、工作台等基础部件。

4. 数控机床的分类

数控机床的种类较多，见表 1—3。

表 1—3 **数控机床的分类**

序号	分类方式	分类	应用
1	按控制系统特点	点位控制系统	数控坐标镗床、数控钻床、数控冲床等
		直线控制系统	数控车床、数控磨床等
		连续控制系统	加工中心等
2	按伺服系统	开环控制系统	适用于经济型数控机床和旧机床数控化改造
		半闭环控制系统	中档数控机床广泛采用半闭环数控系统
		闭环控制系统	一些等精度高的数控铣床、超精数控车床、加工中心等
3	按数控机床的性能	低档数控机床	主要用于车床、线切割机床以及旧机床的数控化改造等
		中档数控机床	常采用半闭环控制系统
		高档数控机床	常采用闭环控制系统，主要用于高精度的数控机床

续前表

序号	分类方式	分类	应用
4	按工艺用途	金属切削类数控机床	数控车床、数控钻床、数控铣床、数控磨床、数控镗床、加工中心等
		金属成形类数控机床	数控折弯机、数控组合冲床、数控弯管机等
		数控特种加工机床	数控线切割机床、数控电火花机床、数控激光切割机床等
		其他类型类数控机床	数控三坐标测量机

5. 数控车床的分类

数控车床只是数控机床中的一种，主要用于车削加工对各种形状不同的轴类或盘类回转表面。在数控车床上可以进行钻中心孔、钻孔、镗孔、铰孔、车端面、切槽、车螺纹、滚花、车锥面、车成形面、攻螺纹以及高精度的曲面及端面螺纹等的加工（如图 1—3 所示）。

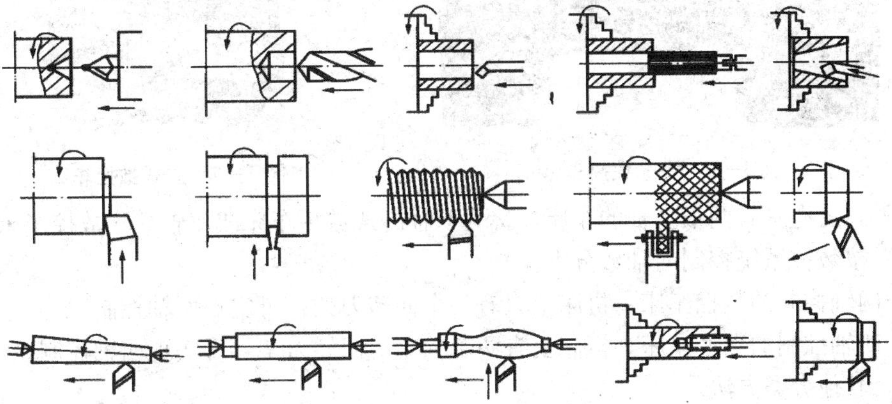

图 1—3　数控车削加工的基本内容

（1）按数控系统的功能分类。

1）经济型数控车床。一般采用步进电动机驱动的开环伺服系统。

2）全功能型数控车床。一般采用闭环或半闭环控制系统，可以进行多个坐标轴的控制，具有高刚度、高精度、高效率等特点。

3）车削中心。车削中心是一种复合加工机床，工件在一次装夹后，它不但能完成对回转型面的加工，还能完成回转零件上各表面加工，如圆柱面或端面上铣槽或平面等。图 1—4 所示为双主轴、双刀架工序集约型复合式车削中心，图 1—5 所示为在车削中心上加工零件。

图 1—4　车削中心

图 1—5　在车削中心上加工零件

4）FMC车床。FMC（Flexible Manufacturing Cell）车床实际上是一个由数控车床、机器人等构成的柔性加工单元。它能实现工件搬运、装卸的自动化和加工调整准备的自动化。

（2）按主轴的配置形式分类。

1）卧式数控车床。即主轴轴线处于水平位置的数控车床，如图1—6所示。

2）立式数控车床。即主轴轴线处于垂直位置的数控车床，如图1—7所示。

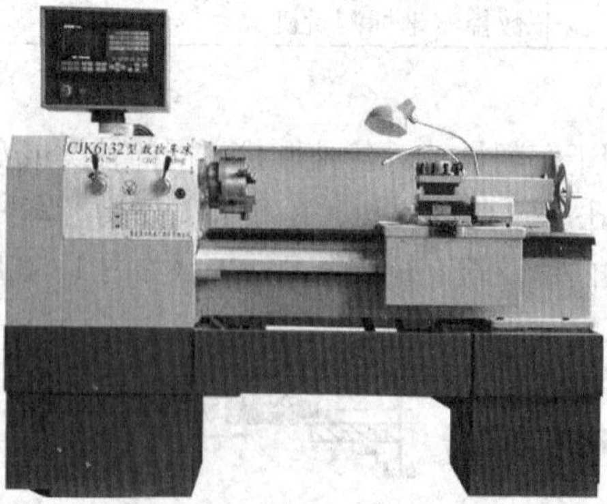

图1—6　卧式数控车床

图1—7　立式数控车床

此外，还有具有两根主轴的车床，称为双轴卧式数控车床或双轴立式数控车床。

（3）按数控系统控制的轴数分类。

1）两轴控制的数控车床。机床上只有一个回转刀架，可实现两轴控制。

2）四轴控制的数控车床。机床上有两个独立的回转刀架，可实现四轴控制。

（4）其他分类方法。

按加工零件的基本类型分为卡盘式数控车床、顶尖式数控车床；按数控系统的不同控制方式分为直线控制数控车床、轮廓控制数控车床等；按性能可分为多主轴车床、双主轴车床、纵切式车床、刀塔式车床、排刀式车床等；按刀架数量可分为单刀架数控车床和双刀架数控车床。

6. 数控车床的组成以及布局

（1）数控车床的组成。

数控车床与普通车床相比，其结构上仍然是由床身、主轴箱、刀架、进给传动系统、液压、冷却、润滑系统等部分组成。但数控车床的进给系统与普通车床的进给系统在结构上存在着本质上的差别。数控车床是采用伺服电机经滚珠丝杆传到滑板和刀架，实现纵向（Z向）和横向（X向）进给运动。因此，数控车床进给传动系统的结构大为简化。

（2）数控车床的布局。

数控车床的主轴、尾座等部件相对于床身的布局形式与普通车床基本一致，而刀架和导轨的布局形式发生了根本的变化，这是因为其直接影响数控车床的使用性能及机床的结构和外观所致。

1）床身和导轨的布局。

数控车床的床身导轨与水平面的相对位置有多种形式，如图1—8所示。它有4种布局形式，图1—8(a)为水平床身；图1—8(b)为斜床身；图1—8(c)为平床身斜滑板；

图 1—8(d) 为立床身。

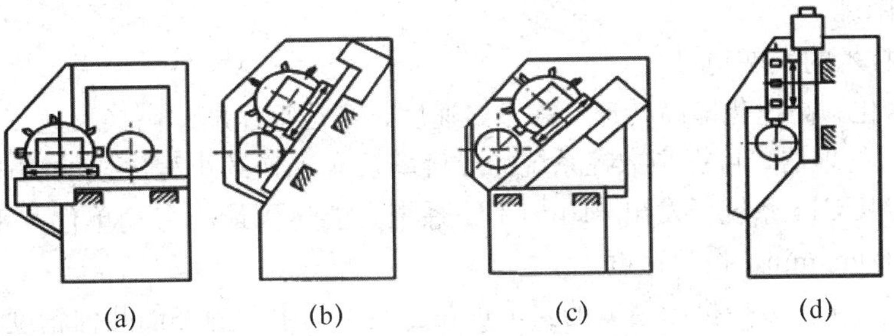

图 1—8　数控车床的布局形式

(a) 水平床身。水平床身配置水平滑板和刀架，工艺性好，一般用于大型数控车床或小型精密数控车床。但水平床身排屑困难，刀架水平放置加大了机床宽度方向的结构尺寸。

(b) 斜床身。斜床身配置斜滑板，这种结构的导轨倾斜角度多采用 45°和 60°。整体床身刚性好、排屑方便。

(c) 平床身斜滑板。水平床身配置倾斜放置的滑板，这种结构一方面具有工艺性好的特点，另一方面机床宽度方向尺寸较小，排屑方便。一般被中小型数控车床采用。

(d) 立床身。立床身配置 90°的滑板，即导轨倾斜角度为 90°的滑板结构称为立床身。

由于水平床身配置倾斜放置的滑板和斜床身配置斜滑板布局，具有排屑容易，便于安装自动排屑器；操作方便，易于安装机械手，以实现单机自动化；机床外观简洁、美观，占地面积小，容易实现封闭式防护等特点，所以中小型数控车床普遍采用这两种形式。

2）刀架的布局。

刀架作为数控车床的重要部件之一，对机床整体布局及工作性能影响很大。数控车床的刀架分为转塔式和排刀式刀架两大类。

转塔式刀架是普遍采用的刀架形式，它通过转塔头的旋转、分度、定位来实现机床的自动换刀工作。转塔式回转刀架有两种形式，一种主要用于加工盘类零件，其回转轴线垂直于主轴；另一种主要用于加工盘类零件和轴类零件，其回转轴线与主轴平行。两坐标联动数控车床，一般采用 6～12 工位转塔式刀架。

排刀式刀架主要用于小型数控车床，适用于短轴或套类零件加工。

7. 数控加工的特点

数控机床加工与传统机床加工相比，具有以下特点：

(1) 数控加工的优点。

1）自动化程度高。

2）加工精度高，质量稳定。

3）生产效率高。

4）适应性强。

5）便于实现计算机辅助设计与计算机辅助制造。

(2) 数控加工的缺点。

1）加工成本一般较高。

2）只适宜于多品种小批量或中批量生产。

3）加工过程中难以调整。

4）维修困难。

8. 数控技术的发展趋势

（1）高速化。高速化即高转速、高进给速度、高运算速度和高换刀速度。采用高速的32位以上的微处理器，可提高数控系统的分辨率及实现连续小程序段的高速、高精加工。日本产的FANUC15系统开发出64位CPU系统，能达到最小移动单位0.1μm时，最大进给速度为100m/min，换刀速度1s。

（2）高精度化。数控机床精度的要求现在已经不局限于静态的几何精度，机床的运动精度、热变形以及对振动的监测和补偿越来越获得重视。当前，在机械加工高精度的要求下，世界各工业强国已经不能满足于精密加工了，而是把超精密加工作为数控机床的未来发展方向，其精度已经从微米级发展到亚微米级，甚至纳米级。

（3）高可靠性。数控机床的可靠性是产品质量关键性指标，数控机床能否发挥其高精度、高性能、高效率并获得良好效益，关键取决于可靠性。随着复合功能的增多和密集型技术的引入，故障隐患增多，先进功能和性能不稳定，先进性失去意义。数控机床的可靠性由指标MTBF衡量，MTBF即mean time between failures，平均故障间隔时间。MTBF值越高，数控机床的可靠性越高。

（4）功能复合化。以减少工序、辅助时间为主要目的的复合加工，正朝着多轴、多系列控制功能方向发展。在工艺复合性和多轴化这方面最典型的机种是加工中心和车削中心，加工中心是数控机床向工艺及功能集成化方面发展的产物。目前数控系统世界主流的依然是五轴联动式，少数数控系统向更多轴数发展，西门子880系统控制轴数可达24轴。

（5）控制智能化。随着人工智能技术的发展，为了满足制造业生产柔性化、制造自动化的发展需求，数控机床的智能化程度在不断提高，具体体现在：加工过程自适应控制技术、加工参数的智能优化与选择、智能故障自诊断与自修复技术。

9. 数控车床安全操作规程

（1）工作前必须穿戴好劳动保护用品，女工戴好工作帽，禁止穿凉鞋、拖鞋。高速切削时戴好防护眼镜，不准戴手套，不准吸烟，不准与他人交谈，精神要集中。

（2）刀具、量具、辅助工具，放置在合适的位置，工件装夹后将卡盘板子取下。

（3）切削前必须夹紧刀具、工件，加工时要关闭机床防护门，加工过程中不能随意打开，操作中观察工件时，站位要适当。

（4）换刀时，刀架应远离卡盘和工件。在手动移动托板或对刀过程中，在刀尖接近工件时，进给速度不能太快，且一定注意按位移键时不要按下了换刀键。

（5）自动加工之前，必须通过程序模拟或经过指导老师检查，才能自动运行加工。

（6）不得随意删除机内的程序，且不能随意调出程序进行自动加工。

（7）加工时，不得用手清除切屑，可用铁钩清理，发现铁屑缠绕工件时，应停车清理。

（8）机床只能单人操作，加工时，绝不能把头伸向刀架附近观察，以防发生事故。

（9）工件转动时，严禁测量工件、清洗机床、用手去摸工件，更不能用手制动主轴头。

（10）使用活顶尖时要经常检查顶尖转动是否正常，发现问题立即停车检查，尾座不用时，要放远一些，以免碰手。

（11）关机之前，应将溜板停在X轴、Z轴的中央区域。

【拓展与练习】

（1）简述数控机床的组成。
（2）简述数控机床和数控车床的分类。
（3）简述数控加工的特点。
（4）数控车床的安全操作规范有哪些？

任务 2　认识 GSK980TB1 操作面板

【任务描述】

如图 1—9 所示，熟悉 GSK980TB1 数控系统的操作面板，掌握操作面板上每个开关、按钮的功能作用，熟悉车床开机、关机、换刀、手动连续进给、设置初始转速以及车床急停的操作步骤。

图 1—9　GSK980TB1 操作面板

【任务分析】

熟悉数控车床操作面板和车床的常见操作，如开机、关机、换刀、手动连续进给、设置初始转速以及车床急停等操作，是进行数控加工的必要条件。通过本节学习，学生应能掌握面板上各功能键的作用，进一步熟练车床的操作步骤。

【任务实施】

1. 认真学习知识储备的相关内容，掌握数控车床面板上常用功能键的作用
2. 熟练掌握数控车床的基本操作

（1）开机操作。

1）合上总电源开关（由师傅操作）。

2）打开机床主电源开关，通常在车床的左侧面。

3）打开 CNC 控制器面板电源开关（顺时针方向旋转急停开关），使其跳起，等待机器运转 3～5min（暖机）。

（2）关机操作。

1）确认 *X*、*Z* 轴已处于停止状态。

2）确认辅助功能（如主轴、冷却液等）已关闭。

3）先切断 CNC 控制器电源，再切断机床主电源。

（3）设置主轴初始转速。

开机后，按下录入键进入录入方式→按程序键→按下翻键进入图 1—10 所示的画面→输入“M03”→按键→再输入“S1 或 S2”→按键→按循环启动键，主轴开始转动。如要停止，需按手动方式键→选择停止键。

程序			00101　N0010	状态信息	
X				主轴转速	0
Z	G00	F	40. 000	刀具号码	0100
U	G97	M		实际速度	0
W	G98	S	0	冷却状态	关闭
R		T	0100	主轴状态	停止
F					
M	G21			G00 G98 G97 G40	
S	G41				
T					
P					
Q		SACT	0000	录入方式	
地址				14-03-05　08:33:55	

图 1—10　初始转速的设定窗口

（4）手动连续与单步进给。

1）手动连续进给。

按下手动方式键，进入手动操作方式，这时屏幕右下角显示“手动方式”。按下手动轴向运动开关，点击操作面板上的按钮，机床向 *X* 轴正向移动，点击，机床向 *X* 轴负方向移动，同理，点击，，机床在 *Z* 轴方向移动，可以根据加工零件的需要，点击适当的按钮，移动机床。

按下快速进给键时，进行“开→关→开……”切换，当为“开”时，位于面板上部指示灯亮，“关”时指示灯灭。选择开时，手动以快速进给。注：此按钮配合轴向运动开关使用刀具，快接近工件时应取消快速进给即关掉键的指示灯，以免发生碰撞。

2）单步进给。

首先选择单步方式键，选择单步操作方式，这时屏幕右下角显示“单步方式”。选择适当的移动量：，此时相应的屏幕左下角显示“手轮增量 0.01”等，0.001 表示进给增量为 0.001mm，0.01 表示进给增量为 0.01mm，进给增量可在 0.001～0.1mm 切换。

（5）自动/单段方式的运行。

1）选择编辑方式，进入编辑模式。

2）导入数控程序或自行编写一段程序（参见“程序的编辑与管理”）。

3）点击面板上的自动运行方式按钮，进入自动加工方式，点击循环启动按钮，程序开始执行。

4）当点击操作面板上的单程序段按钮后，指示灯变亮，系统以单段程序方式执行，即点击一次循环启动按钮执行一个程序段，如果再按循环启动按钮，则执行下个程序段后，停止。

注意：没有对程序进行检验和对刀操作，不能按循环启动按钮，以免发生事故。

（6）车床紧急处理。

如遇到不正常情况需要车床紧急停止时，可通过下列操作方法之一来实现。

1）按“急停”按钮。

由于用户编程、操作以及产品故障原因，可能会出现一些意想不到的结果，此时必须使机床立即停止工作。这时按下急停开关（见图 1—11），CNC 进入急停状态，此时机床的移动立即停止，主轴的转动、冷却液等输出全部关闭，同时闪烁报警信号。解除的方法是旋转后解除，CNC 进入复位状态。

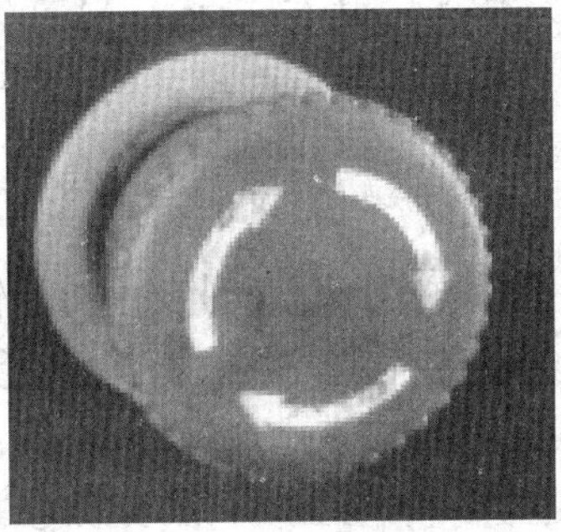

图 1—11　急停开关

注意：解除急停报警前必须确认故障已排除。

2）按“SESET（复位）”键。

在自动和手动数据输入运行方式下按 SESET（复位）键，则车床全部运动均停止（包括主轴 MS 功能全部停止）。

3）按“进给保持”键。

在自动和手动数据输入运行方式下，按进给保持键，可暂停正在执行的程序或程序段（但在车削螺纹、循环指令运行过程中不能立即停止），车床刀架停止运动，但车床的其他功能有效。当需要恢复车床运行时，按循环启动按钮，该键灯亮。此时程序暂停被解除，车床从当前位置开始继续执行下面的程序。

（7）报警处理。

在操作或运行过程中，如果刀具进入由参数规定的禁止区域（存储行程极限），则显示超程报警，刀具减速后停止。此时用手动，把刀具向安全方向移动，按复位按钮，解除报警；若出现其他报警，如程序报警，可通过修改程序中的错误后，再按复位按钮，解除报警；对于设定数据方面的错误报警，只有修改指定的参数才可以解除。

【知识储备】

GSK980TB1 车床数控系统，是广州数控设备有限公司研制的数控系统，是经济与普及型数控系统的升级换代产品。GSK980TB1 采用集成式操作面板。

整个面板分为三个部分：左上角为液晶画面；右上角为编辑键盘部分（在此面板下，可以进行程序的编辑、位置的显示、刀补及参数的设置等）；下半部分是机床控制显示区域，此界面用于机床辅助功能设定，诸如主轴正反转、冷却液的开关、进给速率的调整等一系列的功能，本书主要介绍 GSK980TB1 操作系统。

1. 屏幕操作键

显示页面键是用于选择各种显示画面的。GSK980TB1 共有 7 种显示画面：位置、程序、刀补、报警、设置、参数、诊断。

页面解释：

位置 POS ［位置］：按下此键，LCD 显示现在位置，共有四页：［相对坐标］、［绝对坐标］、［综合］、［程监］，通过翻页键转换。

程序 PRO ［程序］：程序的显示、编辑等，共有三页：［MDI/模］、［程序］、［目录/存储量］。

刀补 OFT ［刀补］：设定补偿量和宏变量，共有两项：［偏置］、［宏变量］，反复按此键时在两种显示页面间切换。

报警 ALM ［报警］：显示报警信息。

设置 SET ［设置］：设置显示及加工轨迹图形显示，反复按此键时在两种显示页面间切换。

参数 PAR ［参数］：系统参数及螺补参数显示，共有两项：［参数］、［螺距补偿参数］，反复按此键时在两种显示页面间切换。

诊断 DGN ［诊断］：诊断信息及软键盘机床面板显示，反复按此键可实现在两种显示页面间切换。

2. 编辑键盘区按键说明（见表 1—4）

表 1—4　　编辑键盘区（部分）按键说明

图标	名称	用途
//	复位键	解除报警，CNC 复位，光标回到程序起点
输入 IN	输出（OUT）键	从 PS232 接口输出文件启动
1、2、3、T 等	地址/数字键	输入数字、字母等字符
输出 OUT	输入键（IN）	用于输入参数、补偿量等数据。从 PS232 接口输入文件的启动。MDI 方式下程序段指令的输入
取消 CAN	取消（CAN）键	消除输入到键入缓冲寄存器中的字符或符号。键入缓冲寄存器的内容同 CPT 显示，例如键入缓冲寄存器的显示为 N001 时，按此键，则 N0001 被取消
⇧ ⇩	光标移动键	有四种光标移动： ↓：使光标向下移动一个区分单位 ↑：使光标向上移动一个区分单位 持续地按光标上下键，可使光标连续地移动 W、L：用于设定参数开关的开与关位参数、位诊断详细显示的位选择

续前表

图标	名称	用途
	翻页键	有两种换页方式： ↓：使 LCD 画面的页顺方向更换 ↑：使 LCD 画面的页逆方向更换
转换 CHG	CHG 键	位参数、位诊断含义显示方式样的切换
插入 INS	插入键	编辑程序时插入字符
修改 ALT	修改键	编辑程序时对字符进行修改（替换）
删除 DEL	删除键	删除程序或字符
EOB	回车键	编辑程序时换行键

3. 机床面板控制显示区各键的说明（见表 1—5）

表 1—5　机床面板控制显示区各键的说明

图形	名称	用途
	循环启动按钮	自动运行的启动
	进给保持按钮	自动运行中刀具减速停止（暂停作用）按自动循环启动键后，程序继续执行
	录入方式选择键	在录入操作方式下，可以设置主轴转速、刀具以及运行简单的程序等操作
	自动方式选择键	在自动操作方式下可进行加工，空运行操作
	编辑方式选择键	在编辑操作方式下，可进行程序的建立、修改删除等操作
	机械回零方式选择键	选择机械回零操作方式
	手动方式选择键	在手动操作方式，可进行对刀、换刀等操作
	手轮/单步方式选择键	选择手轮/单步操作方式
	快速进给开关	在手动方式下，按下此开关，刀架可以快速移动
	返回程序起点	返回程序起点开关为 ON 时，为回程序零点方式
	快速进给倍率	在手动和自动运行过程中，通过调节进给倍率的大小可控制刀架 G00 移动的速度，快速倍率有 FO、25%、50%、100%四挡
	主轴倍率	可改变主轴的速度（含主轴模拟输出时）
0.001 0.01 0.1	单步/手轮移动量	在单步方式，选择刀具一次的移动量

续前表

图形	名称	用途
	单段	在自动或录入方式下，当此开关置于 ON 时，灯亮，执行程序的一个程序段或一个动作后停止。如果再按循环启动按钮，则执行完下个程序段或一个动作后停止
	跳段	程序跳段
	机床锁住	机床锁住开关为 ON 时，机床不移动，但位置坐标的显示和机床运动时一样，并且 M、S、T 都能执行
	辅助锁住	此开关置于 ON 位置，M、S、T 代码指令不执行，机床被锁住，主要用于程序校验
	空运行	在自动方式下，当空运转开关为 ON 时，可以看到刀具移动的轨迹，主要用于程序校验
	进给速度倍率	在手动和自动运行中，也可以对由程序指定的进给速度倍率进行调节，进给速度倍率按键具有 0～150%的倍率共 16 挡
	手摇轴选择	在用手轮时，选择与手摇脉冲发生器相对应的移动轴
	冷却液启动	开、关冷却液
	润滑液启动	开、关润滑液
	手动换刀	在手动方式下，手动换刀
	主轴正转启动	在手动方式下，主轴正转启动
	主轴反转启动	在手动方式下，主轴反转启动
	主轴停止	在手动方式下，停止主轴转动

4. 面板指示灯（见图 1—12）

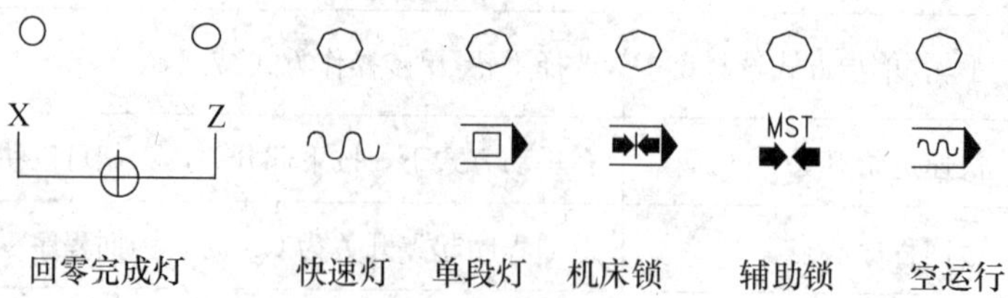

图 1—12　面板指示灯

【任务评价】

根据实训任务的特点，本任务对学生的综合性评价分为两部分：实训态度 30 分和基本操作 70 分。具体内容见表 1—6。

表 1—6　　学生综合性评分表

项目名称	认识 GSK980TB1 操作面板		姓 名		班 级		日期	
检测项目	序号	考核内容及要求	配分	学生自测	小组检测	教师检测	备注	
实训态度	1	出勤、穿着、佩戴规范	6					
	2	遵守纪律、服从安排	8					
	3	积极、认真、仔细	8					
	4	具有责任心和团队意识	8					
基本操作	5	开机顺序	10					
	6	关机顺序	10					
	7	主轴初始转速的设定	15					
	8	急停与报警的处理	10					
	9	操作面板常用功能键的作用	15					
	10	规范、文明操作	10					
指导教师			互评员			总 分		

【拓展与练习】

（1）简述操作面板上常用功能键的作用。

（2）数控车床的开、关机的顺序是怎样的？

（3）数控车床急停操作方法有哪些？

任务 3　数控程序的编辑与校验

【任务描述】

根据所学的知识，在数控车床上建立程序号 O0001，将下列数控程序手动输入到数控装置，并对程序进行编辑完善，最后对程序进行校验（空运行）。

```
O0001;
N10 G98 G40;
N20 G00 X100 Z50;
N30T0101;
N40 M03 S1;
N50 G00 X28    Z2;
N60 G01 X28    Z-30 F120;
N70 G00 X30    Z2;
N80 G00 X26.5 Z2;
N90 G01 X26.5 Z-30;
N100 G00 X28    Z2;
N110 G00 X24.5 Z2;
N120 G01 X24.5 Z-10;
N130 G00 X26    Z2;
N140 G00 X22.5 Z2;
N150 G01 X22.5 Z-10;
N160 G00 X100 Z50;
N170 M30;
```

【任务分析】

每一次数控加工都要涉及程序的建立、输入、编辑以及校验。完成本任务，除了要熟练掌握操作面板以及数控程序的建立、输入、编辑和程序的校验方法，还要掌握数控程序的结构、格式和各功能字的含义。

【任务实施】

1. 认真学习知识储备的相关知识，掌握程序的输入、编辑和校验方法

2. 根据任务要求，在操作面板完成以下操作

(1) 新建程序号“O0001”。

1) 选择编辑方式；

2) 按程序键，显示程序画面；

3) 按地址“O”；

4) 键入程序名（数字键输入 O0001）；

5) 按回车键，便出现新建的程序 O0001 的界面。

(2) 程序段的输入。

在编程状态下，进入新建的程序界面，输入“G98 G40”，按下键，即可把指令输入到数控装置中。后面的就和刚才的一样，每输完一行指令按键即可，其中程序段段号是系统自动加上的，程序输入完后，按复位键，让光标返回程序开始。

(3) 程序的校验步骤。

1) 调出程序。按编辑键→按程序键，必要时按或键进入“程序内容”显示页面→输入程序号（要运行的）→按键，即可调用需要空运行的程序。如果页面已处在刚输入的程序的“程序内容”页面，则可按键让光标回到程序首。

2) 按键选择自动工作方式，再分别按下机床锁、辅助功能锁、空运行（车床面板右上角显示灯必须亮起）。

3) 按两次设置键，显示器进入图形工作界面，若未显示可再按键进入如图 1—13 所示界面。

绘 图　　00101　N0010	状 态 信 息
→Z ↓X　　X −35.244 Z 345.444	主轴转速 0 刀具号码 0100 实际速度 0 冷却状态 关闭 主轴状态 停止 G00 G98 G97 G40 自动方式
S：开始作图 ＊T：停止作图	14-03-05　08:33:55

图 1—13　空运行窗口

4) 按 S 键 开始作图→再按下循环启动，开始显示进给轨迹（停止按 T 键，清除显示屏上的图形按 R 键）。

【知识储备】

1. 数控加工程序的编制方法

(1) 手工编程。

分析零件图、确定机床、工艺处理、数值计算、编写程序及检验等各个阶段均由人工

完成的编程方法，称为手工编程。

（2）自动编程。

自动编程是计算机通过自动编程软件完成对刀具运动轨迹的自动计算，自动生成加工程序并在计算机屏幕上动态地显示出刀具的加工轨迹的方法。对于加工零件形状复杂，特别是涉及三维立体形状或刀具运动轨迹计算烦琐时，需采用自动编程。

2. 数控程序的结构与格式

在编辑方式下，可进行程序的建立、选择、修改、删除等操作。一个完整的数控加工程序，由程序号、程序内容和程序结束三部分组成。

（1）数控程序的结构。

如图 1—14 所示，以 GSK980TB1 数控车床的控制系统为例来说明程序的结构。

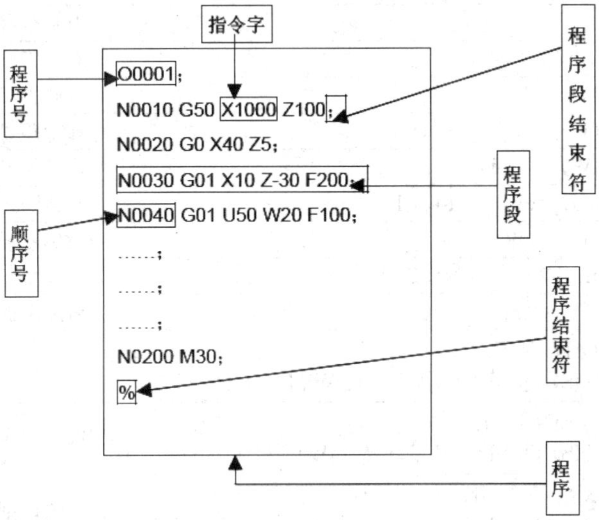

图 1—14　程序的结构

程序号：位于程序主体之前，是程序的开始部分，独占一行，每个程序必须要有程序号。一般由规定的英文字母 O 开头，后面紧跟若干位数字组成。常用的是 2 位和 4 位两种，本系统由 0000～9 999 组成，前 0 可以省略。

程序内容：由若干个程序段组成。在书写和打印时，一个程序段一般占一行。

程序结束：指令位于程序主体的后面，可用 M02（程序结束）或 M30（光标返回到开始）。

（2）程序段格式。

程序段是数控加工程序中的一句，用来发出指令使机床做出某一个动作或一组动作。每个程序段由若干个程序字组成。程序字的字首为一个英文字母，称为字的地址，如 G、M、T、S 等，随后为若干位十进制数字。程序字的功能类别由字的地址决定。根据功能的不同，程序字可分为程序段序号（N）、准备功能字（G）、辅助功能字（M）、尺寸字（X，Y，Z）、进给功能字（F）、主轴转速功能字（S）和刀具功能字（T）。程序段格式如下：

N_G_X_Z_F_S_T_M_F_

1）准备功能 G 指令。准备功能 G 指令由 G 后一位或两位数值组成，它用来规定刀具和工件的相对运动轨迹、机床坐标系、坐标平面、刀具补偿、坐标偏置等多种加工操作。

常用G代码见表1—7。

表1—7　　常用G代码一览表

代码	组别	格式	说 明
＊G00	01	G00 X(U)__ Z(W)__	定位，快速移动
G01		G01 X(U)__(W)__ __F	直线插补
G02		G02 X(U)__ Z(W)__ R__(I__ K__) F__	顺时针圆弧插补，CW
G03		G03 X(U)__ Z(W)__ R__(I__ K__) F__	逆时针圆弧插补，CCW
G04	00	G04 P__或G04 X__	暂停
G20	06	G20	英制单位选择
＊G21	06	G21	公制单位选择
G28	00	G28 X(U)__(W)__	返回参考点，X、Z指定中间点
＊G40	07	G40	刀具半径补偿取消
G41		G41	左侧刀具半径补偿
G42		G42	右侧刀具半径补偿
G32	01	G32 X(U)__(W)__F(I)	等螺距螺纹切削
G33		G33 Z(W)__F(I)	攻丝循环
G34		G34 X(U)__(W)__F(I) K__	变螺距螺纹切削
G50	00	G50 X(U)__(W)__	坐标系设定
G65		G65 Hm P＃I Q＃J R＃K	宏指令
G70	00	G70 P(ns) Q(nf)	精加工循环
G71		G71 U(ΔD) R(E) G71 P(NS) Q(NF) U(ΔU)W(ΔW) F(F) S(S)T(T)	外圆粗车循环
G72		G72 W (ΔD) R (E) G72 P(NS) Q(NF) U(ΔU) W(ΔW) F(F) S(S)T(T)	端面粗车循环
G73		G73 U (ΔI) W (ΔK) R (D) G73 P(NS) Q(NF) U(ΔU) W(ΔW) F(F) S(S)T(T)	封闭切削循环
G74		G74 R(e) G74 X(U) Z(W) P(Δi) Q(Δk) R(Δd) F(f)	端面深孔加工循环
G75		G75 R(e) G75 X(U) Z(W) P(Δi) Q(Δk) R(Δd) F(f)	外圆内圆切槽循环
G76		G76 P(m) (r) (a) Q(Δdmin) R(d) G76 X(U) Z(W) R(i) P(k) Q(Δd) F(L)	复合型螺纹切削循环
G90	01	G90 X(U)__ Z(W)__ R__ F__	外圆内圆车削循环
G92		G92 X(U)__ Z(W)__ R__ F(I)__ J__ K__	螺纹切削循环
G94		G94 X(U)__ Z(W)__ R__ F__	端面车削循环
G96	02	G96 S	恒线速度控制
＊G97		G97 S	取消恒线速度控制
＊G98	03	G98	每分钟进给
G99		G99	每转进给

注：1. 带有＊记号的G代码，当电源接通时，系统处于这个G代码的状态。
2. 00组的G代码是一次性G代码。

2）主轴功能S指令。主轴功能S指令用来控制主轴转速，其后的数值表示主轴速度，单位为r/min。恒线速度（G96恒线速度有效、G97取消恒线速度）功能时S指定切削线速度，其后的数值单位为 m/min。S 是模态指令，只有在主轴速度可调节时有效。S 所编程的主轴转速可以借助机床控制面板上的主轴倍率开关来控制。

3）进给功能 F 指令。进给功能字又称为 F 功能或 F 指令，由地址符 F 与其后的若干位数字组成，用来表示刀具的进给速度（或称进给率），单位一般为 mm/min。当进给速度与主轴转速有关时（如车削螺纹），单位为 mm/r。在准备功能中常使用 G98 代码来指定每分钟进给率，如 F120；G99 代码来指定每转进给率，如 F0.2。

4）刀具功能 T 指令。T 表示刀具地址符，T 代码用于选择刀架或刀具库中的刀具。GSK980TB1 由 4 位组成，其中前两位数表示刀具号，后两位数表示刀具补偿号，如 T0101。

5）辅助功能 M 指令。辅助功能由地址字 M 和其后的一位或两位数字组成，主要用于控制零件程序的走向，以及机床各种辅助功能的开关动作。M 功能有非模态 M 功能和模态 M 功能两种形式。非模态 M 功能（当段有效代码）只在书写了该代码的程序段中有效。M 代码在一个程序段中只允许一个有效，常用代码见表 1—8。

表 1—8　常见 M 代码

代码	功能	代码	功能	代码	功能
M00	程序暂停	M08	冷却液开	M30	程序结束，主轴停止，程序光标返回起点
M01	选择性停止（选择停开关压下）	M09	冷却液关		
M02	程序结束	M10	尾座进	M32	润滑开
M03	主轴正转	M11	尾座退	M33	润滑关
M04	主轴反转	M12	卡盘夹紧	M98	调用子程序
M05	主轴停止	M13	卡盘松开	M99	子程序结束并返回主程序

3. 程序的建立、复制、调用、编辑和程序的校验步骤

（1）新建程序。

1）选择编辑方式；

2）按程序键，显示程序画面；

3）按地址“O”；

4）键入程序名（数字键输入 O0001）；

5）按回车键，便出现新建的程序 O0001 的界面。

（2）复制程序。

1）选择编辑方式；

2）按程序键，显示程序画面；

3）按地址“O”；

4）键入程序名（数字键输入）；

5）按转换键。

（3）程序的删除。

1）选择编辑方式；

2）按程序键，显示程序画面；

3）按地址“O”；

4）键入程序名（数字键输入 O0001），若要删除所有程序，则输入 9999；

5）按删除 删除DEL 键。

（4）程序的调用。

在编辑状态下，调用程序跟创建程序的步骤基本一样，只是在输入程序号的时候是输入我们要调用的程序号再按回车 EOB 键。

（5）程序段的输入。

在编程状态下，进入新建的程序界面，输入“G98 G40”，按下回车 EOB 键，即可把指令输入到数控装置中。后面的就和刚才的一样，每输完一行指令按回车 EOB 键即可，其中程序段段号是系统自动加上的。

（6）字的插入、替换和删除。

字的插入通常将光标移动到将要插入位置的前一个字符的下面按 插入INS 键，而替换和删除只需将光标移到将要替换或删除字的下面按 修改ALT 或 删除DEL 键。

（7）程序的校验。

在对零件进行加工以前，进行空运行的目的是根据界面中光标移动的轨迹检查程序的正确性和可执行性，保证工件加工的安全和顺利，确保人身、设备的安全。在空运行时，若光标移动的轨迹与要加工的零件的形状不一致，则说明程序还有问题，还需要检查修改；若光标移动的轨迹和工件的形状一样，则说明程序是正确的，可以进行加工。

图形参数在程序运行前须事先进行设定，这些参数只能在录入方式下才能设定，如图 1—15 所示。

图形　　　00101　N0010		状态信息	
图形参数		主轴转速	0
坐标选择＝	1（XZ：0 ZX：1）	刀具号码	0100
缩放比例＝	3.00	实际速度	0
图形中心＝	15.000（X 轴工件坐标值）	冷却状态	关闭
图形中心＝	－15.000（Z 轴工件坐标值）	主轴状态	停止
X 最大值＝	30.000		
Z 最大值＝	5.000	G00 G98 G97 G40	
X 最大值＝	0.000		
Z 最大值＝	－40.000	录入方式	
序号 001		14-03-05　08:33:55	

图 1—15　空运行参数设置界面

1）［图形］与设置 设置SET 键为同一键，反复按时，在图形与设置画面间进行切换。

2）在［图形］菜单中，按 、 键，可在图形参数与图形显示之间切换。

3）在图形参数显示状态，通过 、 光标键上、下移动至要设定的参数下。

4）在录入方式下，输入数据，按输入 输入IN 键。输入图形参数值。

（a）坐标选择：设定绘图平面（$XZ=0$，$ZX=1$），当设为 0 时，为 XZ 坐标；当设为 1 时，为 ZX 坐标，如图 1—16 所示。

图 1—16　坐标系设置

（b）缩放比例：设定绘图的比例。

（c）图形中心：设定工件坐标系下 LCD 中心对应的工件坐标值。

（d）最大最小值：当对轴最大、最小值作了设定之后，CNC 系统会自动对缩放比例，图形中心值自动设定。

X 最大值：加工程序中 X 向最大值。

X 最小值：加工程序中 X 向最小值。

Z 最大值：加工程序中 Z 向最大值。

Z 最小值：加工程序中 Z 向最大值。

5）重复步骤（c）和（d）设定需要设定的参数。

【任务评价】

根据本任务的特点，对学生的综合性评价分为两部分：实训态度 30 分和基本操作 70 分。具体内容见表 1—9。

表 1—9　　学生综合性评分表

项目名称	数控程序的编辑与校验	姓 名		班 级		日期	
检测项目	序号	考核内容及要求	配分	学生自测	小组检测	教师检测	备注
实训态度	1	出勤、穿着、佩戴规范	6				
	2	遵守纪律、服从安排	8				
	3	积极、认真、仔细	8				
	4	具有责任心和团队意识	8				
基本操作	5	程序名的建立	10				
	6	程序的输入	10				
	7	程序的编辑	15				
	8	程序的调用	10				
	9	程序检验步骤	15				
	10	规范、文明操作	10				
指导教师			互评员		总分		

【拓展与练习】

（1）程序的结构由哪些组成？

（2）常见的功能有哪些？

（3）在车床上新建并输入一段完整的程序，最后再进行校验。

任务 4　数控车削的对刀

【任务描述】

在砂轮上分别刃磨好 1 把 90°偏刀和 1 把 45°车刀，并规范安装在 GSK980TB1 数控车床的刀架上，再利用三爪卡盘夹持 ϕ30mm×100mm 毛坯，伸出长度约为 50mm，进行对刀操作并手动车削至图 1—17 所示的尺寸。

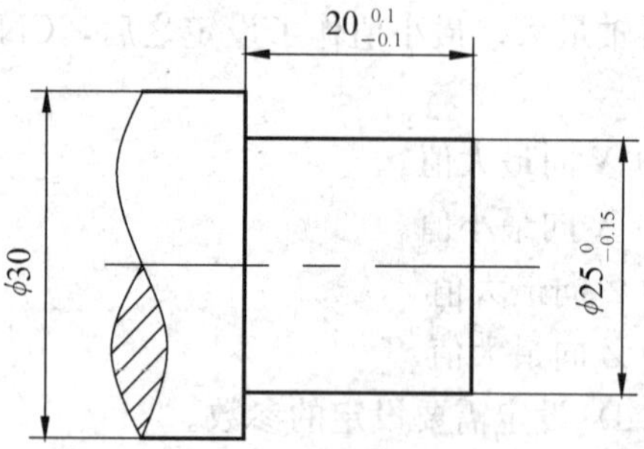

图 1—17　手动车削工件

【任务分析】

对刀操作是为了确定工件在数控车床中的位置，保证自动加工的准确定位，也是零件精度把握的重要步骤。而要完成对刀操作，必须先准备好刀具并规范安装在刀架上，再按照规定对刀步骤才能进行。通过对本任务的学习，学生既要掌握数控车床的对刀操作方法，也要掌握机床坐标系的相关知识、数控车刀的相关知识以及刀具的刃磨和安装。

【任务实施】

1. 认真学习知识储备的内容，掌握刀具和对刀的相关知识
2. 在砂轮上刃磨好 90°和 45°车刀
3. 安装工件和刀具

利用三爪卡盘夹持毛坯，伸出长度约 50mm 并夹紧，安装车刀时要注意车刀刀尖应与工件旋转中心等高。

4. 对刀操作

如图 1—18 所示，试切对刀的具体方法如下。

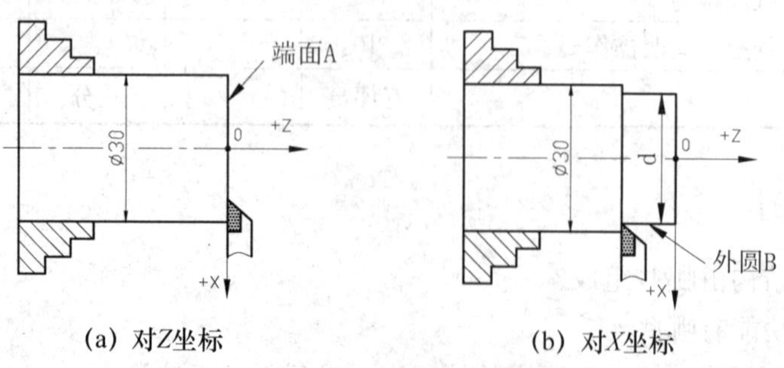

(a) 对Z坐标　　(b) 对X坐标

图 1—18　试切对刀

（1）对 Z 坐标。

1）在手动方式下，启动主轴。

2）选择 90°车刀，如图 1—18 中（a）所示，沿 A 表面（端面）切削到中心，（吃刀量不要太大），Z 轴不动，刀具沿 X 轴退出工件外，停止主轴旋转。

3）按刀补键进入刀偏数据界面，按下翻页键再按↓键移动光标至 100 号后面的偏置号，如图 1—19 所示。如 2 号刀就把光标移到 102 的前边，注意不要在序号 000 的下边输入测量值，因为 000 下边的号是用来修改刀补的，如图 1—20 所示。

偏置（mm）		00101 N0010			状态信息	
		状态信息			主轴转速	0
序号	X	Z	R	T	刀具号码	0100
100	0.000	0.000	0.000	0	实际速度	0
101	−134.675	−253.344	0.000	0	冷却状态	关闭
102	−145.346	−232.356	0.000	0	主轴状态	停止
103	0.000	0.000	0.000	0		
104	0.000	0.000	0.000	0		
105	0.000	0.000	0.000	0	G00 G98 G97 G40	
现在位置（相对坐标）						
U	0.000	W	0.000		手动方式	
地址					14-03-05 08:33:55	

图 1—19　刀补的输入窗口

偏置（mm）		00101 N0010			状态信息	
序号	X	Z	R	T	主轴转速	0
000	0.000	0.000	0.000	0	刀具号码	0100
001	−134.675	−253.344	0.000	0	实际速度	0
002	−145.346	−232.356	0.000	0	冷却状态	关闭
003	0.000	0.000	0.000	0	主轴状态	停止
004	0.000	0.000	0.000	0	G00 G98 G97 G40	
005	0.000	0.000	0.000	0		
现在位置（相对坐标）						
U	0.000	W	0.000		手动方式	
地址					14-03-05 08:33:55	

图 1—20　刀补的修改窗口

4）输入“$Z0$”，再按输入键，此时系统自动计算 Z 方向的刀偏值并设定，这样 Z 坐标就对好了。

（2）对 X 坐标。

1）在手动方式下，启动主轴，如图 1—18 中（b）所示，车削一段外圆 B，X 轴不动，将车刀往 Z 正方向原路退出工件，停止主轴。

2）测量刚才车削的外圆直径“d”在图 1—19 的 102（通过光标下移）中输入“Xd”，比如：输入“$X28$”，再按输入键，此时系统自动计算 X 方向的刀偏值并设定，这样 X 坐标就对好了。

5. 手动车削并观察对刀的正确性。按照工件的加工余量，加工可分为两刀或三刀切削，如图 1—21 所示

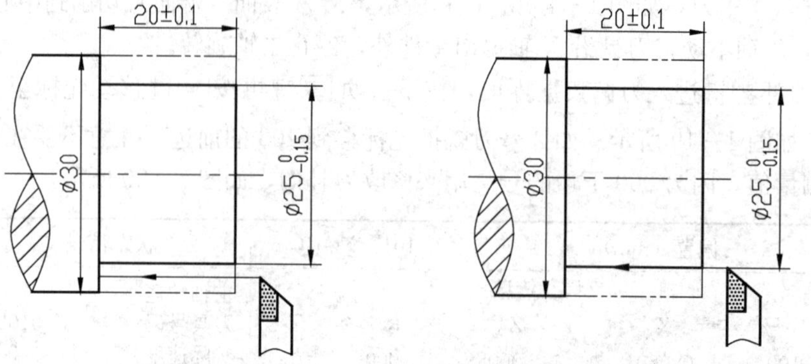

(a) 第一刀　　(b) 第二刀

图 1—21　手动车削分析图

注：手动车削时，刀具快切削到终点时，最后选用单步方式进给切削，以免发生工件长度过长。

【知识储备】

1. 常见车刀的材料

(1) 高速钢。

高速钢是一种高合金钢，俗称白钢、锋钢等。其强度、冲击韧度、工艺性很好，是制造复杂形状刀具的主要材料。如：成形车刀、麻花钻头、铣刀、齿轮刀具等。高速钢的耐热性不高，约在 640℃其硬度下降，不能进行高速切削。

(2) 硬质合金。

以耐热高和耐磨性好的碳化物，钴为黏结剂，采用粉末冶金的方法压制成各种形状的刀片，然后用铜钎焊的方法焊在刀头上作为切削刀具的材料，如图 1—22 所示为常见硬质合金车刀的种类。硬质合金的耐磨性和硬度比高速钢高得多，但塑性和冲击韧度不及高速钢。按 GB 2075—2007（参照采用 ISO 标准），可将硬质合金分为 P、K、M 三类。

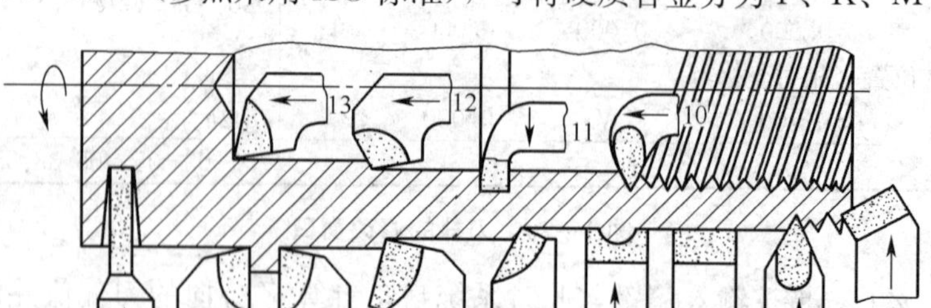

图 1—22　常见硬质合金车刀种类

1—切断刀；2—90°左偏刀；3—90°右偏刀；4—75°车刀；5—直头车刀；6—成型车刀；7—宽刃精车刀；8—外螺纹车刀；9—端面车刀；10—内螺纹车刀；11—内沟槽车刀；12—通孔车刀；13—盲孔车刀。

1) P 类硬质合金。主要成分为 Wc＋Tic＋Co，用蓝色做标志，相当于原钨钛钴类（YT）。主要用于加工长切屑的黑色金属，如钢类等塑性材料。此类硬质合金的耐热性

为 900℃。

2）K 类硬质合金。主要成分为 Wc+Co，用红色作标志，相当于原钨钴（YG）。主要用于加工短切屑的黑色金属（如铸铁）、有色金属和非金属材料。此类硬质合金的耐热性为 800℃。

3）M 类硬质合金。主要成分为 Wc+Tic+Tac(Nbc)+Co，用黄色作标志，又称通用硬质合金，相当于原钨钛钽类通用合金（YW）。主要用于加工黑色金属和有色金属。此类硬质合金的耐热性为 1 000℃～1 100℃。

（3）机床涂层刀具材料。

硬质合金或高速钢刀具通过化学或物理方法在其表面上涂一层耐磨性好的难熔金属化合物。其特点是：既能提高刀具表面的耐磨性，又能保持其心部的韧性。适用于高速钢刀具和硬质合金，一般涂层的厚度为 5～12μm。一般而言，在相同的切削速度下，涂层高速钢刀具的耐磨损比未涂层的提高 2～10 倍；涂层硬质合金刀具的耐磨损比未涂层的提高 1～3 倍。

（4）超硬刀具材料。

1）陶瓷。主要是由纯 Al_2O_3 或在 Al_2O_3 中加入一定的金属元素或金属化合物，采用热压成形和烧结的方法获得。硬度、耐磨性和耐热性好，硬度 91～95HRA，热硬性：1 200℃，常用切削速度：200～1 000m/min，切削效率比硬质合金提高 1 ～4 倍。与金属亲和力小，不易粘刀，加工表面光洁，但抗弯强度低，冲击韧性差。主要适合选用较小的进给量和高的切削速度加工冷硬铸铁、高硬钢和高强钢等难加工材料的半精加工和精加工。

2）立方氮化硼。聚晶立方氮化硼（PCBN）是由 CBN 微粉与少量黏结物（Co、Ni 或 TiC、TiN、Al203）在高温高压下加入催化剂烧结而成的。它具有很高的硬度（仅次于金刚石）8 000～9 000 HV 和热硬性（1 300℃～1 500℃），优良的化学稳定性、比金刚石刀具高得多的热稳定性（达 1 400℃）和导热性，低的摩擦系数，可承受较高切削速度，但韧性差和强度较低。可制作刀具和复合刀片，PCBN 刀具主要用于高效精加工黑色难加工材料，如各种淬火钢、硬铸铁、高温合金、硬质合金、表面喷涂材料等。

3）金刚石。金刚石分为天然金刚石和人造聚晶金刚石（PCD）两种，天然金刚石数量稀少，所以价格昂贵，应用较少。人造金刚石是在高压、高温条件下，由石墨转化而成，价格较低，应用较广。其特点是：硬度极高可达 10 000HV，耐磨性很好，摩擦因数是所有刀具材料中最小的；但耐热性较差（热硬性：700℃～800℃），抗弯强度低，脆性大。目前主要用于磨具及磨料，用作刀具时多用于在高速切削非铁金属及非金属材料，如铝合金、铜合金、陶瓷、塑料、橡胶等。

2. 常用车刀的结构

从结构上分，车刀可分为整体车刀、焊接式车刀、机夹车刀、可转位车刀和成形车刀，如图 1—23 所示。随着数控加工技术的不断发展，为减少加工过程中的换刀、装刀以及刃磨的时间，机夹可转位车刀在数控车床应用越来越广泛，大都采用已经系列化、标准化的刀具，刀柄和刀头可以进行拼装和组合，刀头包括多种结构如可调镗刀头、不重磨刀片等。这里主要介绍可转位车刀的特点（见表 1—10），刀片材质、尺寸和形状的选择。

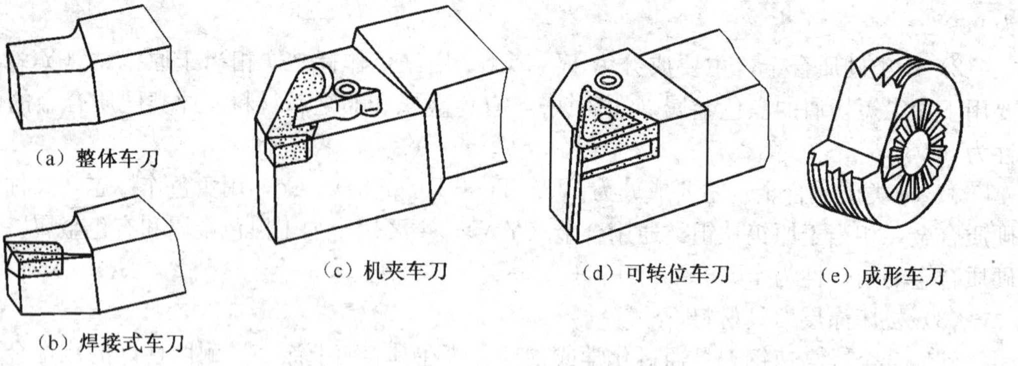

图 1—23　常用车刀结构

表 1—10　可转位车刀的特点

要求	特点	目的
精度高	刀片采用 M 级或更高精度等级的；刀杆多采用精密级的；用带微调装置的刀杆在机外预调好	保证刀片重复定位精度，方便坐标设定。保证刀尖位置精度
可靠性高	用断屑可靠性高的断屑槽形或有断屑台和断屑器的车刀；采用结构可靠的车刀，采用复合式夹紧结构和夹紧可靠的其他结构	断屑稳定，不能有紊乱和带状切屑；适应刀架快速移动和换位以及整个自动切削过程中夹紧不得有松动的要求
换刀迅速	用车削工具系统；采用快换小刀夹	迅速更换不同形式的切削部件，完成多种切削加工，提高生产效率
刀片材料	较多采用涂层刀片	满足生产节拍要求，提高加工效率
匹配度高	较多采用正方形刀杆，但因刀架系统结构差异大，有的需采用专用刀杆	刀杆与刀架系统匹配

（1）数控可转位车刀的结构形式。可转位车刀由刀片、定位元件、夹紧元件和刀体组成。常见可转位车刀刀片的夹紧方式有杠杆式、楔块式、楔块上压式和螺钉上压式四种方式。杠杆式、楔块式和楔块上压式如图 1—24 所示。杠杆由杠杆的力压紧刀片达到夹固的目的；楔块式依靠销与楔块的压下力将刀片夹紧；楔块上压式依靠销与楔块的压下力将刀片夹紧；螺钉上压式依靠螺钉压下力将刀片夹紧。

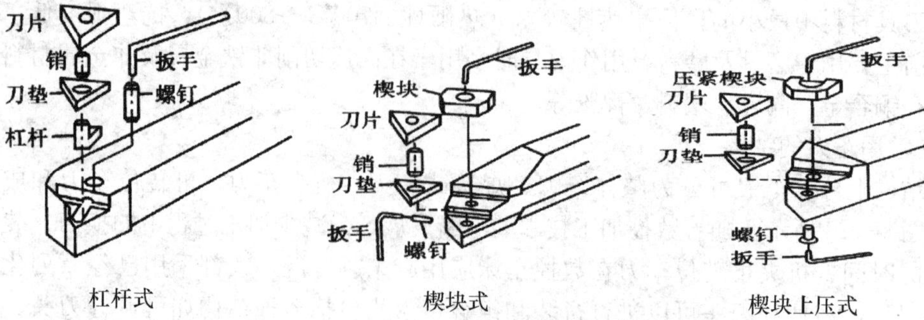

图 1—24　常见可转位车刀的结构

（2）刀片材质的选择。车刀刀片的材料主要有高速钢、硬质和涂层硬质合金、陶瓷、立方氮化硼、金刚石等。图 1—25 为硬质合金和涂层硬质合金刀片。

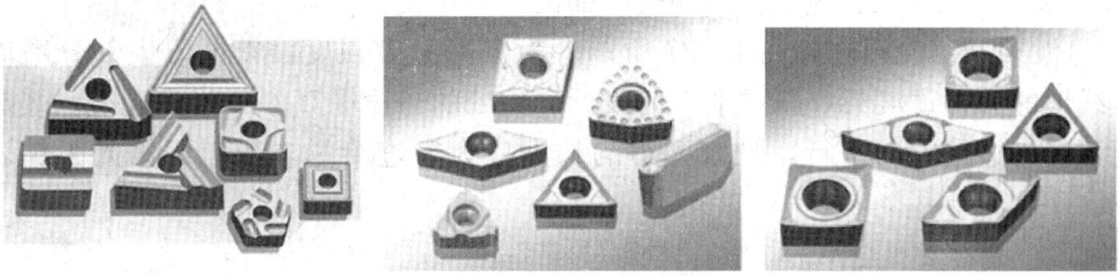

硬质合金刀片　　　　涂层硬质合金刀片

图 1—25　常见可转位车刀刀片

（3）刀片尺寸和形状的选择。刀片尺寸的大小取决于必要的有效切削刃长度，有效切削刃长度与切削深度和车刀的主偏角有关，使用时可查阅有关刀具手册选取；刀片形状主要依据被加工工件的表面形状、切削方法、刀具寿命和刀片的转位次数等因素选择，常见的可转位刀片的标记见表 1—11。

表 1—11　　可转位刀片的标记

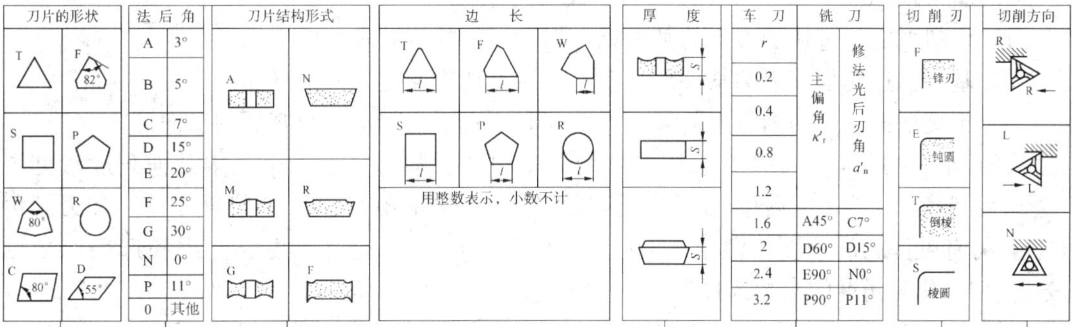

号位	1	2	3	4	5	6	7	8	9	10
车刀片	S	N	M	M	15	06	20	F	R	–A4
铣刀片	S	P	C	N	15	04	ED	T	R	

精度等级										
尺寸 / 精度 / d	d（±）			m（±）					s（±）	
	ACC	K、M	U	A	CK	G	M	U	ACK	GMU
6.35	0.025	0.05	0.08	0.005	0.013	0.025	0.08	0.13	0.025	0.13
9.525		0.05	0.08				0.08	0.13		
12.70		0.08	0.13				0.13	0.20		
15.875		0.10	0.18				0.15	0.27		
19.05		0.10	0.18				0.15	0.27		
25.40		0.13	0.25				0.18	0.36		

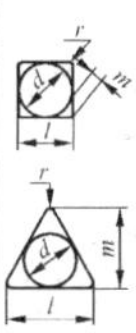

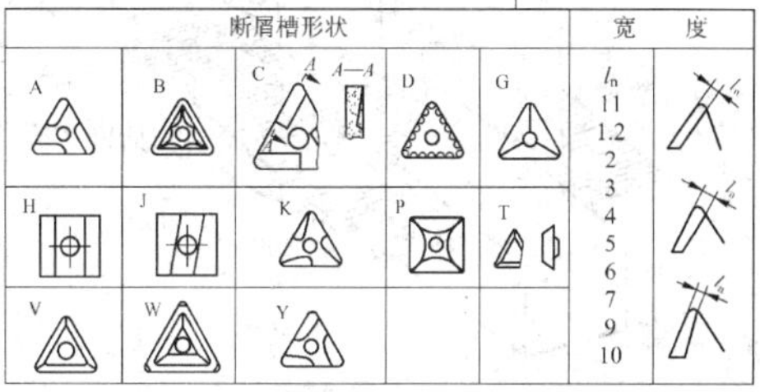

3. 车刀的几何角度

（1）车刀的组成。车刀主要由刀体和刀柄组成，如图 1—26 所示。刀体担负切削任务，又叫切削部分；刀柄主要用于装夹。

1）前刀面：切屑排出的经过的表面。

2）后刀面：分主、副后刀面，与加工零件的过渡表面相对的面称主后刀面，与加工零件的已加工表面相对的面称副后刀面。

3）主切削刃：前刀面与主后刀面相交部位，承担主要切削工作。

4）副切削刃：前刀面与副后刀面相交部位，配合主切削刃参与少量的切削工作。

5）刀尖：主切削刃和副切削刃相交的部位。

6）过渡刃与修光刃，如图1—27所示。为提高刀尖强度，常把刀尖部分磨成圆弧形或直线形的刃即过渡刃，副切削刃前段近刀尖处的一段平直刀刃叫修光刃。装夹车刀时修光刃应与进给方向平行，且修光刃的长度应大于进给量才能起到修光工件表面的作用。

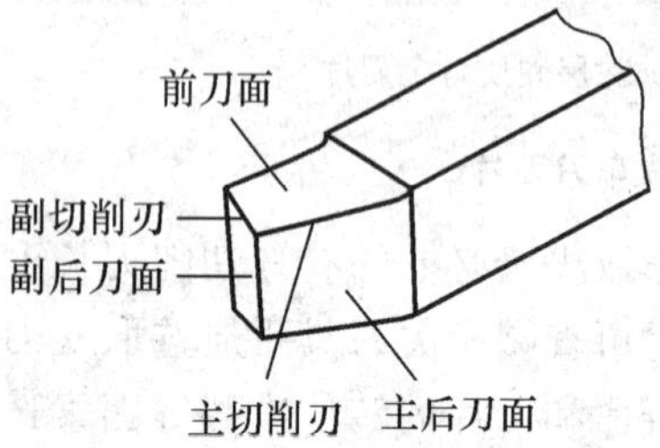

图1—26　车刀的组成

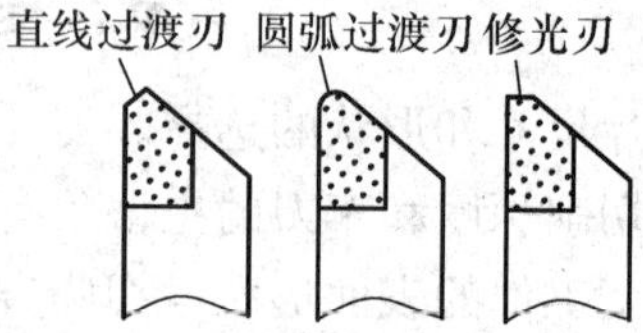

图1—27　过渡刃与修光刃

（2）车刀的3个辅助平面，如图1—28所示。

1）切削平面：过切削刃上的某一点，切于零件的过渡表面的平面。

2）基面：过切削刃上的某一点，垂直于该点切削速度方向的平面。

3）正交平面：过切削刃上的某一点，同时垂直于切削平面与基面的平面。

（3）车刀的几何角度及其参数的选用。车刀的切削部分有6个基本几何角度（见图1—29）：前角（γ_0）、主后角（α_0）、副后角（α'_0）、主偏角（κ_r）、副偏角（κ'_r）和刃倾角（λ_s），另有可计算的角度：楔角（β_0）和刀尖角（ε_r）。其定义、主要作用和选用原则见表1—12，几何角度的参数选择见表1—13。

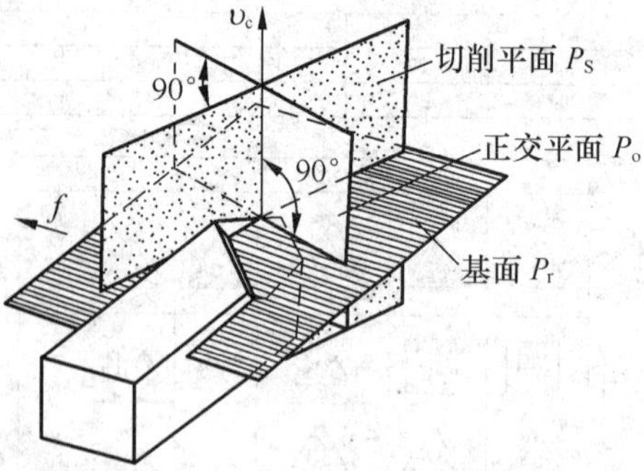

图1—28　车刀的3个辅助平面

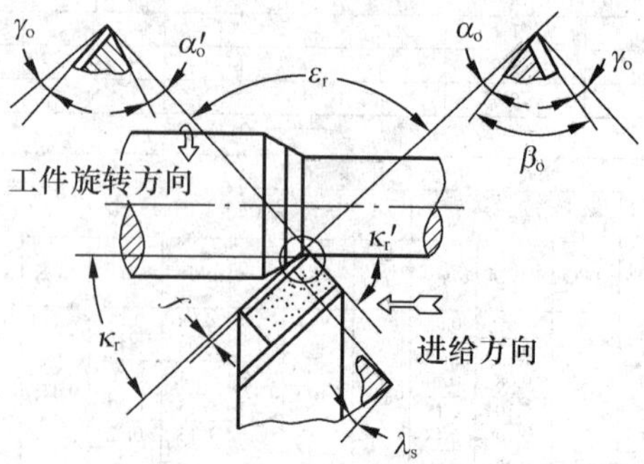

图1—29　车刀的几何角度

表1—12　车刀几何角度的定义、主要作用和选用原则

角度名称	定义	主要作用	选用原则
前角（γ_0）	前刀面与基面间的夹角	主要影响车刀的锋利程度、强度、切削变形、散热条件、切削力以及表面质量等	一般情况下当工件材料较软或是精加工时选择较大的前角，反之选小的前角

续前表

角度名称	定义	主要作用	选用原则
主后角（α_0）	主后刀面与切削平面间的夹角	主要影响与工件过渡表面之间的摩擦以及车刀楔角、刀尖强度、散热条件等	一般情况下粗加工时切削力较大应选择较小的后角，精车时选较大的
副后角（α'_0）	副后刀面与切削平面间的夹角	主要影响副后刀面与工件已加工表面之间的摩擦	选择同主后角
主偏角（κ_r）	主切削刃在基面上的投影与进给运动方向间的夹角	影响车刀径向力与轴向力之比、散热情况以及断屑情况	工件刚性差、径向切削力要求小时选较大主偏角。材料硬度高的选较小的主偏角
副偏角（κ'_r）	副切削刃在基面上的投影与背离进给运动方向间的夹角	影响副切削刃与工件已加工表面的摩擦，影响工件表面质量以及车刀的强度	粗车时选大一点的副偏角，精车时选小一点的副偏角
刃倾角（λ_s）	主切削刃与基面间的夹角	控制排屑的排出方向，影响刀尖的强度、切削的平稳性以及刀刃的锋利程度	精车时选用正值刃倾角，断续切削或冲击力大时选负值刃倾角
楔角（β_0）	主截面内前刀面与后刀面间的夹角	影响刀尖的强度和车刀散热条件	$\beta_0=90°-(\gamma_0+\alpha_0)$
刀尖角（ε_r）	主切削刃和副切削刃在基面上的投影间的夹角	影响刀尖的强度和车刀散热条件	$\varepsilon_r=180°-(\kappa_r+\kappa'_r)$

表 1—13　　车刀几何角度参数表

加工材料	典型牌号	加工情况	刀具材料	前角 γ_0	主后角 α_0 副后角 α'_0	主偏角 κ_r	副偏角 κ'_r	刃倾角 λ_s
低碳钢	Q235A	粗车	YT5 YT15	20°～25°	6°～8°	45°～75°	15°～45°	0°
		精车	YT15 YT30	25°～30°	8°～10°	75°～90°	5°～15°	0°～5°
中碳钢	45	粗车	YT5 YT15	15°～20°	4°～6°	45°～75°	15°～45°	−5°～0°
		精车	YT15 YT30	20°～25°	6°～8°	75°～90°	5°～15°	0°～5°
合金钢	40Cr	粗车	YT5 YT15	12°～18°	4°～6°	45°～75°	15°～45°	−5°～0°
		精车	YT15 YT30	15°～20°	6°～8°	75°～90°	5°～15°	0°～5°
不锈钢	1Cr18Ni9Ti	粗车	YG8 YG6A	15°～20°	4°～6°	45°～75°	15°～45°	−5°～0°
		精车	YG6A YW1	20°～25°	6°～8°	75°～90°	5°～15°	0°～5°
灰铸铁	HT150 HT200	粗车	YG6 YG8	10°～15°	4°～6°	45°～75°	10°～15°	−10°～0°
		精车	YG3 YG6	5°～10°	6°～8°	60°～90°	5°～10°	0°
铝、铝合金	L3 LY12	粗车	YG8 YG6	30°～35°	8°～10°	60°～75°	10°～15°	10°～20°
		精车	YG6	35°～40°	10°～12°	75°～90°	5°～10°	15°～30°
紫铜	T0～T4	粗车	YG8　YG6	25°～30°	4°～6°	60°～75°	10°～30°	5°～10°
		精车	YG6	30°～35°	6°～8°	75°～90°	5°～10°	5°～10°

4. 车刀的刃磨

（1）砂轮的选用。

砂轮必须根据刀具材料来选用，常见的砂轮有氧化铝砂轮和碳化硅砂轮两种。

1）氧化铝砂轮。氧化铝砂轮多呈白色，其砂粒韧性好，比较锋利，但硬度稍低（指磨粒容易从砂轮上脱落），适于刃磨高速钢车刀和硬质合金车刀的刀柄部分。氧化铝砂轮也称为刚玉砂轮。

2）碳化硅砂轮。碳化硅砂轮多呈绿色，其磨粒硬度高，切削性能好，但较脆，适于刃磨硬质合金车刀。

砂轮的粗细以粒度表示。GB 2477—83 规定了 41 个粒度号，粗磨时用粗粒度，精磨时用细粒度。刃磨高速钢车刀时，应选用粒度为 46 号到 60 号的软或中软的氧化铝砂轮；刃磨硬质合金车刀时，应选用粒度为 60 号到 80 号的软或中软的碳化硅砂轮。

（2）车刀的刃磨方法。

以 90°外圆车刀为例，刀具刃磨的步骤如图 1—30 所示。

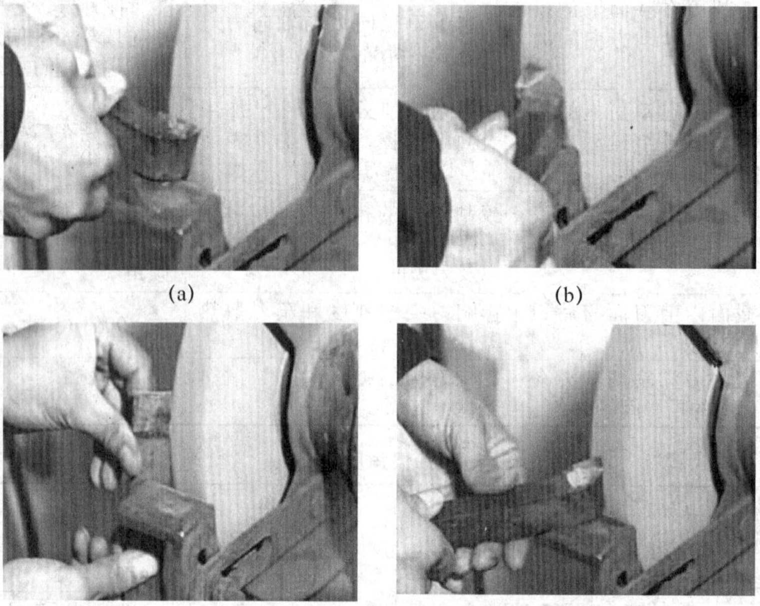

(a) (b) (c) (d)

图 1—30　车刀的刃磨步骤

1）为磨主后刀面，同时磨出主偏角及主后角，如图 1—30（a）所示。刃磨时，在略高砂轮中心的水平位置处将车刀翘起一个比刀体上的后角大 2°～3°的角度，以便再刃磨刀体上的主后角和副后角。

2）为磨副后刀面，同时磨出副偏角及副后角，如图 1—30（b）所示。

3）为磨前刀面，同时磨出前角，断屑槽，如图 1—30（c）所示。断屑槽常见的有圆弧形、直线形和直线圆弧形三种。手工刃磨的断屑槽一般为圆弧形，在刃磨时用力不能过大，刀尖可向上磨或向下磨。在刃磨的过程中砂轮的交角处应经常保持尖锐或具有一定的圆弧状，当砂轮棱边边磨损出较大圆角时，应及时修整砂轮。

4）为精磨各刀面以及过渡刃和负倒棱，如图 1—30（d）所示。

（3）刃磨车刀的姿势及方法。

1）人站立在砂轮机的侧面，以防砂轮碎裂时，碎片飞出伤人。

2）两手握刀的距离放开，两肘夹紧腰部，以减小磨刀时的抖动。

3）磨刀时，车刀要放在砂轮的水平中心，刀尖略向上翘 3°～8°，车刀接触砂轮后应作左右方向水平移动。当车刀离开砂轮时，车刀需向上抬起，以防磨好的刀刃被砂轮碰伤。

4）磨后刀面时，刀杆尾部向左偏过一个主偏角的角度；磨副后刀面时，刀杆尾部向右偏过一个副偏角的角度。

5）修磨刀尖圆弧时，通常以左手握车刀前端为支点，用右手转动车刀的尾部。

6）刃磨高速钢车刀时，应及时冷却，以防刀刃退火，致使硬度降低。而刃磨硬质合金刀头车刀时，则不能把刀体部分置于水中冷却，以防刀片因骤冷而崩裂。

7）在磨刀前，要对砂轮机的防护设施进行检查。如防护罩壳是否齐全；有托架的砂轮，其托架与砂轮之间的间隙是否恰当等。

（4）磨刀安全知识。

1）刃磨刀具前，应首先检查砂轮有无裂纹，砂轮轴螺母是否拧紧，并经试转后使用，以免砂轮碎裂或飞出伤人。

2）刃磨刀具不能用力过大，否则会使手打滑而触及砂轮面，造成工伤事故。

3）磨刀时应戴防护眼镜，以免砂砾和铁屑飞入眼中。

4）磨刀时不要正对砂轮的旋转方向站立，以防发生意外。

5）磨小刀头时，必须把小刀头装入刀杆上。

6）砂轮支架与砂轮的间隙不得大于3mm，若发现过大，应调整适当。

5. 车刀的安装

在车削加工前，必须正确安装好车刀，否则，即便是车刀的各个角度刃磨得合理，但其工作角度发生了改变，也会直接影响切削的顺利进行和工件的加工质量。所以在安装车刀时，要注意下列事项：

（1）车刀的悬伸长度要尽量缩短，以增强其刚性。一般悬伸长度为车刀厚度的1～1.5倍。伸出过长会使刀杆刚性变差，切削时易发生振动，影响工件的表面粗糙度。

（2）车刀垫铁要平整，数量要少，垫铁应与刀架对齐。车刀一定要夹紧，至少用两个螺钉平整压紧，并逐个轮流拧紧。

（3）车刀刀尖应与工件旋转轴线等高，如图1—31（a）所示，否则，将使车刀工作时的前角和后角发生改变；车外圆时，如果车刀刀尖高于工件旋转轴线，如图1—31（b）所示，则使前角增大，后角减小，这样加大了后面与工件之间的摩擦；如果车刀刀尖低于工件旋转轴线，如图1—31（c）所示，则使后角增大，前角减小，这样切削的阻力增大，切削不顺畅；刀尖不对中，当车削至端面中心时会留有凸头，若使用硬质合金车刀时，有可能导致刀尖崩碎，如图1—31（d）、（e）所示。

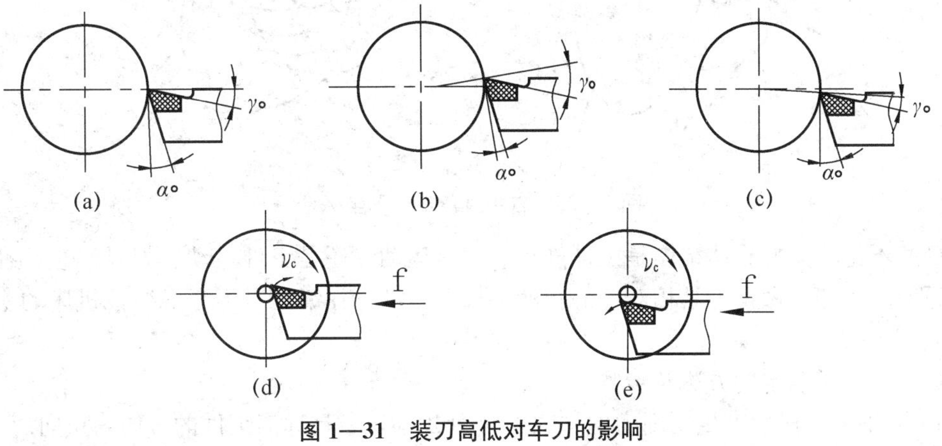

图1—31　装刀高低对车刀的影响

（4）车刀刀杆中心线应与进给运动方向垂直，否则将使车刀工作时的主偏角和副偏角发生改变，如图1—32所示。

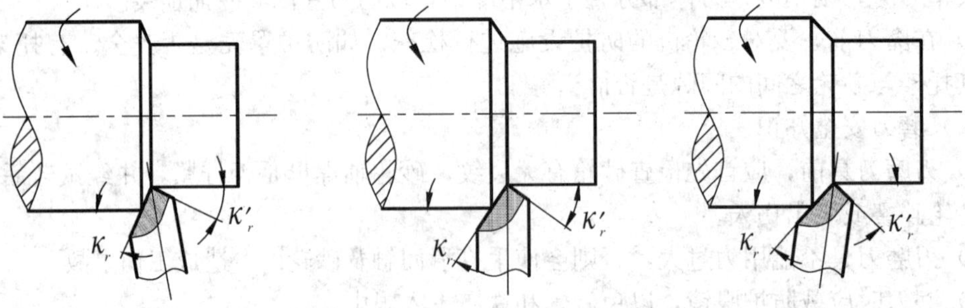

图1—32　车刀装偏对主副偏角的影响

6. 机床坐标系建立的基本原则

数控机床的标准坐标系及其运动方向，在国际标准中有统一规定，我国原机械工业部制订的标准JB/T 3052—1982与之等效。

（1）右手直角笛卡尔坐标系。标准的机床坐标系是一个右手直角笛卡尔坐标系，用右手法则判定，如图1—33所示。右手的拇指、食指、中指互相垂直，并分别代表$+X$、$+Y$、$+Z$轴。围绕$+X$、$+Y$、$+Z$轴的回转运动分别用A、$+B$、$+C$表示，其正向用右手螺旋定则确定。与$+X$、$+Y$、$+Z$、$+A$、$+B$、$+C$相反的方向用“$+X'$、$+Y'$、$+Z'$、$+A'$、$+B'$、$+C'$”表示。

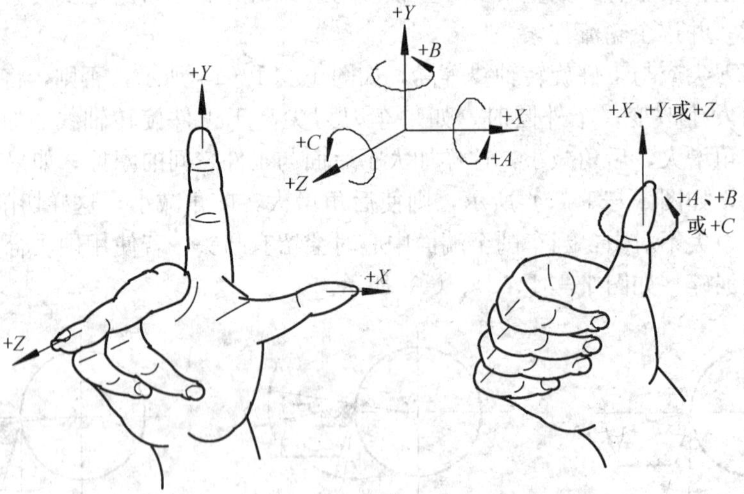

图1—33　右手直角笛卡尔坐标系

（2）不论机床的具体结构是工件静止、刀具运动，还是工件运动、刀具静止，在确定坐标系时，一律看做是刀具相对“静止的工件”运动，在编程时不考虑数控机床的实际运动形式。

（3）坐标轴确定的方法及步骤。

1）Z轴。一般取产生切削力的主轴轴线为Z轴，刀具远离工件的方向为正向。

2）X轴。X轴一般位于平行工件装夹面的水平面内。对于工件做回转切削运动的机床（如车床、磨床等），在水平面内取垂直工件回转轴线（Z 轴）的方向为 X 轴，刀具远离工件的方向为正方向。

3）Y 轴。根据已确定的 X、Z 轴，按右手直角笛卡尔坐标系确定 Y 轴。

如图 1—34、图 1—35 所示。

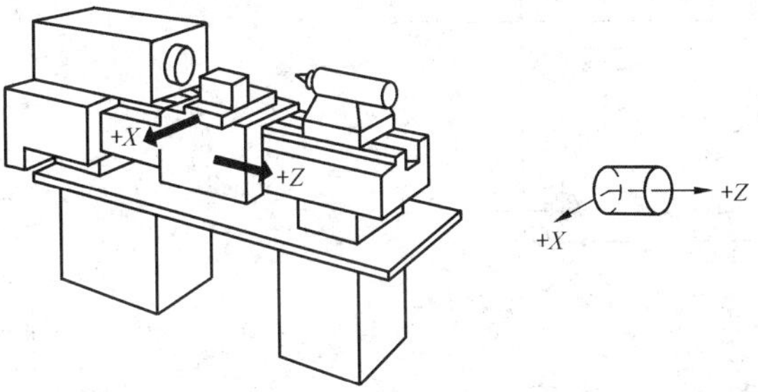

图 1—34　车床的坐标轴

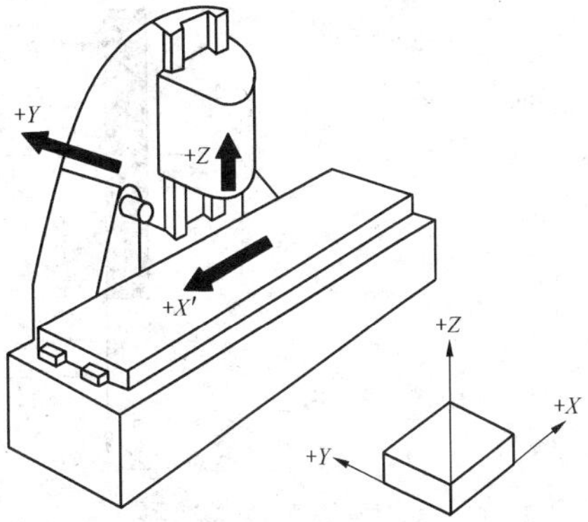

图 1—35　铣床的坐标轴

7．数控车床坐标系

（1）坐标系的确定。

数控车床的坐标系是以径向为 X 轴方向，轴向为 Z 轴方向，以远离工件的方向为坐标轴的正向。图 1—36 所示为卧式数控车床的坐标系。刀架前置时 $+X$ 向前，刀架后置时 $+X$ 向后，图 1—36（a）为刀架前置的坐标系，（b）为刀架后置的坐标系。

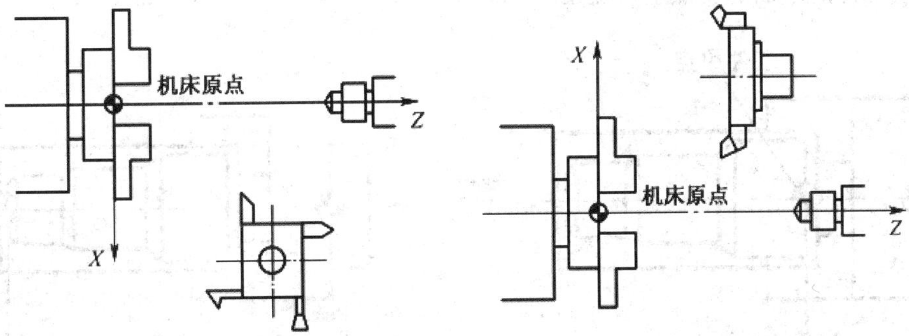

（a）刀架前置的数控车床的坐标系　　（b）刀架后置的数控车床的坐标系

图 1—36　卧式数控车床的坐标系

（2）机床原点、参考点及机床坐标系。

机床坐标系是机床固有的坐标系，是用来确定工件坐标系的基本坐标系，其坐标和原点方向视机床的种类和结构而定。机床原点为机床上的一个固定点，车床的机床原点定义为主轴旋转中心线与车头端面的交点（见图 1—37）。

参考点也是机床上的一固定点。该点与机床原点的相对位置如图 1—37 所示（点 O 即为参考点）。其位置由 Z 向与 X 向的机械挡块来确定。当进行回参考点的操作时，安装在纵向和横向滑板上的行程开关到相应的挡块后，由数控系统发出信号，由系统控制滑板停止运动，完成回参考点的操作。

当机床回参考点后，显示的 Z 与 X 的坐标值均为零。当完成回参考点的操作后，则马上显示此时的刀架中心（对刀参考点）在机床坐标系中的坐标值，就相当于数控系统内部建立了一个以机床原点为坐标原点的机床坐标系。

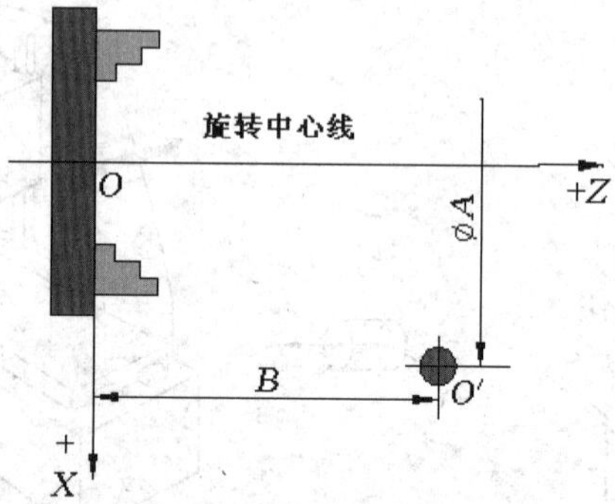

图 1—37　机床坐标系

（3）工件坐标系。

工件坐标系（又称浮动坐标系）是编程人员在编程时使用的，编程人员选择工件上的某一已知点为参考位置点（也称程序零点）建立一个新的坐标系，称为工件坐标系。工件坐标系一旦建立便一直有效，直到被新的工件坐标系所取代。工件坐标系的零点的选择要尽量满足编程简单、尺寸换算少、引起的加工误差小等条件。一般情况下，零点应选在尺寸标注的基准或定位基准上。对车床编程而言，工件坐标系零点一般选在工件轴线与卡盘的端面或工件的端面的交点上（见图 1—38）。

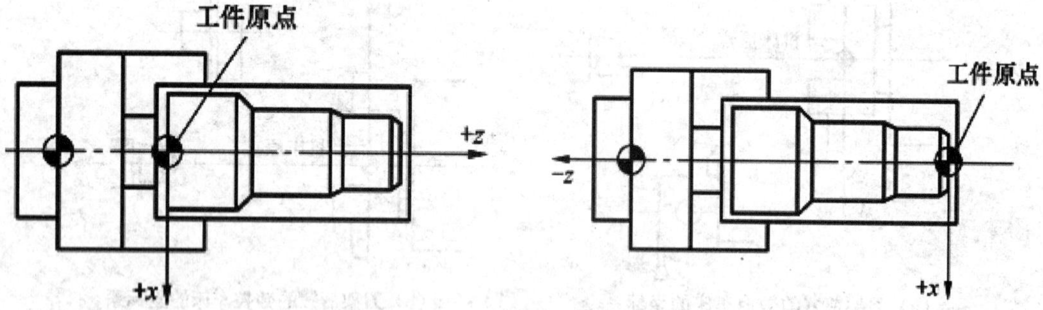

图 1—38　工件坐标系的设置

8. 数控车床的对刀

在加工程序执行前，调整每把刀的刀位点，使其尽量重合于某一理想基准点，这一过程称为对刀。数控车床常用的对刀方法有 3 种：定点对刀、试切对刀、回机械零点对刀。这里主要介绍试切对刀。

试切对刀是数控车床常用的对刀方法，用此对刀方法不需要基准刀，在刀具磨损或调整任何一把刀时，只要对此刀进行重新对刀即可。图 1—39 所示为试切对刀的具体方法。

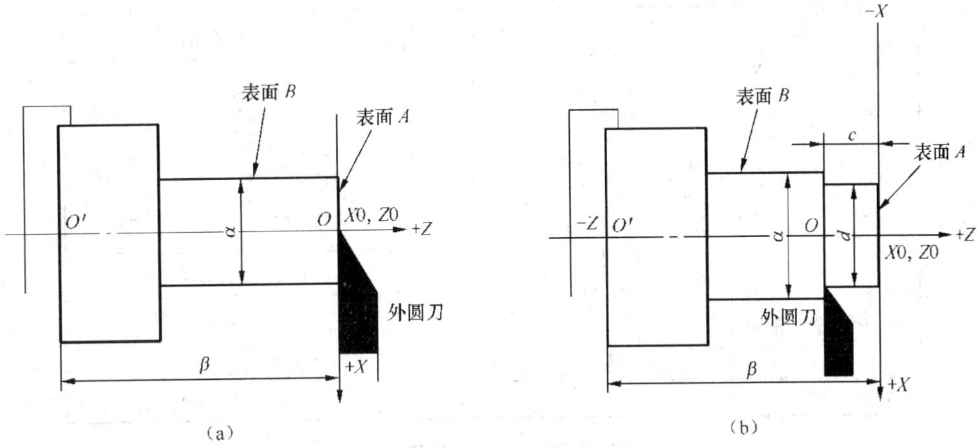

图 1—39 试切对刀

(1) 对 Z 坐标。

1) 在手动方式下，启动主轴。

2) 选择任意一把刀，沿 A 表面（端面）切削，Z 轴不动，刀具沿 X 轴退出工件外，停止主轴旋转。

3) 按刀补键进入刀偏数据界面，按下翻页按键再按↓键移动光标至 100 号后面的偏置号如图 1—19 所示，注意不要在 000 下边号码后边输入测量值。

4) 测量 A 表面与工件坐标系零点之间的距离“β”［图 1—39 (a)］，输入“Zβ”，比如：Z50，再按输入键；也可以直接输入“Z0”［图 1—39 (b)，通常选择第二种方式］，此时系统自动计算 Z 方向的刀偏值并设定，这样 Z 坐标就对好了。

(2) 对 X 轴。

1) 启动主轴，在手动方式下，X 轴不动，将刚才车刀在 B 表面往 Z 负方向加工一段距离，再 X 轴不动，往 Z 正方向退出工件。

2) 测量直径“d”在图 1—19 中输入“Xd”，比如：X20，按输入键，此时系统自动计算 X 方向的刀偏值并设定，这样 X 坐标就对好了。

重复以上步骤，便可以完成其他刀的对刀。但要注意其余刀具在对 Z 坐标时，要保证工件坐标系的重合，就不能再对端面进行切削了，只能让刀尖（切槽刀用左刀尖）与端面接触重合即可，输入的值为第一把刀具的 Z 值如“Z0”。另外每把刀具必须输在对应的刀号里边，比如 1 号刀就输在 101 的后边。

(3) 刀补的修改。

刀具补偿量的修改方法主要采用增量值输入，即：

1) 单击按钮，进入刀具补偿窗口，如图 1—40 所示，必要时按翻页键，将光标移到要输入的补偿号的位置（注意：修改刀补是在“000”的下面与对刀时输入的坐标值是不一样的窗口，通常 001 就表示 1 号刀的刀补号，002 就表示 2 号刀的刀补号）。

2) 按地址 U 或 W，其中 U 代表 X 坐标，W 表示 Z 坐标，输入补偿量如 U0.05，再按键后，补偿量就被输入系统，显示的值就在原来的基础上增加 0.05mm。

注：通常工件尺寸大了，输入 U 负值；工件长了，输入 W 负值，反之输入 U 正值和 W 正值。

偏置（mm）		00101 N0010			状态信息	
序号	X	Z	R	T	主轴转速	0
00	0.000	0.000	0.000	0	刀具号码	0100
001	−134.675	−253.344	0.000	0	实际速度	0
002	−145.346	−232.356	0.000	0	冷却状态	关闭
003	0.000	0.000	0.000	0	主轴状态	停止
004	0.000	0.000	0.000	0		
005	0.000	0.000	0.000	0	G00 G98 G97 G40	
现在位置（相对坐标）						
U	0.000	W	0.000		手动方式	
地址					14-03-05 08:33:55	

图 1—40 刀具补偿量窗口

【任务评价】

根据实训任务的特点，本任务对学生的综合性评价分为两部分：实训态度 30 分和基本操作 70 分。具体内容见表 1—14。

表 1—14 学生综合性评分表

项目名称	数控车床的车刀与对刀		姓 名		班 级		日期	
检测项目	序号	考核内容及要求	配分	学生自测	小组检测	教师检测	备注	
实训态度	1	出勤、穿着、佩戴规范	6					
	2	遵守纪律、服从安排	8					
	3	积极、认真、仔细	8					
	4	具有责任心和团队意识	8					
基本操作	5	安全、文明操作	10					
	6	刀具的刃磨	20					
	7	车刀的装夹	20					
	8	对刀操作规范	20					
指导教师			互评员		总 分			

【拓展与练习】

（1）试述机床坐标系的建立原则。

（2）试述车刀材料的分类和车刀几何角度的选择。

（3）试述车刀的刃磨与安装方法。

任务 5 数控车削加工工艺分析

【任务描述】

图 1—41 为中级数控车工试题，毛坯 $\phi40\text{mm}\times95\text{mm}$，根据零件的特点分析其加工工艺，选择合适的刀具、量具、夹具并能正确计算轮廓节点。

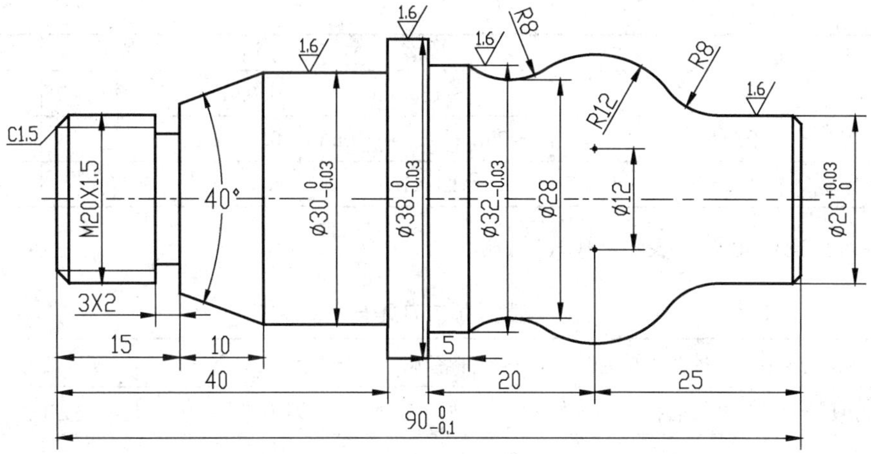

图 1—41　中级数控车工试题

【任务分析】

根据零件图和要求可知：工件毛坯 ϕ40mm×95mm，图形由圆柱面、圆锥面、成形面、沟槽、螺纹，尺寸精度最高达到 0.03mm。要完成此零件的加工，必须制定出合理的加工路线，选择合适刀具、置具装夹方式，并且要正确计算出工件轮廓节点，以便编制出正确的数控加工程序。本任务将围绕数控加工工艺分析的主要内容进行讲解。

【任务实施】

1. 认真学习知识储备的相关知识，掌握数控车削加工工艺分析的步骤及其内容

2. 根据零件图 1—41 所示与分析确定以下方案

（1）加工路线与装夹方式的确定。

根据零件要求，只需在一台车床上完成，结合工件的装夹方式确定以下加工路线。

1）利用三爪卡盘夹持工件一端，伸出长度约为 40mm，手动切端面并车削一外圆长 35mm，再利用尾座进给钻中心孔；

2）工件调头利用三爪卡盘夹持伸出长度约为 48mm，手动切端面并保证工件总长，再进行自动加工完成工件右轮廓；

3）调头利用一夹一顶的装夹方式（用铜皮包好工件 ϕ20 的外圆夹持），车削工件左端外圆、断屑槽和螺纹至尺寸。

（2）工、量具的确定（见表 1—15）。

表 1—15　　工、量具清单

工、量具清单			图号		1—41	
种类	序号	名称	规格	精度	单位	数量
工具	1	三爪自定心卡盘			个	1
	2	卡盘扳手、刀架扳手			副	各 1
	3	垫刀片			块	若干
	4	中心钻	A 型		支	1
	5	钻夹套			个	1
	6	铜皮			张	自定

续前表

种类	序号	名称	规格	精度	单位	数量
量具	7	游标卡尺	0～150mm	0.02mm	把	1
	8	千分尺	0～25mm 和 25～50mm	0.01mm	把	各 1
	9	螺纹套规	M20X1.5		套	1

（3）刀具的确定见（表 1—16）。

表 1—16　　数控加工刀具卡

产品名称或代号		中级数控车工试题	零件名称			零件图号	1—41
序号	刀具号	刀具名称	数量	加工表面	刀尖半径 r/mm	刀尖方位 T	备注
1	T01	90°尖刀	1	外轮廓	0.4	3	
2	T02	切槽刀	1	退刀槽			
3	T03	螺纹刀	1	车螺纹	0.2	8	
4	T04	45°车刀	1	端面	0.8		手动
编 制		审核		批 准		共 1 页	第 1 页

（4）数控加工工序卡的填写（见表 1—17）。

表 1—17　　数控加工工序卡

单位名称	南溪职业技术学校	产品名称或代号		零件名称		零件图号	
		中级数控车工试题				1—41	
工序号	程序编号	夹具名称		使用设备		车间	
001	O0012	三爪卡盘，顶尖		CJK6132		数车实训车间	
工步号	工步内容	主轴转速 n（r/min）	进给速度 f(mm/min)	切削深度 a_p(mm)	刀具号	刀具名称	备注
1	卡盘夹持一端车端面，手动车外圆长度 50mm	945	100	0. 5	T04	45°偏刀	手动
2	钻中心孔	1 210	30	3		ϕ6 中心钻	手动
3	调头夹持，G73 粗车右轮廓	1 210	80	1	T01	90°尖刀	自动
4	精车工件右轮廓至尺寸	945	100	0.25	T01	90°尖刀	自动
5	调头用一夹一顶装夹，G71 粗车左边轮廓	945	100	1	T01	90°尖刀	自动
6	G70 精车左边轮廓	1 210	80	0.25	T01	90°尖刀	自动
7	切退刀槽	460	30	4	T02	切槽刀	自动
8	G92 车 M20×1.5 螺纹	640			T03	螺纹刀	自动
编制	审核	批准		年　月　日		共 1 页	第 1 页

（5）数值的计算。

在编写程序以前，首先要确定图形的每个轮廓点的坐标值。根据零件的分析图 1—42 所示，要完成程序的编写必须要找到 F、D、P 和 S 点的坐标值。通过分析图并根据所学知识依次计算如下：

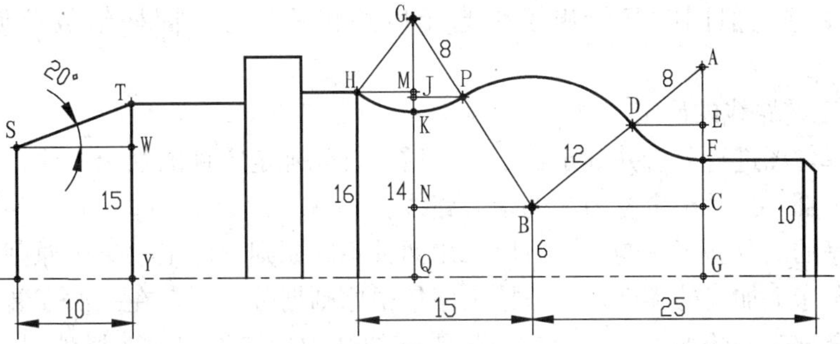

图 1—42　零件分析图

$$F_Z=25-BC=25-\sqrt{AB^2-AC^2}=9\text{mm}$$

已知 $\dfrac{AD}{AB}=\dfrac{DE}{BC}\Rightarrow DE=\dfrac{AD\times BC}{AB}=\dfrac{8\times 16}{20}=6.4\text{mm}\quad AE=\sqrt{AD^2-DE^2}=4.8\text{mm}$

则：$D_X=2\times(10+EF)=2\times(10+3.2)=26.4\text{mm}$

$D_Z=F_Z+DE=9+6.4=15.4\text{mm}$

已知 $BN=15-HM=15-\sqrt{GH^2-GM^2}=9.7\text{mm}$

$$\frac{GP}{GB}=\frac{JP}{NB}\Rightarrow JP=\frac{GP\times NB}{GB}=\frac{8\times 9.7}{20}=3.88\text{mm}\Rightarrow GJ=\sqrt{GP^2-JP^2}=7\text{mm}$$

则：$P_X=2\times(22-GJ)=2\times(22-7)=30\text{mm}$

$P_Z=40-HM-JP=40-5.3-3.88=30.82\text{mm}$

$S_X=2\times WY=2\times(TY-TW)=2\times(15-10\times\tan 20^\circ)=22.72\text{mm}$

（6）程序的编制（略）。

【知识储备】

一般来说，在实际生产中任何一个零件的加工都应包含这几个步骤：分析零件图、加工工艺路线的确定、装夹方式的确定、刀具和切削用量的确定、填写数控加工工序卡和刀具卡、编写程序及检验和首件试切。

1. 分析零件图

分析零件图的内容包括：分析零件图纸技术要求，确定加工机床和检查零件图的完整性和正确性。

（1）分析车削零件图纸技术要求。主要考虑零件的尺寸精度、几何形状精度、表面之间的相互位置精度、表面粗糙度以及热处理要求。在实际加工中，要考虑在数控车上加工能否保证零件的各项精度和技术要求，进而具体考虑在哪一种机床上加工最为合理。

（2）检查零件图的完整性和正确性。由于数控加工程序是以准确的坐标点来编制的，因此，各图形几何要素间的相互关系（如相切、相交、垂直和平行等）应明确，尺寸、公差和技术要求是否标注齐全等。例如，在实际加工中常常会遇到图纸中缺少尺寸，给出的几何要素的相互关系不够明确，使编程计算无法完成，或者虽然给出了几何要素的相互关系，但同时又给出了引起矛盾的相关尺寸，同样给数控编程计算带来困难。

2. 加工工艺路线的确定

通过对零件图进行分析并确定加工机床后，首先确定零件的加工工序，其次确定每个工序的加工工部，最后确定各刀具的走刀路线。

（1）工序的划分。工序的划分可以采用两种不同原则，即工序集中原则和工序分散原则。在数控车床上加工的零件，一般按工序集中原则划分工序，在一次安装下尽可能完成大部分甚至全部表面的加工。一般应根据零件的结构形状不同，选择外圆、端面或内孔、端面装夹，并力求设计基准、工艺基准和编程原点的统一。工序的划分主要从以下几个方面考虑：

1）位置精度要求。

2）以一个完整的数控程序所能连续加工的表面为原则进行工序的划分。

3）按粗、精加工划分。

总之，在加工中要根据零件的结构与工艺性要求、零件的批量、机床的功能，以及零件数控加工内容的多少、程序的大小、安装次数及本单位生产组织状况灵活掌握。

（2）加工工步的确定。制定零件车削加工顺序一般遵循几个原则：先粗后精、先近后远、内外交叉、减少换刀次数。对于能满足加工要求的刀具，应尽可能多地利用它完成工件表面的加工，缩短刀具的移动距离。对于数控车削加工常见工步内容的安排：

1）车削台阶轴时，为了保证车削时的刚性，一般应先车直径较大的部分，后车直径较小的部分；

2）在轴类工件上切槽时，应在精车之前进行，以防止工件变形；

3）精车带螺纹的轴时，一般应在螺纹加工之后再精车无螺纹部分；

4）钻孔前，应将工件端面车平，必要时应先钻中心孔；

5）钻深孔时，一般先钻导向孔；

6）车削 $\phi10\sim\phi20$ 的孔时，刀杆的直径应为被加工孔的 0.6～0.7 倍；加工直径大于 $\phi20$ 的孔时，一般应采用装夹刀头的刀杆；

7）当工件的有关表面有位置公差要求时，尽量在一次装夹中完成车削；

8）车削圆柱齿轮齿坯时，孔与基准端面必须在一次装夹中加工。

（3）进给路线的确定。进给路线是指数控机床加工过程中，刀具相对零件的运动轨迹和方向，也称走刀路线。它泛指刀具从起刀点（或机床参考点）开始运动起，直至返回该点并结束加工程序所经过的路径，包括切削加工的路径及刀具切入、切出等非切削空行程。

1）原则。

（a）根据工件表面形状和精度要求确定工序和工步，并由此确定各表面加工进给路线的顺序。

(b) 在保证工件轮廓表面加工后精度和粗糙度要求的前提下，寻求最短进给路线（包括空行程路线和切削路线），减少走刀时间以提高加工效率，尽量减少程序段数。

(c) 对横截面积小的细长零件或薄壁零件应采用分几次进给加工的方式，防止切削深度过大，造成切削力过大，工件变形。

(d) 刀具的进、退刀点应避免在轮廓处，避免因停刀而在工件表面留下刀痕，也要避免在工件轮廓面上垂直下刀而划伤工件。

2）进给路线的确定。

(a) 最短的切削进给路线。图 1—43 所示给出了三种不同的粗车切削进给路线，其中图 1—43（c）所示矩形循环进给路线最短。

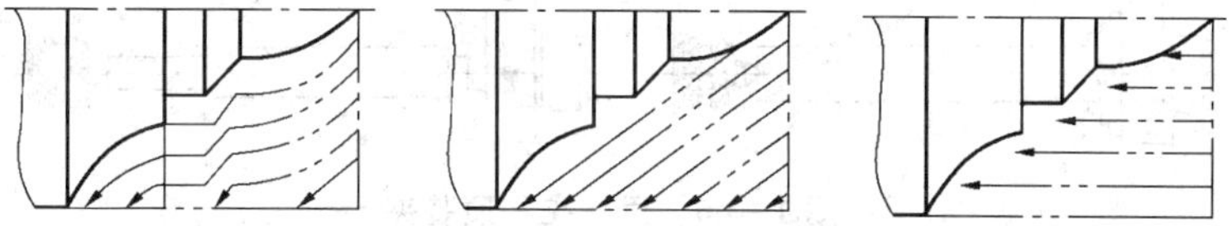

(a) (b) (c)

图 1—43 粗车切削进给路线示例

(b) 最短的空行程路线。最短的空行程路线主要是为了减少刀具走空刀的时间，从而提高零件的加工效率。在编程时主要注意起刀点的设置、换刀点的设置和“回零”路线的合理安排。

3. 工件装夹方式的确定

数控车床夹具可分为通用夹具和专用夹具两大类。通用夹具是指能够装夹两种或两种以上工件的同一夹具；专用夹具是专门为加工某一指定工件的某一工序而设计的夹具，下面介绍数控车床上的常用的一些夹具如：三爪卡盘、四爪单动卡盘、顶尖、心轴等。

(1) 三爪卡盘。

三爪卡盘如图 1—44 所示，是最常用的车床通用夹具，三爪卡盘最大的优点是可以自动定心、装夹方便，但夹紧力较小，适于装夹外形规则的中、小型工件。三爪卡盘可安装成正爪和反爪两种形式，常见的有机械式和液压式两种。

(2) 四爪单动卡盘。

四爪单动卡盘如图 1—45 所示，它的 4 个卡爪能各自独立地径向移动，分别通过四个调整螺钉进行调整。其夹紧力较大，但校正工件较麻烦，适于装夹大型或形状不规则的工件。四爪单动卡盘的卡爪也可装成正爪或反爪。

(3) 用一夹一顶方法安装工件。

在车削较重、较长的轴体零件时，可采用一端夹持，另一端用后顶尖顶住的方式安装工件，这样会使工件更为稳固，从而能选用较大的切削用量进行加工。为了防止工件因切削力作用而产生轴向窜动，必须在卡盘内装一限位支承，或用工件的台阶作限位，如图 1—46 所示。此装夹方法比较安全，能承受较大的轴向切削力，故应用很广泛。

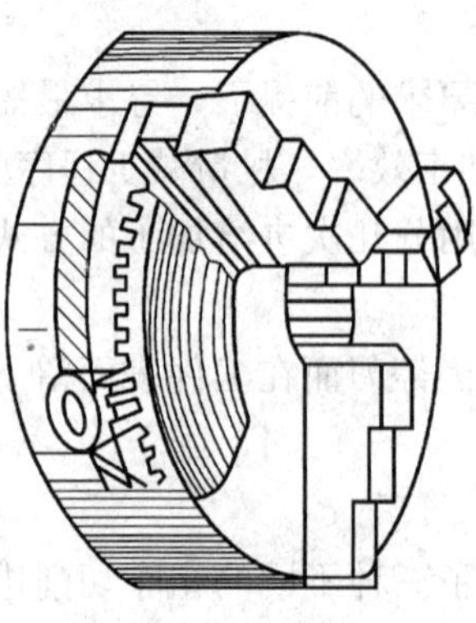

图 1—44　三爪卡盘

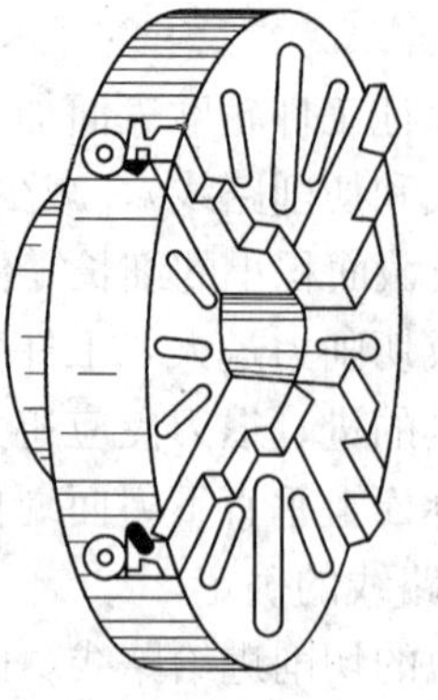

图 1—45　四爪单动卡盘

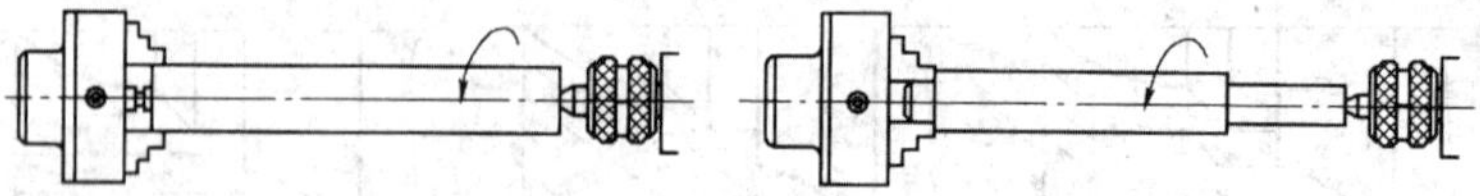

图 1—46　用一夹一顶装夹

（4）中心孔定位夹具。

1）两顶尖拨盘。两顶尖定位的优点是定心正确可靠，安装方便。顶尖作用是定心、承受工件的重量和切削力。顶尖分前顶尖和后顶尖两种，前顶尖和主轴一起旋转，与主轴中心孔不产生摩擦，后顶尖插入尾座套筒，分为死顶尖与活顶尖，如图 1—47 所示。

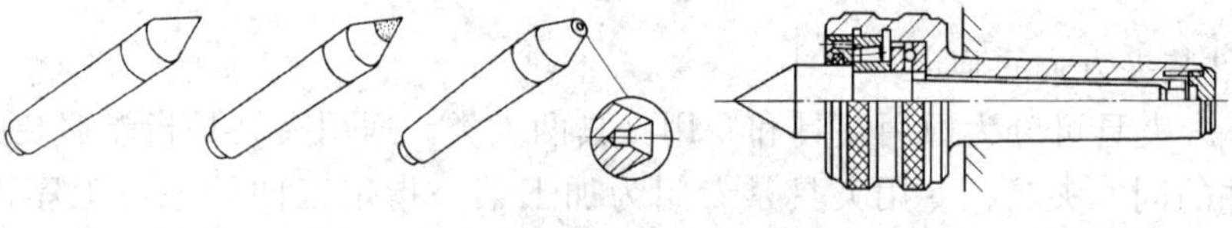

图 1—47　死顶尖与活顶尖

工件安装时用对分夹头或鸡心夹头夹紧工件一端，拨杆伸向端面。两顶尖只对工件有定心和支承作用，必须通过对分夹头或鸡心夹头的拨杆带动工件旋转，如图 1—48 所示。利用两顶尖定位还可加工偏心工件，如图 1—49 所示。

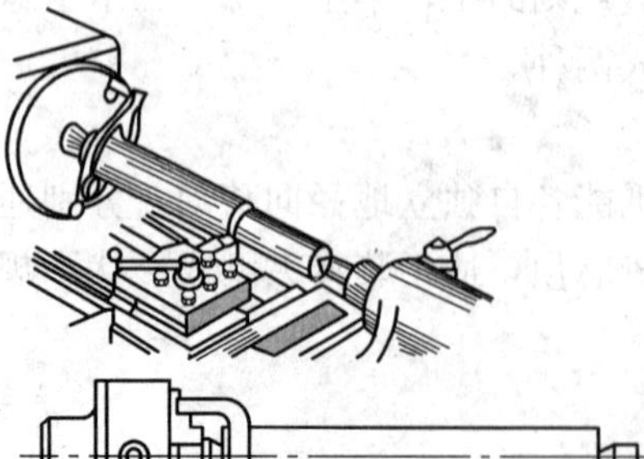

图 1—48　两顶尖装夹工件

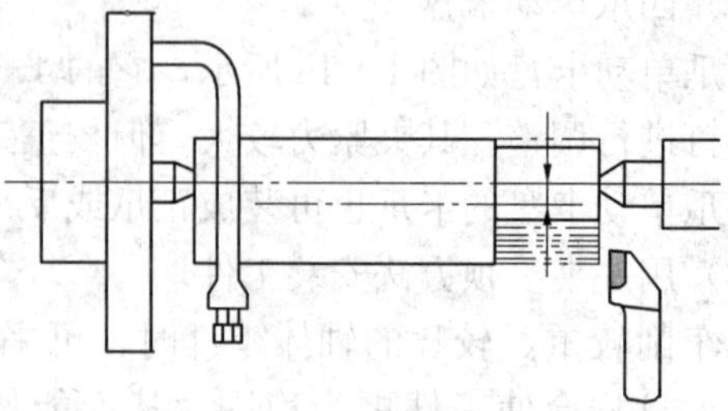

图 1—49　两顶尖定位加工偏心工件

2）拨动顶尖。拨动顶尖常用的有内、外拨动顶尖和端面拨动顶尖两种，如图 1—50 与图 1—51 所示。

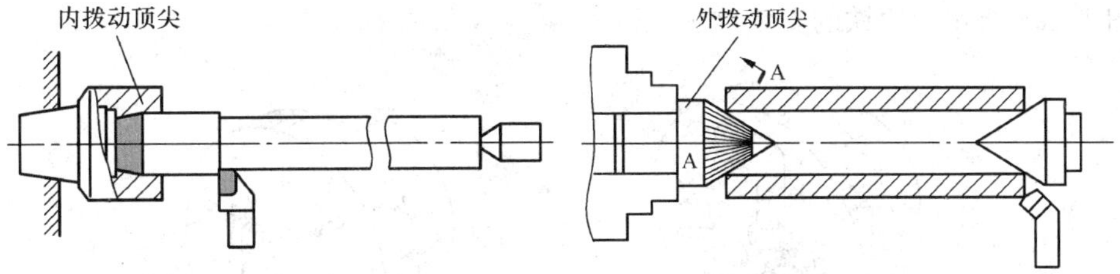

图 1—50　内、外拨动顶尖

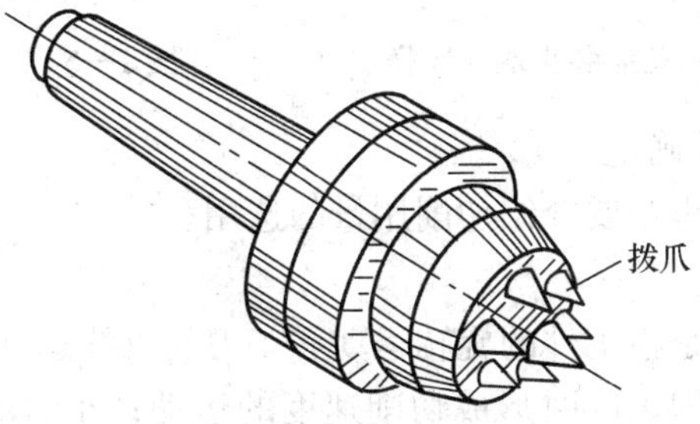

图 1—51　端面拨动顶尖

（5）心轴。

当工件的形状复杂或内外圆表面的位置精度要求较高时，可采用心轴安装进行加工，这有利于保证零件的外圆与内孔的同轴度及端面对孔的垂直度要求。

使用心轴装夹工件时，应将工件全部粗车完后，再将内孔精车好（IT7～IT9），然后以内孔为定位精基准，将工件安装在心轴上，再把心轴安装在前后顶尖之间，常见的心轴如图 1—52 所示有小锥度心轴（a）、胀力心轴（b）、圆柱心轴（c）。其中常见的胀力心轴，为使胀力均匀，常将槽做成三等分，如图 1—52（d）所示。

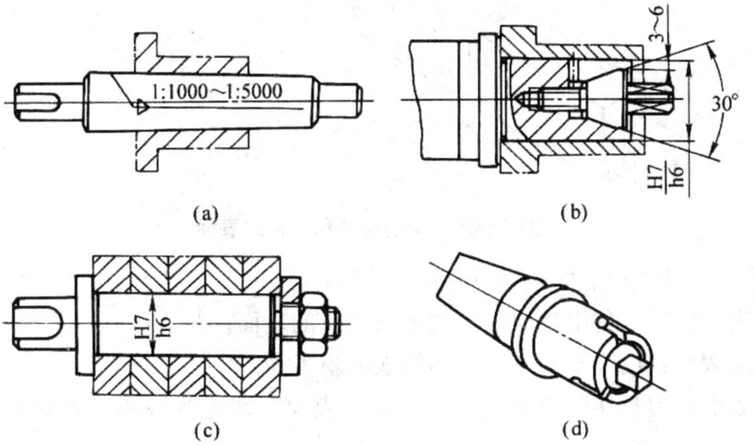

图 1—52　常见心轴的种类

（6）其他车削工装夹具。

1）花盘。加工表面的回转轴线与基准面垂直、外形复杂的零件可以装夹在花盘上加工，图 1—53 所示为用花盘装夹双孔连杆的方法。

2）角铁。加工表面的回转轴线与基准面平行、外形复杂的工件可以装夹在角铁上加工，图 1—54 所示为角铁的安装方法。

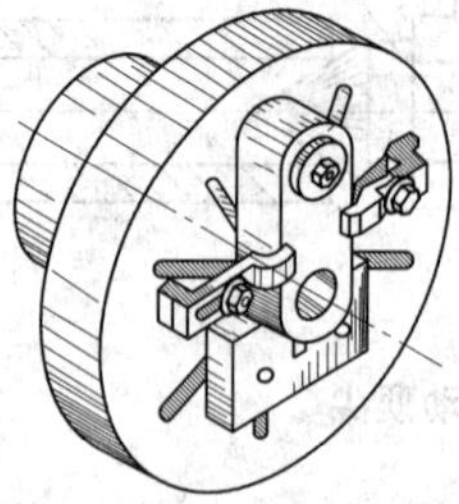

图 1—53 用花盘装夹双孔连杆

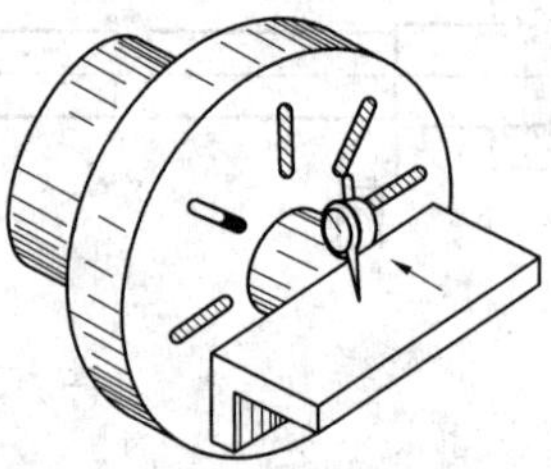

图 1—54 角铁的安装

4. 刀具与切削用量的确定

数控刀具已介绍，这里主要介绍切削用量的选用。

(1) 车削运动。

车床的切削运动主要是指工件的旋转运动和车刀的直线运动（见图 1—55）。其中工件的旋转运动也叫主运动，即车削时形成切削速度的运动；车刀的直线运动也叫进给运动，进给运动又分为纵向进给（车外圆）和横向进给运动（车端面、切槽）。

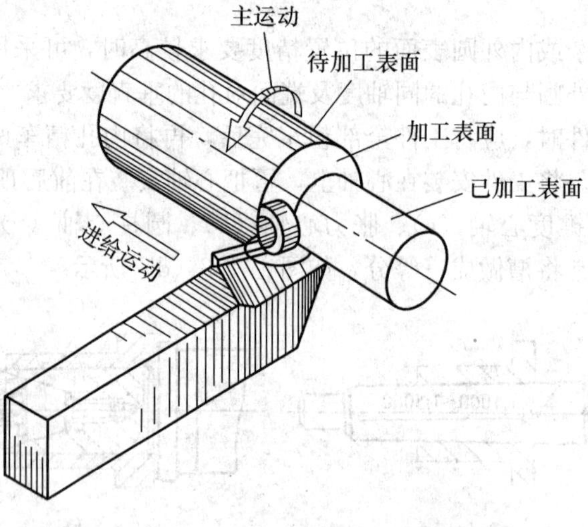

图 1—55 车削运动和工件的表面

(2) 车削时工件上形成的表面（见图 1—55）。

1) 待加工表面：工件上将要被车去多余金属的表面。

2) 已加工表面：已经车去金属层而形成的新表面。

3) 加工表面：刀具切削刃在工件上形成的表面，即连接待加工表面和已加工表面之间的表面。

(3) 切削用量的选择。

切削用量又称切削三要素，是表示车削运动大小的参数。切削用量包括切削深度、进给量和切削速度，如图 1—56 所示。合理选择切削用量对延长刀具的寿命和提高生产效率有着密切的关系。

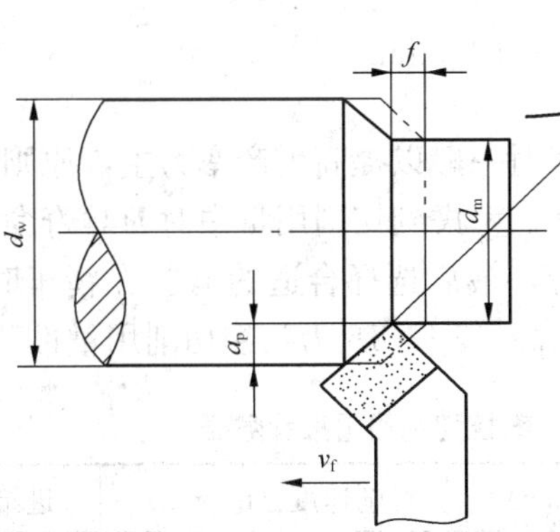

图 1—56 切削用量

1）背吃刀量（a_p）。

背吃刀量是车削时工件上已加工表面和待加工表面间的垂直距离，也就是每次进给时车刀切入工件的深度。切断、切槽时的切削深度等于车刀主切削刃的宽度，车外圆时其公式为：

$$a_p=\frac{d_w-d_m}{2}$$

式中：a_p——切削深度，mm；

d_w——工件待加工表面直径，mm；

d_m——已加工表面直径，mm。

2）进给量（f）。

进给量是车削时工件每转一周，车刀沿进给方向移动的距离。它是衡量进给运动大小的参数（单位：mm/r）。

进给量分纵向进给量和横向进给量。纵向进给量就是沿车床床身导轨方向的进给量；横向进给量是垂直于车床床身导轨方向的进给量。

3）切削速度（v_c）。

切削速度就是在进行切削加工时，主运动的线速度。它是衡量主运动大小的参数（单位：m/min）。在一定的主轴转速下切削工件，其切削速度是随车削工件的直径变化而变化的，直径越小切削速度越低。反之切削速度越高。其计算公式为：

$$v_c=\frac{n\pi d_w}{1\,000}$$

式中：v_c——切削速度，m/min；

n——主轴转速，r/min；

d_w——工件待加工表面的直径，mm。

例：加工一碳钢 ϕ50mm 的外圆，若采用 120m/min 切削速度加工，试确定加工转速 n。

根据上述公式可知：

$$n=\frac{1\,000v_c}{\pi d_w}=\frac{1\,000\times120}{3.14\times50}\approx764\text{r/min}$$

切削三要素选择原则：在粗车时一般以提高生产率为主，原则上应选择较大的切削用量，但又不能同时增大切削三要素。考虑到切削用量中对刀具寿命影响最大，所以在粗车时应优先选用较大的 a_p，其次是 f，最后选择合适的 v_c。在精车时以提高表面质量为主，主要选用较大的 v_c，较小的 f 和 a_p。表 1—18 为数控切削用量推荐数据。

表 1—18　　数控切削用量推荐数据

工件材料	加工方式	切削深度（mm）	切削速度（m/min）	进给量（mm/r）	刀具材料
碳素钢 $\sigma_b>600$ MPa	粗加工	2～3	60～120	0.2～0.4	YT 类
	精加工	0.2～0.3	120～150	0.1～0.2	
	车螺纹		70～100	导程	
	钻中心孔		50～800r/min		W18Cr4V
	钻孔		20～30	0.1～0.2	
	切断（宽度<5mm)		70～110	0.1～0.2	YT 类
合金钢 $\sigma_b=1\,470$ MPa	粗加工	2～3	50～80	0.2～0.4	YT 类
	精加工	0.1～0.15	60～100	0.1～0.2	
	切断（宽度<5mm)		40～70	0.1～0.2	
铸铁 200HBS 以下	粗加工	2～3	50～70	0.2～0.4	YG 类
	精加工	0.1～0.15	70～100	0.1～0.2	
	切断（宽度<5mm)		50～70	0.1～0.2	
铝	粗加工	2～3	600～1 000	0.2～0.4	YG 类
	精加工	0.2～0.3	800～1 200	0.1～0.2	
	切断（宽度<5mm)		600～1 000	0.1～0.2	
黄铜	粗加工	2～4	400～500	0.2～0.4	YG 类
	精加工	0.1～0.15	450～600	0.1～0.2	
	切断（宽度<5mm)		400～500	0.1～0.2	

5. 填写数控加工工序卡与刀具卡

数控加工工艺文件既是数控加工的依据，也是操作者遵守、执行的作业指导书。数控加工工艺文件是对数控加工的具体说明，目的是让操作者更明确加工程序的内容、装夹方式、加工顺序、走刀路线、切削用量和各个加工部位所选用的刀具等作业指导规程。数控加工工艺技术文件主要有：数控加工工序卡和数控加工刀具卡。更详细的还有数控加工走刀路线图。

当前，数控加工工序卡、数控加工刀具卡及数控加工走刀路线图还没有统一的标准格式，都是由各个单位结合具体情况自行确定的。

（1）数控加工工序卡。

数控加工工序卡与普通加工工序卡有许多相似之处，所不同的是：若要求画出工序简图，工序简图中应注明编程原点与对刀点，要进行简要编程说明（如所用加工机床型号、程序编号）及切削参数（即程序编入的主轴转速、进给速度、切削深度或宽度等）的选择。具体如表 1—19 所示。

表 1—19　　数控加工工序卡

单位名称		产品名称或代号		零件名称		零件图号	
工序号	程序编号	夹具名称		使用设备		车间	
001							
工步号	工步内容	主轴转速 n(r/min)	进给速度 f(mm/min)	切削深度 a_p(mm)	刀具号	刀具名称	备注
1							
2							
编制	审核	批准		年　月　日		共 1 页	第 1 页

(2) 数控加工刀具卡。

数控加工刀具卡反映刀具编号、刀具型号规格与名称、刀具的加工表面、刀具数量和刀尖半径以及刀尖方位等。有些更详细的数控加工刀具卡还要求反映刀具结构、尾柄规格、组合件名称代号、刀片型号和材料等。数控加工刀具卡是组装和调整刀具的依据。具体如表 1—20 所示。

表 1—20　　数控加工刀具卡

产品名称或代号			零件名称			零件图号	
序号	刀具号	刀具名称	数量	加工表面	刀尖半径 r/mm	刀尖方位 T	备注
1							
2							
编 制		审核		批 准		共 1 页	第 1 页

6. 程序的编写与检验

当零件的数控加工工艺文件准备就绪后，就可以进行程序的编写，根据刀具运动轨迹坐标值和已确定的切削用量以及辅助动作，结合数控系统规定使用的指令代码及程序段格式，编写零件加工程序单。另外在手工编程时，有些零件图上的轮廓节点尺寸没有直接给出的，还要先进行计算才能编写。对于简单的计算可以手工完成，对于一些自由曲线、曲面等加工，要借助计算机辅助编程来完成。

将编好的程序输入到数控系统的方法有两种：一种是通过操作面板上的按钮手工直接把程序输入数控系统，另一种是通过计算机 RS-232 接口与数控机床连接传送程序。

为了检验程序是否正确，可通过数控系统图形模拟功能来显示刀具轨迹或用机床空运行来检验机床运动轨迹，检查刀具运动轨迹是否符合加工要求。

7. 试切工件

用图形模拟功能和机床空运行来检验车刀运动轨迹，只能检验刀具的运动轨迹是否正确，不能检查加工精度。因此，还应进行零件的试切。如果通过试切发现零件的精度达不到要求，对于批量加工的零件，应即时查找原因并调整、修改，直至达到零件的加工精度要求。

在试切削工件时可用单步执行程序的方法，即按一次按钮执行一个程序段，发现问题及时处理。

【任务评价】

由于本任务主要零件的工艺分析，任务中的内容已经分析和讲解，所以对学生的综合性评价主要是对另外一个零件（见图 1—57）进行工艺分析。其评价内容分为实训态度 30 分和工艺分析 70 分。具体内容见表 1—21。

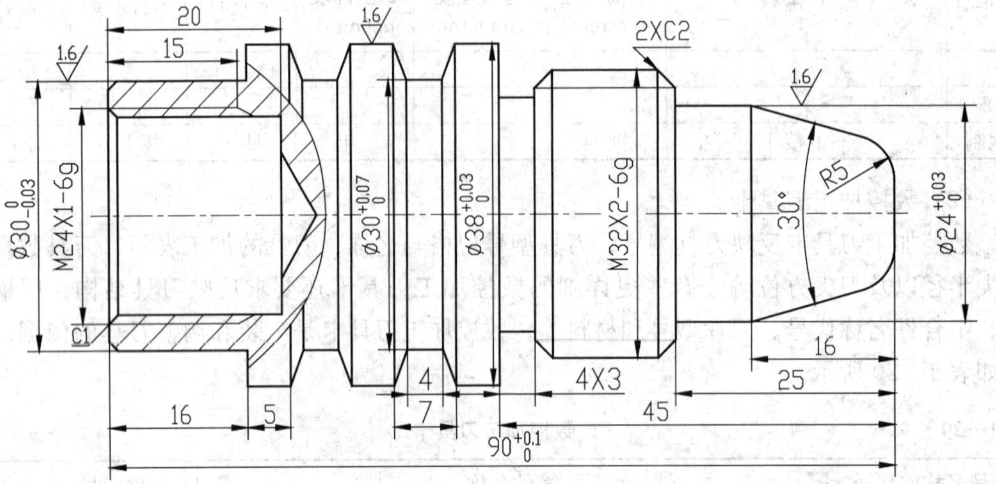

图 1—57　零件图

表 1—21　学生综合性评分表

姓名			班级			日期		
项目名称	数控车削加工工艺分析		零件图号	1-57		机床编号		
检测项目	序号	考核内容及要求	配分	学生自测	小组检测	教师检测	备注	
实训态度	1	出勤、穿着、佩戴规范	6					
	2	遵守纪律、服从安排	8					
	3	积极、认真、仔细	8					
	4	具有责任心和团队意识	8					
工艺分析	5	装夹方式选择合理	10					
	6	切削用量选用合理	10					
	7	工、量具准备合理	10					
	8	刀具选用正确	10					
	9	加工工序合理	15					
	10	数值计算准确	15					
指导教师			互评员			总分		

【拓展与练习】

（1）数控车削加工工艺分析的内容有哪些？

（2）在数控车削时切削用量是怎样选择的？

（3）车床上常用的装夹方式有哪些？

（4）如图 1—56 所示，分析图形，制定正确的加工工艺方案。

项目二　轴类零部件的编程与加工

轴是组成机械的重要零件，也是机械加工中常见的零件。它有着支撑轴上回转零件并传递转矩等作用。轴类零件是回转零部件，其长度大于直径，一般由外圆轴面、圆锥面、内孔、螺纹以及端面等组成。加工表面除了内外圆表面、圆锥面、螺纹、端面外，还有花键、键槽、横向孔、内外沟槽等。根据功用和结构形状，轴也可以分为光轴、空阶台轴、半轴、阶台轴、花键轴、十字轴、偏阶台轴、曲轴、凸轮轴等，如图 2—1 所示。

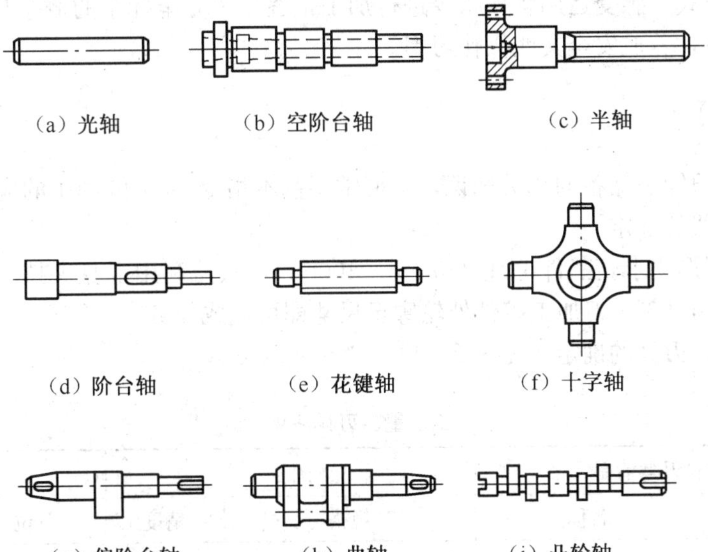

（a）光轴　（b）空阶台轴　（c）半轴

（d）阶台轴　（e）花键轴　（f）十字轴

（g）偏阶台轴　（h）曲轴　（i）凸轮轴

图 2—1　典型的轴类零件

任务 1　简单阶梯轴零件的编程与加工

【任务描述】

使用 GSK980TB1 系统数控车床加工如图 2—2 所示工件。工件毛坯为 ϕ30mm×700mm，材料为 45 钢。

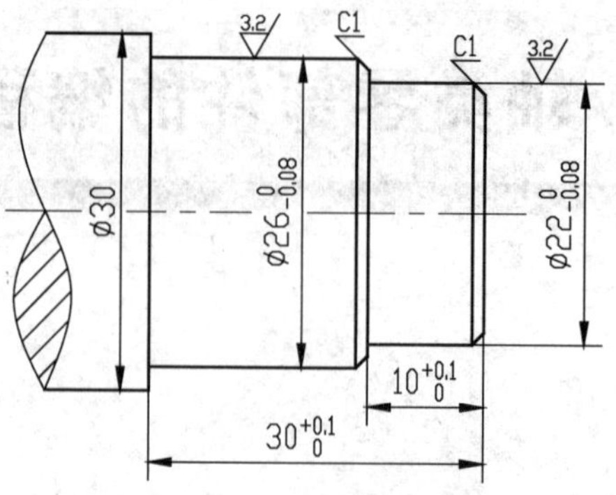

图 2—2　阶梯轴零件

【任务分析】

本任务的图形主要由圆柱面组成，加工精度：外圆 0.08mm，长度 0.1mm，粗糙度 3.2μm，无须切断。根据毛坯尺寸，编写程序可使用 G00 和 G01，加工在一次装夹中完成。本任务主要是培养学生正确装夹工件、刀具和对刀，掌握数控编程规则，正确使用数控车床的加工方式，感受运用程序指令进行加工，逐步树立坐标系的概念与刀具移动方向之间的对应关系，养成安全文明操作习惯。

【任务实施】

1. 认真学习知识储备的相关知识，掌握常用基本指令 G00 和 G01 的应用

2. 加工路线的确定

根据任务图形要求，工件毛坯 φ30mm×100mm，只需利用卡盘夹持一端，伸出长度约 50mm，用一把 90°车刀加工零件外轮廓至尺寸即可完成任务。

3. 工、量、刃具的确定（见表 2—1）

表 2—1　　工、量、刃具清单

工、量、刃具清单			图号		2—1	
种类	序号	名称	规格	精度	单位	数量
工具	1	三爪自定心卡盘			个	1
	2	卡盘扳手、刀架扳手			副	各 1
	3	垫刀片			块	若干
量具	4	游标卡尺	0～150mm	0.02mm	把	1
	5	千分尺	0～25mm 和 25～50mm	0.01mm	把	各 1
刃具	6	45°车刀	20mm×20mm		把	1
	7	90°车刀	20mm×20mm		把	1

4. 数控加工工序卡的填写（见表 2—2）

表 2—2 **数控加工工序卡**

单位名称	南溪职业技术学校		产品名称或代号		零件名称		零件图号	
			数车实训件		件一		2-1	
工序号	程序编号		夹具名称		使用设备		车间	
001	O0211		三爪卡盘		CJK6132		数车实训车间	
工步号	工步内容		主轴转速 n(r/min)	进给速度 f(mm/min)	切削深度 a_p(mm)	刀具号	刀具名称	备注
1	G01 粗车外轮廓		945	100	1	T01	90°车刀	自动
2	G01 精车外轮廓至尺寸		1 210	80	0.25	T01	90°车刀	自动
编制		审核	批准		年　月　日		共 1 页	第 1 页

5. 程序的编制（见表 2—3）

表 2—3 **阶梯轴参考程序**

程序号	O0211	
程序段号	程序内容	程序说明
N10	G98 G40；	程序初始化
N20	M03 S1 T0101；	主轴正转，低速，1 号刀，1 号刀补
N30	G00 X32 Z0；	快速定位
N40	G01 X-0.5 Z0　F100；	车端面
N50	G00 X28　Z2；	快速退刀
N60	G01 X28　Z-30 F120；	粗车 ϕ26 的外圆，第一刀
N70	G00 X30　Z2；	退刀
N80	G00 X26.5 Z2；	第二刀进刀
N90	G01 X26.5 Z-30；	粗车 ϕ26 的外圆，留 0.5mm 的余量
N100	G00 X28　Z2；	退刀
N110	G00 X24.5 Z2；	第三刀进刀
N120	G01 X24.5 Z-10；	粗车 ϕ22 的外圆，第一刀
N130	G00 X26　Z2；	退刀
N140	G00 X22.5 Z2；	第四刀进刀
N150	G01 X22.5 Z-10；	粗车 ϕ22 的外圆，留 0.5mm 的余量退到换退刀（便于检测）
N160	G00 X100 Z50；	
N170	M05；	主轴停转
N180	M00；	程序暂停（检测工件尺寸）
N190	M03 S2；	主轴正转，高速
N200	T0101；	调用刀具刀补
N210	G00 X19.96　Z2；	快速定位
N215	G01 X19.96　Z0 F100；	接触工件
N220	G01 X21.96　Z-1；	倒角
N230	G01 X21.96　Z-10；	精车 ϕ22 外圆
N240	G01 X23.96　Z-10；	精车 ϕ26 端面
N242	G01 X25.96 Z-11；	倒角

续前表

程序段号	程序内容	程序说明
N245	G01 X25.96 Z-30；	精车 ϕ26 外圆
N250	G01 X32　Z-30；	精车台阶端面
N260	G00 X100 Z100；	退刀
N270	T0100；	取消 1 号刀刀补
N280	M30；	程序结束、主轴停止，光标返回程序开始

6. 加工操作步骤

（1）输入程序并进行程序校验。

1）在编辑方式下→选择程序→新建程序号“O0211”→回车→依次输入上述程序→输入完成后，按复位键让光标回到程序首行即可。

2）选择自动工作方式，再分别按下机床锁、辅助功能锁、空运行（面板右上角的 3 个显示灯亮）。

3）按两次设置键，必要时按翻页键，显示器进入图形工作界面。

4）按S键开始作图→再按按循环启动按钮，开始显示进给轨迹（停止按T键，清除显示屏上的图形按R键），若刀具轨迹与工件轮廓不一致，则需要进入程序认真检查，直到刀具轨迹与工件轮廓一致时，才能进入下一步操作。

（2）根据加工工艺卡要求装夹工件（伸出长度 50mm 左右）和 90°外圆车刀，并对刀。装刀时要注意刀尖与工件中心等高，对刀应在手动工作方式下进行，在 X 向的测量值一定要准确。

（3）自动运行加工。

1）当程序、刀具对刀无误后，选择自动工作方式，此时要取消机床锁、辅助功能锁、空运行（三个显示灯不亮），直接按下循环启动键，则可进行自动加工。

2）对初学者来说，可选择单段方式加工，在选择自动工作方式后，选择单段键（单段运行指示灯亮），然后按循环启动键开始加工。刀具每运行完一段后，刀具会停止，再按一次循环启动键，刀具再运行一段，直到加工完成。

（4）检验。

检验可分在两个环节进行，即粗加工之后和精车之后。对于单件零件来讲，粗加工之后的检验尤为重要，在粗加工之后进行检验主要是对部分关键尺寸进行测量，若出现尺寸过大或过小可通过修改刀补或修改程序来弥补。例如本项目中外圆尺寸 $\phi26_{-0.08}^{\ 0}$，假如粗车之后测得尺寸为 26.55mm，如果继续精车则车出的尺寸为 26.05mm，这样尺寸偏大，我们可以将车刀的刀补减小 0.07mm；也可以将精车尺寸 25.96mm 改成 25.90mm 即可保证零件的尺寸精度。另外有时也可能会出现同一把刀具车削的几个外圆尺寸误差不一致，即有的尺寸合格，有的尺寸偏大或偏小，这样就不能修改刀补，而应该修改程序。

7. 加工操作注意事项

(1) 程序在输入后必须进行校验（空运行），以保证加工的安全性。

(2) 正确刃磨刀具和安装刀具。学生在刀具刃磨好后应交指导教师检查，检查合格方可安装，刀具安装时刀尖必须与工件中心等高，90°车刀的主偏应在90°～93°。

(3) 自动加工时，快速倍率可控制在25%，以免撞刀时的冲击力过大，并使操作者有时间按下急停开关。

(4) 要按照操作步骤逐一进行相关训练操作，实训中对未涉及的问题和不明白之处要询问指导教师，切忌盲目加工。

(5) 粗加工之后，要仔细检测，正确修改程序或刀补，以保证尺寸精度。

(6) 精加工后进行自检，总结经验，要找出原因。

【知识储备】

1. 编程的相关知识

(1) 绝对值编程和增量值编程。

绝对值编程时，用 X、Z 表示 X 轴和 Z 轴的坐标值；增量值编程时，用U、W表示 X 轴和 Z 轴的移动量。数控车床编程时，也可以将绝对值和增量值混合起来进行编程，称为混合编程，如G01 X50.0 W−10.0，编程时可灵活使用。

数控加工程序中表示几何点的坐标位置有绝对值和增量值两种方式。绝对值是以“工件原点”为依据来表示坐标位置，增量值是以相对于“前一点”位置坐标尺寸的增量来表示坐标位置。如图2—3所示。

编程时的刀具轨迹坐标点是按工件轮廓在工作坐标系中的坐标来确定。

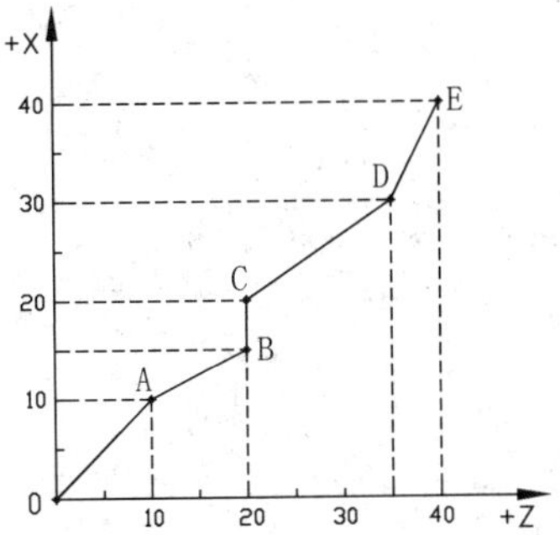

绝对坐标

点	X	Z
A	10	10
B	15	20
C	20	20
D	30	35
E	40	40

增量坐标

点	U	W
A	10	10
B	5	10
C	5	0
D	10	15
E	10	5

图2—3 绝对坐标与增量坐标

(2) 直径编程和半径编程。

在数控车床编程中有直径编程和半径编程两种方法，采用哪种方法由系统的参数决定。一般车床出厂时都设置的直径编程，所以编程时与 X 轴有关的各项一定要用直径编程。如果需要半径编程，则要改变系统中的几项参数，使系统处于半径编程的状态。

(3) 模态与非模态指令。

1) 模态指令：称续效指令，一经程序段中指定，便一直有效，直到后面出现同组另一指令或被其他指令取消时才失效。编写程序时，与上段相同的模态指令可以省略不写如：G00、G01 等。不同组模态指令编在同一程序段内，不影响其续效。

2）非模态指令：称非续效指令，其功能仅在出现的程序段有效，如：G04。

2. 快速移动指令 G00

指令格式：G00　X(U)_ Z(W)_；

指令功能：表示刀具以机床给定的快速进给速度移动到程序段指定点的位置：X(U)、Z(W)，两轴是以各自独立的速度移动的，其合成轨迹并非直线，因此不一定能保证各轴同时到达终点，本系统是从起点先 45°到达 X 值再到达 Z 值。G00 的移动速度可通过操作面板的快速移动速度倍率开关来调整。

X(U)：X 向定位终点的绝对（相对）坐标；

Z(W)：Z 向定位终点的绝对（相对）坐标。

例：如图 2—4 所示，刀具快速从 A 点到达 B 点，再快速从 E 点退到 A 点。

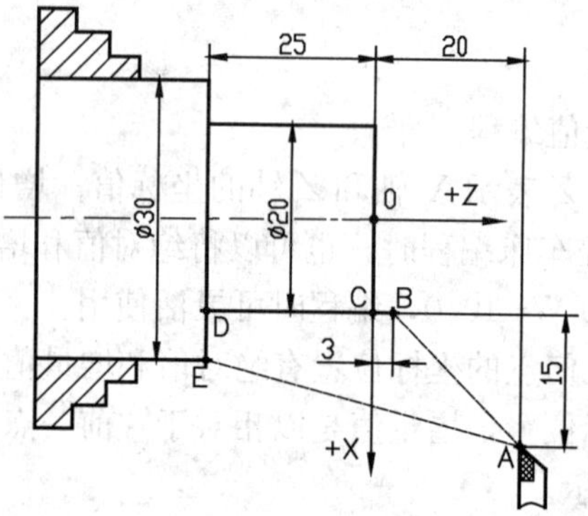

图 2—4　刀具的移动

编程如下：

G00 X50 Z20；　　（A 点，绝对编程）

G00 X20 Z3；　　（B 点，绝对编程）

G00 U-30 W-17；（B 点，相对编程）

G00 X20 W-17；　（B 点，混合编程）

……

G01 X30 Z-25；　（E 点，绝对编程）

G00 X50 Z20；　　（A 点，绝对编程）

G00 U20 W45；　　（A 点，相对编程）

G00 X50 W45；　　（A 点，混合编程）

3. 直线插补指令 G01

指令格式：G01　X(U)_ Z(W)_ F _；

指令功能：刀具从当前位置以 F _ 指定的合成进给速度直线插补移动到 X(U)、Z(W) 指定的位置，轨迹为从当前点到指定点的连线。G01 在实际加工过程中的移动速度也可通过操作面板的进给倍率按钮进行进给速度的 16 级修调。

X(U)：X 向插补终点的绝对（相对）坐标；

Z(W)：Z 向插补终点的绝对（相对）坐标；

X、U、Z 、W 取值范围：（−9 999.999～+9 999.999）mm；
F：X、Z 轴的合成进给速度，模态代码字。其取值范围与 G98 、G99 状态有关。
例：如图 2—5 所示刀具从 A 点出发到达 G 点的程序，其尺寸如图 2—5 所示。

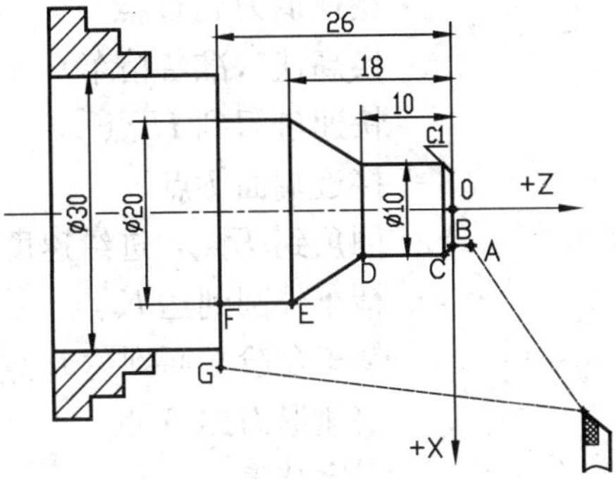

图 2—5　刀具的移动

G00 X8　Z2；	快速移动到 A 点，距端面 2mm
G01 X8　Z0 F100；	直线插补到 B 点，进给速度为 100mm/min
G01 X10　Z−1；	直线插补到 C 点
G01 X10　Z−8；	直线插补到 D 点
G01 X20　Z−18；	直线插补到 E 点
G01 X20　Z−26；	直线插补到 F 点
G01 X32　Z−26；	直线插补到 G 点
G00 X50　Z20；	快速退到起刀点

4. 编程实例［用 G00、G01 配合编写图 2—6（a）所示零件］

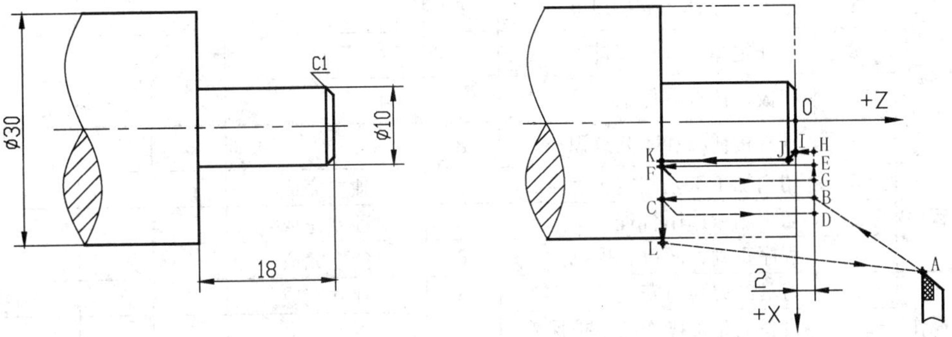

(a) 零件图　　(b) 分析图

图 2—6　零件编程分析

程序：
O0002；

N10 M03 S1；	主轴正转，低速
N20 T0101；	换 1 号刀 1 刀补
N30 G00 X20　Z2；	快速定位到达 B 点
N40 G01 X20　Z−18 F120；	车削到 C 点，进给速度 120mm/min

N50 G00 X24　Z2；　　快速退刀到 D 点
N60 G00 X10.5 Z2；　　快速进刀到 E 点（留 0.5mm 精车余量）
N70 G01 X10.5 Z−18；　　车削到 F 点
N80 G00 X14 Z2；　　快速退刀到 G 点
N90 M03 S2；　　换高速（准备精车）
N100 G00 X8　Z2；　　快速进刀到 H 点
N110 G01 X8　Z0；　　接近端面 I 点
N120 G01 X10 Z−1 F80；　　倒角到 J 点，进给速度 80mm/min
N130 G01 X10 Z−18；　　精车外圆到达 K 点
N140 G01 X31 Z−18；　　精车台阶端面到达 L 点
N150 G00 X50 Z20；　　快速退刀到 A 点
N160 M30；　　程序结束

【任务评价】

根据实训任务内容的特点，对学生的综合性评价分为三部分：实训态度 30 分、基本操作 25 分和尺寸检测 45 分。具体内容见表 2—4。

表 2—4　　学生综合性评分表

姓名				班级			日期		
项目名称		简单阶梯轴零件的加工		零件图号	2—1		机床编号		
检测项目		序号	考核内容	配分	评分标准	学生自测	小组检测	教师检测	备注
实训态度		1	出勤、穿着、佩戴规范	6					
		2	遵守纪律、服从安排	8					
		3	积极、认真、仔细	8					
		4	具有责任心和团队意识	8					
基本操作	程序	5	切削加工工艺制定正确	2	独立完成				
		6	切削用量选用合理	2	独立完成				
		7	程序正确、简单、规范	6	独立完成				
	操作	8	刀具的刃磨与安装	8	独立完成				
		9	设备的正确操作与维护保养	2					
		10	安全、文明生产	5					
尺寸检测	直径	11	$\phi26_{-0.08}^{\ 0}$	10	超差 0.01 扣 5 分				
		12	$\phi22_{-0.08}^{\ 0}$	10	超差 0.01 扣 5 分				
	长度	13	$30_{0}^{+0.1}$	8	超差 0.01 扣 5 分				
		14	$10_{0}^{+0.1}$	8	超差 0.01 扣 5 分				
	其他	15	倒角 2 处	4					
			表面粗糙度 $\overset{3.2}{\bigtriangledown}$	5	粗糙度样板				
指导教师				互评员			总分		

【拓展与练习】

根据所学知识，编程加工如图 2—7（a）、（b）所示零件，毛坯 ϕ30mm×700mm。

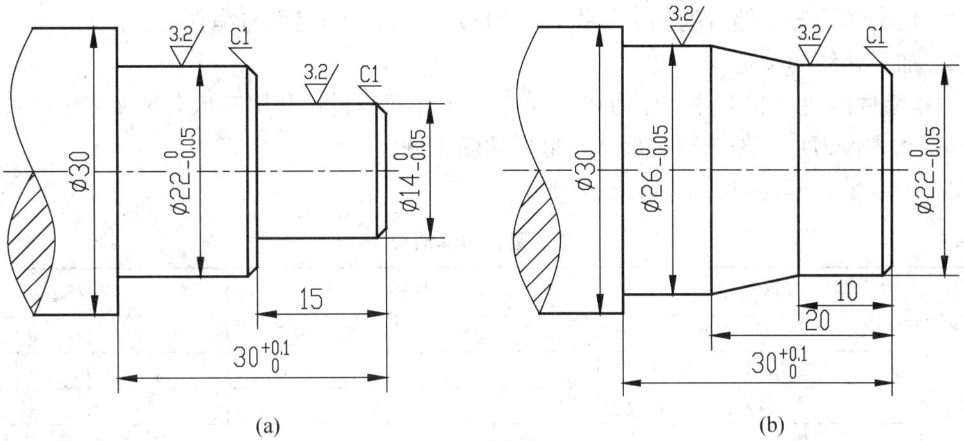

图 2—7　练习题

任务 2　带圆锥面零件的编程与加工

【任务描述】

使用 GSK980TB1 系统数控车床加工如图 2—8 所示工件，工件毛坯为 ϕ30mm×200mm 的棒料，材料为 45 钢。

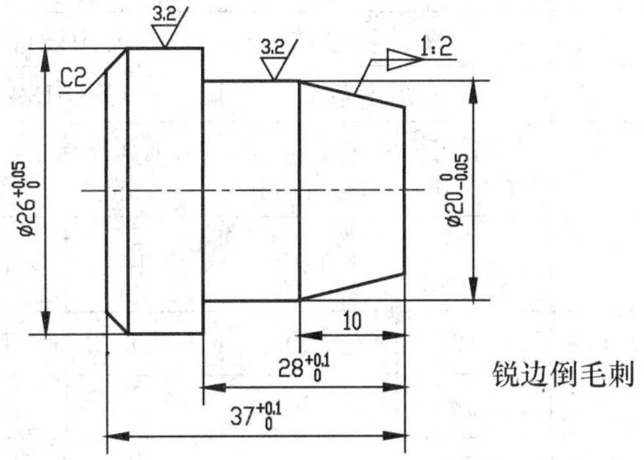

图 2—8　带圆锥面零件

【任务分析】

如图 2—8 所示，零件由圆柱面和圆锥面组成，圆锥小端直径未标注，需要计算，加工精度：外圆 0.05mm、长度 0.1mm、粗糙度 3.2μm。根据毛坯尺寸和加工要求，可用 G90 来粗加工，G01 来精加工，最后切断工件。通过本任务的学习，学生既要掌握 G90 的编程与运用，也要掌握锥度的相关知识，同时熟练操作机床，掌握切断刀的刃磨和对刀方法。

【任务实施】

1. 认真学习知识储备的相关知识，掌握G90、G94的应用与编程
2. 加工路线的确定

根据零件的要求和工件毛坯为ϕ30mm×80mm的棒料，利用三爪卡盘夹持伸出长度约45mm，利用偏刀加工外轮廓至尺寸，最后切断工件。

3. 工、量、刃具的确定（见表2—5）

表2—5　　工、量、刃具清单

工、量、刃具清单			图号		2—8	
种类	序号	名称	规格	精度	单位	数量
工具	1	三爪自定心卡盘			个	1
	2	卡盘扳手、刀架扳手			副	各1
	3	垫刀片			块	若干
量具	4	游标卡尺	0～150mm	0.02mm	把	1
	5	千分尺	0～25mm和25～50mm	0.01mm	把	各1
刃具	6	45°车刀	20mm×20mm		把	1
	7	90°车刀	20mm×20mm		把	1
	8	切断刀	20mm×20mm		把	1

4. 数控加工工序卡的填写（见表2—6）

表2—6　　数控加工工序卡

单位名称	南溪职业技术学校		产品名称或代号		零件名称		零件图号	
			数车实训件		件二		2—8	
工序号	程序编号		夹具名称		使用设备		车间	
001	O0221		三爪卡盘		CJK6132		数车实训车间	
工步号	工步内容		主轴转速 n(r/min)	进给速度 f(mm/min)	切削深度 a_p(mm)	刀具号	刀具名称	备注
1	G90粗车外圆，留余量0.5mm		945	120	1	T01	90°车刀	自动
2	G01精车外轮廓至尺寸		1 210	100	0.25	T01	90°车刀	自动
3	G01切断工件		460	30	3	T02	切断刀	自动
编制		审核	批准		年　月　日		共1页	第1页

5. 数值的计算

根据图2—8所示，已知零件的大端直径、圆锥长度和锥度，可得零件小端直径：

$$d=D-L\times C=20-10\times\frac{1}{2}=15\text{mm}$$

6. 程序的编制

以工件右端回转中心为工件的编程原点，工件的加工程序如表2—7所示。

表 2—7　　参考程序

程序号	O0221	
程序段号	程序内容	程序说明
N10	G98 G40；	程序初始化
N20	G00 X100 Z50；	设定换刀点
N30	T0101；	换 1 号刀，1 号刀补
N40	M03 S1；	主轴正转
N50	G00 X32 Z2；	快速定位至循环起点
N60	G90 X28 Z-31 F120；	粗车 ϕ26 的外圆柱面
N70	X26.5；	
N80	X24.5 Z-18.5；	粗车 ϕ20 的外圆柱面
N85	X22.5；	
N90	X20.5；	
N100	G00 X22 Z0.5；	定位
N110	G90 X20.5 Z-10 R-1；	粗车圆锥面
N120	R-2.25；	
N130	G00 X100 Z100；	退刀
N140	M05；	主轴停止
N150	M00；	程序暂停（检测）
N160	T0101 MO3 S2；	调用 1 号刀 1 号刀补
N170	G00 X15 Z2；	快速定位
N180	G01 Z0 F80；	接触工件
N190	X20.025 Z-10；	精车外轮廓
N200	Z-18.05；	
N210	X26.025；	
N220	Z-31；	
N230	G00 X100 Z100；	退刀
N240	M05；	主轴停止
N245	M00；	程序暂停（换转速）
N250	T0202；	换切槽刀
N260	M03 S1；	正转、低速
N270	G00 X28 Z-30.05；	快速定位
N275	G01 X22 F30；	倒角、切断工件
N280	X26.5；	
N290	W2；	
N300	X26.025；	
N310	X22.025 W-2；	
N320	X1；	
N330	G00 X100 Z100；	退刀
N340	T0100；	换 1 号刀并取消刀补
N350	M30；	程序结束

7. 操作步骤与注意事项

（1）输入程序。程序输入后必须进行空运行校验，以保证加工的安全性。

（2）根据加工工艺要求装夹工件和 90°、45°外圆车刀和切槽刀。刀具安装时刀尖必须与工件中心等高，90°车刀的主偏应在 90°～93°，切槽刀刀杆必须与工件轴线垂直。

（3）分别对 90°车刀和切槽刀进行对刀。

1）对刀时要认真仔细，特别是对 X 坐标，测量要准确。切槽刀在对 Z 坐标时，只能将左刀尖与工件端面接触即可，不得再切削端面。

2）输入刀补时要把光标移动到正确的位置。

（4）自动运行加工。

1）快速倍率控制在 25%左右，以减少撞刀时的冲击力，使操作者有时间按下急停开关。

2）操作者站位要正确，不要面对卡盘工件，以防铁屑飞出伤人，应站在侧面。

3）要认真观察刀具磨损情况以及切屑的流向，做到及时处理。

4）粗加工之后，要仔细检测，正确修改程序或刀补，以保证尺寸精度。

（5）检验。加工完成后要进行自测，总结经验、吸取教训。

【知识储备】

1. 单一固定切削循环指令 G90/ G94

指令格式：G90 X(U)__ Z(W)__ R __ F __；

G94 X(U)__ Z(W)__ R __ F __；

其中，X、Z：循环终点绝对坐标值，单位：mm；

U、W：循环终点相对循环起点的坐标，单位：mm；

R：G90 中 R 为循环起点与循环终点在 X 向的半径差，G94 中 R 为循环起点与循环终点在 Z 向的长度差，单位：mm；

F：循环中 X、Z 轴的合成进给速度，模态指令。

指令功能：执行该指令时，可实现内、外轮廓圆柱面和圆锥面的单一固定循环加工。其中 G90 主要用于轴向加工，G94 用于径向加工，循环完毕刀具回起点位置。单一固定循环指令中刀具的运动分四步：进刀、切削、退刀与返回，如图 2—9 与图 2—10 所示，刀具车削的 2 刀轨迹分别为 $A \to B \to B' \to D \to A$ 和 $A \to C \to C' \to D \to A$。刀具每次从 A 点出发，经过切削后又回到起点 A 处，其中虚线 AB、AC、DA 表示快速移动，实线 BB'、CC'、$B'D$ 和 $C'D$ 表示切削进给。

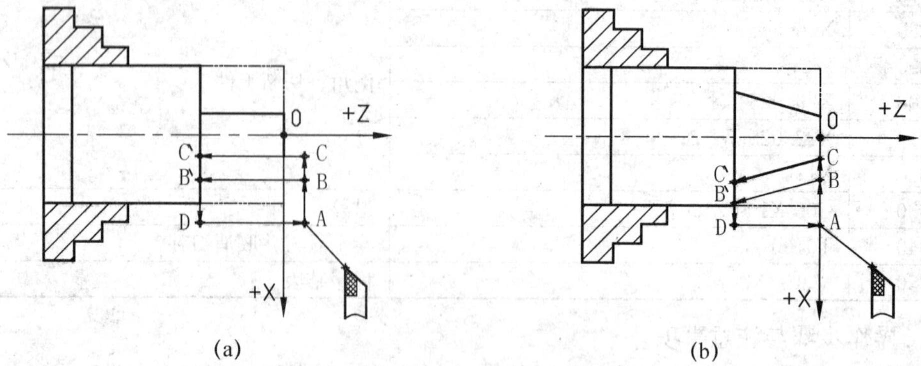

图 2—9　G90 走刀轨迹

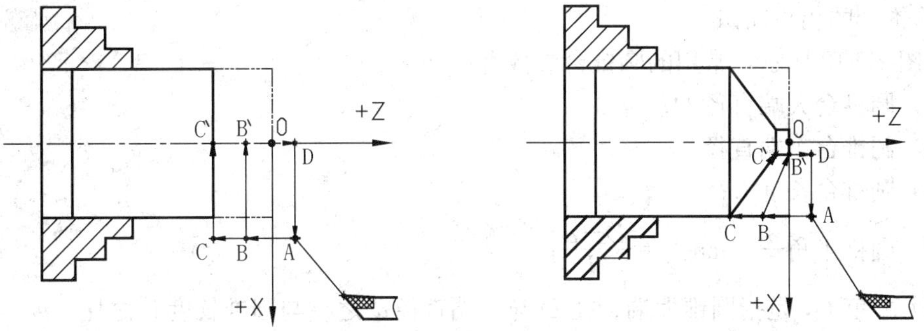

(a) (b)

图 2—10 G94 走刀轨迹

例：如图 2—11 所示，用 G90 指令粗车工件右端轮廓（毛坯 ϕ30mm）。

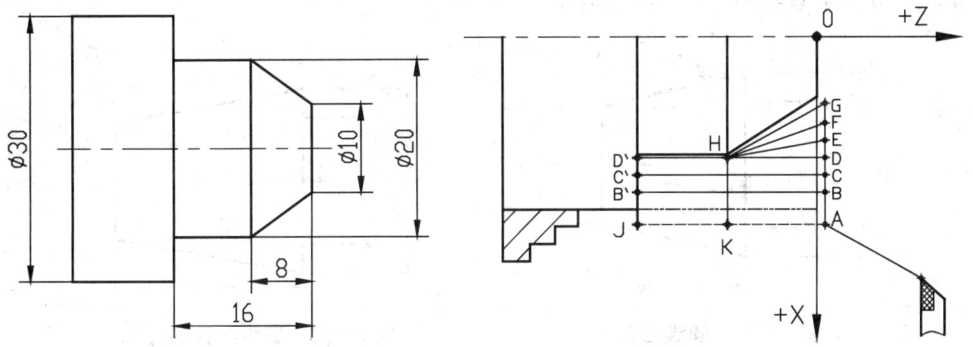

(a) 零件图 (b) 分析图

图 2—11 车削圆柱、圆锥面

由图 2—11 得知：该零件由一个圆柱面和一个圆锥面组成，用 G90 指令加工将分 6 刀切削，保留 0.5mm 的精车余量，部分粗车程序如下：

N— G00 X50 Z1; 快速定位

N— G90 X27 Z−16 F100; 第一刀路线：($A\to B\to B'\to J\to A$)，备吃刀量 1.5mm

N— X24; 第二刀路线：($A\to C\to C'\to J\to A$)，备吃刀量 1.5mm

N— X20.5; 第三刀路线：($A\to D\to D'\to J\to A$)，备吃刀量 1.75mm

N— G90 X20.5 Z−8 R−1.5; 第四刀路线：($A\to E\to H\to K\to A$)，备吃刀量 1.5mm

N— G90 X20.5 Z−8 R−3; 第五刀路线：($A\to F\to H\to K\to A$)，备吃刀量 1.5mm

N— G90 X20.5 Z−8 R−5; 第六刀路线：($A\to G\to H\to K\to A$)，备吃刀量 2mm

注：①切削外圆时，刀具定位点一般要大于或等于被加工工件的直径；切削内圆时，刀具的定位点一般要小于或等于被加工工件的孔径。

②车削圆锥时，H 点为切削终点不变，R 值是随起点的变化而变化的，通常 R 的大小是根据切削深度的大小来决定的。

③刀具的进刀方向由 R 值的正、负值判断，当 R 为正值时，则为加工内圆锥面，反之加工外圆锥面。

④G90 车削圆锥时要注意刀具的 Z 向定位。粗车时为让刀具不沿端面进刀，编程时可离端面有一点距离，但不能过大，过大会影响精车余量的均匀。

2. 锥度的相关知识

如图 2—12 所示，常用的圆锥台参数有：

（1）圆锥台大端直径 D；

（2）圆锥台小端直径 d；

（3）圆锥台长度 L；

（4）圆锥半角$\frac{\alpha}{2}$，$\tan\frac{\alpha}{2}=\frac{D-d}{2L}$；

（5）锥度 C，是指圆锥大端直径 D 与小端直径 d 之差与圆锥长度 L 之比。

即：　$C=\frac{D-d}{L}$

加工圆锥台时，一般要知道起点和终点的坐标值，如图 2—13 所示，已知圆锥的 D、L 和 C，若要加工此圆锥部分，则必须把圆锥的小端直径算出来，根据锥度的计算公式可得：$d=D-C\times L=30-\frac{1}{4}\times 40=20\text{mm}$。

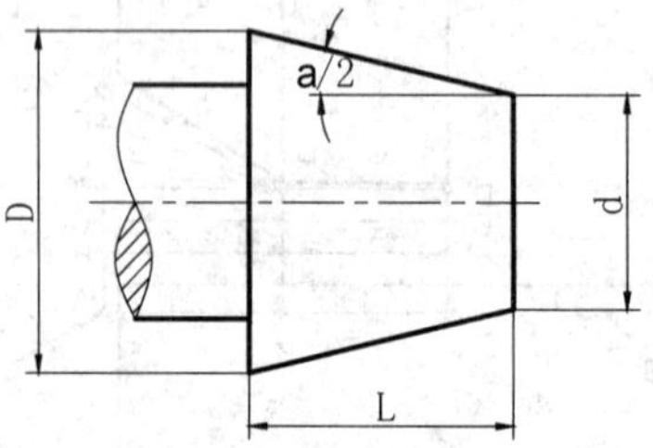

图 2—12　圆锥台参数

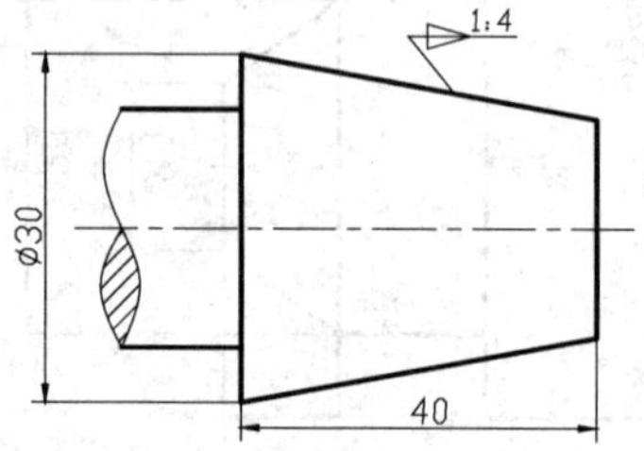

图 2—13　圆锥小径的计算

3. 切槽的相关知识

（1）切槽刀几何参数。

以外圆切槽刀具为例，切槽刀的几何参数如图 2—14 所示，前角 $\gamma_0=5°\sim20°$；主后角 $\alpha_0=6°\sim8°$，两个副后角 $\alpha'_0=1°\sim3°$，主偏角 $\kappa_r=90°$，两个副偏角 $\kappa'_r=1°\sim1.5°$。

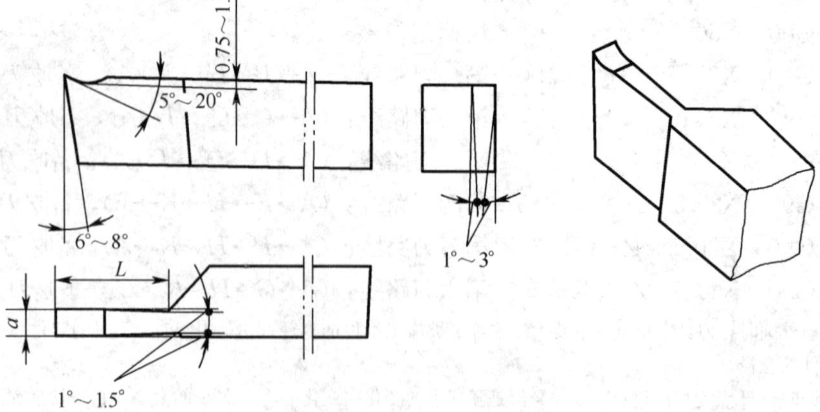

图 2—14　切槽刀几何参数

切槽刀的刀头部分长度＝槽深＋(2～3) mm，刀宽根据需要刃磨。切槽刀主刀刃与两侧副刀刃之间应对称平直。

车内沟槽和斜槽时可用专用车刀。

(2) 切槽刀的安装。

1) 切刀伸出刀架不宜过长，刀头中心线必须装得与工件轴线垂直，以保证两副偏角相等、主切削刃与工件轴线平行。

2) 切断实心工件时，切刀刀尖必须装得与工件轴线等高。

(3) 切槽刀的对刀与编程。

1) 切槽刀的对刀方法和外圆车刀的方法差不多。对 Z 坐标时，通常选择左刀尖 A 点为对刀点，如图 2—15(a) 所示。对刀时为保证工件坐标系重合，刀尖 A 只能与端面接触，就输入“Z0”；对 X 坐标时，可以采用试切削即：切槽刀横向进给车削一段外圆（切削深度要小），刀具原路返回，测量外圆的直径 a，并输入“Xa”。另外也可以让主切削刃与已车削并测量过的外圆接触，输入已测量的 X 值。

2) 切槽刀的编程主要采用 G00 和 G01 编程。对刀时虽然是以左刀尖为对刀点，但在保证工件长度或槽宽时还要以右刀尖为基准，所以编程时要考虑切槽刀的刀宽。例如，本任务中主要是切断工件，刀具的定位点的 Z 坐标就应该是工件长度＋切槽刀刀宽。

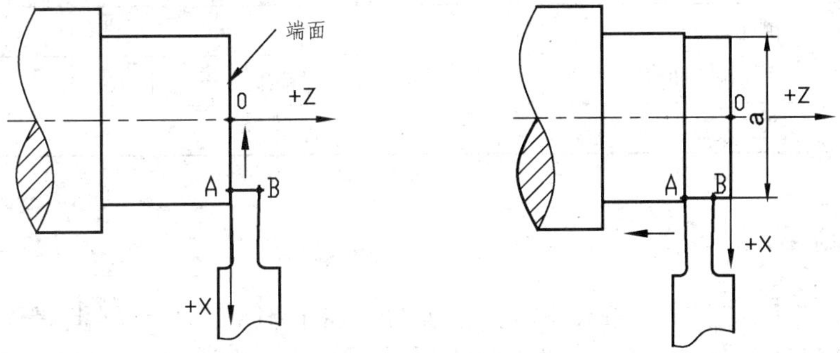

(a) (b)

图 2—15 切槽刀的对刀

【任务评价】

根据实训任务内容的特点，本任务对学生的综合性评价分为三部分：实训态度 30 分、基本操作 25 分和尺寸检测 45 分。具体内容见表 2—8。

表 2—8 **学生综合性评分表**

姓名			班级		日期			
项目名称	带圆锥面零件的加工		零件图号	2—8	机床编号			
检测项目	序号	考核内容	配分	评分标准	学生自测	小组检测	教师检测	备注
实训态度	1	出勤、穿着、佩戴规范	6					
	2	遵守纪律、服从安排	8					
	3	积极、认真、仔细	8					
	4	具有责任心和团队意识	8					

续前表

检测项目		序号	考核内容	配分	评分标准	学生自测	小组检测	教师检测	备注
基本操作	程序	5	切削加工工艺制定正确	2	独立完成				
		6	切削用量选用合理	2	独立完成				
		7	程序正确、简单、规范	6	独立完成				
	操作	8	刀具的刃磨与安装	8	独立完成				
		9	设备的正确操作与维护保养	2					
		10	安全、文明生产	5					
尺寸检测	外圆	11	$\phi26^{+0.05}_{0}$	8	超差 0.01 扣 4 分				
		12	$\phi20^{0}_{-0.05}$	8	超差 0.01 扣 4 分				
	长度	13	$37^{+0.1}_{0}$	6	超差 0.01 扣 3 分				
		14	$28^{+0.1}_{0}$	6	超差 0.01 扣 3 分				
	其他	15	锥度 1∶2	9	万能角度尺				
		16	倒角 2 处	4					
		17	表面粗糙度$\overset{3.2}{\nabla}$	4	粗糙度样板				
指导教师				互评员				总分	

【拓展与练习】

根据所学知识，对图 2—16 进行编程练习。加工 JD007 射钉器上尾体零件（见图 2—17），要求每位学生至少加工 5 件合格零件，毛坯 $\phi30mm\times700mm$。

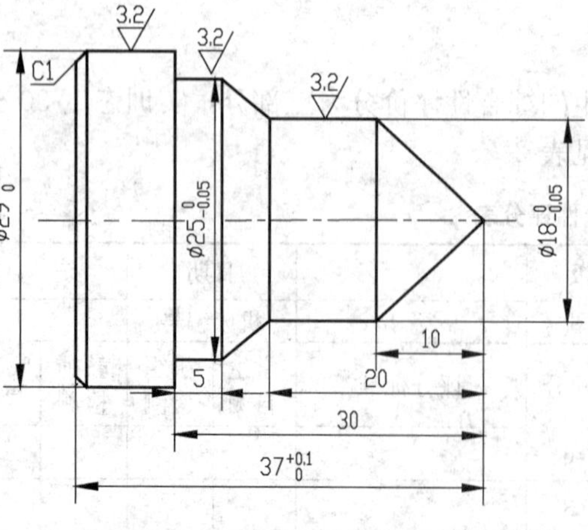

图 2—16 练习题（一）

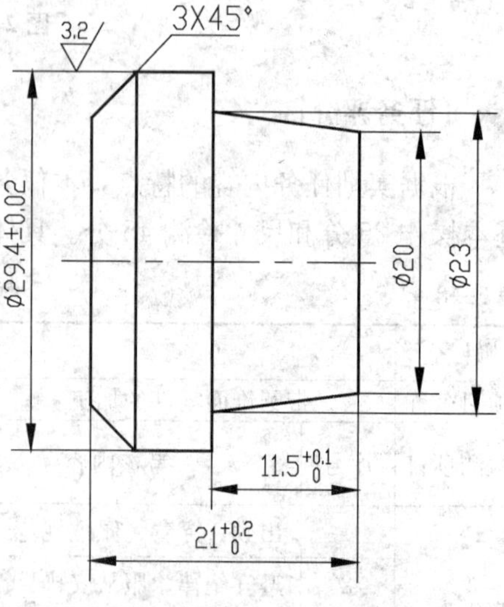

图 2—17 练习题（二）

任务 3　简单成形面零件的编程与加工

【任务描述】

使用 GSK980TB1 系统数控车床加工如图 2—18 所示工件，工件毛坯为 ϕ30mm×200mm 的棒料，材料为 45 钢。

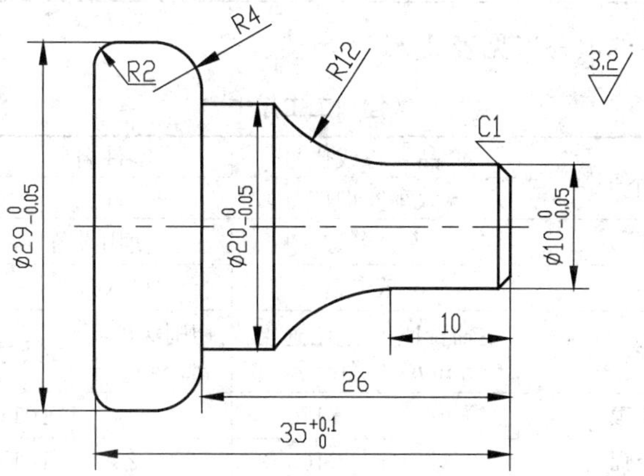

图 2—18　带圆弧面零件

【任务分析】

本任务的外轮廓主要由圆柱面和成形面组成，加工精度：外圆 0.05mm，长度 0.1mm、粗糙度 3.2μm。根据毛坯尺寸，加工时可采用一次装夹完成，编程时要运用基本圆弧指令 G02 和 G03 以及轴向复合循环指令 G71 和精车指令 G70 来编程。通过本任务的学习，学生要掌握 G02、G03、G41、G42、G40、G71、G70 的编程以及运用，另外学生要熟练操作机床并注意工件尺寸精度的把握。

【任务实施】

1. 认真学习知识储备的相关知识，掌握 G02、G03、G71、G70 指令的应用与编程

2. 加工路线的确定

根据零件的要求和工件毛坯为 ϕ30mm×200mm 的棒料，利用三爪卡盘夹持伸出长度约 45mm，利用偏刀加工外轮廓至尺寸，最后切断。

3. 工、量、刃具的确定（见表 2—9）

表 2—9　　**工、量、刃具清单**

工、量、刃具清单			图号		2—18	
种类	序号	名称	规格	精度	单位	数量
工具	1	三爪自定心卡盘			个	1
	2	卡盘扳手、刀架扳手			副	各 1
	3	垫刀片			块	若干

续前表

种类	序号	名称	规格	精度	单位	数量
量具	4	游标卡尺	0～150mm	0.02mm	把	1
	5	千分尺	0～25mm 和 25～50mm	0.01mm	把	各 1
刃具	6	45°车刀	20mm×20mm		把	1
	7	90°车刀	20mm×20mm		把	1
	8	切槽刀	20mm×20mm		把	1

4. 数控加工工序的填写（见表 2—10）

表 2—10　　数控加工工序卡

单位名称	南溪职业技术学校	产品名称或代号		零件名称		零件图号	
		数车实训件		件三		2—18	
工序号	程序编号	夹具名称		使用设备		车间	
001	O0231	三爪卡盘		CJK6132		数车实训车间	
工步号	工步内容	主轴转速 n(r/min)	进给速度 f(mm/min)	切削深度 a_p(mm)	刀具号	刀具名称	备注
1	G71 粗车工件轮廓	640	120	1	T01	90°车刀	自动
2	G70 精车工件轮廓	945	100	0.25	T01	90°车刀	自动
3	G01 切断工件	460	30	3	T02	切槽刀	自动
编制	审核	批准		年　月　日		共 1 页	第 1 页

5. 程序的编制（见表 2—11）

表 2—11　　零件加工程序

程序号	O0231	
程序段号	程序内容	程序说明
N10	G98 G40；	以 mm/min 进给，取消半径补偿
N20	M03 S1 T0101；	主轴正转、低速，换 1 号刀 1 号刀补
N30	G0 X32 Z2；	快速定位
N40	G71 U1 R1；	切削深度为 1mm，退刀量为 1mm
N50	G71 P60 Q150 U0.5 W0 F120；	X 精车余量为 0.5mm，Z 为 0，粗车进给速度 100mm/min
N60	G42 G0 X7.975；	建立半径右补偿
N70	G1 Z0 F80；	精加工轨迹 精车进给速度 80mm/min
N80	X9.975 Z-1；	
N90	Z-10；	
N100	G2 X19.975 Z-19.747 R12；	
N110	G1 Z-26；	
N120	G1 X21；	
N130	G3 X28.98 W-4 R4；	
N140	G1 Z-39；	
N150	G40 G1 X31；	取消半径补偿
N160	G0 X100 Z100；	退刀

续前表

程序段号	程序内容	程序说明
N170	M05；	主轴停止
N180	M00；	程序暂停（可对工件进行测量或换转速）
N190	T0101；	调取 1 号刀补
N200	M03 S2；	主轴正转，高速
N210	G0 X32 Z2；	快速定位至循环起点，主轴正转
N220	G70 P60 Q150；	精车循环
N230	G0 X100 Z100；	快速返回换刀点
N240	M05；	主轴停止
N250	M00；	程序暂停
N260	T0202；	换 2 号刀 2 号刀补
N270	M03 S1；	换转速（低速 460）
N280	G0 X32 Z-39；	快速定位
N290	G1 X24 F30；	切槽
N300	X29；	退刀
N310	W2；	刀具右移
N320	G3 X25 W-2 R2；	切圆弧 R2
N330	G1 X1；	切断
N340	G0 X100 Z100；	快速退刀
N350	T0100；	调用 1 号刀并取消刀补
N360	M30；	程序结束，光标回到程序起点

6. 操作步骤与注意事项

（1）输入程序。程序输入后必须进行空运行校验，以保证加工的安全性。

（2）根据加工工艺要求装夹工件和 90°、45°外圆车刀和切槽刀。刀具安装时刀尖必须与工件中心等高，90°车刀的主偏应在 90°～93°，切槽刀刀杆必须与工件轴线垂直。

（3）分别对 90°车刀和切槽刀进行对刀。

1）对刀时要认真仔细，特别是对 *X* 坐标，测量要准确。

2）输入刀补时要把光标移动到正确的位置。

（4）自动运行加工。

1）快速倍率可控制在 25%，以免撞刀时的冲击力过大，并使操作者有时间按下急停开关。

2）操作者站位要正确，不要面对旋转的工件，以防铁屑飞出伤人，应站在侧面。

3）要认真观察刀具磨损情况以及切屑的流向，做到及时处理。

4）粗加工之后，要仔细检测，正确修改程序或刀补，以保证尺寸精度。

（5）检验。加工完成后要进行自测，总结经验、吸取教训。

【知识储备】

1. 圆弧插补指令（G02/G03）

指令格式：N__G02/G03　X(U)__Z(W)__R__F__；

N__G02/G03　X(U)__Z(W)__I__K__F__；

参数含义：

G02：逆时针圆弧插补；

G03：顺时针圆弧插补；

X(U)__ Z(W)__：终点坐标，如图 2—19 中的 B 点和 D 点的坐标；

R __：圆弧半径，当角度大于 180°时，R 取负值；

I __ K __：圆心相对于圆弧起点的增量坐标；I 为半径增量（即 X 方向增量），K 为 Z 方向增量，如图 2—19 所示；

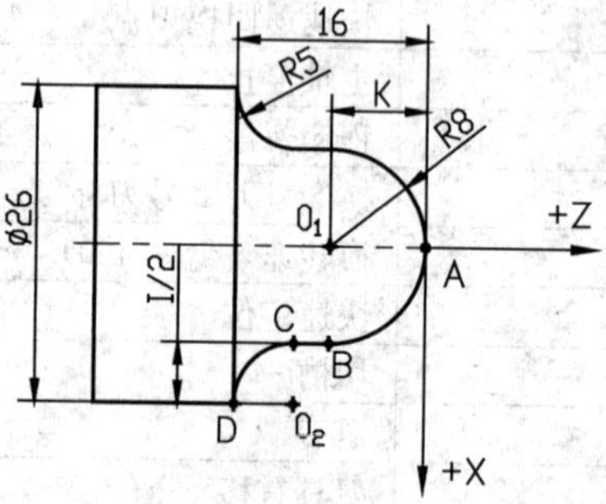

图 2—19　圆弧指令

F：切削进给速度。

（1）顺、逆圆弧判断。

圆弧插补顺逆方向的判断方法是：处在圆弧所在平面（如 ZX 平面）的另一根轴（Y 轴）的正方向往负方向看该圆弧，顺时针方向圆弧用 G02，逆时针方向圆弧用 G03。

在判断圆弧的顺逆方向时，一定要注意刀架的位置及 Y 轴的方向。因此，前置刀架与后置刀架有所不同，如图 2—20 所示。

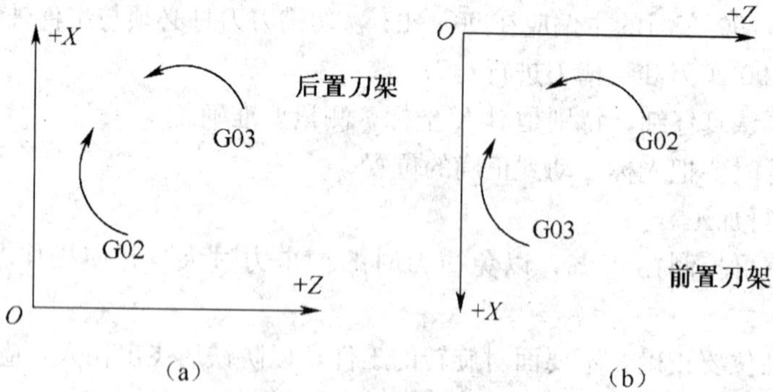

图 2—20　圆弧顺、逆判断

（2）圆弧车削加工路线。

1）车锥法。在车圆弧时，不可能一刀就把圆弧车好，因为这样吃刀量太大，容易打刀，根据加工余量，采用圆锥分层切削的办法将加工余量去除后，再进行圆弧精加工，如图 2—21（a）所示。采用这种加工路线时，加工效率高，但计算麻烦。

2）移圆法。移圆法又叫圆弧偏移法。根据加工余量，采用相同的圆弧半径，圆弧终点坐标不变，起点根据切削深度变化，直至 Z 坐标的起点为零，最终将圆弧加工出来，如

图 2—21（b）所示。采用这种加工路线时，编程简便，但空行程较多。

3）车圆法。车圆法又叫同心圆分层切削法。根据加工余量，采用不同的圆弧半径，同时在两个方向上向所加工的圆弧偏移，最终将圆弧加工出来，如图 2—21（c）所示。采用这种加工路线时，加工余量相等，加工效率高，但要同时计算起点、终点坐标和半径值。在第一次走刀时，圆的半径要小于 $\sqrt{2}R$，否则就切不到，但也不要太小，否则吃刀量太大。

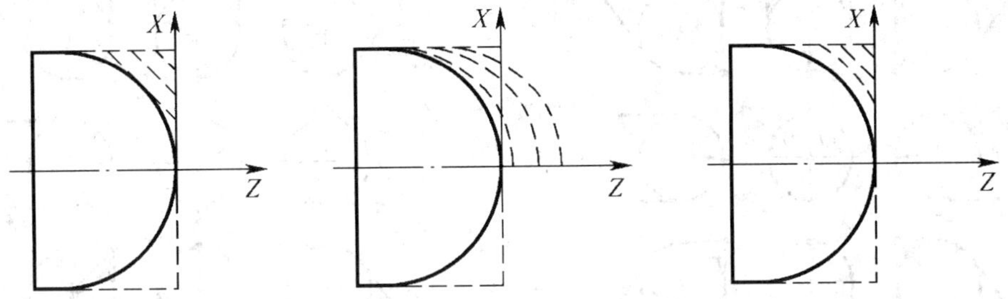

（a）车锥法　（b）移圆法　（c）车圆法

图 2—21　圆弧车削方法

2. 刀尖圆弧半径补偿指令

（1）指令格式。

G41(G42、G40)G01(G00)X(U)_ Z(W)_；

（2）指令说明。

G41：顺着刀具运动方向看，刀具在工件的左边为刀尖圆弧半径左补偿；

G42：刀具在工件的右边为刀尖圆弧半径右补偿；

G40：取消刀尖圆弧半径补偿。

只有通过刀具的直线运动才能建立和取消刀尖圆弧半径补偿，刀尖半径补偿的建立与取消只能用 G00 或 G01 指令，不能用 G02 或 G03 指令（见图 2—22）。

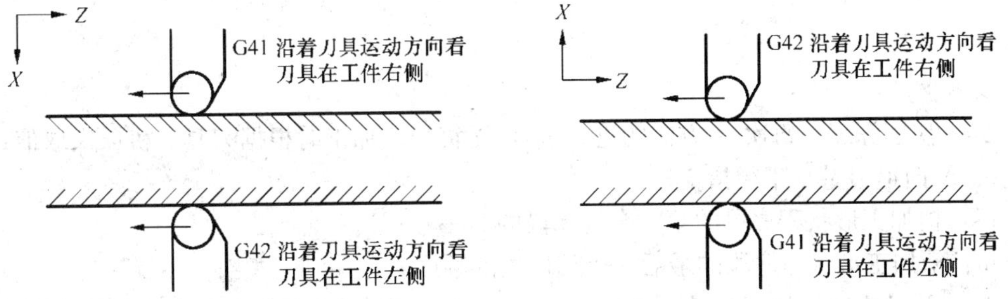

（a）前置刀架，刀架在操作者的内侧　（b）后置刀架，刀架在操作者的外侧

图 2—22　左刀补和右刀补

1）刀具半径补偿参数及设置。补偿刀尖圆弧半径大小后，刀具自动偏离零件轮廓半径距离。因此，必须将刀尖圆弧半径尺寸值输入系统的存储器中。一般粗加工取 0.8mm，半精加工取 0.4mm，精加工取 0.2mm。若粗、精加工采用同一把刀，一般刀尖半径取 0.4mm。

注意： G41/G42 不带参数，其补偿号（代表所用刀具对应的刀尖半径补偿值定）由 T 代码指定。其刀尖圆弧补偿号与刀具偏置补偿号对应。

2）刀尖方位设置。车刀形状不同，决定刀尖圆弧所处的位置不同，执行刀具补偿时，刀具自动偏离零件轮廓的方向也就不同。因此，也要把代表车刀形状和位置的参数输入到存储器中。车刀形状和位置参数称为刀尖方位 T。如图 2—23 所示，共有 9 种，分别用参数 0～9 表示，A 为假想刀尖点。CJK6132 数控机床常用刀尖方位 T 为：外圆右偏刀 T=3，镗孔右偏刀 T=2。

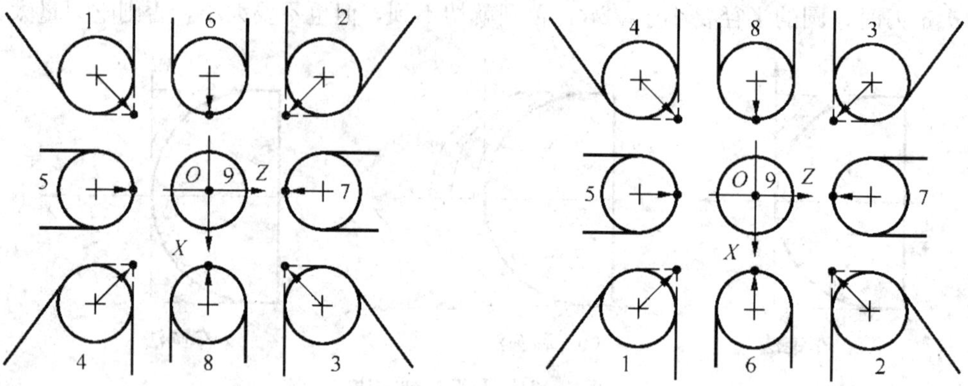

• 代表刀具刀位点 A，+ 代表刀尖圆弧圆心　　• 代表刀具刀位点 A，+ 代表刀尖圆弧圆心

（a）前置刀架　　（b）后置刀架

图 2—23　车刀刀尖位置码定义

3. 轴向粗车循环指令 G71

(1) 指令格式。

G71 U(△d) R(e)；

G71 P(ns) Q(nf) U(△u) W(△w) F _S _T _；

N(ns)......

.F

.

N(nf)......

参数含义：

Δd：切削深度（每次 X 方向的进刀量），无符号。加工时根据刀具、机床来取值；

e：X 向退刀量（半径指定）；

ns：精加工形状程序段的第一个程序段的顺序号；

nf：精加工形状程序段的最后一个程序段的顺序号；

Δu：X 轴方向精加工余量（直径值），加工外轮廓时，取正值；加工内轮廓取负值；

Δw：Z 轴方向精加工余量的距离及方向；

F、S、T：在 G71 循环中，顺序号 ns～nf 程序段中的 F、S、T 功能都无效，全部忽略，仅在有 G71 指令的程序段中，F、S、T 是有效的。

如图 2—24 加工轨迹所示，A—B—C 为精车轮廓，A'—B'—C' 为粗车轮廓。粗车时，刀具会自动留出 X 向精车余量 $\Delta u/2$ 和 Z 向精加工余量 Δw，Δd 表示每次的切削深度，e 表示每次的退刀量。

(2) G71 的应用。

常见切削的形状如图 2—25 所示。有下述几种正确的方法：A 至 B 间确定总的切削用

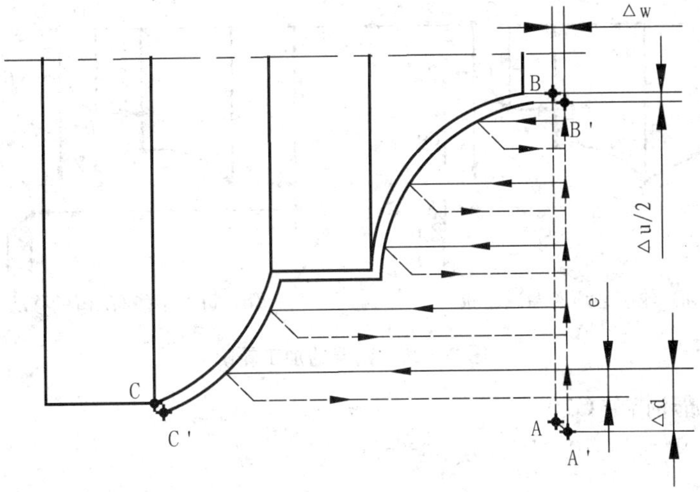

图 2—24　G71 加工轨迹

量，刀具的定位应根据总的切削用量来确定。

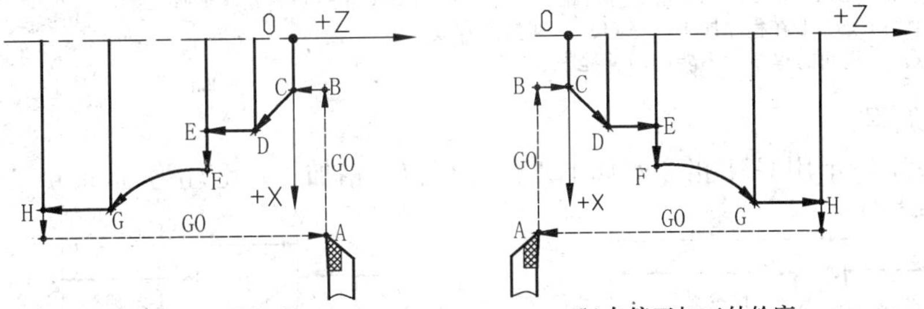

(a)右偏刀加工外轮廓　　(b)左偏刀加工外轮廓

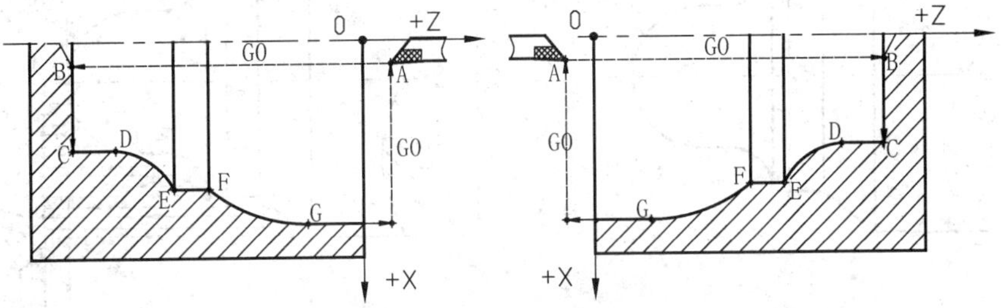

(c)内孔车刀加工内轮廓

图 2—25　G71 常见加工轮廓

注：①Δd、Δu 都用同一地址 u 指定，其区分是根据该程序段有无指定 P、Q 区别。

②G71 指令的走刀路线：X 方向进刀，Z 方向切削。循环动作由 P、Q 指定的 G71 指令进行。

③在 A 至 F 间的移动指令中的 F、S 及 T 无效，G71 程序段或以前指令的 F、S、T 有效。另外，在带有恒线速控制选择功能时，在 A 到 F 间的移动指令中的 G96 或 G97 无效，在含 G71 或以前程序段指令的有效。

④在 B 至 F 间，X 轴、Z 轴必须都是单调增大或减小。如图 2—26（a）中，B 至 E 间的 X 轴是增大的，而到 E 至 F 间 X 轴又减小；这种情况下是不允许的，这样刀具会承受很大的切削力（E—F 的轮廓在粗车循环最后一刀才切削）。

⑤在 A 至 F 间，顺序号 ns 的程序段中指定 A 及 B 间的刀具路径，可含有 G00 或 G01 指令，且在该段中不能指定沿 Z 轴方向移动也就是不能含有 Z 轴指令，如图 2—26（b）所示的情况是不允许的，如果含有 Z 轴指令，系统会报警；刀具移动指令必须垂直于 Z 轴方向。车削循环过程是平行于 Z 轴方向的。

⑥在顺序号 ns 到 nf 的程序段中，不能调用子程序。

⑦粗车循环最后一刀切削都按 P _ 到 Q _ 间精车程序段轨迹切削，留余量 Δu、Δw。

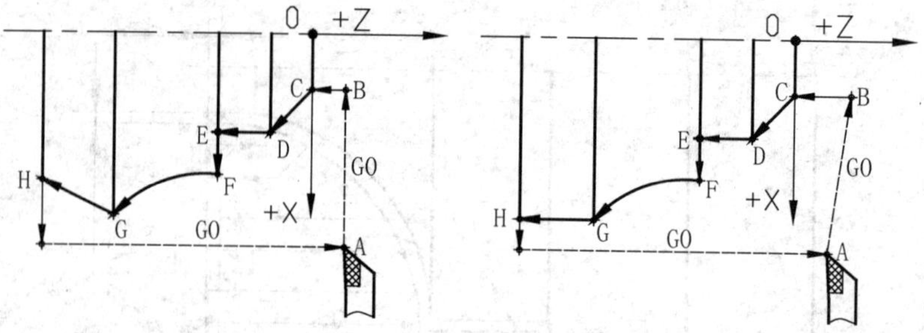

(a) 轮廓必须递增或递减　　(b) 进刀不能有Z值的移动

图 2—26　错误的加工轮廓

4. 精加工循环指令 G70

指令格式：N__　G70　P(ns)　Q (nf)；

参数含义：

ns：精加工形状程序段中的开始程序段号；

nf：精加工形状程序段中的结束程序段号。

注：①只有在采用 G71、G72、G73 指令进行粗车后，方可用 G70 指令进行精车循环切削。
②精车过程中的 F、S、T 在程序段 P __ 到 Q __ 间指定有效。
③在 P __到 Q __ 之间的程序段不能调用子程序。

5. 实例编程

如图 2—27 所示用 G71 指令对如下工件进行粗、精加工，毛坯为 ϕ35mm。

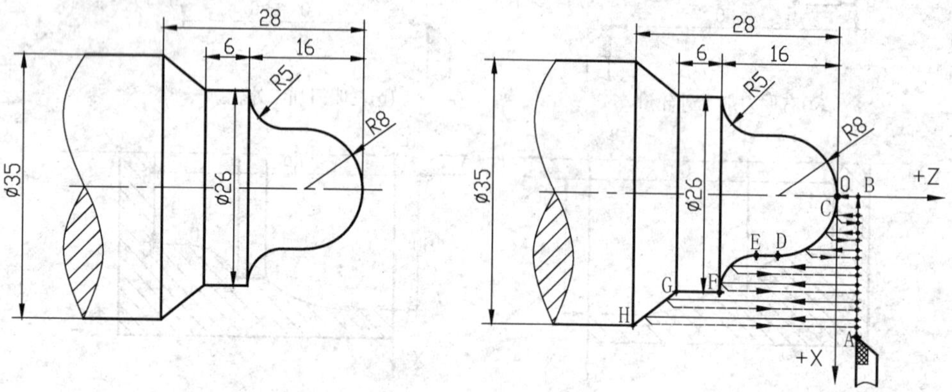

(a) 零件图　　(b) 分析图

图 2—27　G71 编程实例

程序：

	O0231；	程序号
N10	M03 S1 T0101；	主轴正转，低速，换 1 号刀 1 号刀补
N20	G0 X36 Z2；	快速定位到 A 点
N30	G71 U1. 5 R0. 5；	G71 粗车，切削深度为 1. 5mm，退刀量为 0. 5mm
N40	G71 P60 Q120 U0. 5 F120；	X 向精车余量为 0. 5mm，进给速度 120mm/min
N50	G42 G0 X0；	建立半径右补偿，快速到达 B 点
N60	G1 Z0 F80；	到达 C 点，精车进给速度 80mm/min

```
N70    G3 X16 Z-8 R8;        D点
N80    G1 Z-11;              E点
N90    G2 X26 Z-16 R5;       F点
N100   G1 Z-22;              G点
N110   G1X35 Z-28;           H点
N120   G40 X36;              退刀，取消半径补偿
N130   M03 S2;               换高速
N140   G70 P50 Q120;         精车调用
N145   G0 X100 Z100;         快速退刀
N150   M30;                  程序结束
```

【任务评价】

根据实训任务内容的特点，本任务对学生的综合性评价分为三部分：实训态度 30 分、基本操作 25 分和尺寸检测 45 分。具体内容见表 2—12。

表 2—12　学生综合性评分表

姓名			班级		日期				
项目名称	简单成形面零件的加工		零件图号	2—18	机床编号				
检测项目		序号	考核内容	配分	评分标准	学生自测	小组检测	教师检测	备注
实训态度		1	出勤、穿着、佩戴规范	6					
		2	遵守纪律、服从安排	8					
		3	积极、认真、仔细	8					
		4	具有责任心和团队意识	8					
基本操作	程序	5	切削加工工艺制定正确	2	独立完成				
		6	切削用量选用合理	2	独立完成				
		7	程序正确、简单、规范	6	独立完成				
	操作	8	刀具的刃磨与安装	8	独立完成				
		9	设备的正确操作与维护保养	2					
		10	安全、文明生产	5					
尺寸检测	外圆	11	$\phi29_{-0.05}^{0}$	8	超差 0.01 扣 4 分				
		12	$\phi20_{-0.05}^{0}$	8	超差 0.01 扣 4 分				
		13	$\phi10_{-0.05}^{0}$	8	超差 0.01 扣 4 分				
	长度	14	$35_{0}^{+0.1}$	6	超差 0.01 扣 3 分				
		15	26	5	按 IT12 超差不得分				
	其他	16	圆弧 $R2$、$R3$、$R12$	6					
		17	倒角 1 处	2					
		18	表面粗糙度	2	粗糙度样板				
指导教师					互评员		总分		

【拓展与练习】

根据所学知识，加工图 2—28 所示零件，毛坯 ϕ30mm×700mm。

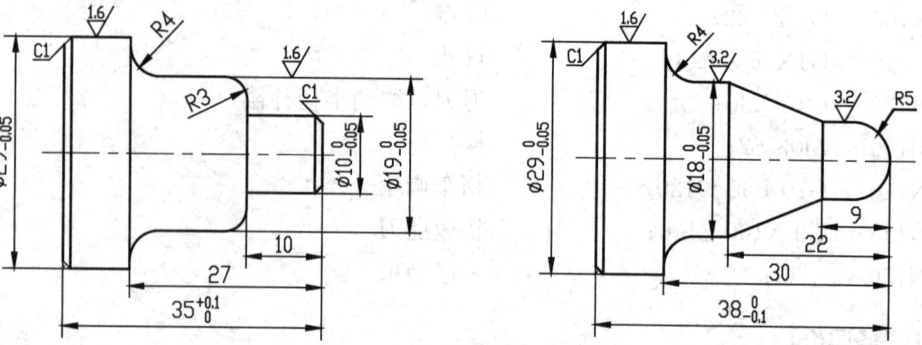

(a)　　　　(b)

图 2—28　练习题

任务 4　大直径零件的编程与加工

【任务描述】

使用 GSK980TB1 系统数控车床加工如图 2—29 所示工件，工件毛坯为 ϕ45mm×200mm，工件材料为 45 钢。

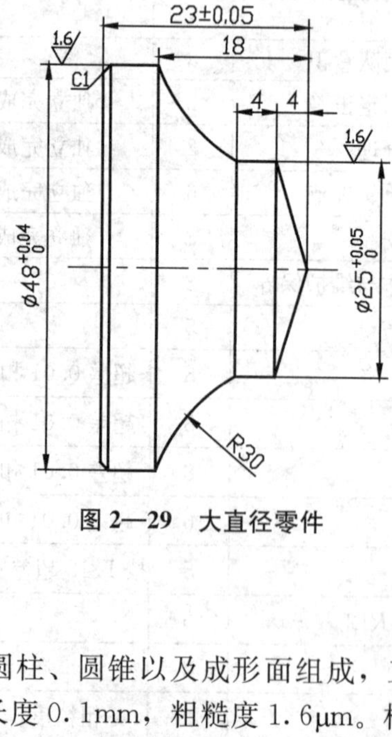

图 2—29　大直径零件

【任务分析】

本任务的图形主要是由圆柱、圆锥以及成形面组成，工件的直径较大，长度较短，加工精度：外圆 0.05mm、长度 0.1mm，粗糙度 1.6μm。根据毛坯尺寸，加工可采用一次装夹车削完成，编程时可采用 G72 来粗加工。通过本任务的学习，学生既要掌握端面粗加工复合循环指令 G72 的编程和应用，又要掌握与 G71 的区别，以便合理选用编程指令。

【任务实施】

1. 认真学习知识储备的相关知识，掌握 G72 指令的应用与编程

2. 加工路线的确定

根据零件的要求和工件毛坯为 ϕ105mm×80mm 的棒料，利用三爪卡盘夹持毛坯伸出长度约 30mm，利用偏刀加工外轮廓至尺寸，最后利用切槽刀切断即可。

3. 工、量、刃具的确定（见表 2—13）

表 2—13　工、量、刃具清单

工、量、刃具清单			图号		2—29	
种类	序号	名称	规格	精度	单位	数量
工具	1	三爪自定心卡盘			个	1
	2	卡盘扳手、刀架扳手			副	各 1
	3	垫刀片			块	若干
量具	4	游标卡尺	0～150mm	0.02mm	把	1
	5	千分尺	0～25mm 和 25～50mm	0.01mm	把	各 1
刃具	6	45°车刀	20mm×20mm		把	1
	7	90°左偏刀	20mm×20mm		把	1
	8	切槽刀	20mm×20mm		把	1

4. 数控加工工序卡的填写（见表 2—14）

表 2—14　数控加工工序卡

单位名称	南溪职业技术学校		产品名称或代号		零件名称		零件图号	
			数车实训件		件四		2—29	
工序号	程序编号		夹具名称		使用设备		车间	
001	O0241		三爪卡盘		CJK6132		数车实训车间	
工步号	工步内容		主轴转速 n(r/min)	进给速度 f(mm/min)	切削深度 a_p(mm)	刀具号	刀具名称	备注
1	G72 粗车工件轮廓		640	100	1	T01	90°左偏刀	自动
2	G72 精车工件轮廓至尺寸		945	80	0.25	T01	90°左偏刀	自动
3	G01 切断		460	30	4	T02	切断刀	自动
编制		审核	批准		年　月　日		共 1 页	第 1 页

5. 程序的编制（见表 2—15）

表 2—15　加工程序单

程序号	O0241	
程序段号	程序内容	程序说明
N10	M03 S1；	主轴正转，低速
N20	T0101；	换 1 号刀，1 号刀补
N30	G0 X52 Z2；	快速定位至循环起点

续前表

程序段号	程序内容	程序说明
N40	G72 W2 R1;	粗车切削深度 2mm，退刀量 1mm
N50	G72 P60 Q130 U0.5 W0.2 F100;	留精车余量 X 向 0.5mm，Z 向 0.2mm
N60	G0 Z-23;	快速进刀（不能移动 X 坐标）
N70	G1 X48.02 ;	精车轨迹 精车进给速度 80 mm/min
N100	Z-18 F80;	
N110	G3 X25.025 Z-8 R30;	
N120	G1 Z-4;	
N130	X0 Z0;	
N140	G0 X100 Z100;	快速退刀
N150	M05;	主轴停止
N145	M00;	程序暂停
N160	T0101;	调用 1 号刀 1 号刀补
N170	M03 S2;	主轴正转，高速
N180	G0 X52 Z2;	快速定位
N190	G70 P60 Q150;	精车调用
N200	G0 X100 Z100;	退刀
N210	M05;	主轴停止
N220	M00;	程序暂停
N230	T0202;	换 2 号刀 2 号刀补（刀宽 4mm）
N240	M03 S1;	主轴正转，低速
N250	G0 X52 Z-27;	快速定位
N260	G1 X45 F30;	切到 45
N270	X48 F100;	退回
N280	W1;	刀具右移 1mm
N290	X46 W-1 F30;	倒角
N300	X1;	切断
N310	G0 X100 Z100;	退刀
N320	T0100;	换 1 号刀并取消刀补
N330	M30;	程序结束

6. 操作步骤与注意事项

（1）输入程序。程序输入后必须进行空运行校验，以保证加工的安全性。

（2）根据加工工艺要求装夹工件和 90°、45°外圆车刀和切槽刀。刀具安装时刀尖必须与工件中心等高，90°车刀的主偏应在 90°～93°，切槽刀刀杆必须与工件轴线垂直。

（3）分别对 90°车刀和切槽刀进行对刀。

1）对刀时要认真仔细，特别是对 X 坐标，测量要准确。

2）输入刀补时要把光标移动到正确的位置。

（4）自动运行加工。

1）快速倍率可控制在 25%，以免撞刀时的冲击力过大，并使操作者有时间按下急停开关。

2）操作者站位要正确，不要面对旋转的工件，以防铁屑飞出伤人，应站在侧面。

3）要认真观察刀具磨损情况以及切屑的流向，做到及时处理。

4）粗加工之后，要仔细检测，正确修改程序或刀补，以保证尺寸精度。

（5）检验。加工完成后要进行自测，总结经验、吸取教训。

【知识储备】

端面粗加工复合循环指令 G72。

1. 指令格式

G72 W(Δd) R(e)；

G72 P(ns) Q(nf) U(Δu) W(Δw) F _S _T _；

N(ns)......

.F

.

N(nf)......

参数含义：

Δd：切深（每次 Z 方向的进刀量），无符号；

e：Z 向退刀量。是模态值，在下次指定前均有效；

ns：精加工形状程序段群的第一个程序段的顺序号；

nf：精加工形状程序段群的最后一个程序段的顺序号；

Δu：X 轴方向精加工余量的距离及方向（半径指定）；

Δw：Z 轴方向精加工余量的距离及方向；

F、S、T：在 G72 循环中，顺序号 ns～nf 程序段中的 F、S、T 功能都无效，全部忽略，仅在有 G72 指令的程序段中，F、S、T 是有效的。

如图 2—30 加工轨迹所示，A—B—C 为精车轮廓，A'—B'—C' 为粗车轮廓。粗车时，刀具会自动留出 X 向精车余量 $\Delta u/2$ 和 Z 向精加工余量 Δw，Δd 表示每次的切削深度，e 表示每次的退刀量。

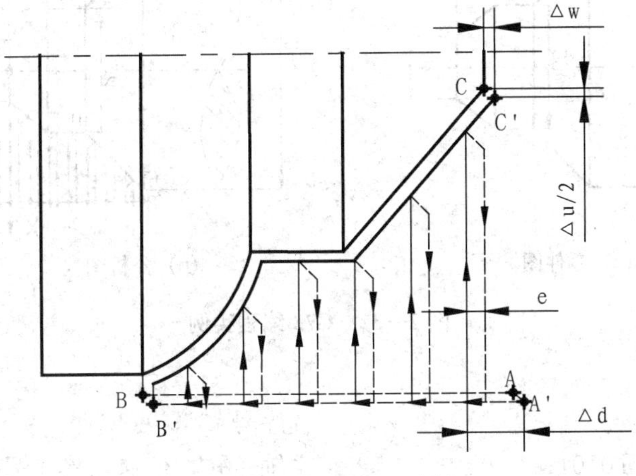

图 2—30　端面粗加工循环

2. G72 的应用

切削的形状如图 2—31 所示，有下述几种正确的方法：A 至 B 间确定总的切削用量，刀具的定位应根据总的切削用量来确定。

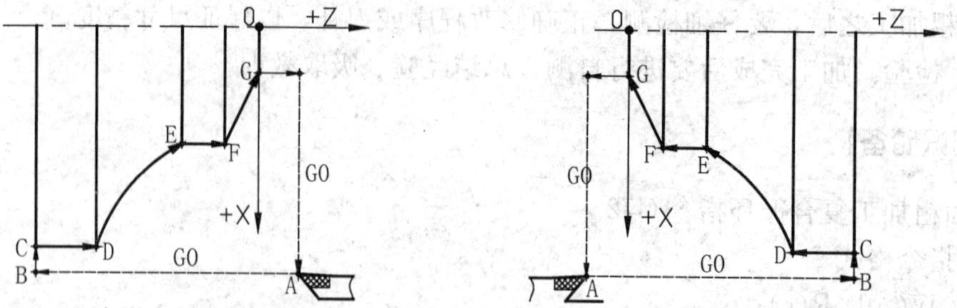

(a) 左偏刀加工右端轮廓　　　(b) 右偏刀加工左端轮廓

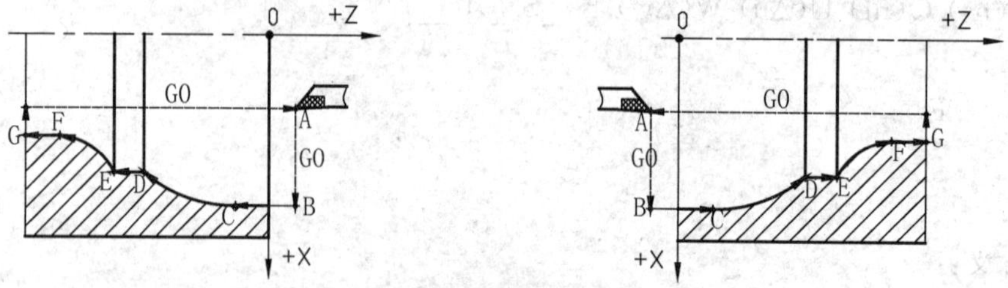

(c) 内孔车刀加工内轮廓

图 2—31　G72 常见加工轮廓

注：① G72 指令的走刀路线：*Z* 方向进刀，*X* 方向切削。循环动作由 P、Q 指定的 G72 指令进行。

②工件轮廓 *X* 轴、*Z* 轴必须都是单调增大或减小。

③顺序号 ns 的程序段中指定 *A* 到 *B* 间的刀具路径，可含有 G00 或 G01 指令，且在该段中不能指定沿 *X* 轴方向移动，也就是不能含有 *X* 轴的移动，刀具移动指令必须垂直于 *X* 轴方向。车削循环过程是平行于 *X* 轴方向的。

④在顺序号 ns 到 nf 的程序段中，不能调用子程序。

⑤粗车循环最后一刀切削都按 P _到 Q _间精车程序段轨迹切削，留余量 Δu、Δw。

3. 实例编程

如图 2—32 所示用 G72 指令对如下工件进行粗、精加工，毛坯为 ϕ60mm。

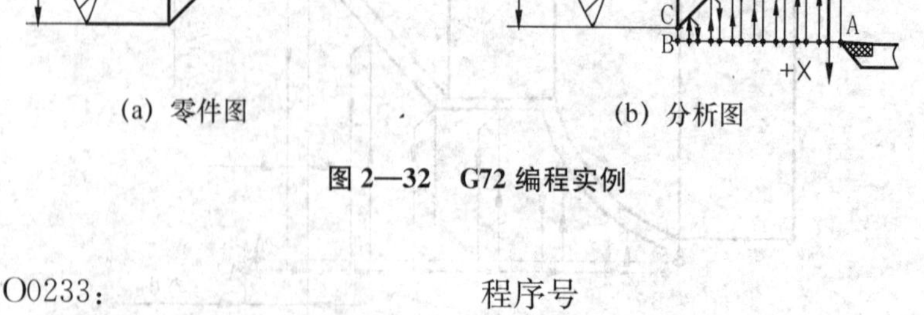

(a) 零件图　　　(b) 分析图

图 2—32　G72 编程实例

程序：

	O0233；	程序号
N10	M03 S1 T0101；	主轴正转，低速，换 1 号刀 1 号刀补
N20	G0 X64 Z2；	快速定位刀 *A* 点
N30	G72 W1.5 R1；	G72 粗车，切削深度为 1.5mm，退刀量为 1mm
N40	G72 P50 Q90 U0.5 W0.2 F120；	*X* 向精车余量为 0.5mm，*Z* 向为 0.2mm

```
N50   G0 Z-35;              快速到达 B 点（不能移动 X 值）
N60   G1 X60 F80;           到达 C 点
N70   X30 Z-20;             D 点
N80   Z-10;                 E 点
N90   X15 Z0                F 点
N100  M03 S2;               换高速
N110  G70 P50 Q90;          精车调用
N120  G0 X100 Z100;         快速退刀
N130  M30;                  程序结束
```

注：G72 和 G71 一样，切削完毕后刀具会回到定位点。

【任务评价】

根据实训任务内容的特点，本任务对学生的综合性评价分为三部分：实训态度 30 分、基本操作 25 分和尺寸检测 45 分。具体内容见表 2—16。

表 2—16　　学生综合性评分表

姓名				班级		日期			
项目名称		大直径零件的加工		零件图号	2—29	机床编号			
检测项目		序号	考核内容	配分	评分标准	学生自测	小组检测	教师检测	备注
实训态度		1	出勤、穿着、佩戴规范	6					
		2	遵守纪律、服从安排	8					
		3	积极、认真、仔细	8					
		4	具有责任心和团队意识	8					
基本操作	程序	5	切削加工工艺制定正确	2	独立完成				
		6	切削用量选用合理	2	独立完成				
		7	程序正确、简单、规范	6	独立完成				
	操作	8	刀具的刃磨与安装	8	独立完成				
		9	设备的正确操作与维护保养	2					
		10	安全、文明生产	5					
尺寸检测	外圆	11	$\phi48^{+0.04}_{0}$	10	超差不得分				
		12	$\phi25^{+0.05}_{0}$	10	超差不得分				
	长度	13	23±0.05	8	超差不得分				
	其他	14	圆弧 $R30$	6					
		15	倒角 1 处	4					
		16	表面粗糙度	7	粗糙度样板				
指导教师					互评员		总分		

【拓展和练习】

根据所学知识，加工图 2—33 所示零件，毛坯 ϕ50mm×700mm。

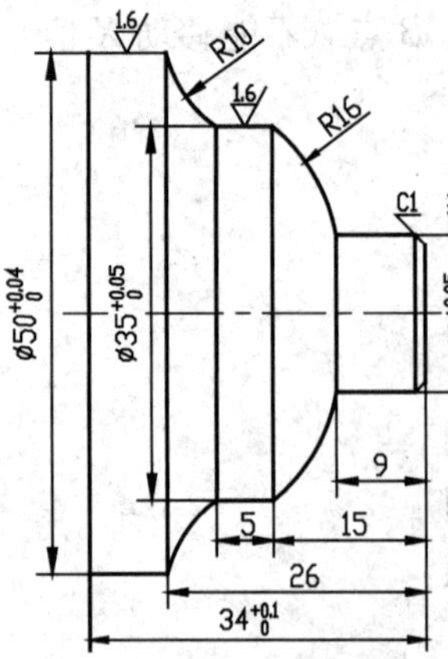

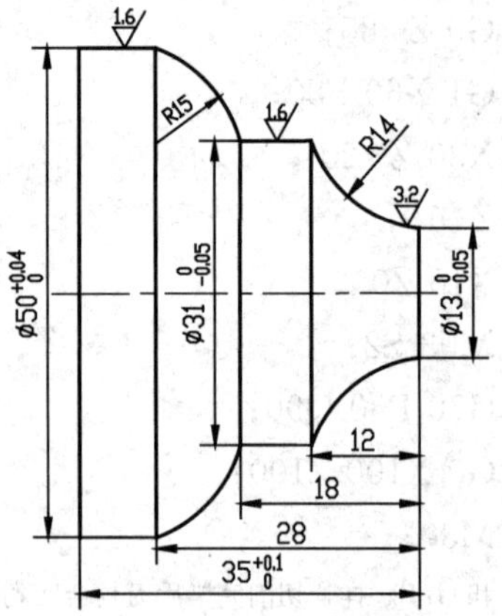

图 2—33　练习题

任务 5　手柄的编程与加工

【任务描述】

使用 GSK980TB1 系统数控车床加工如图 2—34 所示工件手柄，工件毛坯为 ϕ30mm×200mm，工件材料为 45 钢。

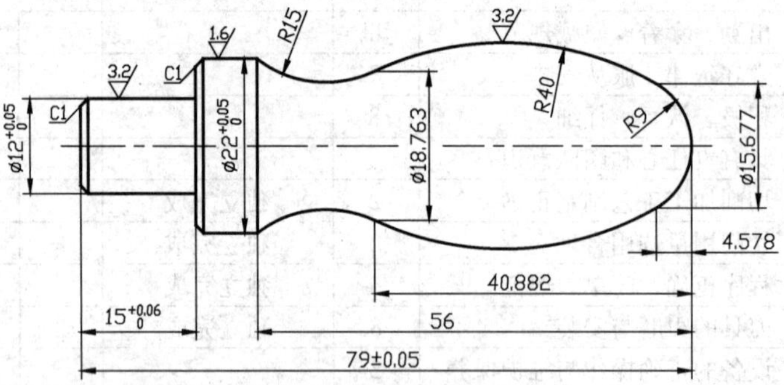

图 2—34　手柄

【任务分析】

本任务的图形主要是由圆柱面和成形面组成，其中图形中间有内凹形，加工精度：外圆 0.05mm、长度 0.06mm、粗糙度 1.6μm。根据毛坯尺寸，编程时可采用封闭轮廓循环指令 G73 来粗加工；加工时可在一次装夹中完成，刀具可选用 90°尖刀、切槽刀。通过本任务的学习，学生应主要掌握封闭轮廓循环指令 G73 的编程与应用（锻造、铸造等粗加工已初步形成的毛坯）。

【任务实施】

1. 认真学习知识储备的相关知识，掌握 G73 的应用与编程

2. 加工路线的确定

根据零件的要求和工件毛坯为 ϕ30mm×120mm 的棒料，利用三爪卡盘夹持伸出长度约 85mm，利用偏刀加工右端外轮廓至尺寸，再利用切槽刀切断工件。

3. 工、量、刃具的确定（见表 2—17）

表 2—17 工、量、刃具清单

工、量、刃具清单			图号		2—34	
种类	序号	名称	规格	精度	单位	数量
工具	1	三爪自定心卡盘			个	1
	2	卡盘扳手、刀架扳手			副	各 1
	3	垫刀片			块	若干
量具	4	游标卡尺	0～150mm	0.02mm	把	1
	5	千分尺	0～25mm 和 25～50mm	0.01mm	把	各 1
刃具	6	45°车刀	20mm×20mm		把	1
	7	90°左偏刀	20mm×20mm		把	1
	8	切槽刀	20mm×20mm		把	1

4. 数控加工工序卡的填写（见表 2—18）

表 2—18 数控加工工序卡

单位名称	南溪职业技术学校		产品名称或代号		零件名称		零件图号	
			数车实训件		件五		2—34	
工序号	程序编号		夹具名称		使用设备		车间	
001	O0251		三爪卡盘		CJK6132		数车实训车间	
工步号	工步内容		主轴转速 n(r/min)	进给速度 f(mm/min)	切削深度 a_p(mm)	刀具号	刀具名称	备注
1	G73 粗车工件轮廓		640	120	1	T01	90°偏刀	自动
2	G73 精车工件轮廓至尺寸		1 210	100	0.25	T01	90°偏刀	自动
3	G01 左边倒角并切断工件		460	30	3	T02	切断刀	自动
编制		审核	批准		年　月　日		共 1 页	第 1 页

5. 程序的编制（见表 2—19）

表 2—19 参考程序

程序号	O0251	
程序段号	程序内容	程序说明
N10	M03 S1；	主轴正转，低速
N20	T0101；	换 1 号刀，1 号刀补
N30	G0 X32 Z2；	快速定位至循环起点
N40	G73 U15 W0 R15；	X 向退刀量 15mm，加工刀次 15 次
N50	G73 P60 Q140 U0.5 W0 F100；	精车余量 X 向 0.5mm，Z 向 0mm，进给速度 100mm/min
N60	G42 G0 X0；	快速移动 X，不能动 Z

续前表

程序段号	程序内容	程序说明
N70	G1 Z0；	精车轨迹 精车进给速度 80mm/min
N100	G3 X15.677 Z-4.578 R9 F80；	
N110	G3 X18.763 Z-40.882 R40；	
N120	G2 X22.025 Z-56 R15；	
N130	G1 Z-84；	
N140	G40X30；	
N150	G0 X100 Z100；	快速退刀
N160	M05；	主轴停止
N170	M00；	程序暂停
N180	T0101；	调用 1 号刀 1 号刀补
N190	M03 S2；	主轴正转，高速
N200	G0 X32 Z2；	退刀
N210	G70 P60 Q140；	精车调用
N220	G0 X100 Z100；	退刀
N230	M05；	主轴停止
N240	M00；	程序暂停
N250	T0202；	换 2 号刀 2 号刀补（刀宽 4mm）
N260	M03 S1；	主轴正转，低速
N270	G0 X32 Z-68；	快速定位
N280	G1 X12.1 F30；	切槽第一刀
N290	X23；	退刀
N300	W-3.8；	向左移 3.8mm
N310	X12.1；	切槽第二刀
N320	X23；	退刀
N330	W-3.8；	向左移 3.8mm
N340	X12.1；	切槽第三刀
N350	X23；	退刀
N360	W-3.8；	向左移 3.8mm
N370	X12.1；	切槽第四刀
N380	X23；	退刀
N390	W-3.8；	向左移 3.8mm
N400	X10；	切槽第五刀
N410	X23；	退刀
N420	Z-67 F333；	向右移
N430	X22.5 F30；	进刀
N440	X20 W-1；	倒角
N450	X10.025 F50；	进刀
N460	Z-81；	精车 ϕ10 外圆
N470	X10 W-1；	倒角
N480	X1；	切断
N490	G0 X100 Z100；	退刀
N500	T0100；	换 1 号刀并取消刀补
N510	M30；	程序结束，光标回到程序起点

6. 操作步骤与注意事项

(1) 输入程序。程序输入后必须进行空运行校验，以保证加工的安全性。

(2) 根据加工工艺要求装夹工件和 90°、45°外圆车刀和切槽刀。刀具安装时刀尖必须与工件中心等高，90°车刀的主偏应在 90°～93°，切槽刀刀杆必须与工件轴线垂直。

(3) 分别对 90°车刀和切槽刀进行对刀。

1) 对刀时要认真仔细，特别是对 X 坐标，测量要准确。

2) 输入刀补时要把光标移动到正确的位置。

(4) 自动运行加工。

1) 快速倍率可控制在 25%，以免撞刀时的冲击力过大，并使操作者有时间按下急停开关。

2) 操作者站位要正确，不要面对旋转的工件，以防铁屑飞出伤人，应站在侧面。

3) 要认真观察刀具磨损情况以及切屑的流向，做到及时处理。

4) 粗加工之后，要仔细检测，正确修改程序或刀补，以保证尺寸精度。

(5) 检验。加工完成后要进行自测，总结经验、吸取教训。

【知识储备】

封闭切削复合循环指令 G73。

1. 指令格式

G73　U(Δi) W(Δk) R(d)；

G73　P(ns) Q(nf) U(Δu) W(Δw) F __ S __ T __；

N ns　……；

……；

……；

N nf……；

指令功能：利用该循环指令，可以按 ns～nf 程序段给出的轨迹重复切削，每次切削刀具向前移动一次。对于锻造，铸造等粗加工已初步形成的毛坯，可以高效率地加工。

其中，Δi：X 轴方向退刀的距离及方向（半径值），当向 $+X$ 方向退刀时为正，反之为负，其计算方法：Δi=(X 轴粗加工余量)−(每一次切削深度即 a_p)。

Δk：Z 轴方向退刀距离及方向，当向 $+Z$ 方向退刀时为正，反之为负，其计算方法：Δk=(Z 轴粗加工余量)−(每一次切削深度)，若 Z 向不留余量即 Δk 为 0 时，则可以不写。

d：封闭切削的次数，单位：次；模态指定，一直到下次指定前均有效。

另 ns、nf、Δu、Δw、F、S、T 参数意义与 G71 相同。

2. 循环轨迹

G73 指令循环轨迹，按同一轨迹重复切削，每次切削轨迹都是精车轨迹的偏移，每次切削刀具向工件精车轮廓靠近一次，最后一次切削轨迹为按精车余量偏移的精车轨迹。

如图 2—35 所示刀具从循环起点 A 点开始，快速退刀至 A_1 点（X 向退刀量为 $\Delta u/2+\Delta i$，Z 向退刀量为 $\Delta w+\Delta k$），快速进刀至 B_1 点（B_1 点坐标值由 A 点坐标、精加工余量、退刀量 Δi 和 Δk 及粗切次数确定），沿轮廓形状偏移一定值后切削至 C_1 点，快速返回 A_2 点，完成第一层切削，准备第二层循环切削，$A_2 \to B_2 \to C_2 \to A_3$；第三层循环切削，$A_3 \to$

$B_3 \rightarrow C_3 \rightarrow A$。如此分层（分层次数由循环程序中的参数 d 确定）切削至循环结束后，快速退回循环起点 A。如果是 G70 调用精车，则路线为 $A \rightarrow B \rightarrow C$。

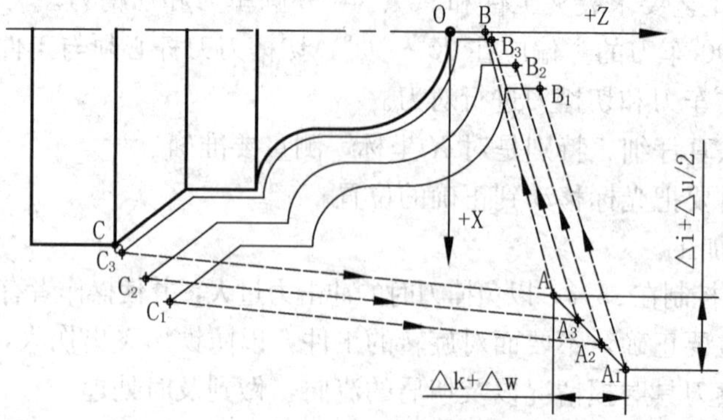

图 2—35　G73 循环轨迹

3. G73 指令应用

（1）对于铸件余量均匀的毛坯（见图 2—36）。

（2）对于不是铸件的零件，而 G71、G72 指令无法加工的凹轮廓（见图 2—37）。

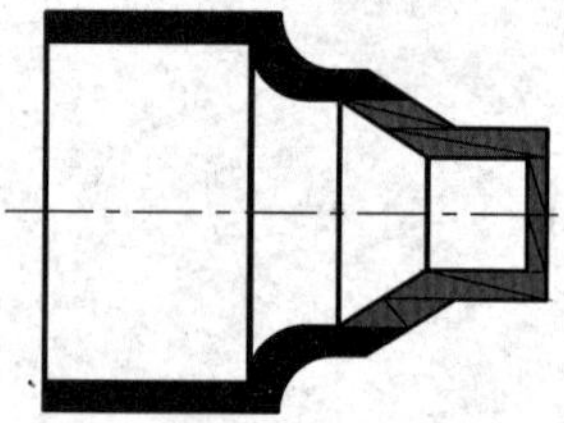

图 2—36　铸件加工

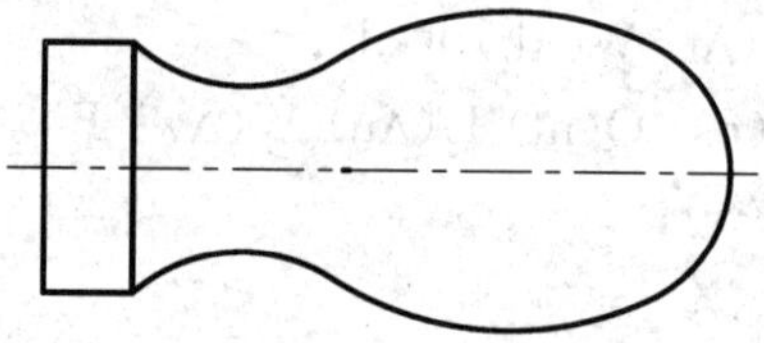

图 2—37　凹轮廓

4. G73 编程实例

如图 2—38 所示，工件毛坯 ϕ30mm×200mm。

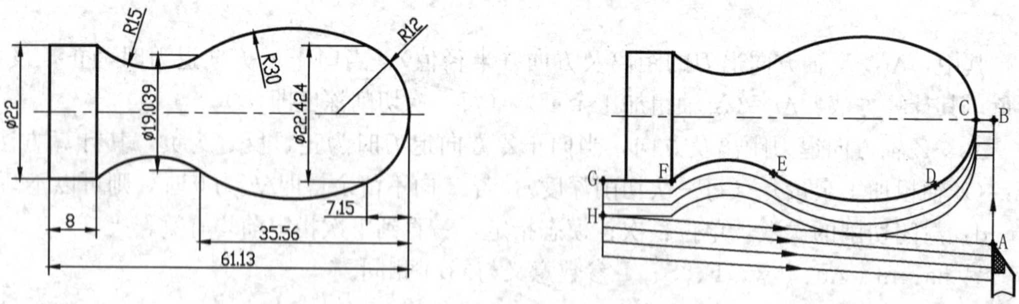

(a) 零件图　　(b) 分析图

图 2—38　G73 编程实例

程序：

O0233；

N10　M03　S1　T0202；　　调用 2 号刀 2 号刀补，主轴高速正转

N20　G00　X32 Z1；　　快速定位，接近工件

N30 G73 U14 R15；	Δi 取值为 14 mm，加工次数 15 次
N40 G73 P50 Q110 U0.5 F100；	对 B—H 粗车加工，余量 X 方向 0.5mm
N50 G00 X0；	快速到达 B 点
N60 G01 Z0 F60；	进给到 C 点
N70 G03 X22.424 Z-7.15 R12；	D 点
N80 G03 X19.039 Z-35.56 R30；	E 点
N90 G02 X22 Z-53.13 R15；	F 点
N100 G01 Z-65；	G 点
N110 X30；	H 点
N120 G70 P60 Q110；	精车 B 至 H 的轮廓
N130 G00 X100 Z50；	快速退刀
N140 M30；	程序结束

注：①加工凹轮廓时，精车轮廓中终点的 *X* 坐标值要比前面轮廓中的 *X* 值要大，以免在退刀时发生碰撞。

②G73 指令加工凹轮廓时，Δk 和 Δw 一般可不写，即值为 0。

【任务评价】

根据实训任务内容的特点，本任务对学生的综合性评价分为三部分：实训态度 30 分、基本操作 25 分和尺寸检测 45 分。具体内容见表 2—20。

表 2—20　　学生综合性评分表

姓名				班级		日期			
项目名称		手柄的加工		零件图号	2—34	机床编号			
检测项目		序号	考核内容	配分	评分标准	学生自测	小组检测	教师检测	备注
实训态度		1	出勤、穿着、佩戴规范	6					
		2	遵守纪律、服从安排	8					
		3	积极、认真、仔细	8					
		4	具有责任心和团队意识	8					
基本操作	程序	5	切削加工工艺制定正确	2	独立完成				
		6	切削用量选用合理	2	独立完成				
		7	程序正确、简单、规范	6	独立完成				
	操作	8	刀具的刃磨与安装	8					
		9	设备的正确操作与维护保养	2					
		10	安全、文明生产	5					
尺寸检测	外圆	11	$\phi22^{+0.05}_{0}$	8	超差不得分				
		12	$\phi12^{+0.05}_{0}$	8	超差不得分				
	长度	13	79±0.05	8	超差不得分				
		14	$15^{+0.06}_{0}$	8	超差不得分				
	其他	15	圆弧 *R*15、*R*40 和 *R*9	6					
		16	倒角 1 处	2					
		17	表面粗糙度	5	粗糙度样板				
指导教师					互评员		总分		

【拓展和练习】

根据所学知识，加工图 2—39 所示零件，毛坯 ϕ40mm×700mm。

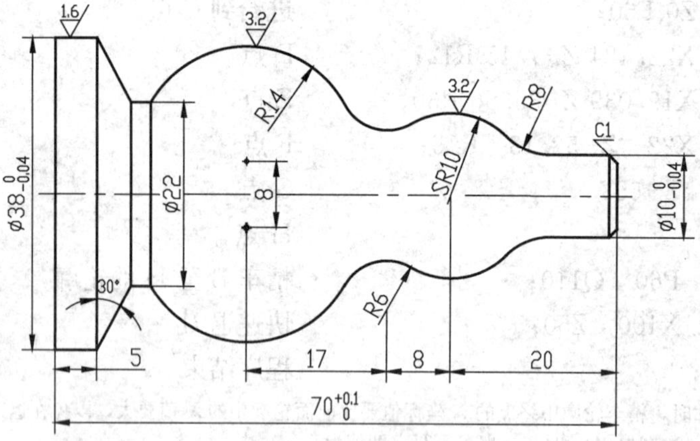

图 2—39　练习题

任务 6　宽槽类零件的编程与加工

【任务描述】

使用 GSK980TB1 系统数控车床加工如图 2—40 所示工件，材料为 45 钢，毛坯为 ϕ30mm ×200mm，未倒角按 0.5×45°处理。

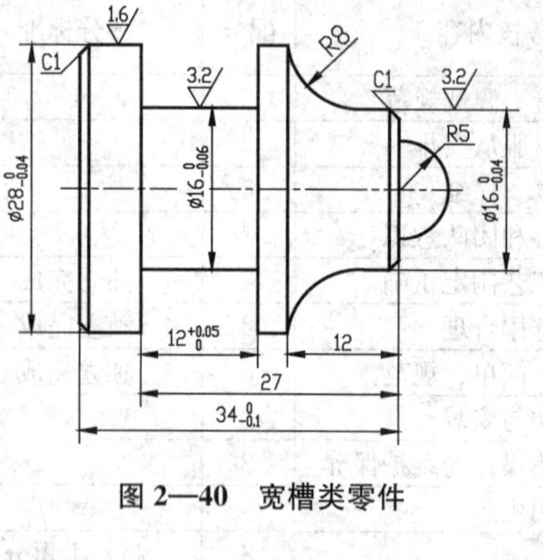

图 2—40　宽槽类零件

【任务分析】

本任务零件轮廓，主要由圆柱面、成形面和槽组成，而且槽的长度较长达到 12mm，加工精度：外圆 0.04mm、长度 0.05mm、粗糙度 1.6μm。根据毛坯尺寸，编程时可采用 G71 粗加工外轮廓，G75 粗加工槽；加工时可在一次装夹中完成，刀具主要选用 90°偏刀和切槽刀。通过本任务的学习，学生应主要掌握切槽循环指令 G75 的编程与应用（槽比较宽的零件），同时注意尺寸精度的把握。

【任务实施】

1. 认真学习知识储备的相关知识，掌握 G75 的应用与编程

2. 加工路线的确定

根据零件的要求和工件毛坯为 ϕ45mm×80mm 的棒料，利用三爪卡盘夹持伸出长度约 45mm，先用偏刀车削外轮廓至尺寸，再用切槽刀切槽至尺寸，并切断。

3. 工、量、刃具的确定（见表 2—21）

表 2—21　　工、量、刃具清单

工、量、刃具清单			图号		2—40	
种类	序号	名称	规格	精度	单位	数量
工具	1	三爪自定心卡盘			个	1
	2	卡盘扳手、刀架扳手			副	各 1
	3	垫刀片			块	若干
量具	4	游标卡尺	0～150mm	0.02mm	把	1
	5	千分尺	0～25mm 和 25～50mm	0.01mm	把	各 1
刃具	6	45°车刀	20mm×20mm		把	1
	7	90°车刀	20mm×20mm		把	1
	8	切槽刀	20mm×20mm		把	1

4. 数控加工工序卡的填写（见表 2—22）

表 2—22　　数控加工工序卡

单位名称	南溪职业技术学校		产品名称或代号		零件名称		零件图号	
			数车实训件		件六		2—40	
工序号	程序编号		夹具名称		使用设备		车间	
001	O0261		三爪卡盘		CJK6132		数车实训车间	
工步号	工步内容		主轴转速 n(r/min)	进给速度 f(mm/min)	切削深度 a_p(mm)	刀具号	刀具名称	备注
1	G71 粗车工件外轮廓		640	120	1	T01	90°车刀	自动
2	G70 精车外轮廓至尺寸		945	100	0.25	T01	90°车刀	自动
3	G75 切槽、G01 切断工件		460	30	4	T02	切断刀	自动
编制		审核	批准		年　月　日		共 1 页	第 1 页

5. 程序的编制（见表 2—23）

表 2—23　　加工程序单

程序号	O0261	
程序段号	程序内容	程序说明
N10	M03 S1;	主轴正转，低速（640r/min）
N20	T0101;	换 1 号刀，1 号刀补
N30	G0 X32 Z2;	快速定位至循环起点
N40	G71 U1.5 R1;	被吃刀量 1.5mm，退刀量 1mm
N50	G71 P60 Q130 U0.5 F120;	X 向精车余量 0.5mm

续前表

程序段号	程序内容	程序说明
N60	G0 X0；	快速进刀
N70	G1 Z0 F80；	精车轮廓轨迹
N80	G3 X10 Z-5 R5；	
N90	G1 X14；	
N100	X15.98 W-1；	
N110	W-3.254；	
N120	G2 X27.98 Z-17；	
N130	G1 Z-44；	
N140	G0 X100 Z100；	退刀
N150	M05；	主轴停止
N160	M00；	程序暂停
N170	M03 S2 T0101；	换高速
N180	G0 X32 Z3；	快速定位
N190	G70 P60 Q130；	精车调用
N200	G0 X100 Z100；	快速退刀
N210	M05；	主轴停止
N220	M00；	程序暂停
N230	M03 S1 T0202；	换切槽转速（460r/min），换 2 号切槽刀（刀宽 4mm）
N240	G0 X30 Z-24；	快速定位
N250	G75 R0.5；	*X* 方向退刀 0.5mm，可设为 0 即不退刀
N260	G75 X16. 1 Z-32 P2 Q3.8 F40；	每次切深 2mm，Z 向进刀 3.8mm
N270	G1 WO.5；	刀具右移
N280	X28；	进刀
N290	U-1 W-0.5；	倒角
N310	X15.96；	进刀
N320	Z-32；	精车槽底
N330	X28；	退刀
N340	W-0.5；	刀具右移
N350	U-1 W0.5；	倒角
N360	X29；	退刀
N370	Z-42.95 F300；	Z 向进刀
N380	X26 F40；	切槽
N390	X28；	退刀
N400	W1；	刀具右移
N410	U-2 W-1；	倒角
N420	X1；	切断
N430	G0 X100 Z100；	快速退刀
N440	T0100；	换 1 号刀并取消刀补
N450	M30；	程序结束，光标返回程序起始点

6. 操作步骤与注意事项

（1）输入程序。程序输入后必须进行空运行校验，以保证加工的安全性。

（2）根据加工工艺要求装夹工件和 90°、45°外圆车刀和切槽刀。刀具安装时刀尖必须与工件中心等高，90°车刀的主偏应在 90°～93°，切槽刀刀杆必须与工件轴线垂直。

（3）分别对 90°车刀和切槽刀进行对刀。

1）对刀时要认真仔细，特别是对 *X* 坐标，测量要准确。

2）输入刀补时要把光标移动到正确的位置。

（4）自动运行加工。

1）快速倍率可控制在 25%，以免撞刀时的冲击力过大，并使操作者有时间按下急停开关。

2）操作者站位要正确，不要面对旋转的工件，以防铁屑飞出伤人，应站在侧面。

3）要认真观察刀具磨损情况以及切屑的流向，做到及时处理。

4）粗加工之后，要仔细检测，正确修改程序或刀补，以保证尺寸精度。

（5）检验。加工完成后要进行自测，总结经验、吸取教训。

【知识储备】

内、外圆切槽循环指令 G75。G75 都可用于切断、切槽或孔加工，其加工轨迹如图 2—41 所示，刀具从 *A* 点到达 *B* 点的加工轨迹。

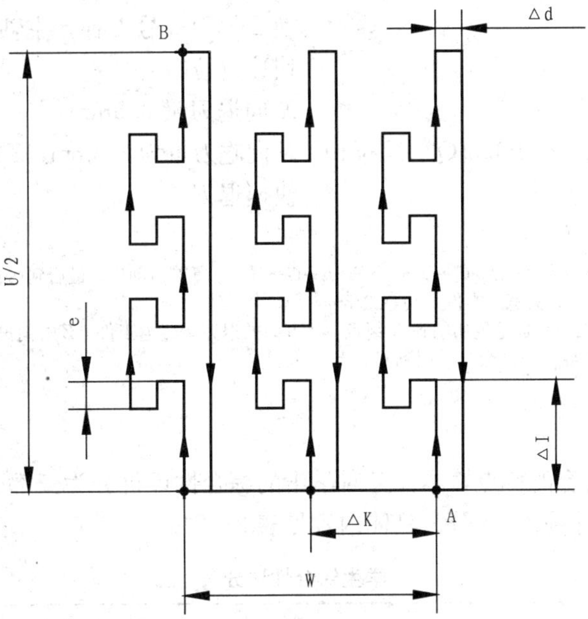

图 2—41　G75 循环加工轨迹

1. 指令格式

G75 R（e）；

G75 X(U) Z(W) P(Δi) Q(Δk) R(Δd) F(F)；

参数含义：

e：每次沿 *X* 方向切削 Δi 后的退刀量（半径值），单位 mm；

X(U)、Z(W)：终点坐标值，*X*、*Z* 为绝对坐标，*U*、*W* 为相对坐标；

Δi：*X* 方向的每次循环移动量（无符号，半径值）单位 mm；

Δk：*Z* 方向的每次切削移动量（无符号）单位 mm；

Δd：切削到终点时 *Z* 方向的退刀量，通常用不指定，省略 X(U) 和 Δi 时，则视为 0；

F：进给速度。

2. 编程实例

如图 2—42 所示（刀宽 4mm）。

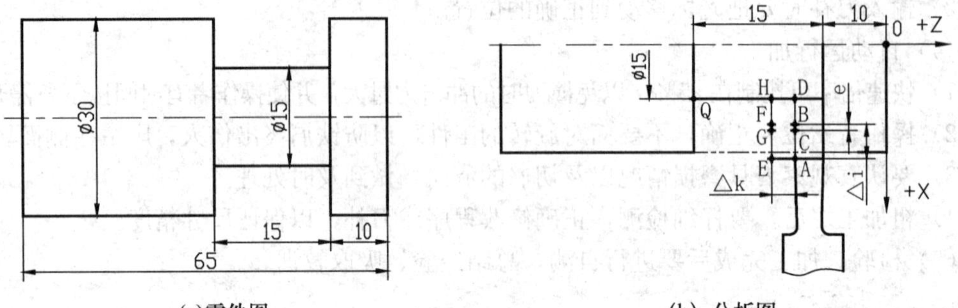

(a)零件图　　(b) 分析图

图 2—42　编程实例

程序：

O2342；

T0202　M03 S1；　换 2 号刀 2 号刀补，主轴正转、低速

G00　X32　Z−14；　快速定位

G75　R0.5；　*X* 向退刀量 0.5mm

G75　X15　Z−25 P3.5 Q3.8　F40；*X* 向吃刀量为 3.5mm，*Z* 向移动距离为 3.8mm

G00　X100 Z50；　快速退刀

M30；　程序结束

注：①加工时的走刀路线为 *A*→*B*→*C*→*D*→*A*→*E*→*F*→*G*→*H*，重复前边动作，最后到达 Q 点，其中 *A*→*E* 为刀具向左偏移，偏移的距离一般不超过刀宽，本例中 Q 取 3.8mm。

②G75 指令中缺省 R（Δd）是避免切削到 *X* 终点，*Z* 方向的退刀量碰撞工件（*Z* 方向没有足够的退刀量情况下）。

③G75 指令在循环完毕后，刀具会自动回到起刀点 *A* 上。

【任务评价】

根据实训任务内容的特点，本任务对学生的综合性评价分为三部分：实训态度 30 分、基本操作 25 分和尺寸检测 45 分。具体内容见表 2—24。

表 2—24　　学生综合性评分表

姓名			班级		日期			
项目名称	宽槽类零件的加工		零件图号	2—40	机床编号			
检测项目	序号	考核内容	配分	评分标准	学生自测	小组检测	教师检测	备注
实训态度	1	出勤、穿着、佩戴规范	6					
	2	遵守纪律、服从安排	8					
	3	积极、认真、仔细	8					
	4	具有责任心和团队意识	8					

续前表

检测项目		序号	考核内容	配分	评分标准	学生自测	小组检测	教师检测	备注
基本操作	程序	5	切削加工工艺制定正确	4	独立完成				
		6	切削用量选用合理	4	独立完成				
		7	程序正确、简单、规范	5	独立完成				
	操作	8	刀具的刃磨与安装	8	独立完成				
		9	设备的正确操作与维护保养	4					
		10	安全、文明生产	5					
尺寸检测	外圆	11	$\phi28_{-0.04}^{0}$	8	超差不得分				
		12	$\phi16_{-0.06}^{0}$	6	超差不得分				
		13	$\phi16_{-0.04}^{0}$	8	超差不得分				
	长度	14	$34_{-0.1}^{0}$	5	超差不得分				
		15	$12_{0}^{+0.05}$	6	超差不得分				
	其他	16	圆弧 *R*5、*R*8	4					
		17	倒角 4 处	4					
		18	表面粗糙度	4	粗糙度样板				
指导教师				互评员			总分		

【拓展与练习】

根据所学知识，对图 2—43 进行编程加工，毛坯 ϕ30mm×700mm。

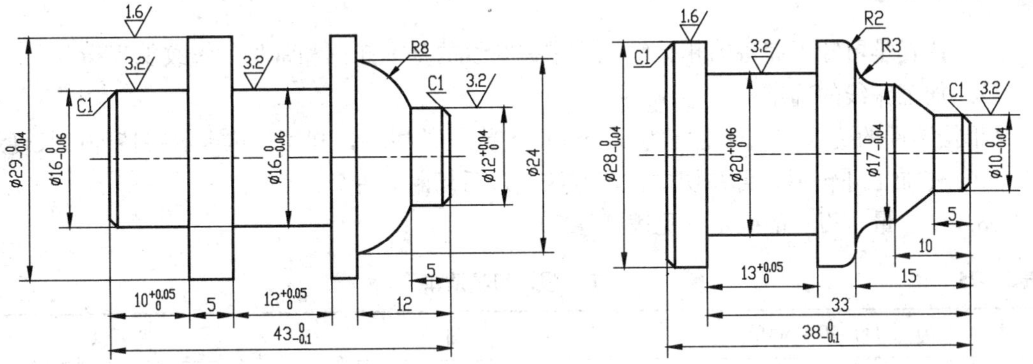

(a)　　　(b)

图 2—43　练习题

任务 7　螺纹轴的编程与加工

【任务描述】

使用 GSK980TB1 系统数控车床加工如图 2—44 所示工件螺纹轴，单件，材料为 45 钢，毛坯为 ϕ30mm×200mm。

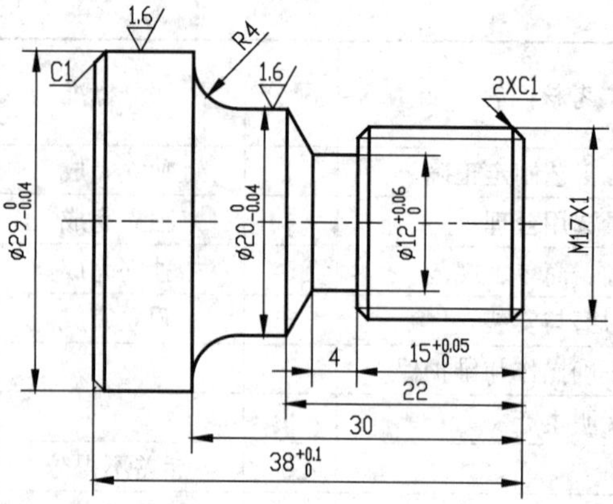

图 2—44 螺纹轴

【任务分析】

本任务零件轮廓主要由圆柱面、圆锥面、成形面、退刀槽和螺纹组成，加工精度：外圆 0.04mm、长度 0.05mm、粗糙度 1.6μm。根据毛坯尺寸，编程时可采用 G71 粗加工外轮廓、G01 切槽、G92 车削螺纹；加工时，先加工外轮廓，其次切退刀槽和车螺纹，最后切断工件。刀具主要选用 90°偏刀、切槽刀和螺纹车刀。通过本任务的学习，学生要掌握螺纹指令 G32、G92 和 G76 的编程和应用以及螺纹的相关知识，另外也要掌握螺纹车刀的刃磨、安装、对刀和螺纹的检验。

【任务实施】

1. 认真学习知识储备的相关知识，掌握螺纹的基本知识和常见的螺纹编程指令

2. 加工路线的确定

根据零件的要求和工件毛坯为 ϕ30mm×80mm 的棒料，利用三爪卡盘夹持伸出长度约 45mm，先加工外轮廓，再在切槽，车螺纹，最后切断工件。

3. 工、量、刃具的确定（见表 2—25）

表 2—25　　工、量、刃具清单

工、量、刃具清单			图号		2—44	
种类	序号	名称	规格	精度	单位	数量
工具	1	三爪自定心卡盘			个	1
	2	卡盘扳手、刀架扳手			副	各 1
	3	垫刀片			块	若干
量具	4	游标卡尺	0～150mm	0.02mm	把	1
	5	千分尺	0～25mm 和 25～50mm	0.01mm	把	各 1
刃具	6	45°车刀	20mm×20mm		把	1
	7	90°车刀	20mm×20mm		把	1
	8	切槽刀	20mm×20mm		把	1
	9	螺纹刀	20mm×20mm		把	1

4. 数控加工工序卡的填写（表 2—26）

表 2—26　　数控加工工序卡

单位名称	南溪职业技术学校	产品名称或代号		零件名称		零件图号	
		数车实训件		件七		2—44	
工序号	程序编号	夹具名称		使用设备		车间	
001	O0271	三爪卡盘		CJK6132		数车实训车间	
工步号	工步内容	主轴转速 n(r/min)	进给速度 f(mm/min)	切削深度 a_p(mm)	刀具号	刀具名称	备注
1	G71 粗车外轮廓	640	120	1	T01	外圆车刀	自动
2	G70 精车外轮廓	945	100	0.25	T01	外圆车刀	自动
3	G01 切退刀槽	460	30	3	T02	切断刀	自动
4	G92 车螺纹	640			T03	螺纹刀	自动
5	G01 切断工件	460	30	3	T02	切断刀	自动
编制	审核	批准		年　月　日		共 1 页	第 1 页

5. 程序的编制（见表 2—27）

表 2—27　　参考程序

程序号	O0271	
程序段号	程序内容	程序说明
N10	T0101;	换 1 号刀 1 号刀补
N20	M03 S1;	主轴正转，转速（945r/min）
N30	G00 X32 Z3;	定位至循环起点
N40	G71 U1 R0.5;	切削深度为 1mm，退刀量 0.5mm
N50	G71 P60 Q140 U0.5 W0 F120;	粗车循环 X 向精车余量 0.5mm
N60	G00 X15;	精车轮廓轨迹
N70	G01 Z0 F80;	
N80	X16.8 Z-1;	
N90	Z-19;	
N100	X19.98;	
N110	Z-26;	
N120	G2 X27.98 Z-30 R4;	
N130	G01 X28.98;	
N140	Z-42;	
N150	G00 X100 Z100;	退刀
N160	M05;	主轴停转
N170	M00;	程序暂停
N175	M03 S2 T0101;	快速定位
N180	G00 X32 Z3;	换高速 1210r/min
N190	G70 P60 Q140;	精车循环
N195	G00 X100 Z100;	退刀
N200	M05;	主轴停转
N210	M00;	程序暂停
N215	M03 S1 T0202;	换 2 号刀 换低速 460r/min
N220	G00X20 Z-19;	快速定位
N230	G01X12.1 F40;	切槽

续前表

程序段号	程序内容	程序说明
N240	X19.98；	退刀
N250	W-3；	刀具左移
N260	X12.03 W3；	切圆锥
N270	G04 X2；	暂停2秒
N280	G01 X18；	X向退刀
N290	G00 X100 Z100；	快速退刀
N295	M05；	主轴停止
N300	M00；	程序暂停
N310	M03 S1 T0303；	换3号刀 转速640r/min
N320	G00 X20 Z3；	快速定位
N330	G92 X16.2 Z-17 F1；	螺纹加工
N340	X15.9；	
N350	X15.8；	
N360	G00 X100 Z100；	退刀
N365	M05；	主轴停转
N370	M00；	程序暂停
N380	M03 S1 T0202；	换2号刀 转速460r/min
N390	G00X32 Z-43；	快速定位
N400	G01X26 F40；	切槽
N410	X29；	退刀
N420	W1；	刀具右移
N430	U-2 W-1；	倒角
N440	X1；	切断
N450	G00 X100 Z100；	快速退刀
N460	T0100；	换1号刀并取消刀补
N470	M30；	程序结束

6. 操作步骤与注意事项

(1) 输入程序。程序输入后必须进行空运行校验，以保证加工的安全性。

(2) 根据加工工艺要求装夹工件和90°车刀、螺纹车刀、切槽刀。

1) 刀具安装时刀尖必须与工件中心等高。

2) 90°车刀的主偏应在90°～93°，切槽刀刀杆必须与工件轴线垂直。

3) 螺纹车刀安装时必须利用好对刀块，以保证螺纹的牙形角的正确。

(3) 分别对90°车刀和切槽刀进行对刀。

1) 对刀时要认真仔细，特别是对X坐标，测量要准确，螺纹刀在对Z坐标时，只需将刀尖与工件端面重合即可。

2) 输入刀补时要把光标移动到正确的位置。

(4) 自动运行加工。

1) 快速倍率可控制在25%，以免撞刀时的冲击力过大，并使操作者有时间按下急停开关。

2) 操作者站位要正确，不要面对旋转的工件，以防铁屑飞出伤人，应站在侧面。

3）要认真观察刀具磨损情况以及切屑的流向，做到及时处理。

4）粗加工之后，要仔细检测，正确修改程序或刀补，以保证尺寸精度。

（5）检验。加工完成后要进行自测，总结经验、吸取教训。

【知识储备】

1. 螺纹车削的基本知识

（1）螺纹的分类。

按用途可分为连接螺纹和传动螺纹；按牙形可分为三角形螺纹、矩形螺纹、锯齿形螺纹、梯形螺纹等；按螺旋线方向可分为左旋螺纹和右旋螺纹；按螺旋线可分为单线螺纹和多线螺纹。本项目主要介绍三角形螺纹。

（2）三角形螺纹车刀的刃磨与检查，如图 2—45 所示为硬质合金三角形螺纹车刀。

1）根据粗、精车的要求，磨出合理的前、后角。粗车时前角适当大些、后角适当小些；精车则相反。

2）车刀的两侧刃直线性要好，无崩刃。

3）刀头不歪斜，牙形半角相等，刀尖靠近进刀一侧，便于加工时退刀安全。

4）三角形螺纹车刀刃磨顺序一般为先刃磨前刀面，再刃磨两侧面，以防止刀刃和刀尖爆裂。

5）刃磨时用螺纹样板进行测量，测量时样板应与车刀低面平行，通过透光法检查。观察两边的贴和间隙，进行修磨，以达到要求。

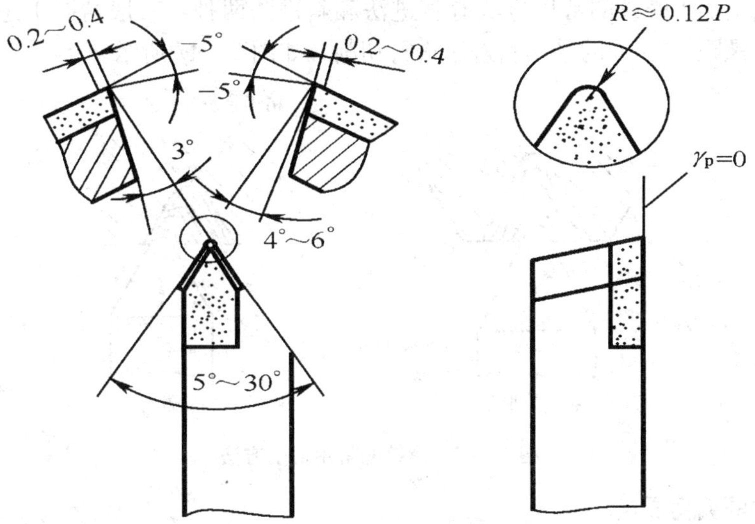

图 2—45　硬质合金三角形螺纹车刀

（3）螺纹车刀的安装。

螺纹车刀的安装位置是否正确，对加工后的螺纹牙形的正确性有较大影响。

1）对于三角形螺纹、梯形螺纹，其牙形要求对称并垂直于工件轴线，两牙形半角要相等，如果把车刀装歪，会产生牙形歪斜。

2）在安装螺纹车刀时，必须使刀尖与工件中心（车床主轴轴线）在同一高度上，并且刀尖轴线与工件轴线垂直，装刀时可以使用样板辅助，如图 2—46 所示。

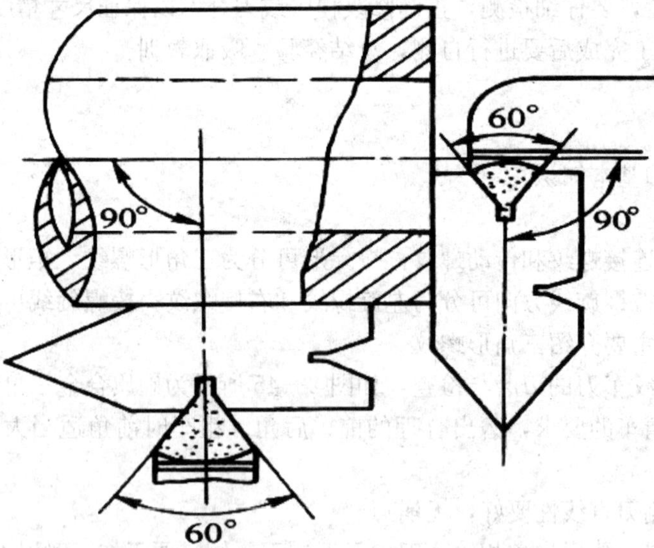

图 2—46 螺纹车刀的安装

3）螺纹车刀不宜伸出刀架过长，一般以伸出长度为刀柄厚度的 1.5 倍为宜，为 25～30mm。

（4）螺纹的车削方法。

数控车床上加工螺纹的常用方法有直进法和斜进法两种，一般情况下螺距≤3mm 的采用直进法，螺距＞3mm 的采用斜进法进行切削，如图 2—47 所示。

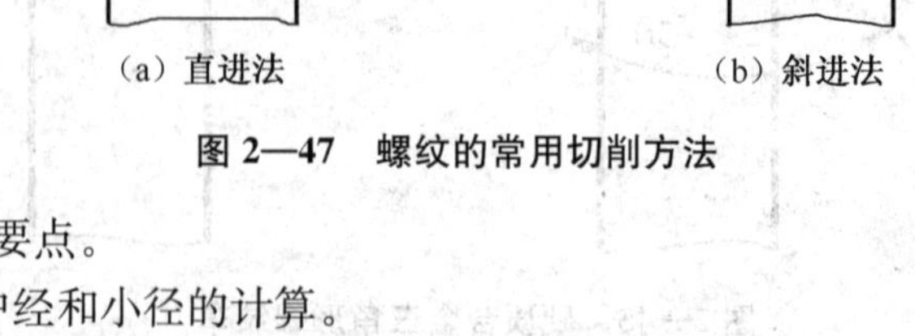

（a）直进法　　（b）斜进法

图 2—47 螺纹的常用切削方法

（5）螺纹的编程要点。

1）螺纹大径、中经和小径的计算。

由于螺纹加工时刀具对工件有挤压作用，容易使工件表面胀大，所以在车外螺纹前的外径尺寸一般应比基本尺寸小 0.2～0.4 mm，车螺纹的小径可采用下列近似公式计算。

外螺纹小径 $d_1=d-(1.1\sim1.3)P$，通常取 $d_1=d-1.2P$。

内螺纹小径 $D_1=D-P$　　　（车削塑性金属）

$D_1=D-1.05P$　　　（车削脆性金属）

在以上经验公式中，d、D 直径均指其基本尺寸，P 指螺纹的螺距。在各编程大径和编程小径的经验公式中，已考虑到了部分直径公差的要求。

2）车螺纹时的主轴转速与切削深度的确定。

车削螺纹时大多数经济型车床数控系统推荐主轴转速如下公式：常用切削深度见表2—28和表2—29。

$$n \leqslant \frac{1\,200}{P} - k$$

式中：P——被加工工件螺纹导程（螺距），mm；

k——保险系数，一般为80。

表2—28　公制螺纹进给次数与切削深度的确定

螺距		1.0	1.5	2.0	2.5	3.0	3.5	4.0
牙深		0.649	0.947	1.299	1.624	1.949	2.273	2.598
吃刀量及切削次数	1次	0.7	0.8	0.9	1.0	1.2	1.5	1.5
	2次	0.4	0.6	0.6	0.7	0.7	0.7	0.8
	3次	0.2	0.4	0.6	0.6	0.6	0.6	0.6
	4次		0.16	0.4	0.4	0.4	0.6	0.6
	5次			0.1	0.4	0.4	0.4	0.4
	6次				0.15	0.4	0.4	0.4
	7次					0.2	0.2	0.4
	8次						0.15	0.3
	9次							0.2

表2—29　英制螺纹进给次数与切削深度的确定

牙/英寸		24	18	16	14	12	10	8
牙深		0.678	0.904	1.016	1.162	1.345	1.626	2.033
吃刀量及切削次数	1次	0.8	0.8	0.8	0.8	0.9	1.0	1.2
	2次	0.4	0.6	0.6	0.6	0.6	0.7	0.7
	3次	0.16	0.3	0.5	0.5	0.6	0.6	0.6
	4次		0.11	0.14	0.3	0.4	0.4	0.5
	5次				0.13	0.21	0.4	0.5
	6次						0.16	0.4
	7次							0.17

3）螺纹起点与终点的确定。

如图2—48所示，车螺纹时，刀具沿螺纹方向的进给应与工件主轴旋转保持严格的速比关系。刀具从停止状态到达指定的进给速度或从指定的进给速度降为零，驱动系统必须有一个过渡过程，因此沿轴向进给的加工路线长度除保证加工螺纹长度外，还应该增加刀具引入距离 δ_1 和刀具引出距离 δ_2，即升速段和减速段。δ_1、δ_2 的数值与螺距和转速有关，由各系统设定。一般取 $\delta_1 \geqslant 2$ 导程，$\delta_2 \geqslant (1 \sim 1.5)$ 导程。

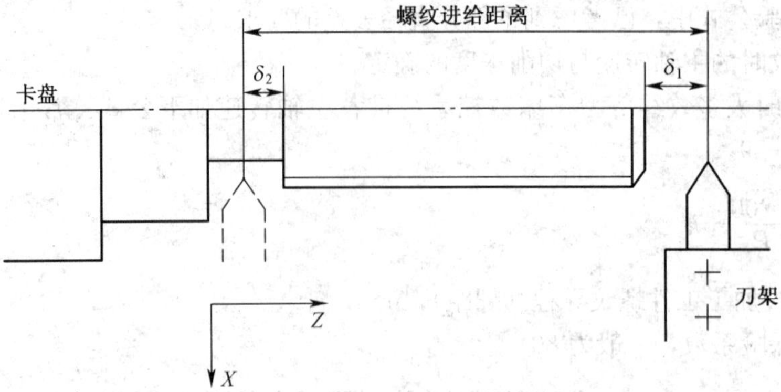

图 2—48　车螺纹时的引入、引出距离

4）多线螺纹的车削。

在一个螺纹的整个切削过程中，螺纹起点的 Z 坐标值应始终设定为一个固定值，否则会使螺纹“乱扣”。车削多线螺纹时（见图 2—49）只需将刀具定位点的 Z 坐标移动一个螺距即可。

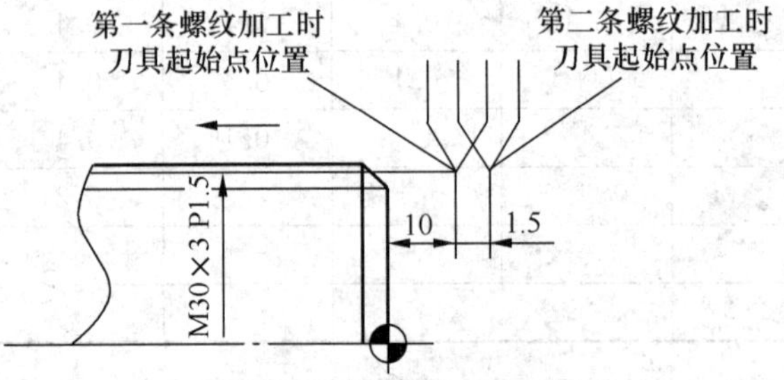

图 2—49　多线螺纹的车削方法

(6) 螺纹的测量。

螺纹的顶径由于公差较大，一般可以游标卡尺测量。而螺纹中径是最重要的尺寸，常见的测量方法有螺纹量规测量法、螺纹千分尺测量法以及三针测量法。这里主要介绍前两种。

1）用螺纹量规综合测量。螺纹量规分为螺纹环规和塞规，其中螺纹环规［见图 2—50 (a)］用来测量外螺纹的综合尺寸精度，螺纹塞规［见图 2—50 (b)］用来测量内螺纹的综合尺寸精度。

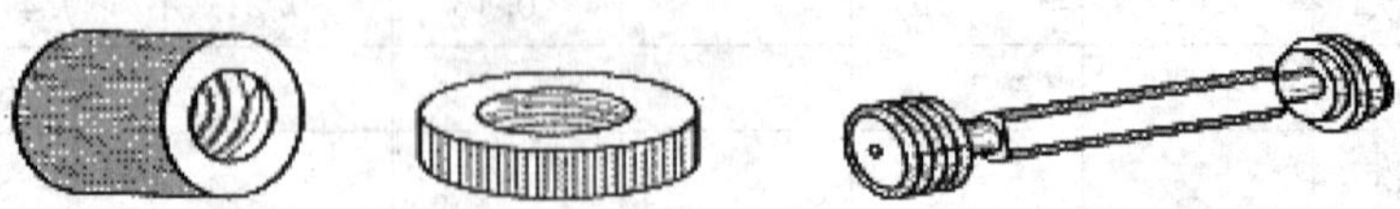

(a) 螺纹环规　　(b) 螺纹塞规

图 2—50　螺纹环规与塞规

2）用螺纹千分尺测量螺纹中径。螺纹千分尺［见图 2—51 (a)］的读数原理也与普通千分尺相同，其测量杆上安装了适用于不同螺纹牙形和不同螺距的、成对配套的测量头，如图 2—51 (b)、(c) 所示。在测量时，两个测量头正好卡在螺纹牙形面上，这时千分尺读数就是螺纹中径的实际尺寸。另外，在测量过程中，若更换了测量头，必须重新调整砧座位置，使千分尺对准零位。

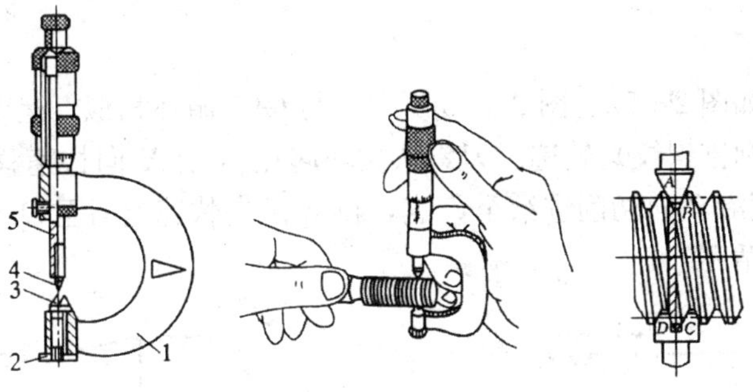

(a) 螺纹千分尺　(b) 测量方法　(c) 测量原理

图 2—51　螺纹中径的测量

1—尺架；2—砧座；3—下测量头；4—上测量头；5—测量螺杆。

2. 暂停指令 G04 的应用

指令格式：G04 P __；或 G04 X __；

指令功能：此指令可以推迟下个程序段的执行，推迟时间为指令的时间，常用于切槽、钻孔、铰孔等场合中起修光、挤压作用。其中 P 以 0.001s 为单位，X 以 1s 为单位。指令范围从 0.001～9 999.999 秒。当不指定 P、X 时，表示程序段间准确停。

3. 螺纹切削基本指令（G32）

（1）指令格式。

G32 X(U)__ Z(W)__ F __；

式中：X(U)__ Z(W)__为螺纹的终点绝对/增量坐标值；

F __为螺纹的导程。

（2）指令说明。

当 X(U)__ 省略时为圆柱螺纹切削，Z(W)__省略时为圆端面螺纹切削，当 X(U)__ Z(W)__均不省略时为锥螺纹切削。

4. 螺纹切削单一固定循环指令（G92）

（1）指令格式。

G92X(U)__ Z(W)__ J __K __ F __ R __ L __；（公制螺纹）

G92X(U)__ Z(W)__ JK __I __R __ L；（英制螺纹）

其中，X(U)__ Z(W)：循环终点坐标值，单位：mm；

J、K：退尾长度，为无符号数，单位：mm，J 为半径指定；

R：螺纹起点与螺纹终点的半径之差，单位：mm；

F：公制螺纹导程，取值范围为（0.001～500），单位：mm，模态指定；

I：英制螺纹每英寸牙数，取值范围为（0.06～25 400），单位：牙/英寸，模态指定。

L：螺纹头数，取值范围为（1～99），单位：头，模态指定，不指定时默认为 1。

执行该指令，可进行等导程的直螺纹、锥螺纹单一循环螺纹加工，循环完毕刀具回起点位置，螺纹切削时可不需退刀槽。当 *J*、*K* 设定值时，按 *J*、*K* 设定值执行 *X*、*Z*

轴退尾；当只设定 J 或 K 值时，按 45 度退尾执行；当不需要退尾时，可设 J0 或 K0 即可。

（2）循环轨迹。

G92 循环轨迹如图 2—52、图 2—53 所示，与 G90 循环相似，运动轨迹也是矩形（圆柱螺纹）和梯形（圆锥螺纹）轨迹。刀具从循环起点 A 沿 X 向快速移动至 B 点，然后以导程/转的进给速度沿 Z 向切削进给至 C 点，再从 X 向快速退刀至 D 点，最后返回循环起点 A，准备下一次循环。

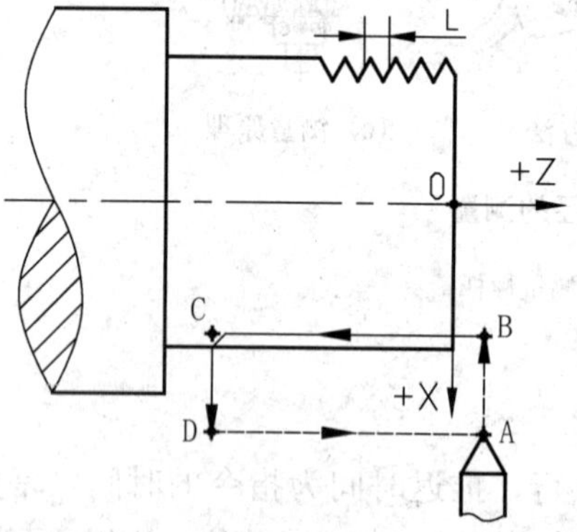

图 2—52　圆柱螺纹循环轨迹

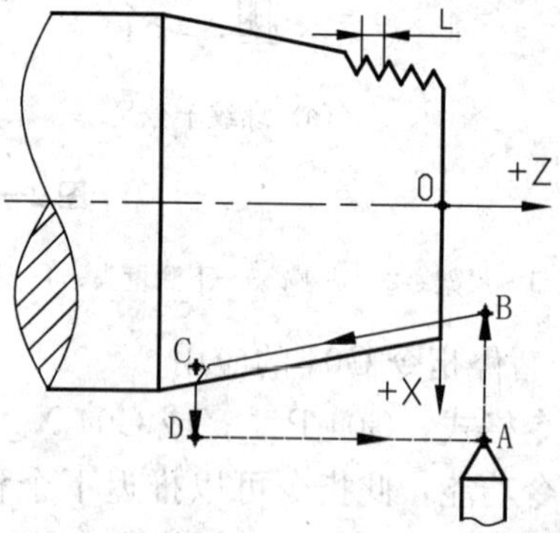

图 2—53　圆锥螺纹循环轨迹

例：如图 2—54 所示，用 G92 进行圆柱螺纹切削编程。

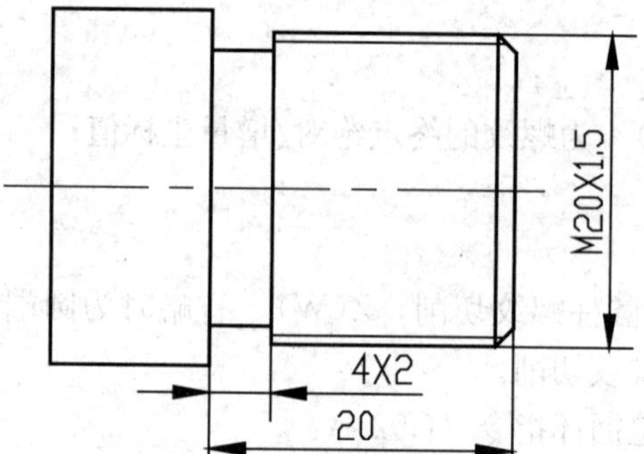

图 2—54　圆柱螺纹切削编程

程序：

……

G00 X22 Z5；		起刀点
G92 X19.2 Z−18 F1.5；		螺纹加工第一次循环
X18.6；		螺纹加工第二次循环
X18.2；		螺纹加工第三次循环
X18.05；		螺纹加工第四次循环
G00 X100 Z150；		退刀，取消循环

……

例：如图 2—55 所示，用 G92 对圆锥螺纹切削编程。

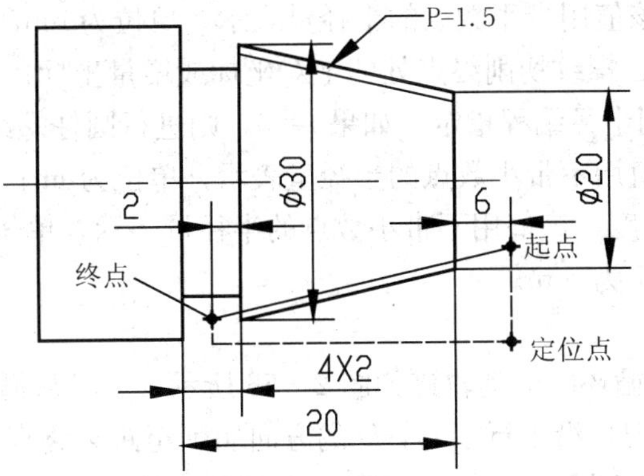

图 2—55　圆锥螺纹切削编程

程序：

……

G00　X32　Z6；	起刀点
G92　X31.2　Z-18 R-7.5 F1.5；	螺纹加工第一次循环
X30.4；	螺纹加工第二次循环
X29.8；	螺纹加工第三次循环
X29.3；	螺纹加工第四次循环
G00　X100　Z50；	退刀，取消循环

……

注：$R=\left[\frac{(20-30)}{2}\div 16\right]\times(6+18)=-7.5$

锥螺纹切削终点直径为：$d=30+2\times(30-20)/16-1.3\times 1.5=29.3$

经验公式：$d=D-1.3P$

式中：d——螺纹小径，mm；

D——螺纹大径，mm；

P——螺距，mm。

5. 螺纹切削复合固定循环指令（G76）

（1）指令格式。

G76　P(m)（r）（α）Q(Δd_{min}）R(d)；

G76　X(U)__ Z(W)__ R（i）P(k) Q(Δd) F __；

其中，m：精加工重复次数，01～99，用两位数表示；

r：螺纹尾端倒角值，该值的大小可设置在0～9.9L，系数应为0.1的整倍数，用00～99的两位整数来表示，其中L为导程；

α：刀尖角度（螺纹牙形角），可以选择80°、60°、45°、30°、29°和0°共6种中的任意一种，该值由两位数来表示；m、r、α用地址P同时指定，例如：$m=2$，$r=1.2L$，$\alpha=60°$可表示为P021260；

Δd_{min}：最小车削深度，该值用不带小数点的半径量表示，单位为μm，车削过程中每次车削深度为，当计算深度小于这个极限值时，车削深度锁定在这个值，该参数为模态量；

d：精加工余量，该值用带小数点的半径量表示，单位为 mm；

X(U)__ Z(W)__ ：螺纹切削终点处的绝对坐标或增量坐标；

i：螺纹锥度值，用半径编程指定，如果 $i=0$，则进行圆柱螺纹切削，可省略；

k：螺纹高度，该值用不带小数点的半径量表示，单位为μm；

Δd：第一次切削深度，该值用不带小数点的半径量表示，单位为μm；

F：螺纹导程，单位为 mm。

（2）循环轨迹。

G76 螺纹切削复合循环的运动轨迹如图 2—56 所示。刀具从循环起点 A 处快速移动至 B_1（螺纹切深为Δd），刀具沿平行于 $C \rightarrow D$ 的方向切削至距离终点 D 的 r 处，再倒角退刀至 E 点，最后刀具快速返回 A 点，完成第一次切削，准备第二次切削循环。如此循环，直至循环结束。

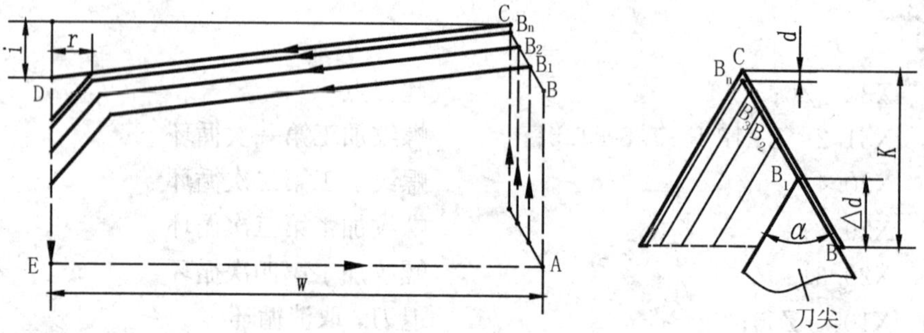

图 2—56　G76 的切削方式

（3）指令说明。

1）循环起点（终点）A：程序段运行前和运行结束时的位置。

2）螺纹起点 C：Z 轴绝对坐标与 A 点相同、X 轴绝对坐标与 D 点 X 轴绝对坐标的差值为 i（螺纹锥度、半径值）。

3）螺纹终点 D：由 X(U) Z(W) 定义的螺纹切削终点。如果有螺纹退尾，切削终点长轴方向为螺纹切削终点，短轴方向为退尾后的位置。

4）螺纹切深参考点 B：B 点的螺纹切深为 0，该点的 X 坐标值＝小径＋$2k$，是系统计算每一次螺纹切削深度的参考点。

5）G76 指令可加工带螺纹退尾的直螺纹和锥螺纹，可实现单侧刀刃螺纹切削，吃刀量逐渐减少，有利于保护刀具，提高螺纹精度，通常适用螺距大于 3mm 以上的螺纹。G76 指令不能加工端面螺纹。

（4）例题（见图 2—57）。

M03 S1 T0202；（启动主轴，指定转速、刀具）

G00 X80 Z10；（快速定位到加工起点）

G76 P011060 Q0.1 R0.2；（进行螺纹切削）

G76 X60.64 Z-45 P3.68 Q1.8 F6.0；

G00 X100 Z50；（退刀）

M30；（程序结束）

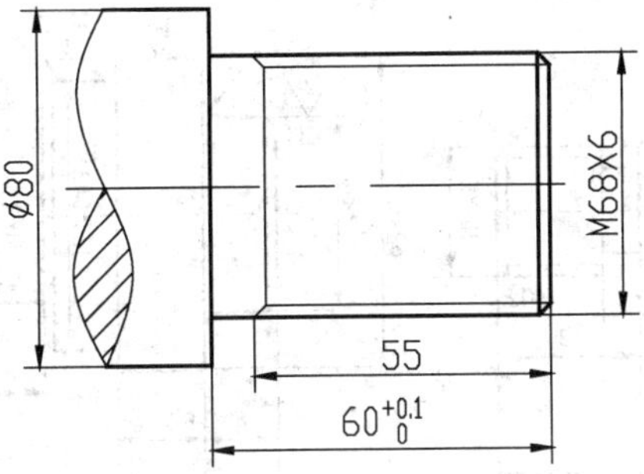

图 2—57　编程实例

【任务评价】

根据实训任务内容的特点，本任务对学生的综合性评价分为三部分：实训态度 30 分、基本操作 25 分和尺寸检测 45 分。具体内容见表 2—30。

表 2—30　　学生综合性评分表

姓名				班级		日期			
项目名称		螺纹轴的加工		零件图号	2—44	机床编号			
检测项目		序号	考核内容	配分	评分标准	学生自测	小组检测	教师检测	备注
实训态度		1	出勤、穿着、佩戴规范	6					
		2	遵守纪律、服从安排	8					
		3	积极、认真、仔细	8					
		4	具有责任心和团队意识	8					
基本操作	程序	5	切削加工工艺制定正确	2	独立完成				
		6	切削用量选用合理	2	独立完成				
		7	程序正确、简单、规范	6	独立完成				
	操作	8	刀具的刃磨与安装	8	独立完成				
		9	设备的正确操作与维护保养	2					
		10	安全、文明生产	5					
尺寸检测	外圆	11	$\phi29_{-0.04}^{0}$	6	超差不得分				
		12	$\phi20_{-0.04}^{0}$	6	超差不得分				
		13	$\phi12_{0}^{+0.06}$	6	超差不得分				
	长度	14	$38_{0}^{+0.1}$	5	超差不得分				
		15	$15_{0}^{+0.05}$	6	超差不得分				
	其他	16	M17×1	8	螺纹环规检测合格				
		17	圆弧 $R4$	2					
		18	倒角 2 处	2					
		19	表面粗糙度	4	粗糙度样板				
指导教师					互评员			总分	

【拓展与练习】

根据所学知识，对图 2—58 进行编程加工，毛坯 $\phi30$mm×700mm。

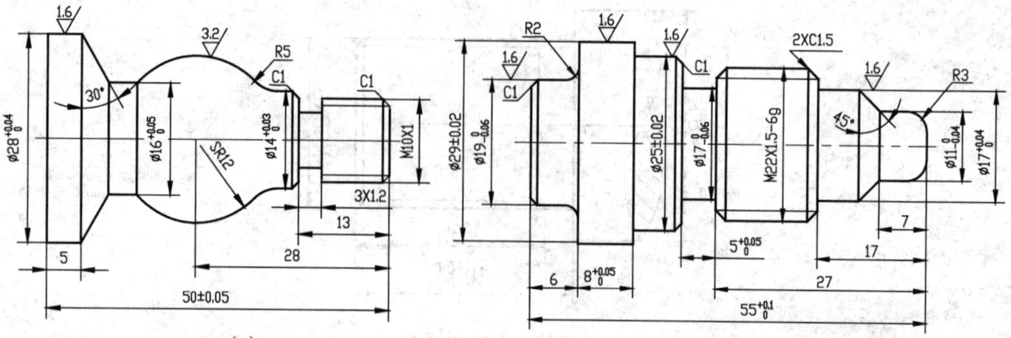

(a) (b)

图 2—58 练习题

任务 8 弹膛体的编程与加工

【任务描述】

使用 GSK980TB1 系统数控车床加工如图 2—59 所示零件。该零件是为 JD007B 射钉器中的弹膛体第一道工序图，材料为 40Cr 钢，毛坯为 ϕ25mm×1 000mm，批量加工，要求一次装夹至少完成 2 个零件。

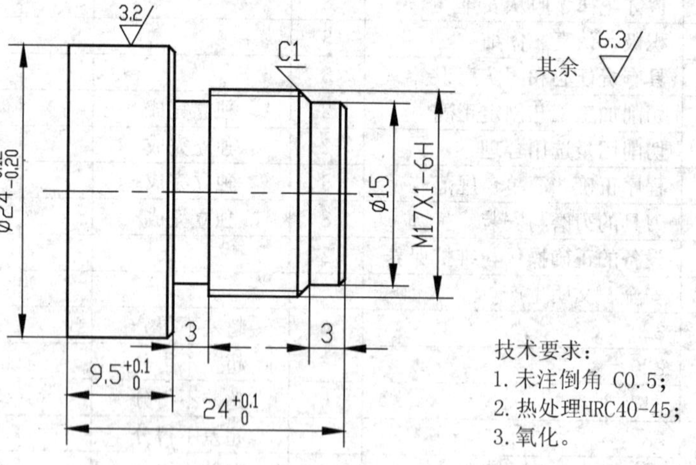

图 2—59 弹膛体

【任务分析】

本零件的轮廓主要由圆柱面、退刀槽和螺纹组成，加工精度不高：外圆和长度都为 0.1mm，粗糙度 3.2μm。根据毛坯尺寸和加工要求：编程时可采用子程序调用（M98、M99）；加工时可采用一次装夹中完成 2 个零件的加工，刀具可选用 90°偏刀、切断刀和螺纹刀。通过本任务的学习，学生应主要掌握 M98 和 M99 编程与应用。

【任务实施】

1. 认真学习知识储备的相关知识，掌握子程序的应用和编程方法

2. 加工路线的确定

根据零件的要求和工件毛坯为 ϕ25mm×1 000mm 的棒料，利用三爪卡盘夹持伸出长度约 45mm，先车端面，再加工外轮廓、车螺纹，最后切断工件。

3. 工、量、刃具的确定（见表 2—31）

表 2—31　　工、量、刃具清单

工、量、刃具清单			图号		2—59	
种类	序号	名称	规格	精度	单位	数量
工具	1	三爪自定心卡盘			个	1
	2	卡盘扳手、刀架扳手			副	各 1
	3	垫刀片			块	若干
量具	4	游标卡尺	0～150mm	0.02mm	把	1
	5	千分尺	0～25mm 和 25～50mm	0.01mm	把	各 1
刃具	6	45°车刀	20mm×20mm		把	1
	7	90°车刀	20mm×20mm		把	1
	8	螺纹刀	20mm×20mm		把	1
	9	切断刀	20mm×20mm		把	1

4. 数控加工工序卡的填写（见表 2—32）

表 2—32　　数控加工工序卡

单位名称	南溪职业技术学校		产品名称或代号		零件名称		零件图号	
			JD007B 射钉器		弹膛体		2—59	
工序号	程序编号		夹具名称		使用设备		车间	
001	O0281～O0282		三爪卡盘		CJK6132		数车实训车间	
工步号	工步内容		主轴转速 n(r/min)	进给速度 f(mm/min)	切削深度 a_p(mm)	刀具号	刀具名称	备注
1	G01 车端面		945	120	0.25	T01	45°车刀	自动
2	粗车外轮廓		945	150	1.5	T02	90°车刀	自动
3	精车外轮廓		945	120	0.25	T02	90°车刀	自动
4	G92 车螺纹 M17×1		640			T03	螺纹车刀	自动
5	G01 切断工件		640	50	3	T04	切断刀	自动
编 制		审 核	批 准		年　月　日		共 1 页	第 1 页

5. 程序的编制（见表 2—33）

表 2—33　　弹膛体加工程序

程序号	O0281（主程序）	
程序段号	程序内容	程序说明
N10	G98 G40;	以 mm/min 进给，取消半径补偿
N20	M03 S1;	主轴正转，低速
N30	G0 X26 Z50;	快速定位
N40	M98 P20009;	调用子程序 O0009 两次
N50	G0 X0 Z0;	快速定位
N60	T0405;	换 5 号刀补（刀具向右移动 0.2mm，用于偏端面）
N70	M30;	主轴停止，程序结束，光标返回起点

弹膛体（子程序）		
程序号	O0282	
程序段号	程序内容	程序说明
N10	T0101；	换 1 号刀，1 号刀补（45°车刀）
N20	G0 X27 W-50；	快速定位
N30	G1 X 0 F100；	切端面
N40	G0 X50 W50；	快速退刀
N50	T0202；	换 2 号刀，2 号刀补（90°车刀）
N60	G0 X26 W-48；	快速定位
N70	G90 X22 W-16.5 F150；	粗车第 1 刀
N80	X19；	第 2 刀
N90	X17.5；	第 3 刀
N100	M03 S2；	高速
N110	G0 X14；	定位
N120	G1 W-2；	接近端面
N130	X15 W-0.5；	倒角
N140	W-2.5；	车 ϕ15 外圆
N150	X16.8 W-1；	倒角
N160	W-7.5；	车螺纹外圆
N170	X15；	进刀倒角
N180	W-3；	车退刀槽
N190	X22.84；	退刀
N200	X23.84 W-0.5；	倒角
N210	W-13；	车外圆 ϕ 24 外圆
N220	G0 X50 W78；	退刀
N230	M03 S1 T0303；	换低速，3 号刀，3 号刀补（螺纹刀）
N240	G0 X18 W-50；	快速定位
N250	G92 X16.2 W-13 F1；	车螺纹
N260	X15.9；	
N270	X15.8；	
N280	G0 X50 W50；	快速退刀
N290	T0404；	换 4 号刀，4 号刀补（切断刀）
N300	G0 X25 W-78；	快速定位
N310	G1 X1 F50；	切断工件
N320	G0 X50 W49.8；	快速退刀
N330	M99；	子程序结束，返回主程序

6. 操作步骤与注意事项

（1）输入程序。程序输入后必须进行空运行校验，以保证加工的安全性。

（2）根据加工工艺要求装夹工件和 90°车刀、螺纹车刀、切槽刀。

1）刀具安装时刀尖必须与工件中心等高。

2）90°车刀的主偏应在 90°～93°，切槽刀刀杆必须与工件轴线垂直。

3）螺纹车刀安装时必须利用好对刀块，以保证螺纹的牙形角的正确。

（3）分别对 90°车刀和切槽刀进行对刀。

1）对刀时要认真仔细，特别是对 X 坐标，测量要准确，螺纹刀在对 Z 坐标时，只需将刀尖与工件端面重合即可。

2）输入刀补时要把光标移动到正确位置。

（4）自动运行加工。

1）快速倍率可控制在 25%，以免撞刀时的冲击力过大，并使操作者有时间按下急停开关。

2）操作者站位要正确，不要面对旋转的工件，以防铁屑飞出伤人，应站在侧面。

3）要认真观察刀具磨损情况以及切屑的流向，做到及时处理。

4）粗加工之后，要仔细检测，正确修改程序或刀补，以保证尺寸精度。

（5）检验。加工完成后要进行自测，总结经验、吸取教训。

（6）由于批量加工，刀具一般都只对一次刀，考虑到装夹的效率，让每次工件伸出长度有一个准确值，切槽刀在每车完 2 个工件后停在原点，其目的限制工件伸出的长度，也是对毛坯的定位。另外切槽刀选用了两个刀补号 T0404 和 T0405，其中 T0405 的刀具位置应比 T0404 刀具位置靠右 0.2mm 左右，其目的是让 45°车刀每次都能车到 0.2mm 的端面余量。

【知识储备】

1. 主程序与子程序的概念

为简化编程，当相同或相似的加工轨迹、控制过程需要多次使用时，就可以把该部分的程序指令编辑为独立的程序进行调用。调用其他程序的程序称为主程序，被调用的程序（以 M99 结束）称为子程序。子程序和主程序一样占用系统的程序容量和存储空间，子程序也必须有自己独立的程序名，子程序可以被其他任意主程序调用，也可以独立运行。子程序结束后就返回到主程序中继续执行，如图 2—60 所示。

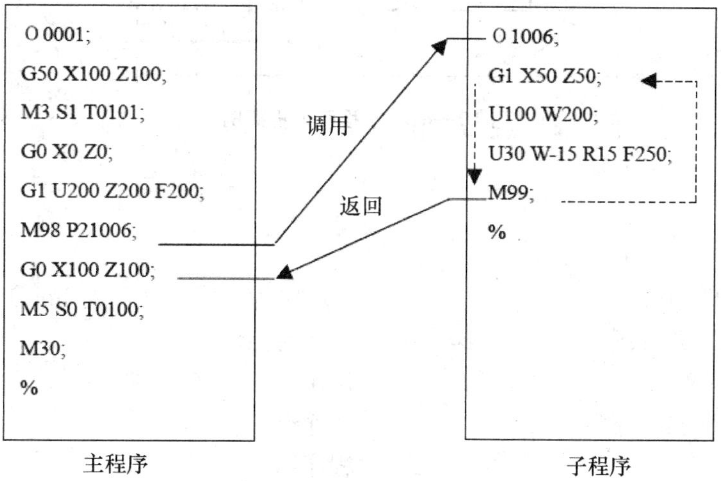

图 2—60　主程序与子程序的关系

2. 基本指令

(1) 调用子程序 M98。

指令格式：M98 P○○○□□□□

其中○○○表示调用次数（1～999），调用 1 次时，可不输入；□□□□表示被调用的子程序号（0000～9999）。当调用次数未输入时，子程序号的前导 0 可省略；当输入调用次数时，子程序号必须为 4 位数。

指令功能：当前程序段的其他指令执行完成后，系统不执行下一程序段，而是去执行 P 指定的子程序，子程序最多可执行 999 次。

(2) 返回主程序 M99。

指令格式：M99 P○○○○

○○○○表示返回主程序执行的程序段号（0000～9999），前导 0 可以省略。

指令功能：（子程序中）当前程序段的其他指令执行完成后，返回主程序中由 P 指定的程序段继续执行，当未输入 P 时，在返回主程序中调用当前子程序的 M98 指令的后一程序段继续执行。如果 M99 用于主程序结束（即当前程序不是由其他程序调用执行），当前程序反复执行。

注：①本系统最多可以调用四重子程序，即可以在子程序中调用其他子程序。

②子程序中的的各坐标轴方向不断变化的，一般用相对坐标来编程，对于没有变化的坐标轴可以用绝对或相对坐标来编程，通常情况下 X 轴可以用绝对坐标，而 Z 轴必须用相对坐标。

3. 编程实例

如图 2—61 所示，利用子程序完成零件的程序编制。

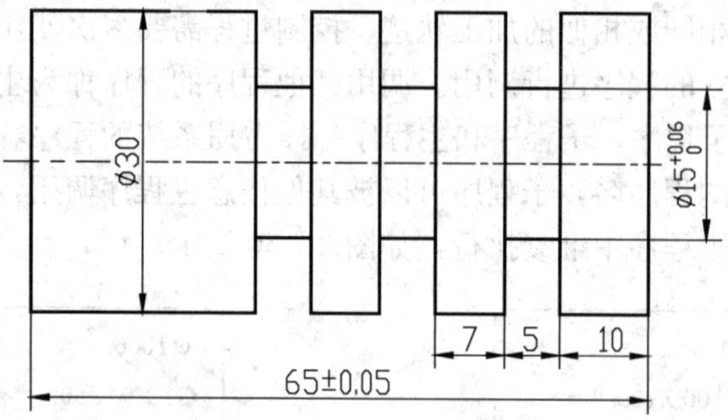

图 2—61　子程序编程实例

程序：

O0022;

…

M03S2　T0101;	T0101 为切槽刀（刀宽 3mm）
G00　X32　Z-1;	快速定位
M98　P031235;	调用 O1235 子程序 3 次
G00　X100 Z100 ;	快速退刀
M30;	程序结束

子程序：

O1235;	子程序号

```
G00  W-12;          快速向左移 12mm
G01  X15.1 F40;     切削到 15.1mm 留 0.1mm
G01  X31;           退刀
G01  W-2;           左移 2mm（槽宽 5mm）
G01  X15.03;        切削刀尺寸
G01  W2;            右移精车
G01  X31;           退刀
M99;                子程序调用结束返回主程序
```

【任务评价】

根据实训任务内容的特点，对学生的综合性评价分为三部分：实训态度 30 分、基本操作 25 分和尺寸检测 45 分。具体内容见表 2—34。

表 2—34　　学生综合性评分表

姓名				班级		日期			
项目名称		子程序的调用		零件图号	2—59	机床编号			
检测项目		序号	考核内容	配分	评分标准	学生自测	小组检测	教师检测	备注
实训态度		1	出勤、穿着、佩戴规范	6					
		2	遵守纪律、服从安排	8					
		3	积极、认真、仔细	8					
		4	具有责任心和团队意识	8					
基本操作	程序	5	切削加工工艺制定正确	3	独立完成				
		6	切削用量选用合理	3	独立完成				
		7	程序正确、简单、规范	6	独立完成				
	操作	8	刀具的刃磨与安装	6	独立完成				
		9	设备的正确操作与维护保养	4					
		10	安全、文明生产	3					
尺寸检测	外圆	11	$\phi24_{-0.20}^{-0.12}$	8	超差不得分				
		12	$\phi15$	8	超差不得分				
	长度	13	$24_{0}^{+0.1}$	8	超差不得分				
		14	$9.5_{0}^{+0.1}$	6	超差不得分				
	其他	15	M17×1-6H	4	螺纹环规检测				
		16	倒角 1 处	2					
		17	倒毛刺 2 处	4					
		18	表面粗糙度	5	粗糙度样板				
指导教师					互评员		总分		

【拓展与练习】

根据所学知识，加工如图 2—62 所示零件，毛坯 $\phi30$mm×700mm。

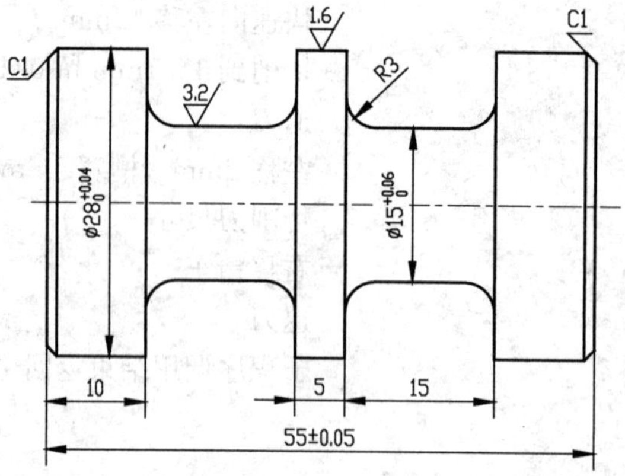

图 2—62　练习题

项目三　套类零部件的编程与加工

任务1　通孔零件的编程与加工

【任务描述】

使用GSK980TB1系统数控车床，加工如图3—1所示工件，工件材料为45钢，单件，空心毛坯件为ϕ50mm×200mm，内孔为ϕ25mm。

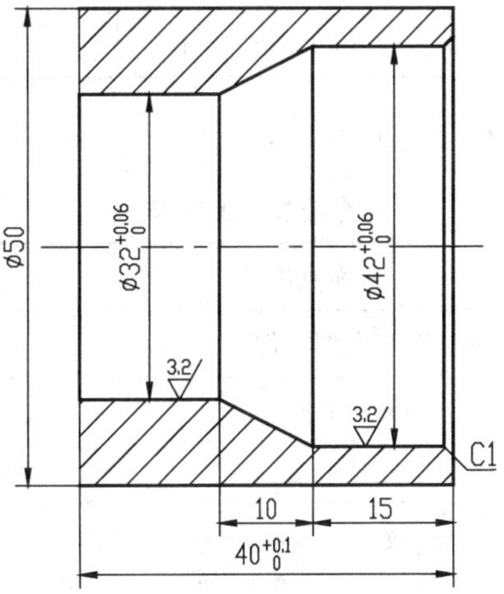

图3—1　通孔零件

【任务分析】

本任务的特点是外轮廓不变，主要是加工内轮廓且是通孔，加工精度：外圆0.06mm、长度0.1mm、粗糙度3.2μm。根据毛坯尺寸和加工要求，编程时可采用G71粗加工内轮廓，加工时可在一次装夹中完成，刀具可选用盲孔车刀和切断刀。通过本任务的学习，学生主要掌握G71的内轮廓编程和内孔车刀的刃磨、安装和对刀。

【任务实施】

1. 认真学习知识储备的相关知识，掌握内孔加工的注意事项

2. 加工路线的确定

根据零件的要求和工件毛坯为 ϕ30mm×80mm 的棒料，利用三爪卡盘夹持伸出长度约 45mm 车削内轮廓至尺寸，最后切断工件。

3. 工、量、刃具的确定（见表 3—1）

表 3—1　　工、量、刃具清单

工、量、刃具清单			图号		3—1		
种类	序号	名称	规格	精度	单位	数量	备注
工具	1	三爪自定心卡盘			个	1	
	2	卡盘扳手、刀架扳手			副	各 1	
	3	垫刀片			块	若干	
量具	4	游标卡尺	0～150mm	0.02mm	把	1	
	5	内径千分尺	25～50mm	0.01mm	把	各 1	
刃具	6	45°车刀	20mm×20mm		把	1	硬质合金
	7	内孔车刀	20mm×20mm（<ϕ25mm）		把	1	硬质合金
	8	切断刀	20mm×20mm		把	1	硬质合金

4. 数控加工工序卡的填写（见表 3—2）

表 3—2　　数控加工工序卡

单位名称	南溪职业技术学校	产品名称或代号		零件名称		零件图号	
		数车实训零件		件一		3—1	
工序号	程序编号	夹具名称		使用设备		车间	
001	O0311	三爪卡盘		CJK6132		数车实训车间	
工步号	工步内容	主轴转速 n(r/min)	进给速度 f(mm/min)	切削深度 a_p(mm)	刀具号	刀具名称	备注
1	G71 粗车内轮廓	640	120	0.5	T01	内孔车刀	自动
2	G70 精车内轮廓	945	80	0.25	T01	内孔车刀	自动
3	G01 切断	460	30	3	T02	切槽刀	自动
编制	审核	批准		年　月　日		共 1 页	第 1 页

5. 程序的编制

以工件右端回转中心为工件的编程原点，工件的加工程序如表 3—3 所示。

表 3—3　　参考程序

程序号	O0311	
程序段号	程序内容	程序说明
N10	T0101；	换 1 号刀 1 号刀补
N20	M03 S1；	主轴正转，低速
N30	G00 X24 Z2；	快速定位
N40	G71 U0.5 R 0.5；	切削深度 0.5mm，退刀量 0.5mm
N50	G71 P60 Q110 U-0.5 F100；	X 向精车余量为 0.5mm
N60	G00 X44；	进刀
N70	G01 Z0；	精车轮廓轨迹
N80	G01 X42.03 W-1；	
N90	Z-15；	
N100	X32.03 Z-25；	
N110	Z-41；	
N120	G00 X100 Z50；	快速退刀
N125	M05；	主轴停止
N130	M00；	程序暂停（检测尺寸）
N140	M03 S2；	换高速
N150	G00 X24 Z2；	快速定位
N160	G70 P60 Q110；	精车调用
N170	G00 X100 Z50；	快速退刀
N180	M05；	程序暂停（换转速）
N190	M00；	程序暂停
N200	M03 S1 T0202；	低速，2 号刀刀补（刀宽 3mm）
N210	G00 X52 Z-43；	快速定位
N220	G01X32 F40；	切断
N230	G00 X100 Z50；	快速退刀
N235	T0100；	换 1 号刀并取消刀补
N240	M30；	程序结束

6. 操作步骤与注意事项

（1）输入程序。程序输入后必须进行空运行校验，以保证加工的安全性。

（2）根据加工工艺要求装夹工件和内孔车刀、45°车刀以及切槽刀。

1）刀具安装时刀尖必须与工件中心等高。

2）内孔车刀安装时，要注意刀杆与孔壁的干涉，伸出长度不能过长，切槽刀刀杆必须与工件轴线垂直。

（3）分别对内孔车刀和切槽刀进行对刀。

1）对刀时要认真仔细，特别是对 X 坐标，测量要准确。

2）输入刀补时要把光标移动到正确的位置。

（4）自动运行加工。

1）快速倍率可控制在 25%，以免撞刀时的冲击力过大，甚至操作者没有时间按下急停开关。

2）操作者站位要正确，不要面对旋转的工件，以防铁屑飞出伤人，应站在侧面。

3）要认真观察刀具磨损情况以及切屑的流向，做到及时处理。

4）粗加工之后，要仔细检测，正确修改程序或刀补，以保证尺寸精度。

（5）检验。加工完成后要进行自测，总结经验、吸取教训。

【知识储备】

1. 镗孔的相关知识

在车床上对工件已有孔进行车削加工的方法称为镗孔，也叫车孔。镗孔一般用于对已有孔进行扩大直径之用，也可以用于加工精度、直线度及表面粗糙度要求较高的孔加工。其加工精度可达（IT7-IT8）表面粗糙度可以达到 Ra1.6μm～3.2μm。镗孔可以校正原有孔轴线歪斜及位置偏差。

镗孔时，单刃镗刀的刀头截面尺寸要小于被加工孔的孔径，且刀杆的长度大于孔深，因而刀具的刚性较差。为了保证镗孔的质量，镗孔时多采用较小的切削用量，以减小切削力，达到加工的要求。

（1）车内孔的关键技术。

车内孔的关键技术有两个，即内孔车刀的刚性和内孔车削过程中的排屑。

1）内孔车刀的刚性。

如果刀具的刚性差，切削时在径向力的作用下，容易产生变形和振动，影响镗孔的加工质量。为了增加刀具的刚性，防止振动的产生，要尽量选择粗的刀杆，装刀时候刀杆的伸出长度只要略大于孔深即可。刀尖要对准工件的中心，刀杆与轴心线平行。精车内孔时，要保持刀刃锋利，否则会产生让刀，把孔车成锥形。

2）内孔车削过程中的排屑。

排屑好坏直接影响孔的加工质量，内孔加工过程中，主要通过控制切屑流出的方向来解决排屑的问题。精车内孔的时候要求切屑流向待加工表面（前排屑），采用正值刃倾角的内孔车刀达到前排屑的目的。车削盲孔的时候，应采用负值刃倾角。

（2）内孔车刀。

数控车床多用于车削盘套类和小型支架类零件的内孔。车孔分为车通孔和车盲孔两种，分别如图 3—2（a）、（b）所示。车通孔基本上与车外圆相同，只是进刀和退刀方向相反。车内孔时也要进行试切和试测，其方法与车外圆相同。根据不同的加工情况，内孔车刀可分为通孔车刀和盲孔车刀两种。

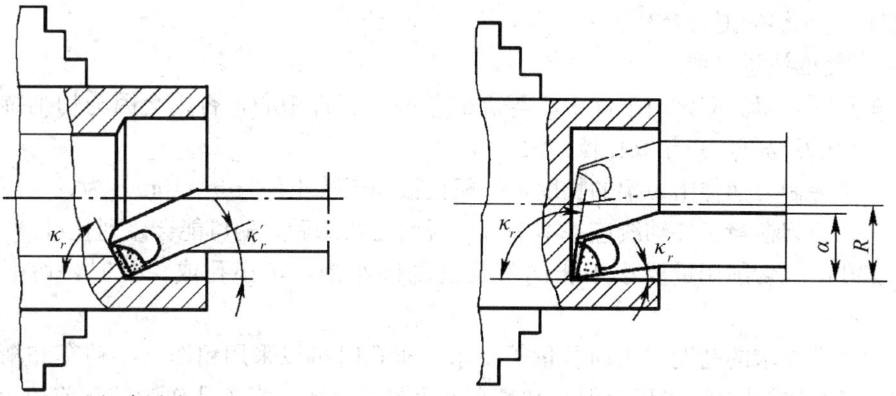

(a) 车通孔　　(b) 车盲孔

图 3—2　内孔加工

1）通孔车刀。为了减小径向切削力，防止振动，通孔车刀的主偏角一般取 60°～75°，副偏角取 15°～30°。为了防止内孔车刀后刀面和孔壁摩擦又不使后角磨得太大，一般磨成两个后角。图 3—3（a）所示为 75°通孔车刀。

2）盲孔车刀。盲孔车刀是用来车盲孔或台阶孔的，其主偏角大于 90°，通常为 90°～93°。刀尖在刀杆的最前端，刀尖与刀杆外端的距离应小于内孔半径，如图 3—3（b）中尺寸 a 小于 R 所示，否则孔的底平面就无法车平。车内孔台阶时，只要不碰即可。如图 3—3（b）所示为 93°盲孔车刀。

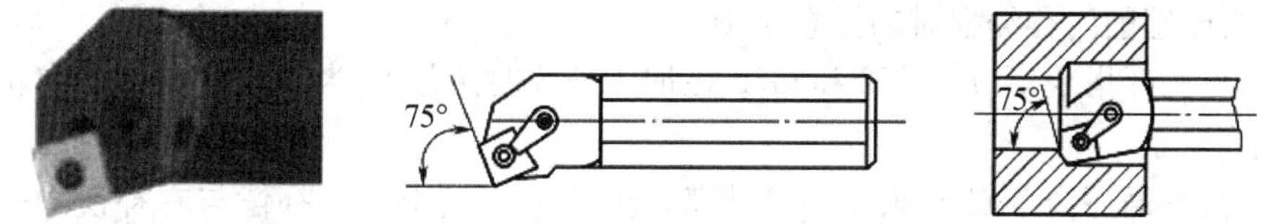

(a) 通孔车刀

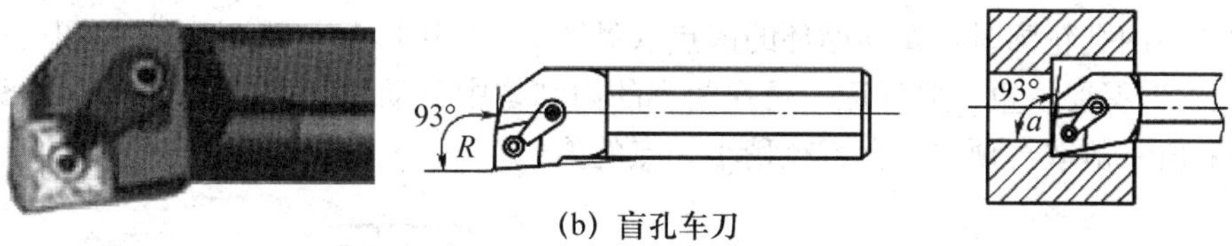

(b) 盲孔车刀

图 3—3　内孔车刀

（3）内孔车刀的安装。

内孔车刀安装的正确与否，直接影响车削情况及孔的精度，所以在安装时应注意以下几个问题。

1）刀尖应与工件中心等高或稍高。如果装得低于中心，由于切削抗力的作用，容易将刀柄压低而产生扎刀现象，并可造成孔径扩大。

2）刀柄伸出刀架不宜过长，一般比被加工孔长 5～6mm。

3）刀柄基本平行于工件轴线，否则在车削到一定深度时刀柄后半部容易碰到工件孔口。

4）盲孔车刀装夹时，内偏刀的主刀刃应与孔底平面成 3°～5°的角度，并且在车平面时要求横向有足够的退刀余地。

（4）车孔的注意事项。

1）车孔时，刀尖应该与工件中心等高或稍高于工件中心，否则会因为切削抗力将刀柄压低造成扎刀现象，并导致孔径扩大。

2）尽量控制刀柄伸出刀架的长度，一般比被加工孔工件长 5～10mm 为宜。

3）车孔刀刀柄与工件轴线应基本平行，否则在切深后刀柄可能会碰到孔口。

4）车孔时，切削用量要小于相同直径的外圆车削，车小孔或深孔时，切削用量应更小。

5）根据孔要求的精度和表面质量等要求，车孔时可以采用粗车、半精车和精车等加工方法。一般要求的孔，可以分粗车和精车两个阶段完成；当车孔作为铰孔前的预加工工序时，可采用粗车加上半精车。

2. 数控车削内孔的编程注意事项

数控车削内孔的指令与外圆车削指令基本相同，但也有区别，编程时应注意以下方面。

（1）在中心线上钻、扩、铰孔加工编程时的注意事项。

1）在车床上钻、扩、铰加工时，刀具在车床主轴中心线上加工，即 X 值为 0。

2）注意在钻、扩、铰时的主轴转速和刀具的进给速度的选用。

3）注意刀具接近工件时的程序段的编写即 Z 坐标不能为零。

4）注意刀具退刀和返回时的运动轨迹，刀具返回时一定要避免干涉、撞刀等。

（2）数控镗削内孔编程时的注意事项。

1）粗车循环指令 G71、G72 和 G73 在加工外径时余量 U 为正，但在加工内轮廓时余量 U 应为负。

2）若精车循环指令 G70 采用半径补偿，要注意刀具半径左补偿与右补偿的分辨。以刀具从右向左进给为例，如加工外径时半径补偿指令用 G42，则在加工内轮廓时半径补偿指令用 G41。

3）加工内孔轮廓时，切削循环的起点（见图 3—4 中 P 点）、切出点（见图 3—4 中 Q 点）的位置选择要慎重，要保证刀具在狭小的内结构中移动而不干涉工件。起点 S、切出点 Q 的 X 值一般取与预加工孔直径稍小一点的值。

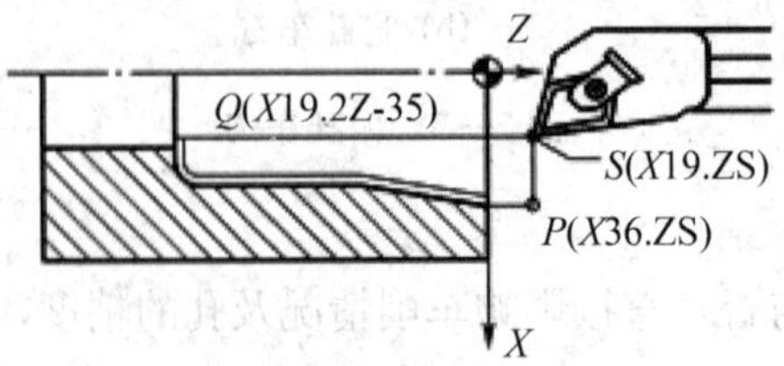

图 3—4 盲孔车刀切削循环点的选择

【任务评价】

根据实训任务内容的特点，对学生的综合性评价分为三部分：实训态度 30 分、基本操作 25 分和尺寸检测 45 分。具体内容见表 3—4。

表 3—4 **学生综合性评分表**

姓名			班级		日期			
项目名称		通孔零件的加工	零件图号	3—1	机床编号			
检测项目	序号	考核内容及要求	配分	评分标准	学生自测	小组检测	教师检测	备注
实训态度	1	出勤、穿着、佩戴规范	6					
	2	遵守纪律、服从安排	8					
	3	积极、认真、仔细	8					
	4	具有责任心和团队意识	8					
基本操作 程序	5	切削加工工艺制定正确	2	独立完成				
	6	切削用量选用合理	2	独立完成				
	7	程序正确、简单、规范	6	独立完成				
基本操作 操作	8	刀具的刃磨与安装	8	独立完成				
	9	设备的正确操作与维护保养	2					
	10	安全、文明生产	5					
尺寸检测 外圆	11	$\phi32^{+0.06}_{0}$	10	超差不得分				
	12	$\phi42^{+0.06}_{0}$	10	超差不得分				
尺寸检测 长度	13	$40^{+0.1}_{0}$	10	超差不得分				
尺寸检测 其他	14	倒角 1 处	5					
	15	表面粗糙度	10	粗糙度样板				
指导教师				互评员		总分		

【拓展与练习】

根据所学知识，加工如图 3—5 所示零件。

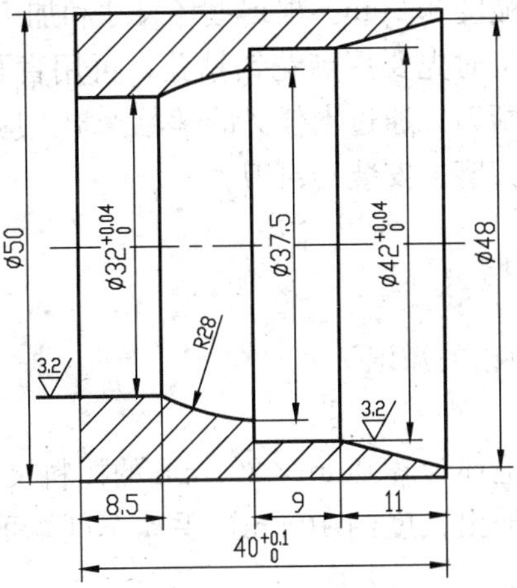

图 3—5 练习题

任务 2　盲孔零件的编程与加工

【任务描述】

工件如图 3—6 所示，工件材料为 45 钢，毛坯为 ϕ50mm×200mm，单件，外轮廓无需加工，加工机床为 GSK980TB1 系统数控车床，试编写工件内轮廓的加工程序，完成工件加工并对加工工件进行正确测量。

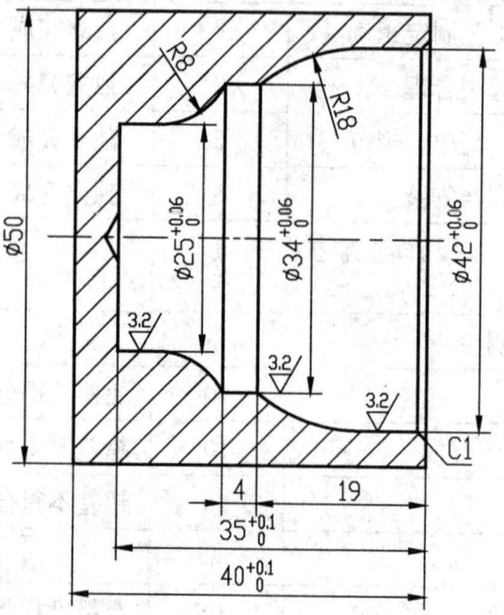

图 3—6　盲孔零件

【任务分析】

本任务的特点是外轮廓不变，内孔形状包括圆柱面和成形面，加工精度：内孔 0.06mm、长度 0.1mm、粗糙度 3.2μm。根据毛坯尺寸和加工要求：编程时可采用 G71 或 G72 粗加工，G70 精车；加工时先要用麻花钻钻孔，再用盲孔车刀镗孔，最后切断工件，刀具主要选用盲孔车刀和切断刀。通过本任务的学习，学生应主要掌握盲孔的编程和钻孔的相关知识以及盲孔车刀的刃磨、安装和对刀。

【任务实施】

1. 认真学习知识储备的相关知识

2. 加工路线的确定

根据零件的要求和工件毛坯为 ϕ50mm×200mm 的棒料尺寸其加工路线如下：

（1）利用三爪卡盘夹持伸出长度约 10mm，手动车削端面，利用中心钻先钻中心孔，再用 ϕ18 麻花钻钻孔；

（2）利用盲孔车刀粗车和精车内轮廓至尺寸。

3. 工、量、刃具的确定（见表 3—5）

表 3—5　工、量、刃具清单

工、量、刃具清单			图号		3—6		
种类	序号	名称	规格	精度	单位	数量	备注
工具	1	三爪自定心卡盘			个	1	
	2	卡盘扳手、刀架扳手			副	各 1	
	3	垫刀片			块	若干	
	4	钻夹套			个	1	
	5	过渡锥套					
量具	6	游标卡尺	0～150mm	0.02mm	把	1	
	7	内径千分尺	25～50mm	0.01mm	把	各 1	
刃具	8	中心钻	A 型		把	1	
	9	麻花钻	ϕ18mm		把	1	高速钢
	10	45°车刀	20mm×20mm		把	1	硬质合金
	11	盲孔车刀	20mm×20mm（ϕ12）		把	1	硬质合金
	12	切断刀	20mm×20mm		把	1	刀宽 3mm

4. 数控加工工序卡的填写（见表 3—6）

表 3—6　数控加工工序卡

单位名称	南溪职业技术学校	产品名称或代号		零件名称		零件图号	
		数车实训零件		件二		3—6	
工序号	程序编号	夹具名称		使用设备		车间	
001	O0321	三爪卡盘		CJK6132		数车实训车间	
工步号	工步内容	主轴转速 n(r/min)	进给速度 f(mm/min)	切削深度 a_p(mm)	刀具号	刀具名称	备注
1	卡盘夹持一端偏端面	945	100	0.2	T01	45°偏刀	手动
2	中心钻钻中心孔	1 210	30			中心钻	手动
3	麻花钻钻孔	460	30	9		麻花钻	手动
4	盲孔车刀粗车内轮廓	945	100	0.5	T02	盲孔车刀	自动
5	盲孔车刀精车内轮廓	1 210	80	0.25	T02	盲孔车刀	自动
6	GO1 切断工件	460	30	3	T03	切断刀	自动
编制	审核	批准		年　月　日		共 1 页	第 1 页

5. 程序的编制

在编程前首先对图 3—7 中的 C_Z 和 H_Z 进行计算，根据分析图可知：

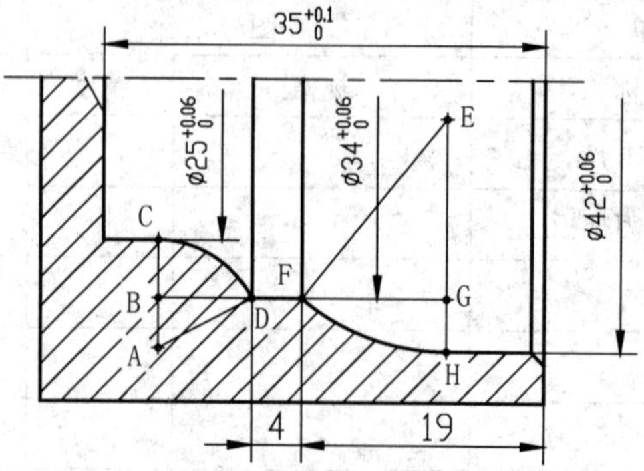

图 3—7 计算分析

$$H_Z=19-FG \quad 而\ FG=\sqrt{EF^2-EG^2}=\sqrt{EF^2-(EH-GH)^2}\approx 11.314\text{mm}$$

$$\Rightarrow H_Z=19-FG=19-11.314=7.686\text{mm}$$

$$C_Z=19+4+BD \quad 而\ BD=\sqrt{AD^2-AB^2}=\sqrt{AD^2-(AC-BC)^2}\approx 7.193\text{mm}$$

$$\Rightarrow C_Z=19+4+BD=23+7.193=30.193\text{mm}$$

参考程序见表 3—7（此程序简单，但加工效率不高，学生可以自己选择）。

表 3—7 **参考程序**

程序号	O0311	
程序段号	程序内容	程序说明
N10	M03 S1；	主轴正转，低速
N20	T0202；	换 1 号刀，1 号刀补
N30	G0 X0 Z2；	快速定位
N40	G72 W1 R0.5；	G72 粗车，吃刀量 1mm，退刀量 0.5mm
N50	G72 P60 Q130 U-0.5 F100；	精车余量 0.5mm
N60	G41 G0 Z-35.05；	右补偿 Z 向快速进刀
N70	G1 X25.03 F80；	
N80	Z-30.193；	
N90	G3 X34.03 Z-23 R8；	
N100	G1 Z-19；	精车轮廓轨迹
N110	G2 X42.03 Z-7.686 R18；	
N120	G1 Z-1；	
N130	G1 X42.03 Z0；	
N140	G40 G0 X100 Z50；	取消半径补偿，快速退刀

续前表

程序段号	程序内容	程序说明
N150	M05；	主轴停止
N145	M00；	程序暂停（检测）
N160	T0202 M03 S2；	换高速
N170	G0 X0 Z2；	快速定位
N180	G70 P60 Q130；	精车调用
N190	G0 X100 Z100；	快速退刀
N200	M05；	主轴停止
N210	M00；	程序暂停（换转速）
N220	T0303 M03 S1；	换 3 号切断刀，低速
N230	G0 X52 Z-40.05；	快速定位
N240	G1 X2 F30；	切断，进给速度 30mm/min
N250	G0 X100 Z100；	快速退刀
N260	M30；	程序结束

6. 操作步骤与注意事项

（1）输入程序。程序输入后必须进行空运行校验，以保证加工的安全性。

（2）根据加工工艺要求装夹工件和盲孔车刀、45°车刀以及切槽刀。

1）刀具安装时刀尖必须与工件中心等高。

2）内孔车刀安装时，要注意刀杆与孔壁的干涉，伸出长度不能过长，切槽刀刀杆必须与工件轴线垂直。

（3）利用 45°车刀偏端面。

（4）钻中心孔和麻花钻钻孔。钻中心孔的转速和麻花钻钻孔的转速是不一定，麻花钻钻孔的深度不要过深，最多超出孔深 2mm。

（5）分别对内孔车刀和切槽刀进行对刀。

1）对刀时要认真仔细，特别是对 X 坐标，测量要准确。

2）输入刀补时要把光标移动到正确的位置。

（6）自动运行加工。

1）快速倍率可控制在 25%，以免撞刀时的冲击力过大，甚至操作者没有时间按下急停开关。

2）操作者站位要正确，不要面对旋转的工件，以防铁屑飞出伤人，应站在侧面。

3）要认真观察刀具磨损情况以及切屑的流向，做到及时处理。

4）粗加工之后，要仔细检测，正确修改程序或刀补，以保证尺寸精度。

（7）检验。加工完成后要进行自测，总结经验、吸取教训。

【知识储备】

1. 钻削的相关知识

(1) 钻中心孔。

用顶尖装夹工件时或者用麻花钻钻孔时，必须先在工件的端面上加工出中心孔。国家标准 GB/T 145—2001 规定中心孔有 A 型（不带护锥）、B 型（带护锥）、C 型（带护锥和螺纹）和 R 型（弧形）四种。

1) A 型中心孔。由圆柱孔和圆锥孔两部分组成。圆锥孔的锥度一般为 60°（重型工件可用 90°），它与顶尖锥面配合，起定心作用并承受工件的重力和切削力；圆锥孔用来储存润滑油，并可防止顶尖头触及工件。A 型中心孔适用于精度不高的工件，其结构如图 3—8（a）所示。

2) B 型中心孔。B 型中心孔是在 A 型中心孔的端部多一个 120°的圆锥面，目的是保护 60°锥面，不让其拉毛碰伤。一般应用于多次装夹的工件或精度要求较高的工件，结构如图 3—8（b）所示。

3) C 型中心孔。C 型中心孔外端形似 B 型中心孔，里端有一个比圆柱孔还要小的内螺纹，它可以将其他零件轴向固定在轴上，或将零件吊挂放置。适用于当其他零件轴向固定在轴端时，其结构如图 3—8（c）所示。

4) R 型中心孔。R 型中心孔是将 A 型中心孔的圆锥母线改为圆弧线而形成的。将圆锥母线改为圆弧线可以减少中心孔与顶尖的接触面积，减少摩擦力，提高定位精度，能够自动纠正少量的位置误差。适用于轻型和高精度轴类工件，其结构如图 3—8（d）所示。

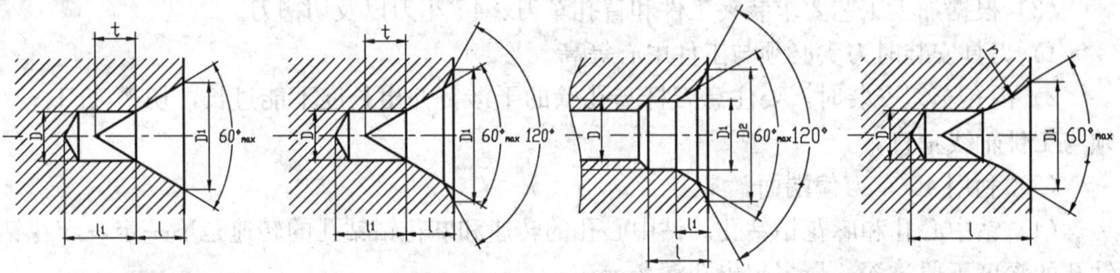

(a) A 型中心孔　(b) B 型中心孔　(c) C 型中心孔　(d) R 型中心孔

图 3—8　常见中心孔

中心孔的尺寸以圆柱孔直径（*D*）为基本尺寸，它是选取中心钻的依据。直径在 ϕ6mm 以下的中心孔，常用高速钢制成的中心钻直接钻出。不同类型的中心孔加工工具及方法是有区别的。加工 A、B、R 三种类型中心孔需分别对应的中心钻，通常 A 型为不带护锥的中心钻、B 型为带护锥中心钻和 R 型为弧形中心钻。

(2) 麻花钻钻孔。

钻孔常用的刀具是高速钢麻花钻，分为直柄和锥柄两种，常见麻花钻的种类与结构如图 3—9 所示。通常在麻花钻钻孔前，先用中心钻钻出一个小孔，用于麻花钻的定位和导向。钻孔的加工精度低（IT12-13）、表面粗糙度值大（Ra12.5μm），一般只能做粗加工，钻孔后还可以通过扩孔、铰孔、镗孔等方法来提高孔的加工精度和表面粗糙度。

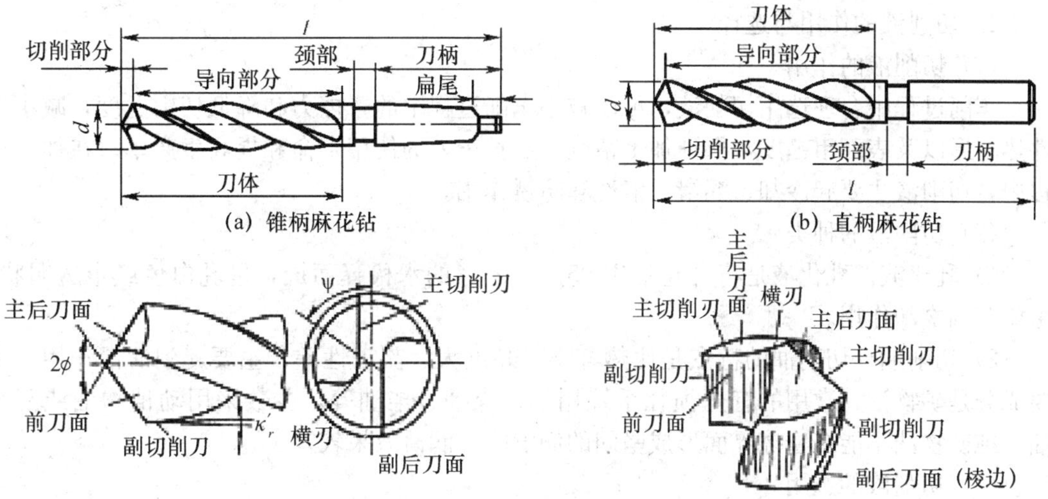

图 3—9　常见麻花钻的种类与结构

1）麻花钻的安装。直柄麻花钻通常用钻头夹装夹，然后将钻夹头的锥柄插入尾座的锥孔中。锥柄麻花钻可以直接或使用莫氏过渡锥套（变径套）插入尾座的锥孔中，也可以将麻花钻利用专用夹具安装在数控车床的刀架上，以自动进给的方式进行钻削。

2）钻孔时的注意事项。

(a) 开始钻孔时，用力不可过大，以防止损坏工件和折断钻头。

(b) 钻较深的孔时，切屑不易排出，必须经常退出工件，清除切屑。

(c) 钻削钢料时，必须加充分的冷却润滑液。

(d) 直径较大的孔（大于 30mm），不宜用大钻头一次钻出，最好分两次钻。

(e) 钻头将要把孔钻穿时，要减小走刀量。

2. 径向粗车循环指令 G72 的运用

指令格式：

G72 W(Δd) R(e)；

G72 P(ns) Q(nf) U(Δu) W(Δw) F _ S _ T _ ；

其指令参数含义和加工轮廓轨迹在项目二的有关任务中一样，这里主要介绍数控镗削内孔编程时的注意事项：

(1) 粗车循环指令 G71、G72 和 G73，在加工外径时余量 U 为正，但在加工内轮廓时余量 U 应为负。

(2) 若精车循环指令 G70 采用半径补偿，要注意刀具半径左补偿与右补偿的分辨。以刀具从右向左进给为例，如加工外径时半径补偿指令用 G42，则在加工内轮廓时半径补偿指令用 G41。

3. 车刀的选择

根据图 3—6 的内孔特点，应该选择盲孔车刀来切削，其刀具图形可参照图 3—2 和图 3—3，刀尖应在刀杆的最前端，刀尖与刀杆外端的距离应小于内孔半径，见图 3—2 (b) 中尺寸 a 小于 R 所示，否则孔的底平面就无法车平。

4. 切削液的作用与选择

（1）切削液的作用。

车削过程中合理选用切削液，可以减小车削过程中的摩擦力和降低切削温度，减小工件热变形以及表面粗糙度，保证加工精度，延长车刀的使用寿命和提高生产率。在加工过程中，切削液主要起冷却、润滑、清洗和防锈作用。

（2）切削液的种类。

1）乳化液。乳化液是将乳化油用 95%～98%的水稀释而成，呈乳白色或半透明状，主要起到冷却作用。

2）切削油。切削油的特点是比热容小、黏度大、流动性差，主要起到润滑作用。主要成分是矿物油，常用的有全损耗系统用油、煤油、柴油等，少数采用动植物油或复合油，纯矿物油不能在摩擦界面形成坚固的润滑膜，润滑效果较差。

（3）切削液的选用。

切削液的选用应根据不同的加工要求、刀具及工件材料等因素进行选择。

1）粗加工时，因加工余量大，所用切削用量大，加工过程产生大量的切削热。

2）精加工时，因工件表面粗糙度要求较小，使用切削液的主要目的是提高切削的润滑性能，从而达到降低表面粗糙度的要求。

3）根据工件材料的性质选用切削液，切削塑性材料时需用切削液。切削铸铁、黄铜等脆性材料时，一般不用切削液，以免崩碎切屑黏附在机床的运动部件上。

【任务评价】

根据实训任务内容的特点，对学生的综合性评价分为三部分：实训态度 30 分、基本操作 25 分和尺寸检测 45 分。具体内容见表 3—8。

表 3—8　　学生综合性评分表

姓名				班级		日期			
项目名称		盲孔零件的加工		零件图号	3—6	机床编号			
检测项目		序号	考核内容及要求	配分	评分标准	学生自测	小组检测	教师检测	备注
实训态度		1	出勤、穿着、佩戴规范	6					
		2	遵守纪律、服从安排	8					
		3	积极、认真、仔细	8					
		4	具有责任心和团队意识	8					
基本操作	程序	5	切削加工工艺制定正确	2	独立完成				
		6	切削用量选用合理	2	独立完成				
		7	程序正确、简单、规范	6	独立完成				
	操作	8	刀具的刃磨与安装	8	独立完成				
		9	设备的正确操作与维护保养	2					
		10	安全、文明生产	5					

续前表

检测项目		序号	考核内容及要求	配分	评分标准	学生自测	小组检测	教师检测	备注
尺寸检测	外圆	11	$\phi42^{+0.06}_{0}$	8	超差不得分				
		12	$\phi34^{+0.06}_{0}$	8	超差不得分				
		13	$\phi25^{+0.06}_{0}$	8	超差不得分				
	长度	14	$40^{+0.1}_{0}$	6	超差不得分				
		15	$35^{+0.1}_{0}$	6	超差不得分				
	其他	16	圆弧 $R8$、$R18$	4					
		17	倒角 1 处	2					
		18	表面粗糙度	3	粗糙度样板				
指导教师					互评员		总分		

【拓展与练习】

根据所学知识，加工如图 3—10 所示零件。

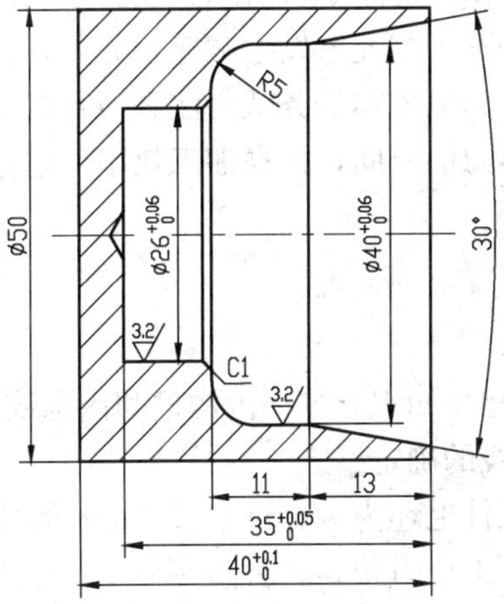

图 3—10　练习题

任务 3　限位螺帽的编程与加工

【任务描述】

使用 GSK980TB1 系统数控车床加工如图 3—11 所示工件 JD307 射钉器中的限位螺

帽，材料 45 钢，毛坯 ϕ30mm×200mm，小批量加工，零件外轮廓已经滚好花。

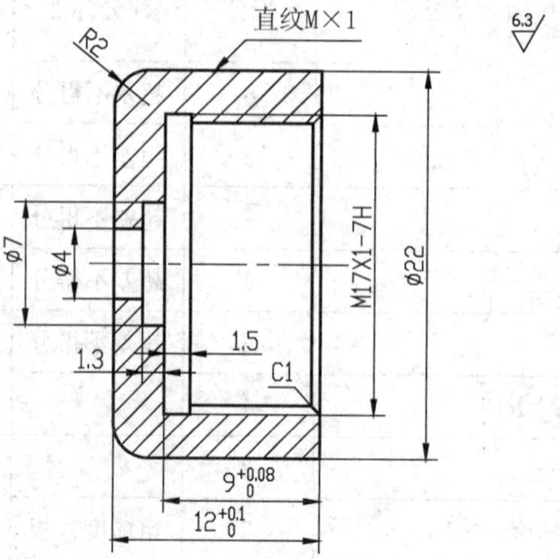

图 3—11　限位螺帽

【任务分析】

本任务与上一个项目有所不同，增加了内沟槽和内螺纹，而且已知内孔孔径很小，加工精度内孔不高，长度 0.09mm，粗糙度 6.3μm。根据毛坯尺寸和加工要求，在盲孔车刀的选择或刃磨上要注意，防止车刀与孔壁发生碰撞。另外，由于增加了内沟槽刀和内螺纹车刀，而刀架为四工位刀架，为完成本任务就要注意刀具的安装，应尽量在一次装夹中完成零件的加工，减少装刀、换刀的时间，提高加工效率。通过本节的学习，学生应能了解实际生产加工零件的一些方法。

【任务实施】

1. 认真学习知识储备的相关知识，掌握内沟槽和内螺纹的加工方法

2. 工件的装夹与加工路线的确定

根据零件作用与要求，工件毛坯为 ϕ30mm×200mm 的棒料，利用三爪卡盘夹持伸出长度约 30mm，由于车床只有 4 个刀位，工件应尽量在一次装夹中完成，选用的刀具有：1 号刀位安装 45°车刀；把盲孔车刀装在 2 号刀位；3 号刀位安装内螺纹车：4 号刀位安装切断刀。其加工顺序如下：

（1）手动车端面，钻中心孔；

（2）先用 ϕ4 麻花钻钻孔（长度约为 30mm），再用 ϕ15 麻花钻扩孔（控制扩孔深度）；

（3）盲孔车刀横向粗、精车内轮廓和内沟槽；

（4）利用内螺纹车刀车内螺纹；

（5）切槽刀切断工件。

3. 工、量、刃具的确定（见表3—9）

表3—9 **工、量、刃具清单**

工、量、刃具清单			图号		3—11		
种类	序号	名称	规格	精度	单位	数量	备注
工具	1	三爪自定心卡盘			个	1	
	2	卡盘扳手、刀架扳手			副	各1	
	3	垫刀片			块	若干	
	4	钻夹套			个	1	
	5	过渡锥套			个	1	
量具	6	游标卡尺	0～150mm	0.02mm	把	1	
	7	螺纹塞规	M17×1		个	1	
刃具	8	中心钻	A型		把	1	
	9	麻花钻	ϕ4mm		把	1	
	10	麻花钻	ϕ15mm		把	1	
	11	45°车刀	20mm×20mm		把	1	
	12	盲孔车刀	20mm×20mm		把	1	$\kappa'r=45°$
	13	内螺纹车刀	20mm×20mm		把	1	
	14	切断刀	20mm×20mm		把	1	

4. 数控加工工序卡的填写（见表3—10）

表3—10 **数控加工工序卡**

单位名称	南溪职业技术学校	产品名称或代号		零件名称		零件图号	
		JD307射钉器		限位螺帽		3—11	
工序号	程序编号	夹具名称		使用设备		车间	
001	O0331	三爪卡盘		CJK6132		数车实训车间	
工步号	工步内容	主轴转速 n(r/min)	进给速度 f(mm/min)	切削深度 a_p(mm)	刀具号	刀具名称	备注
1	卡盘夹持一端车端面	945	90	0.5	T01	45°偏刀	手动
2	中心钻钻中心孔	1 210	30			A型中心钻	手动
3	ϕ4mm钻深孔	945	30	2		麻花钻	手动
4	ϕ15mm扩孔	466	30	7.5		麻花钻	手动
5	盲孔车刀粗车内轮廓	945	100	0.5	T02	盲孔车刀	自动
6	精车内轮廓和内沟槽	1 210	80	0.25	T02	盲孔车刀	自动
7	车内螺纹M17×1—7H	945			T03	内螺纹车刀	自动
8	切槽刀切断工件	640	30	4	T04	切槽刀	自动
编制	审核	批准		年　月　日		共1页	第1页

5. 程序的编制

以工件右端回转中心为工件的编程原点，工件的加工程序如表 3—11 所示。

表 3—11　参考程序

程序号	O0311	
程序段号	程序内容	程序说明
N10	M03 S1;	主轴正转，低速
N20	T0202;	换 2 号盲孔车刀，2 号刀补
N30	G0 X4 Z2;	快速定位
N40	G1 Z-7 F200;	Z 向进刀定位
N50	G94 X15.7 Z-8 F100;	横向粗车（考虑到 ϕ15mm 麻花钻具有顶角）
N60	Z-9;	横向粗车
N70	G94 X7 Z-9.5;	横向粗车 ϕ7 小孔
N80	Z-10.3;	横向粗车 ϕ7 小孔
N90	G1 X15.7;	进刀
N100	Z0;	粗车螺纹内孔
N110	G0 Z50;	快速退刀
N120	M05;	主轴停止
N130	M00;	程序暂停（检测）
N140	M03 S2 T0202;	换高速
N150	G0 X4 Z2;	快速定位
N160	G1 X4 Z-9.04 F200;	进刀
N170	X17 F80;	切削台阶面
N180	X16;	退刀
N190	Z-1	精车螺纹内孔
N200	X18 Z0;	倒角
N210	G0 X50 Z100;	快速退刀
N220	M05;	主轴停止
N230	M00;	程序暂停（检测）
N240	T0303 M03 S1;	换 3 号螺纹刀，低速
N250	G0 X15 Z3;	快速定位
N260	G92 X16.3 Z-7.7 F1;	车螺纹
N270	X16.6;	
N280	X16.8;	
N290	X16.9;	
N300	X17;	

续前表

程序段号	程序内容	程序说明
N310	G0 X100 Z100；	快速退刀
N320	M05；	主轴停止
N330	M00；	程序暂停（换转速）
N340	T0404 M03 S1；	换4号切断刀，4号刀补，低速
N350	G0 X24 Z-16；	快速定位
N360	G1 X18 F30；	切削
N370	X22 F100；	退刀
N380	W-2；	刀具右移
N390	G3 X18 W-2 R2 F30；	切圆弧
N400	G1 X4；	切断
N410	G0 X100 Z100；	快速退刀
N420	T0100；	换1号刀并取消刀补
N430	M30；	程序结束

6. 操作步骤与注意事项

（1）输入程序。程序输入后必须进行空运行校验，以保证加工的安全性。

（2）根据加工工艺要求装夹工件和45°车刀、盲孔车刀、螺纹车刀及切槽刀。

1）刀具安装时刀尖必须与工件中心等高。

2）内孔车刀安装时，要注意刀杆与孔壁的干涉，伸出长度不能过长，切槽刀刀杆必须与工件轴线垂直。

（3）利用45°车刀偏端面。

（4）钻中心孔、$\phi4$ 小孔并利用 $\phi15$ 麻花钻扩孔。钻中心孔的转速要比扩孔的转速高，麻花钻钻孔的深度不要过深，扩孔时要注意扩孔深度。

（5）分别对内孔车刀、内螺纹车刀和切槽刀进行对刀。

1）对刀时要认真仔细，特别是对 X 坐标，测量要准确，内螺纹车刀对刀时需要利用对刀块，保证螺纹牙形角。

2）输入刀补时要把光标移动到正确的位置。

（6）自动运行加工。

1）操作者站位要正确，不要面对旋转的工件，以防铁屑飞出伤人，应站在侧面。

2）要认真观察刀具磨损情况以及切屑的流向，做到及时处理。

3）粗加工之后，要仔细检测，正确修改程序或刀补，以保证尺寸精度。

（7）检验。加工完成后要进行自测，总结经验、吸取教训。

【知识储备】

1. 内沟槽的车削

车削内沟槽的车刀如图3—12所示，其刀头部分的形状和内沟槽一样，两侧副刀刃与主刀刃应对称且刀头和刀杆垂直，以利于切削时的车刀安装。

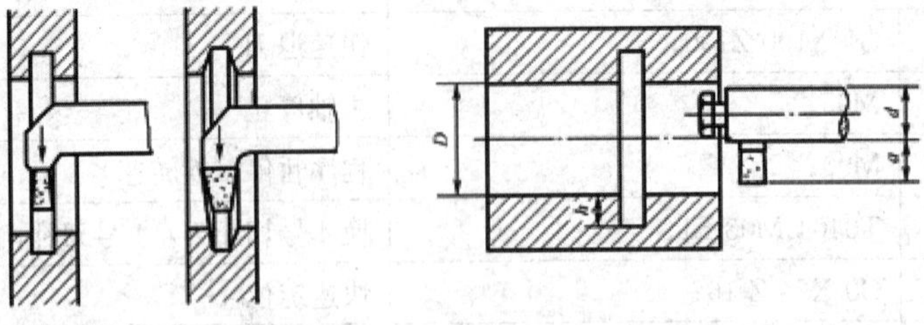

图 3—12　车削内沟槽车刀

若槽的宽度较小时，可采用等宽刀直进法一次车出。而切割较宽的沟槽时，可采用多次进给法加工，如图 3—13 所示。

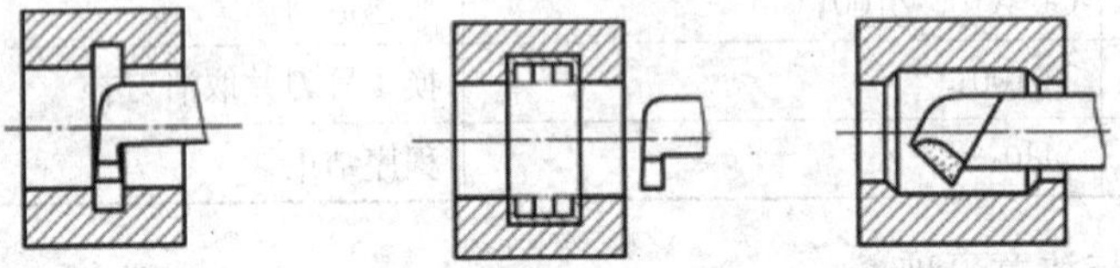

图 3—13　车削内沟槽方法

2. 内三角形螺纹车刀（见图 3—14）刃磨与安装

（1）内螺纹车刀刀尖角平分线必须与刀杆垂直，防止车削过程中与孔干涉。

（2）内螺纹车刀的后角可适当大些，后刀面并磨成圆弧形。

（3）三角形螺纹车刀刃磨顺序一般为先刃磨前刀面，再刃磨两侧面，以防止刀刃和刀尖爆裂。

（4）刃磨时用螺纹样板进行测量，测量时样板应与车刀底面平行，通过透光法检查。观察两边的贴合间隙，进行修磨，以达到要求。

（5）内三角形螺纹车刀的安装与外螺纹刀的安装是一样的，这里就不再详述了。

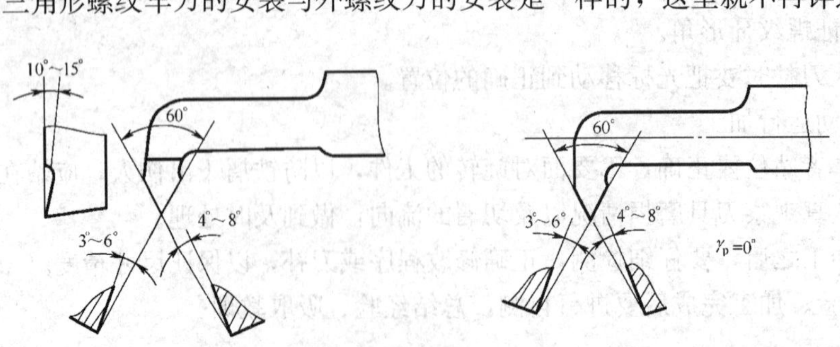

图 3—14　内三角形螺纹车刀

【任务评价】

根据实训任务内容的特点，对学生的综合性评价分为三部分：实训态度 30 分、基本操作 25 分和尺寸检测 45 分。具体内容见表 3—12。

表 3—12 **学生综合性评分表**

姓名			班级		日期			
项目名称		限位螺帽的加工	零件图号	3—11	机床编号			
检测项目	序号	考核内容及要求	配分	评分标准	学生自测	小组检测	教师检测	备注
实训态度	1	出勤、穿着、佩戴规范	6					
	2	遵守纪律、服从安排	8					
	3	积极、认真、仔细	8					
	4	具有责任心和团队意识	8					
基本操作 程序	5	切削加工工艺制定正确	2	独立完成				
	6	切削用量选用合理	2	独立完成				
	7	程序正确、简单、规范	6	独立完成				
基本操作 操作	8	刀具的刃磨与安装	8	独立完成				
	9	设备的正确操作与维护保养	2					
	10	安全、文明生产	5					
尺寸检测 外圆	11	$\phi 7$	5	按 IT12 超差不得分				
	12	$\phi 4$	5	按 IT12 超差不得分				
尺寸检测 长度	13	$9^{+0.08}_{0}$	6	超差不得分				
	14	$12^{+0.1}_{0}$	6	超差不得分				
	15	1.3	4	按 IT12 超差不得分				
尺寸检测 其他	16	M17×1−7H	10	螺纹环规检测合格				
	17	圆弧 $R2$	3					
	18	倒角 1 处	2					
	19	表面粗糙度	4	粗糙度样板				
指导教师				互评员		总分		

【拓展与练习】

根据所学知识，加工如图 3—15 所示零件。

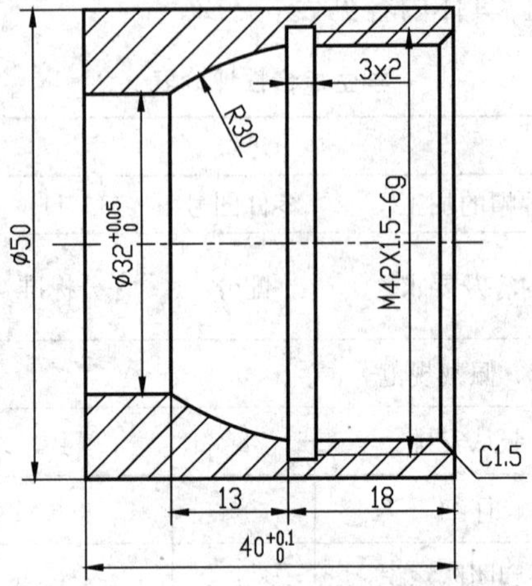

图 3—15　练习题

项目四　综合零件的编程与加工

任务 1　锁紧丝圈的编程与加工

【任务描述】

使用 GSK980TB1 系统数控车床加工如图 4—1 所示零件，该零件为射钉器 JD007 中的锁紧丝圈，材料为 45 钢，毛坯为 ϕ30mm×1 000mm，空心管料，内孔直径 ϕ20mm，要求：批量加工，一次装夹切削不低于 2 个零件。

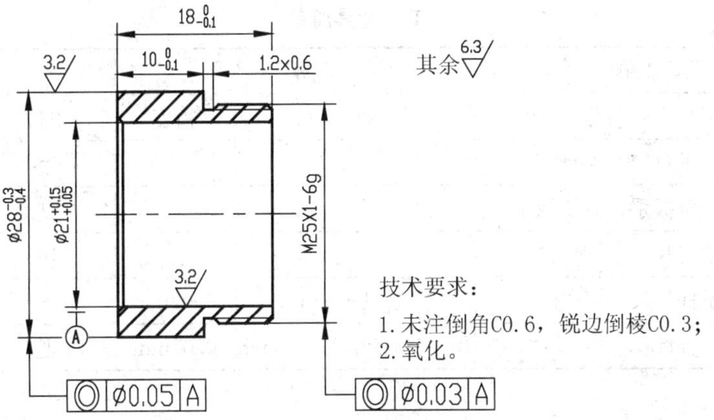

图 4—1　锁紧丝圈

【任务分析】

本任务为射钉器 JD007 中的锁紧丝圈零件，既有内孔也有外轮廓，加工精度：直径和长度一样为 0.1mm、粗糙度 3.2μm。由于加工要求为批量加工，为充分提高编程和加工效率，可以选择用子程序调用的方式来编程，采用两道工序完成该零件的生产加工：一道工序利用三爪卡盘夹持毛坯，粗、精加工内外轮廓并切断工件；另一道工序调头车削零件端面和内孔倒角。通过本任务的操作与练习，学生应能掌握综合零件的加工工艺和程序的编写，逐步熟悉实际生产中的不同零件的加工，同时养成安全文明操作习惯。

【任务实施】

1. 工件的装夹与加工路线的确定

根据零件的要求和工件毛坯的大小采用两道工序完成。

第一道工序：在一台数控车床上利用三爪卡盘夹持，伸出长度约 70mm，车削端面、外轮廓、内孔和螺纹，保证尺寸并完成 3 个零件的加工，如图 4—2 所示。

第二道工序：在另一台数控车床上，调头夹持（可采用软卡爪装夹）车端面、倒角保证总长，如图 4—3 所示。

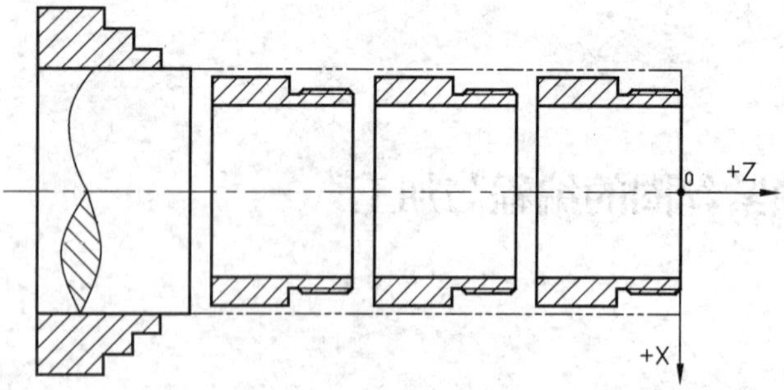

图 4—2　第一道工序

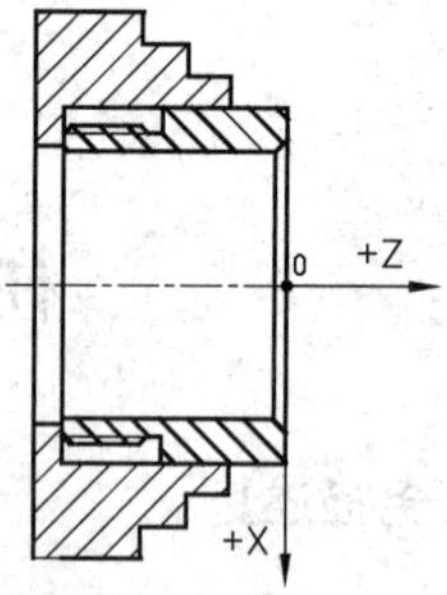

图 4—3　第二道工序

2. 工、量具清单（见表 4—1）和刀具卡（见表 4—2、表 4—3）的确定

表 4—1　　工、量具清单

工、量具清单			图号		4—1	
种类	序号	名称	规格	精度	单位	数量
工具	1	三爪自定心卡盘			个	1
	2	卡盘扳手、刀架扳手			副	各 1
	3	垫刀片			块	若干
量具	4	游标卡尺	0～150mm	0.02mm	把	1
	5	千分尺	0～25mm 和 25～50mm	0.01mm	把	各 1

表 4—2　　数控加工刀具卡（一）

产品名称或代号		射钉器 JD007	零件名称		锁紧丝圈	零件图号	4—1
序号	刀具号	刀具名称	数量	加工表面	刀尖半径 r/mm	刀尖方位 T	备注
1	T01	90°车刀	1	车端面和外轮廓	0.4	3	
2	T02	通孔车刀	1	车内孔	0.4	2	
3	T03	螺纹车刀	1	车 M25×1 螺纹	0.2		
4	T04	切槽刀	1	切断工件			
编制		审核		批准		共 1 页	第 1 页

表 4—3

数控加工刀具卡（二）

产品名称或代号		射钉器 JD007	零件名称		锁紧丝圈	零件图号	4—1
序号	刀具号	刀具名称	数量	加工表面	刀尖半径 r/mm	刀尖方位 T	备注
1	T01	45°车刀	1	车端面，例角	0.4	3	
编制		审核		批准		共 1 页	第 1 页

3. 数控加工工序卡的填写

由于第二道工序只是加工端面和倒角，这里就不介绍了，主要针对第一道工序卡的填写（见表 4—4）。

表 4—4

数控加工工序卡

单位名称	南溪职业技术学校	产品名称或代号		零件名称		零件图号	
		射钉器 JD007		锁紧丝圈		4—1	
工序号	程序编号	夹具名称		使用设备		车间	
001	O0411～O0413	三爪卡盘		CJK6132-1		数车实训车间	
工步号	工步内容	主轴转速 n(r/min)	进给速度 f(mm/min)	切削深度 a_p(mm)	刀具号	刀具名称	备注
1	卡盘夹持一端偏端面	945	120	0.2	T01	90°偏刀	自动
2	粗精车外轮廓	460	150	1.5	T01	90°偏刀	自动
3	盲孔车刀车内孔	1 210	100	1	T02	盲孔车刀	自动
4	G92 车螺纹	945			T03	螺纹车刀	自动
5	G01 切断工件	460	50	3	T04	切断刀	自动
编制	审核	批准		年　月　日		共 1 页	第 1 页

4. 程序的编制（见表 4—5、表 4—6 和表 4—7）

表 4—5

工件右端主程序（一）

程序号	O0041	
程序段号	程序内容	程序说明
N10	G98 G40；	以 mm/min 进给，取消半径补偿
N20	M03 S1 T0101；	主轴正转，低速
N30	G0 X50 Z50；	快速定位
N40	M98 P30042；	调用子程序 O0042 三次
N50	G0 X0 Z0；	快速定位
N60	T0405；	换 5 号刀补（刀具向右移动 0.2mm，用于偏端面）
N70	M30；	主轴停止，程序结束，光标返回起点

表 4—6　　工件右端主程序（二）

程序号	O0042	
程序段号	程序内容	程序说明
N10	T0101；	换 1 号刀，1 号刀补
N20	G0 X32 W-50；	快速定位
N30	G1 X21 F100；	切端面
N40	G0 X28.5 W1；	退刀
N50	G1 W-23 F150；	粗车 ϕ28 外圆
N60	G0 X29 W23；	退刀
N70	X25.5；	进刀
N80	G1 W-9；	粗车螺纹外圆
N90	G0 X26 W9；	退刀
N100	X23.8 M03 S2；	进刀，换高速
N105	W-1；	接近端面
N110	X24.8 W-0.6；	倒角
N120	W-5.6；	精车螺纹外圆
N130	X23.8 W-0.6；	倒角
N140	W-1.2；	车退刀槽
N150	X27，05；	退刀
N160	X27.65 W-0.3；	倒毛刺
N170	W-13.7；	精车 ϕ28 外圆
N180	G0 X50 W72；	退刀
N190	T0202 M03 S1；	号 2 号刀，2 号刀补，低速
N200	G0 X27 W-48；	快速定位
N210	G92 X24.2 W-8.8 F1；	车螺纹第一刀
N220	X23.9；	第二刀
N230	X23.8；	第三刀
N240	G0 X50 W48；	快速退刀
N250	M03 S2 T0303；	换 3 号刀，3 号刀补，高速
N260	G0 X21.7 W-48；	快速定位
N270	G1 W-2 F100；	接近端面
N280	X21.1 W—0.3；	倒毛刺
N290	W-22.7；	车内孔
N300	G0 X20 W25；	退出孔
N310	X50 W48；	再退刀

续前表

程序段号	程序内容	程序说明
N320	M03 S1 T0404；	换 4 号刀，4 号刀补，低速
N330	G0 X29 W-72；	快速定位
N340	G1 X21 F50；	切断
N350	G0 X50 W49.8；	退刀
N360	M99；	子程序结束，返回主程序

表 4—7　　工件左端程序

程序号	O0043	
程序段号	程序内容	程序说明
N10	G98 G40；	以 mm/min 进给，取消半径补偿
N20	M03 S1 T0101；	主轴正转，低速
N30	G0 X30 Z-0.3；	快速定位
N40	G1 X27.65 F150；	进刀倒毛刺
N50	Z0；	退刀
N60	X22.3；	切端面
N70	X21.1 W-0.6；	倒角（内孔）
N80	G0 Z3；	退刀
N90	X50 Z20；	退刀
N100	M30；	主轴停止，程序结束，光标返回起点

5. 操作步骤与注意事项

（1）输入程序。程序输入后必须进行空运行校验，以保证加工的安全性。

（2）根据加工工艺要求装夹工件和 90°车刀、内孔车刀、螺纹车刀及切槽刀。

1）刀具安装时刀尖必须与工件中心等高。

2）内孔车刀安装时，要注意刀杆与孔壁的干涉，伸出长度不能过长，切槽刀刀杆必须与工件轴线垂直。

3）螺纹车刀对刀时需要利用对刀块，以保证螺纹牙形角正确。

（3）分别对内孔车刀、内螺纹车刀和切槽刀进行对刀。

1）对刀时要认真仔细，特别是对 X 坐标，测量要准确。

2）输入刀补时要把光标移动到正确的位置。

（4）自动运行加工。

1）操作者站位要正确，不要面对旋转的工件，以防铁屑飞出伤人。

2）要认真观察刀具磨损情况以及切屑的流向，做到及时处理。

3）粗加工之后，要仔细检测，正确修改程序或刀补，以保证尺寸精度。

（5）检验。加工完成后要进行自测，总结经验、吸取教训。

（6）第一道工序完成后，工件调头在第二台车床上完成端面和倒角的车削。

【任务评价】

根据实训任务内容的不同特点，对学生的综合性评价分为三部分：实训态度 30 分、基本操作 25 分和尺寸检测 45 分。具体内容见表 4—8。

表 4—8 **学生综合性评分表**

<table>
<tr><td colspan="3">姓名</td><td></td><td>班级</td><td></td><td colspan="2">日期</td><td colspan="2"></td></tr>
<tr><td colspan="3">项目名称</td><td>锁紧丝圈的加工</td><td>零件图号</td><td>4—1</td><td colspan="2">机床编号</td><td colspan="2"></td></tr>
<tr><td colspan="2">检测项目</td><td>序号</td><td>考核内容及要求</td><td>配分</td><td>评分标准</td><td>学生自测</td><td>小组检测</td><td>教师检测</td><td>备注</td></tr>
<tr><td colspan="2" rowspan="4">实训态度</td><td>1</td><td>出勤、穿着、佩戴规范</td><td>6</td><td></td><td></td><td></td><td></td><td></td></tr>
<tr><td>2</td><td>遵守纪律、服从安排</td><td>8</td><td></td><td></td><td></td><td></td><td></td></tr>
<tr><td>3</td><td>积极、认真、仔细</td><td>8</td><td></td><td></td><td></td><td></td><td></td></tr>
<tr><td>4</td><td>具有责任心和团队意识</td><td>8</td><td></td><td></td><td></td><td></td><td></td></tr>
<tr><td rowspan="6">基本操作</td><td rowspan="3">程序</td><td>5</td><td>切削加工工艺制定正确</td><td>2</td><td>独立完成</td><td></td><td></td><td></td><td></td></tr>
<tr><td>6</td><td>切削用量选用合理</td><td>2</td><td>独立完成</td><td></td><td></td><td></td><td></td></tr>
<tr><td>7</td><td>程序正确、简单、规范</td><td>6</td><td>独立完成</td><td></td><td></td><td></td><td></td></tr>
<tr><td rowspan="3">操作</td><td>8</td><td>刀具的刃磨与安装</td><td>6</td><td>独立完成</td><td></td><td></td><td></td><td></td></tr>
<tr><td>9</td><td>设备的正确操作与维护保养</td><td>4</td><td></td><td></td><td></td><td></td><td></td></tr>
<tr><td>10</td><td>安全、文明生产</td><td>5</td><td></td><td></td><td></td><td></td><td></td></tr>
<tr><td rowspan="8">尺寸检测</td><td rowspan="2">外圆</td><td>11</td><td>$\phi28_{-0.4}^{-0.3}$</td><td>6</td><td>超差不得分</td><td></td><td></td><td></td><td></td></tr>
<tr><td>12</td><td>$\phi21_{+0.05}^{+0.15}$</td><td>6</td><td>超差不得分</td><td></td><td></td><td></td><td></td></tr>
<tr><td rowspan="2">长度</td><td>13</td><td>$18_{-0.1}^{0}$</td><td>6</td><td>超差不得分</td><td></td><td></td><td></td><td></td></tr>
<tr><td>14</td><td>$10_{-0.1}^{0}$</td><td>6</td><td>超差不得分</td><td></td><td></td><td></td><td></td></tr>
<tr><td rowspan="4">其他</td><td>15</td><td>M25×1−6g</td><td>10</td><td>螺纹环规检测</td><td></td><td></td><td></td><td></td></tr>
<tr><td>16</td><td>倒角和毛刺</td><td>5</td><td></td><td></td><td></td><td></td><td></td></tr>
<tr><td>17</td><td>表面粗糙度</td><td>4</td><td>粗糙度样板</td><td></td><td></td><td></td><td></td></tr>
<tr><td>18</td><td>1.2×0.6×2</td><td>2</td><td></td><td></td><td></td><td></td><td></td></tr>
<tr><td colspan="3">指导教师</td><td colspan="2"></td><td>互评员</td><td></td><td>总分</td><td colspan="2"></td></tr>
</table>

任务 2　钉管的编程与加工

【任务描述】

使用 GSK980TB1 系统数控车床加工如图 4—4 所示零件，该零件是为 JD307 射钉器中的钉管，材料为 45 钢，毛坯为 ϕ25mm×84mm，批量加工。

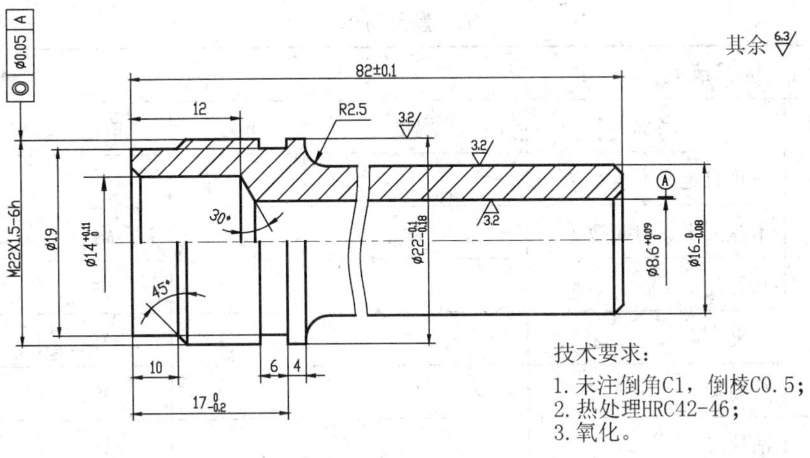

图 4—4 钉管

【任务分析】

本任务图形既有外轮廓，还有内轮廓，而且工步内容较多，但加工精度不高。由于加工要求为批量加工，为充分提高加工效率，选择两道工序：一道工序利用三爪卡盘夹持毛坯（主轴锥孔里安装限位支撑），车端面、倒角和钻孔；一道工序用两顶尖装夹车削外轮廓至尺寸。在操作时可由 2 组学生共同完成此零件，通过本任务的加工操作让学生进一步熟悉实际生产零件的编程与加工，同时养成安全文明的操作习惯。

【任务实施】

1. 工件的装夹与加工路线的确定

根据零件的要求和工件毛坯的大小采用两道工序。

第一道工序：利用三爪卡盘夹持（卡盘里边安装限位支撑）伸出长度约 30mm，车削端面、倒角，先钻 ϕ14 内孔，然后钻 ϕ8.6 通孔，如图 4—5 所示。最后调头夹持车端面、倒角并保证总长。

第二道工序：利用两顶尖装夹（无须鸡心夹头和拨盘）利用左右偏刀车削外轮廓和槽，最后利用螺纹车刀车螺纹，如图 4—6 所示。

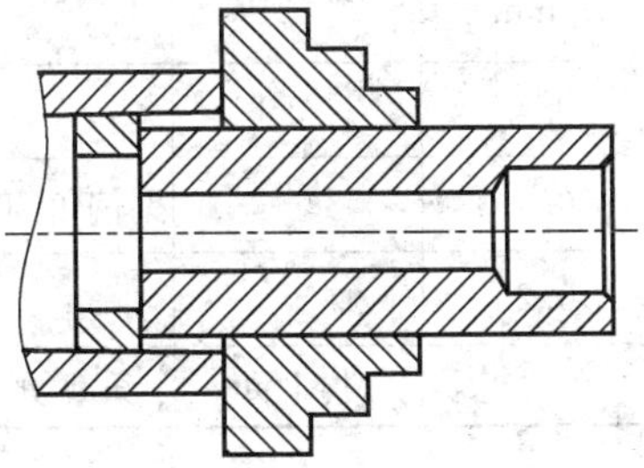

图 4—5 第一道工序

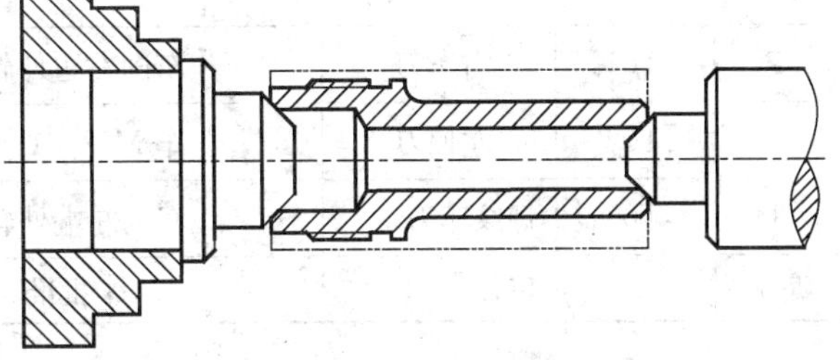

图 4—6 第二道工序

2. 工、量具（见表 4—9）和刀具（见表 4—10 和表 4—11）的确定

表 4—9　　工、量具清单

工、量具清单			图号		4—4	
种类	序号	名称	规格	精度	单位	数量
工具	1	三爪自定心卡盘			个	1
	2	卡盘扳手、刀架扳手			副	各 1
	3	垫刀片			块	若干
	4	刀夹			个	2
	5	死顶尖			个	1
	6	活顶尖			个	1
	7	限位支撑块			个	1
量具	8	游标卡尺	0～150mm	0.02mm	把	1
	9	千分尺	0～25mm	0.01mm	把	1
	10	螺纹环规	M22×1.5		套	1

表 4—10　　数控加工刀具卡（一）

产品名称或代号		JD307 射钉器	零件名称		钉管	零件图号	4—4
序号	刀具号	刀具名称	数量	加工表面	刀尖半径 r/mm	刀尖方位 T	备注
1	T01	45°车刀	1	车端面，倒角	0.4	3	
2	T02	麻花钻	1	钻 ϕ14 内孔			120°顶角
3	T03	麻花钻	1	钻 ϕ8.6 通孔			90°顶角
编制		审核		批准		共 1 页	第 1 页

表 4—11　　数控加工刀具卡（二）

产品名称或代号		JD307 射钉器	零件名称		钉管	零件图号	4—4
序号	刀具号	刀具名称	数量	加工表面	刀尖半径 r/mm	刀尖方位 T	备注
1	T01	90°右车刀	1	车削右边外轮廓	0.4	3	
2	T02	90°左偏刀	1	车 M22×1.5 螺纹	0.4		副偏角 60°
3	T03	螺纹车刀	1	车削左端外轮廓	0.2		
编制		审核		批准		共 1 页	第 1 页

3. 数控加工工序卡的填写（见表 4—12 与表 4—13）

表 4—12 数控加工工序卡（一）

单位名称	南溪职业技术学校		产品名称或代号		零件名称		零件图号	
			JD307 射钉器		钉管		4—4	
工序号	程序编号		夹具名称		使用设备		车间	
01	O0421		三爪卡盘		CJK6132		数车实训车间	
工步号	工步内容		主轴转速 n(r/min)	进给速度 f(mm/min)	切削深度 a_p(mm)	刀具号	刀具名称	备注
1	卡盘夹持一端偏端面，车中心孔		945	100		T01	45°偏刀	自动
2	钻 ϕ14 内孔		1 210	80	2.7	T03	ϕ14 麻花钻	自动
3	钻 ϕ8.6 通孔		460	100	4.3	T02	ϕ8.6 麻花钻	自动
4	调头车端面，倒角并保证总长		945	100		T01	45°偏刀	自动
编制		审核	批准		年　月　日		共 1 页	第 1 页

表 4—13 数控加工工序卡（二）

单位名称	南溪职业技术学校		产品名称或代号		零件名称		零件图号	
			JD307 射钉器		钉管		4—4	
工序号	程序编号		夹具名称		使用设备		车间	
02	O0422		两顶尖		CJK6132		数车实训车间	
工步号	工步内容		主轴转速 n(r/min)	进给速度 f(mm/min)	切削深度 a_p(mm)	刀具号	刀具名称	备注
1	右偏刀粗、精车右边外轮廓		1 210	120	1	T01	90°右偏刀	自动
2	左偏刀车削左边外轮廓和退刀槽		1 210	100	1	T02	90°左偏刀	自动
3	G92 车螺纹 M22×1.5		945		2	T03	螺纹车刀	自动
编制		审核	批准		年　月　日		共 1 页	第 1 页

4. 程序的编制

以工件右端回转中心为工件的编程原点，工件的加工程序如表 4—14 与表 4—15 所示。

表 4—14 参考程序（一）

程序号	O0421	
程序段号	程序内容	程序说明
N10	M03 S1 T0101；	换 1 号刀，1 号刀补，低速
N20	G0 X26 Z0；	快速定位

续前表

程序段号	程序内容	程序说明
N30	G1 X16 F100；	车端面
N40	X14Z-1；	倒角
N50	X1；	车端面
N60	X0 W-0.5；	车 45°锥孔（麻花钻的引导孔）
N70	Z2；	*Z* 向退刀
N80	G0 X100 Z100；	退刀到安全位置
N90	T0202；	换 2 号刀，2 号刀补
N100	G0 X0 Z2 M08；	快速定位，开冷却液
N110	G1 Z-12 F50；	钻 ϕ14 内孔
N120	G04 X3；	暂停 3 秒
N130	Z2 F200；	*Z* 向退刀
N140	G0 X100 Z100；	退刀到安全位置
N150	T0303；	换 3 号刀，3 号刀补
N160	G0 X0 Z2；	快速定位
N170	G1 Z-40 F60；	钻 ϕ8.6 内孔（分 3 次钻削）
N180	Z2 F200；	*Z* 向退刀，冷却、排屑
N190	Z-40；	进刀
N200	Z-65 F60；	钻孔
N210	Z1 F200；	*Z* 向退刀，冷却、排屑
N220	Z-65；	进刀
N230	Z-85 F60；	钻孔
N240	G04 X3；	暂停 3 秒
N250	Z2 F200；	*Z* 向退刀
N260	G0 X100 Z100 M09；	退刀，关闭冷却液
N270	M05；	主轴停止
N280	M00；	程序暂停
N290	M03 S1 T0105；	主轴正转，换 1 号刀 1 号刀补
N300	G0 X26 Z0；	快速定位
N310	G1 X10.6 F100；	车端面
N320	X8.6 W-1；	倒角
N330	Z2；	*Z* 向退刀

续前表

程序段号	程序内容	程序说明
N450	G0 X100 Z100；	退刀至安全位置
N460	T0100；	取消 1 号刀刀补
N470	M30	主轴停止，程序结束，光标返回程序起点

表 4—15　　参考程序（二）

程序号	O0422	
程序段号	程序内容	程序说明
N10	M03 S1 T0101；	换 1 号刀，1 号刀补，低速
N20	G0 X26 Z1；	快速定位
N30	G71 U1.5 R1；	粗车，切削深度 1.5mm，退刀量
N40	G71 P50 Q U0.5 F150；	精车余量 0.5mm，进给速度 150mm/min
N50	G0 X14；	进刀
N60	G1 Z0；	精车外圆轮廓轨迹
N70	X15.96 Z-1 F100；	
N80	Z-60.5；	
N90	G2 X20.96 W-2.5 R2.5；	
N100	G1 X21.86 W-0.5；	
N105	Z-82.5；	
N110	M03 S2；	高速
N120	G70 P50 Q105；	精车调用
N130	G0 X150 Z-40；	退刀
N140	T0202 M03 S1；	换 2 号刀（左偏刀），2 号刀补
N150	G0 X23 Z-1；	快速定位
N160	G1 X19.5 F150；	进刀
N170	Z5；	粗车左端外圆
N180	X22.5 W1.5；	
N190	Z12.5；	
N200	X19.5 Z14；	
N210	Z17；	
N220	G0 X23；	退刀
N230	Z-1；	退刀
N240	G0 X18 M03 S2；	进刀，换高速

续前表

程序段号	程序内容	程序说明
N250	Z0；	精车左端轮廓
N260	X19 W0.5；	
N270	Z5；	
N280	X21.8 W1.4；	
N290	Z12.5；	
N300	X19 Z14；	
N310	Z17；	
N320	X21；	
N330	X22 W0.5；	
N340	G0 X150 Z40；	程序暂停（换转速）
N350	M03 S1 T0303；	换 3 号刀（切槽刀），3 号刀补低速
N360	G0 X24 Z-66；	快速定位
N370	G92 X21.2 Z-21 F1.5；	车螺纹
N380	X20.8；	
N390	X20.3；	
N400	X20.2；	
N405	G0 X150 Z-40；	退回换刀点
N410	T0100；	换回 1 号刀并取消刀补
N420	M30；	主轴停止，程序结束，光标返回程序起点

5. 加工操作步骤

（1）输入程序并空运行检查刀具轨迹是否正确。

（2）第一工序中在主轴锥孔里安装限位支撑，第二工序安装好死顶尖和活顶尖。

（3）装夹工件，安装刀具（麻花钻先安装在刀盒里，再安装在刀架上）。

（4）对刀。

（5）自动加工。

（6）工件的检验。

6. 加工注意事项

（1）麻花钻装在刀架上时要注意麻花钻旋转中心应与主轴中心一致，不然易导致孔径变大，甚至麻花钻折断。

（2）45°车刀在车削左端面与车右端面时刀具的位置是不一样的，所以在对刀时选用了不同的刀补号（T0101 切削的工件长度应比工件实长要长，T0105 切削的才是工件的总长）。

（3）利用两顶尖装夹时注意夹紧力度不能太大也不能太小。编程时，要注意刀具的进刀与退刀距离（X 向要大，Z 向要小），防止刀具与尾座后顶尖之间发生碰撞。另外 90°左偏刀是以工件左端面为基准建立的工件坐标系，在编程时注意刀具的移动方向。

【任务评价】

根据实训任务内容的特点，对学生的综合性评价分为三部分：实训态度 30 分、基本操作 25 分和尺寸检测 45 分。具体内容见表 4—16。

表 4—16 **学生综合性评分表**

姓名				班级		日期			
项目名称			钉管的加工	零件图号	4—4	机床编号			
检测项目		序号	考核内容及要求	配分	评分标准	学生自测	小组检测	教师检测	备注
实训态度		1	出勤、穿着、佩戴规范	6					
		2	遵守纪律、服从安排	8					
		3	积极、认真、仔细	8					
		4	具有责任心和团队意识	8					
基本操作	程序	5	切削加工工艺制定正确	2	独立完成				
		6	切削用量选用合理	2	独立完成				
		7	程序正确、简单、规范	6	独立完成				
	操作	8	刀具的刃磨与安装	8	独立完成				
		9	设备的正确操作与维护保养	2					
		10	安全、文明生产	5					
尺寸检测	外圆	11	$\phi22_{-0.18}^{-0.1}$	4	超差不得分				
		12	$\phi19$	2	超差不得分				
		13	$\phi14_{0}^{+0.11}$	4	超差不得分				
		14	$\phi16_{-0.08}^{0}$	4	超差不得分				
		15	$\phi8.6_{0}^{+0.09}$	4	超差不得分				
	长度	16	82 ± 0.1	2					
		17	12	3	超差不得分				
		18	$17_{-0.2}^{0}$	3	超差不得分				
		19	2	3	超差不得分				
	其他	20	M22×1.5−6H	6	螺纹环规检测				
		21	圆弧 $R2.5$	2					
		22	倒角和倒毛刺	4					
		23	表面粗糙度	2	粗糙度样板				
		24	30°角度	2	万能角度尺				
指导教师					互评员		总分		

任务3　中级数控车工试题（一）

【任务描述】

使用 GSK980TB1 系统数控车床加工如图 4—7 所示工件。材料为 45 钢，毛坯为 ϕ40mm×85mm。

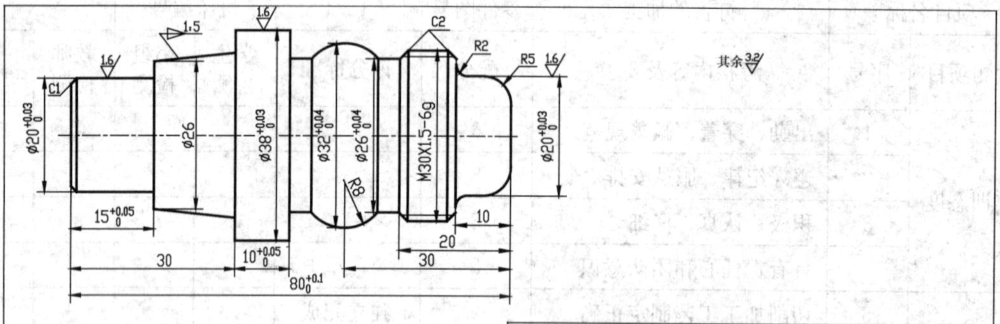

零件材料	毛坯尺寸	加工时间
45钢	ϕ40mm×85mm	180min

图 4—7　中级数控车工试题（一）

【任务分析】

本任务为中级工考题，主要是外轮廓（由圆柱面、圆锥面、成形面和螺纹组成）加工，加工精度：外圆 0.03mm、长度 0.05mm、粗糙度 1.6μm。根据毛坯尺寸，加工时应先加工左边轮廓，再调头加工右边轮廓。在加工右边轮廓时最好采用一夹一顶的装夹方式，确保工件加工的稳定性，但在加工前必须在左边端面上钻好中心孔。另外本任务也要注意轮廓节点的计算。

【任务实施】

1. 工件的装夹与加工路线的确定

根据零件的要求和工件毛坯的大小采用：

（1）利用三爪卡盘夹持，伸出长度约 45mm，手动车削端面和一段外圆（长约 40mm），钻中心孔。

（2）调头夹持车图形右边轮廓至尺寸并保证工件总长，如图 4—8 所示。

（3）调头用卡盘夹持 ϕ25 外圆并用活动顶尖顶住工件，车削图形的右边轮廓至尺寸，如图 4—9 所示。

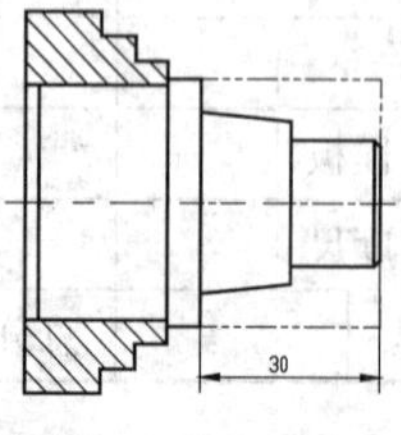

图 4—8　加工左端

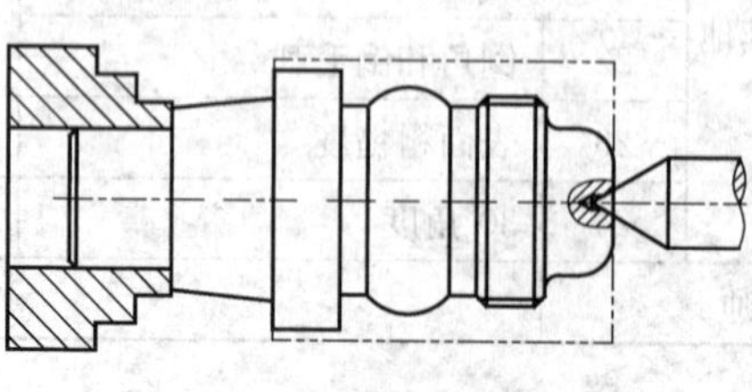

图 4—9　加工右端

2. 工、量具清单（见表 4—17）和刀具（见表 4—18）的确定

表 4—17 工、量具清单

工、量具清单			图号		4—7	
种类	序号	名称	规格	精度	单位	数量
工具	1	三爪自定心卡盘			个	1
	2	卡盘扳手、刀架扳手			副	各 1
	3	垫刀片			块	若干
	4	钻夹套			个	1
量具	5	游标卡尺	0～150mm	0.02mm	把	1
	6	千分尺	0～25mm 和 25～50mm	0.01mm	把	各 1
	7	螺纹环规	M30×2		套	1

表 4—18 数控加工刀具卡

产品名称或代号		中级数控车工试题（一）	零件名称		试题一	零件图号	4—7
序号	刀具号	刀具名称	数量	加工表面	刀尖半径 r/mm	刀尖方位 T	备注
1		中心钻	1	钻中心孔			$\phi 6$
2	T01	90°尖刀	1	车削外轮廓	0.4	3	$\kappa_r'=60°$
3	T02	螺纹刀	1	车 M30×2 螺纹	0.2	4	刀尖角 60°
4	T03	45°车刀	1	切端面	0.4	3	$\kappa_r=45°$
编制		审核		批准		共 1 页	第 1 页

3. 数控加工工序卡的填写（表 4—19）

表 4—19 数控加工工序卡

单位名称	南溪职业技术学校	产品名称或代号		零件名称		零件图号	
		中级数控车工试题（一）		试题一		4—7	
工序号	程序编号	夹具名称		使用设备		车间	
001	O0431～O0432	三爪卡盘，顶尖		CJK6132		数车实训车间	
工步号	工步内容	主轴转速 n(r/min)	进给速度 f(mm/min)	切削深度 a_p(mm)	刀具号	刀具名称	备注
1	卡盘夹持一端偏端面，手动车外圆长度 40mm	945	100	1	T03	45°偏刀	手动
2	钻中心孔	460	30	3		$\phi 6$ 中心钻	手动
3	调头夹持，G71 粗车左轮廓	1 210	80	1	T01	90°尖刀	自动
4	精车工件左轮廓至尺寸	945	100	0.25	T01	90°尖刀	自动

续前表

工步号	工步内容		主轴转速 n(r/min)	进给速度 f(mm/min)	切削深度 a_p(mm)	刀具号	刀具名称	备注
5	调头用一夹一顶装夹，G73 粗车右边轮廓		945	100	1	T01	90°尖刀	自动
6	精车右边轮廓		1 210	80	0.25	T01	90°尖刀	自动
7	G92 车 M20×2 螺纹		640			T02	螺纹刀	自动
编制		审核	批准		年　月　日		共1页	第1页

4. 轮廓节点的计算

根据图 4—10 分析图所示，主要是计算出 B_z、D_z、E_x 和螺纹小径 d_1 即可编制程序，根据图上已知要素可得：

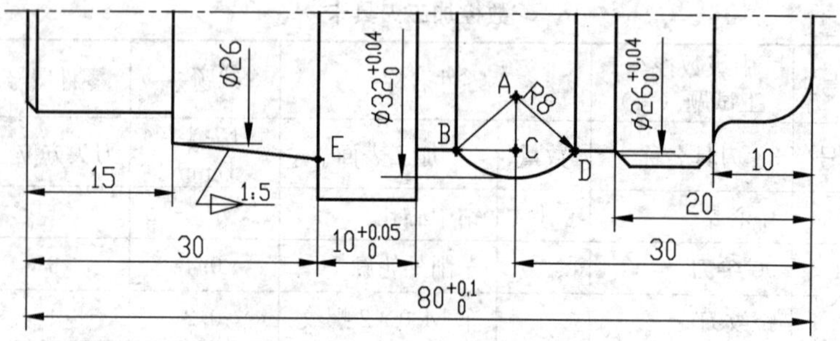

图 4—10　分析图

$$E_x = D = d + L \times C = 26 + 15 \times \frac{1}{5} = 29\text{mm}$$

已知 $BC = \sqrt{AB^2 - AC^2} = \sqrt{8^2 - 5^2} = 6.245\text{mm}$

则：$B_z = 30 + 6.245 = 36.245\text{mm}$　$D_z = 30 - 6.245 = 23.745\text{mm}$

$$d_1 = d - 1.2p = 30 - 1.2 \times 1.5 = 28.2\text{mm}$$

5. 程序的编制（见表 4—20 和表 4—21）

表 4—20　　加工左端参考程序

程序号	O0431	
程序段号	程序内容	程序说明（略）
N10	M03 S1 T0101;	
N20	G0 X43 Z3;	
N30	G71 U1.5 R1;	
N40	G71 P50 Q110 U0.5 W0 F120;	
N50	G0 X18;	

续前表

程序段号	程序内容	程序说明（略）
N60	G1 Z0 F80；	
N70	X19.985 Z-1；	
N80	Z-15；	
N90	X26；	
N100	X29 Z-30；	
N110	X40；	
N120	G0 X100 Z100；	
N130	M05；	
N140	M00；	
N150	T0101 M03 S2；	
N160	G0 X42 Z3；	
N170	G70 P50 Q110；	
N180	G0 X100 Z100；	
N190	M30；	

表 4—21　　加工右端参考程序

程序号	O0432		
程序段号	程序内容	程序段号	程序内容
N10	G98 G40；	N270	G0 X100 Z100；
N20	M03 S1 T0101；	N280	M05；
N30	G0 X43 Z3；	N290	M00；
N40	G73 U15 R15；	N300	M03 S1 T0202；
N50	G73 P60 Q200 U0.5 W0 F120；	N310	G0 X32 Z-6；
N60	G0 X10.015；	N320	G92 X29.2 Z-22 F1.5；
N70	G42 G1 Z0 F80；	N330	X29.8；
N80	G3 X20.015 Z-5 R5；	N450	X29.5；
N90	G1 Z-8；	N460	X28.3；
N100	G2 X24.015 Z-10 R2；	N470	X28.2；
N110	G1 X26；	N480	G0 X100 Z100；
N120	X29.8 W-2；	N490	T0100；
N130	Z-28；	N500	M30；

续前表

程序段号	程序内容	程序段号	程序内容
N140	X26.02 W-2；	N270	G0 X100 Z100；
N150	Z-23.745；	N280	M05；
N160	G3 X26.02 Z-36.245 R8；	N290	M00；
N170	G1 Z-40；	N300	M03 S1 T0202；
N180	X37；	N310	G0 X32 Z-6；
N190	X38.015 W-0.5；	N320	G92 X29.2 Z-22 F1.5；
N200	Z-51；	N330	X29.8；
N205	G40 G1 X40；	N450	X29.5；
N210	G0 X100 Z100；	N460	X28.3；
N220	M05；	N470	X28.2；
N230	M00；	N480	G0 X100 Z100；
N240	M03 S2 T0101；	N490	T0100；
N250	G0 X42 Z3；	N500	M30；
N260	G70 P60 Q200；		

6. 操作步骤与注意事项

（1）输入程序。程序输入后必须进行空运行校验，以保证加工的安全性。

（2）根据加工工艺要求装夹工件和 90°车刀、螺纹车刀及切槽刀。

1）刀具安装时刀尖必须与工件中心等高。

2）螺纹车刀对刀时需要利用对刀块，以保证螺纹牙形角正确。

（3）利用 45°车刀车端面。

（4）钻中心孔。转速为 1 210r/min，钻削时进给速度要慢，以免中心钻折断。

（5）对 90°车刀进行对刀，加工零件左端。

（6）调头采用一夹一顶装夹工件，对 90°车刀、螺纹车刀和切槽刀进行对刀。

1）利用顶尖装夹时，松紧腰适当，不要过紧，也不要过松。

2）对刀时要认真仔细，特别是对 X 坐标，测量要准确。

3）输入刀补时要把光标移动到正确的位置。

（7）自动运行加工零件右端。

1）操作者站位要正确，不要面对旋转的工件，以防铁屑飞出伤人，应站在侧面。

2）要认真观察刀具磨损情况以及切屑的流向，做到及时处理。

3）粗加工之后，要仔细检测，正确修改程序或刀补，以保证尺寸精度。

（8）检验。加工完成后要进行自测，总结经验、吸取教训。

【任务评价】

本任务主要是中级数控车工试题的练习，对学生的考核与评价主要按中级工评分标准设置，其中基本检测（程序和操作）25 分，尺寸检测占 75 分。具体内容见表 4—22。

表 4—22　　　　　　　　　　**中级数控车工鉴定评分表**

考件编号			姓名		准考证号		单位		
检测项目		序号	考核内容及要求	配分	评分标准	检测结果	得分	备注	
基本检测	程序	1	切削加工工艺制定正确	2					
		2	切削用量选用合理	2					
		3	程序正确、简单、规范	6					
	操作	4	刀具的刃磨与安装	6					
		5	设备的正确操作与维护保养	4					
		6	安全、文明生产	5					
尺寸检测	外圆	7	$\phi20^{+0.03}_{0}$	8	超差不得分				
		8	$\phi38^{+0.03}_{0}$	8	超差不得分				
		9	$\phi32^{+0.04}_{0}$	6	超差不得分				
		10	$\phi26^{+0.04}_{0}$	6	超差不得分				
		11	$\phi20^{+0.03}_{0}$	8	超差不得分				
	长度	12	$80^{+0.1}_{0}$	4	超差不得分				
		13	$15^{+0.05}_{0}$	5	超差不得分				
		14	$10^{+0.05}_{0}$	5	超差不得分				
	其他	15	M30×1.5—6g	10	螺纹环规检测				
		16	锥度	3					
		17	圆弧 $R2$、$R5$、$R8$	3	R 规				
		18	倒角 3 处	3					
		19	倒毛刺	2					
		20	表面粗糙度	4	粗糙度样板				
阅卷教师					总分				

【拓展与练习】

根据所学知识，分析图 4—11 中两个零件，编写加工工艺卡片和加工程序，并在数控车床上完成加工。

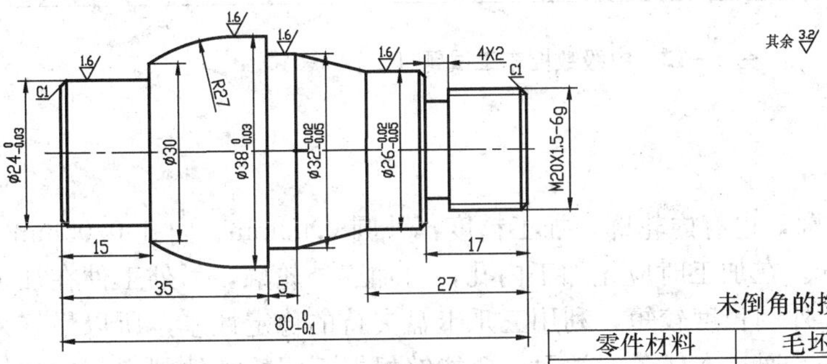

未倒角的按C0.5处理。

零件材料	毛坯尺寸	加工时间
45钢	ϕ40mm×85mm	180min

(a)

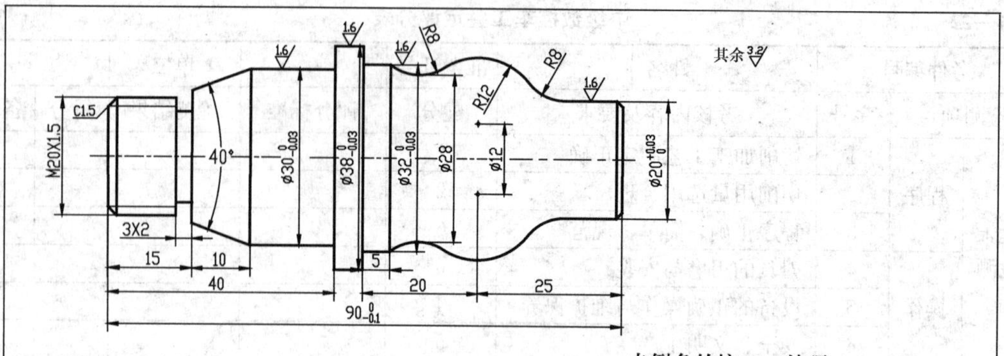

未倒角的按C0.5处理。

零件材料	毛坯尺寸	加工时间
45钢	ϕ40mm×95mm	180min

(b)

图 4—11 练习题

任务 4 中级数控车工试题（二）

【任务描述】

使用 GSK980TB1 系统数控车床加工如图 4—12 所示工件，材料为 45 钢，毛坯为 ϕ50mm×100mm。

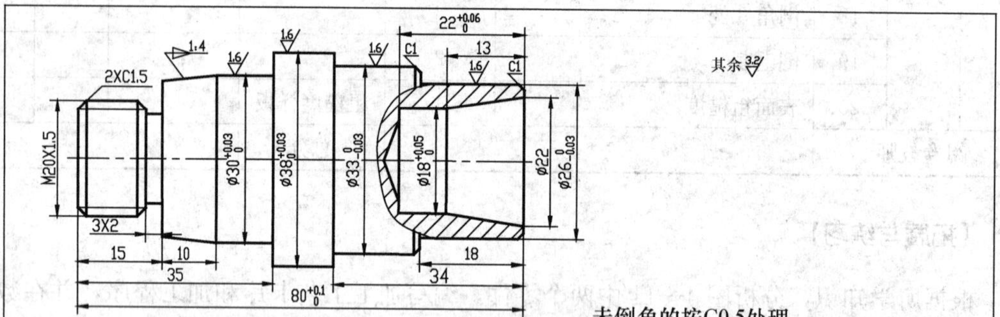

未倒角的按C0.5处理。

零件材料	毛坯尺寸	加工时间
45钢	ϕ40mm×85mm	180min

图 4—12 中级数控车工试题（二）

【任务分析】

本任务图形既有外轮廓，也有内轮廓，加工精度：外圆 0.03mm、内孔 0.05mm、长度 0.1mm、粗糙度 1.6μm。在加工时应先加工内孔，再加工外轮廓，另外工件在加工左端时，由于工件右端 ϕ18 外圆长度较短，利用三爪卡盘夹持的稳定性差，所以最好采用一夹一顶的装夹方式加工。通过本任务的学习，要能够根据不同的零件制定相应的加工工艺。

【任务实施】

1. 加工路线与装夹方式的确定

（1）利用卡盘夹持一端，伸出长度约为 43mm，手动偏端面并车削长 40mm 的外圆，最后钻中心孔。

（2）调头夹持，手动车端面并保证总长，钻中心孔，再用麻花钻进行钻孔，最后用内孔车刀和外圆车刀车内孔和 ϕ33 以及 ϕ18 的外圆至尺寸，如图 4—13 所示。

（3）调头采用一夹一顶装夹（卡盘夹持 ϕ18 的外圆），车削工件左端至尺寸，如图 4—14所示。

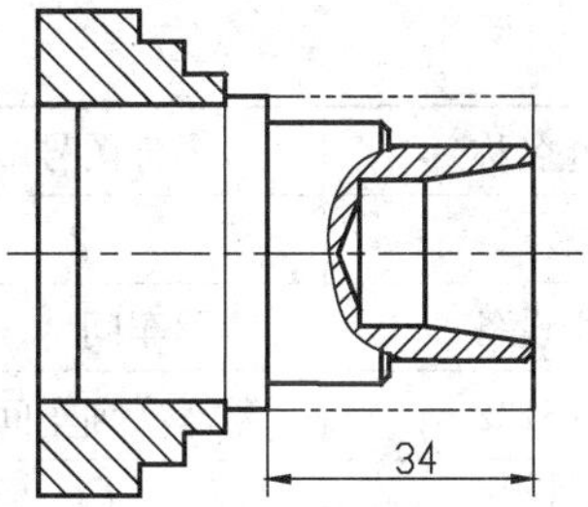

图 4—13　加工右端

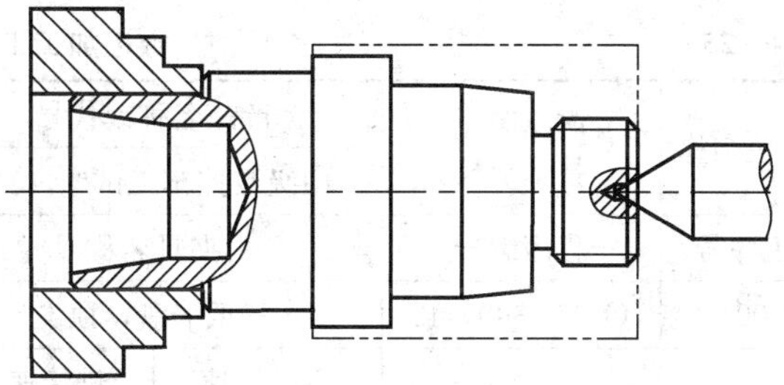

图 4—14　加工左端

2. 工、量具清单（见表 4—23）和刀具卡（见表 4—24）的确定

表 4—23　　工、量具清单

工、量具清单			图号		4—12	
种类	序号	名称	规格	精度	单位	数量
工具	1	三爪自定心卡盘			个	1
	2	卡盘扳手、刀架扳手			副	各 1
	3	垫刀片			块	若干
	4	钻夹套			个	1
	5	过渡锥套			个	1
量具	6	游标卡尺	0～150mm	0.02mm	把	1
	7	千分尺	0～25mm 和 25～50mm	0.01mm	把	各 1
	8	螺纹环规	M20×1.5		套	1

表 4—24　　数控加工刀具卡

产品名称或代号		中级数控车工试题（二）	零件名称		试题二	零件图号	4—12
序号	刀具号	刀具名称	数量	加工表面	刀尖半径 r/mm	刀尖方位 T	备注
1		中心钻	1	钻中心孔			ϕ6
2		麻花钻	1	钻孔			ϕ16

续前表

序号	刀具号	刀具名称	数量	加工表面	刀尖半径 r/mm	刀尖方位 T	备注
3	T01	盲孔车刀	1	内孔表面			20×20
4	T02	90°车刀	1	车图形外轮廓	0.2	3	$\kappa_r'=15°$
5	T03	切槽刀	1	切螺纹退刀槽			刀宽 3mm
6	T04	螺纹刀	1	车 M30×2 螺纹	0.1		刀尖角 60°
编制		审核		批准		共 1 页	第 1 页

3. 数控加工工序卡的填写（见表 4—25）

表 4—25　　数控加工工序卡

单位名称	南溪职业技术学校	产品名称或代号		零件名称		零件图号	
		中级数控车工试题（二）		试题二		4—12	
工序号	程序编号	夹具名称		使用设备		车间	
001	O0441～O0442	三爪卡盘，顶尖		CJK6132		数车实训车间	
工步号	工步内容	主轴转速 n(r/min)	进给速度 f(mm/min)	切削深度 a_p(mm)	刀具号	刀具名称	备注
1	卡盘夹持一端，车端面	640	100	1	T01	90°偏刀	手动
2	钻中心孔	1 210	30	3		ϕ6 中心钻	手动
3	调头夹持，手动车端面并保证总长	640	80	1	T01	90°偏刀	手动
4	钻中心孔	1 210	100	0.25		ϕ6 中心钻	手动
5	麻花钻钻孔	460	100	1		麻花钻	手动
6	粗车内孔	640	100	0.5	T02	盲孔车刀	自动
7	精车内孔	945	80	0.25	T02	盲孔车刀	自动
8	粗车右端轮廓	640	120	1.5	T02	90°偏刀	自动
9	精车右端轮廓	945	80	0.25	T02	90°偏刀	自动
10	调头，一夹一顶装夹，粗车左端	640	120	1.5	T02	90°偏刀	自动
11	精车左端轮廓	945	80	0.25	T02	90°偏刀	自动
12	切螺纹退刀槽	460	30	3	T03	切槽刀	自动
13	G92 车 M20×2 螺纹	640			T04	螺纹刀	自动
编制	审核	批准		年　月　日		共 1 页	第 1 页

4. 轮廓节点的计算

根据图形特点，需要计算锥度 1∶4 的小端直径，由已知的条件可得：$d=D-L\times C=$

$30-10\times\frac{1}{4}=27.5$mm。

5. 程序的编制（见表 4—26 和表 4—27）

表 4—26 加工右端参考程序

程序号	O0441		
程序段号	程序内容	程序段号	程序内容
N10	G98 G40；	N280	X31；
N20	M03 S1 T0101；	N290	X32.985 W-1；
N30	G0 X16 Z3；	N300	Z-34；
N40	G90 X17 Z-22 F100；	N310	X37；
N50	X17.5；	N320	X38.2 W-0.5；
N60	X17.5 Z-13 R0.5；	N330	X40；
N70	R1；	N450	G0 X100 Z100；
N80	R1.5；	N460	M05；
N90	R2；	N470	M00；
N100	M03 S2；	N480	M03 S2 T0202；
N110	G0 X22 Z2；	N490	G0 X42 Z2；
N120	G1 Z0 F80；	N500	G70 P240 Q330；
N130	X18.025 Z-13；	N510	G0 X100 Z100；
N140	Z-22；	N520	M30；
N150	X16；	N300	Z-34；
N160	G0 Z2；	N310	X37；
N170	G0 X100 Z100；	N320	X38.2 W-0.5；
N180	M05；	N330	X40；
N190	M00；	N450	G0 X100 Z100；
N200	M03 S1 T0202；	N460	M05；
N210	G0 X42 Z3；	N470	M00；
N220	G71 U1.5 R1；	N480	M03 S2 T0202；
N230	G71 P240 Q330 U0.5 F120；	N490	G0 X42 Z2；
N240	G0 X24；	N500	G70 P240 Q330；
N250	G1 Z0；	N510	G0 X100 Z100；
N260	X25.985 Z-1 F80；	N520	M30；
N270	Z-18；		

表 4—27　　加工左端参考程序

程序号	O0442		
程序段号	程序内容	程序段号	程序内容
N10	G98 G40；	N210	G1 X16 F30；
N20	M03 S1 T0202；	N220	GO4 X4；
N30	G0 X42 Z3；	N230	G1 X20；
N40	G71 U1.5 R1；	N240	W1.5；
N50	G71 P60 Q U0.5 F120；	N250	X17 W-1.5；
N60	G0 X17；	N260	X20；
N70	G1 Z0；	N270	G0 X100 Z100；
N80	X19.8 Z-1.5 F80；	N280	M05；
N90	Z-15；	N290	M00；
N100	X27.5；	N300	M03 S1 T0404；
N110	X30.015 Z-25；	N310	G0 X24 Z4；
N120	Z-35；	N320	G92 X19.2 Z-13 F1.5；
N130	X37；	N330	X18.8；
N140	X38.015 W-0.5；	N340	X18.5；
N150	Z-47；	N350	X18.3；
N160	G0 X100 Z100；	N360	X18.2；
N170	M05；	N370	G0 X100 Z100；
N180	M00；	N380	T0100；
N190	M03 S1 T0303；	N390	M30；
N200	G0 X22 Z-15；		

6. 操作步骤与注意事项

（1）输入程序。程序输入后必须进行空运行校验，以保证加工的安全性。

（2）根据加工工艺要求装夹工件和 90°车刀、盲孔车刀、切槽刀和螺纹车刀。

1）刀具安装时刀尖必须与工件中心等高。

2）螺纹车刀对刀时需要利用对刀块，以保证螺纹牙形角正确。

（3）利用 90°车刀车端面。

（4）钻中心孔并用 $\phi16$ 的麻花钻钻孔（控制钻孔的深度）。钻削中心孔时进给速度要慢，以免中心钻折断。

（5）对 90°车刀和盲孔车刀进行对刀，加工零件右端轮廓。

（6）调头采用一夹一顶装夹工件，对 90°车刀、螺纹车刀和切槽刀进行对刀。

1）利用顶尖装夹时，松紧要适当，不要过紧，也不要过松。

2）对刀时要认真仔细，特别是对 X 坐标，测量要准确。

（7）自动运行加工零件右端。

1）操作者站位要正确，不要面对旋转的工件，以防铁屑飞出伤人。

2）要认真观察刀具磨损情况以及切屑的流向，做到及时处理。

3）粗加工之后，要仔细检测，正确修改程序或刀补，以保证尺寸精度。

（8）检验。加工完成后要进行自测，总结经验、吸取教训。

【任务评价】

本任务主要是中级数控车工试题的练习，对学生的考核与评价主要按中级工评分标准设置，其中基本检测（程序和操作）25 分，尺寸检测占 75 分。具体内容见表 4—28。

表 4—28　　中级数控车工鉴定评分表

考件编号			姓名	准考证号		单位		
检测项目		序号	考核内容及要求	配分	评分标准	检测结果	得分	备注
基本检测	程序	1	切削加工工艺制定正确	2				
		2	切削用量选用合理	2				
		3	程序正确、简单、规范	6				
	操作	4	刀具的刃磨与安装	6				
		5	设备的正确操作与维护保养	4				
		6	安全、文明生产	5				
尺寸检测	外圆	7	$\phi30^{+0.03}_{0}$	8	超差不得分			
		8	$\phi38^{+0.03}_{0}$	8	超差不得分			
		9	$\phi33^{0}_{-0.03}$	8	超差不得分			
		10	$\phi18^{+0.05}_{0}$	6	超差不得分			
		11	$\phi26^{0}_{-0.03}$	8	超差不得分			
	长度	12	$80^{+0.1}_{0}$	5	超差不得分			
		13	$22^{+0.06}_{0}$	5	超差不得分			
		14	3×2	4	超差不得分			
	其他	15	M20×1.5	10	螺纹环规检测			
		16	倒角 3 处	3				
		17	倒毛刺	2				
		18	锥度	4				
		19	表面粗糙度	4	粗糙度样板			
阅卷教师					得分			

【拓展与练习】

根据所学知识，分析图 4—15 中两个零件，编写加工工艺卡片和加工程序，并在数控车床上完成加工。

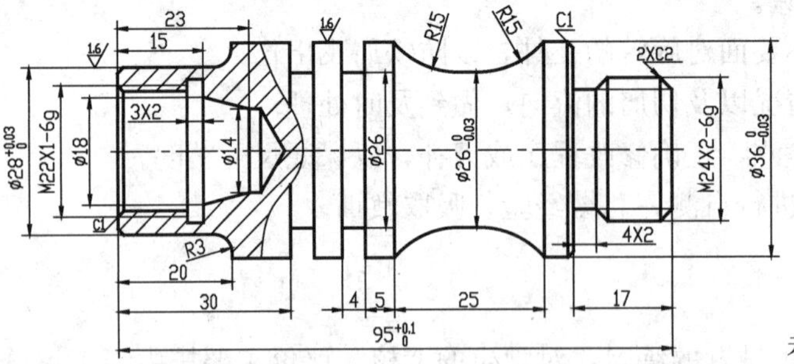

未倒角的按C0.5处理。

零件材料	毛坯尺寸	加工时间
45钢	ϕ40mm×100mm	240min

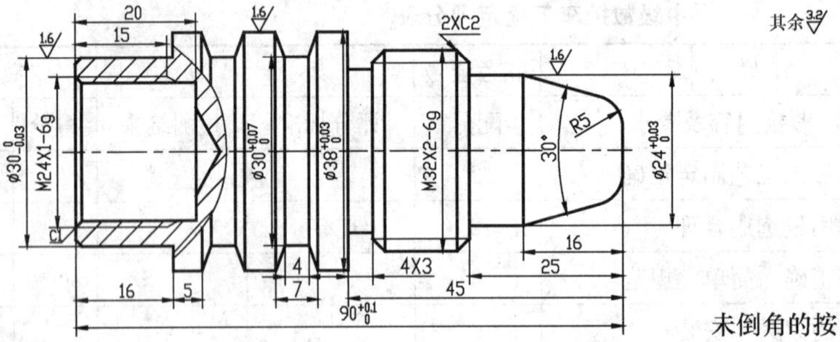

未倒角的按C0.5处理。

零件材料	毛坯尺寸	加工时间
45钢	ϕ40mm×95mm	240min

图 4—15　练习题

任务 5　技能大赛试题

【任务描述】

如图 4—16 所示的配合件，为技能大赛试题。根据零件图认真分析，制定合理的加工工艺，选择合适的刀具、量具和工具，编写加工程序并完成加工。

【任务分析】

本任务为技能大赛试题，件一为轴类零件，轮廓由圆柱面、圆锥面、沟槽、螺纹组成，加工时需要钻中心孔、调头加工。件二为套类零件，既有外轮廓，也有内轮廓，加工精度：内外圆 0.03mm、长度 0.06mm、粗糙度 1.6μm，加工时需要钻孔、镗孔、车内螺纹和外轮廓，同时还要注意同轴度的控制。另外，本任务是配合件，还要注意配合后的尺寸和锥度的配合面积的把握，在加工时可以先加工件一，再加工件二。通过本任务的学习，要能够根据不同的零件制定相应的加工工艺，选择合适的工具、量具、刀具以及切削用量。

【任务实施】

1. 加工路线与装夹方式的确定

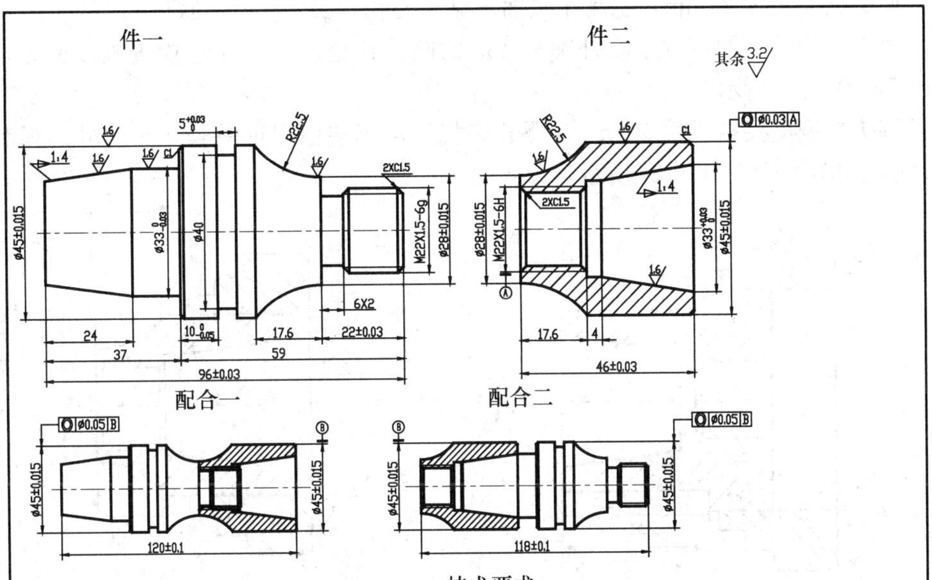

技术要求:

1.锐边倒角C0.5;

2.未注公差尺寸按IT12加工和检验;

3.锥度配合面积不低于70%。

零件材料	毛坯尺寸	加工时间
45钢	ϕ50mm×100mm,ϕ50mm×50mm	180min

图 4—16　技能大赛试题

(1)件一。

1)利用卡盘夹持一端，伸出长度约为 50mm，手动偏端面并车削长 45mm 的外圆，钻中心孔。

2)调头夹持长度 40mm，手动车端面并保证总长，自动车削件一左端轮廓，并保证 ϕ45 的长度为 48mm，如图 4—17 中(a)所示。

3)调头垫铜皮夹持 ϕ33 外圆，一端用顶尖顶住，加工件一右端外轮廓、沟槽、螺纹至尺寸，如图 4—17 中(b)所示。

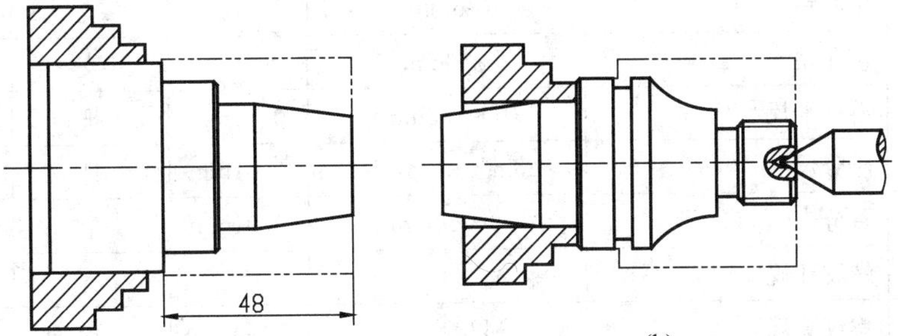

图 4—17　加工顺序与装夹方法

（2）件二。

1）利用卡盘夹持一端，伸出长度约为 25mm，手动偏端面并车削长 29mm 的外圆，钻中心孔。

2）调头夹持长度 20mm，手动车端面，钻中心孔，ϕ18 麻花钻通孔。

3）对刀车削件二的右端 ϕ45 外圆和 ϕ33 的圆锥孔至尺寸（注意检查锥度配合情况），如图 4—18 中（a）所示。

4）调头垫铜皮夹持长度 20mm，百分表找正，车端面保证总长，车削外圆弧和内螺纹至尺寸，如图 4—18 中（b）所示。

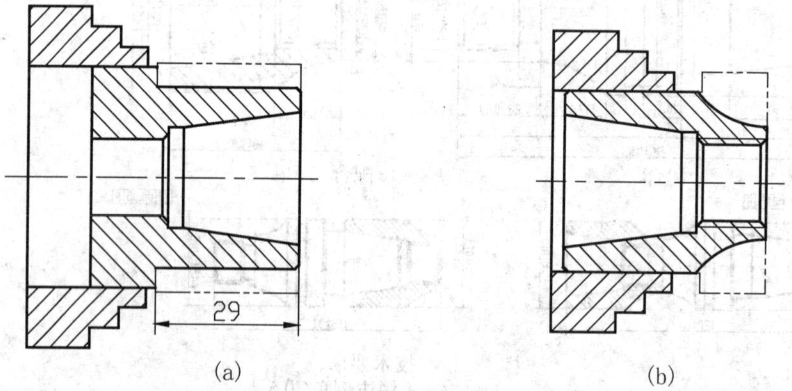

图 4—18　加工顺序与装夹方法

2. 工、量具清单（见表 4—29）和刀具卡（见表 4—30）的确定

表 4—29　　工、量具清单

工、量具清单			图号		4—16	
种类	序号	名称	规格	精度	单位	数量
工具	1	三爪自定心卡盘			个	1
	2	卡盘扳手、刀架扳手			副	各 1
	3	垫刀片			块	若干
	4	钻夹套			个	1
	5	过渡锥套			个	1
	6	中心钻	ϕ6mm		支	1
	7	麻花钻	ϕ18mm		支	1
量具	8	游标卡尺	0～150mm	0.02mm	把	1
	9	千分尺	0～25mm 和 25～50mm	0.01mm	把	各 1
	10	百分表	0～10mm	0.01mm	个	1
	11	螺纹环规	M22×1.5		套	1
	12	螺纹套规	M22×1.5		套	1

表 4—30 数控加工刀具卡

产品名称或代号		技能大赛试题	零件名称			零件图号	4—16
序号	刀具号	刀具名称	数量	加工表面	刀尖半径 r/mm	刀尖方位 T	备注
1		中心钻	1	钻中心孔			$\phi6$
2		麻花钻	1	钻孔			$\phi18$
3	T01	90°车刀	1	外轮廓	0.4	3	粗车
4	T02	90°车刀	1	外轮廓	0.2	3	精车
5	T03	切槽刀	1	切槽			刀宽 3mm
6	T04	外螺纹车刀	1	车 M22×1.5 螺纹	0.2		刀尖角 60°
7	T03	盲孔车刀	1	内孔表面	0.4	2	20×20
8	T04	内螺纹车刀	1	车 M22×1.5 螺纹	0.2		刀尖角 60°
编制		审核		批准		共 1 页	第 1 页

3. 数控加工工序卡的填写（见表 4—31 与表 4—32）

表 4—31 数控加工工序卡（件一）

单位名称	南溪职业技术学校	产品名称或代号		零件名称		零件图号	
		技能大赛试题				4—16	
工序号	程序编号	夹具名称		使用设备		车间	
001	O0441～O0442	三爪卡盘，顶尖		CJK6132		数车实训车间	
工步号	工步内容	主轴转速 n(r/min)	进给速度 f(mm/min)	切削深度 a_p(mm)	刀具号	刀具名称	备注
1	卡盘夹持一端，车端面	945	100	1	T01	90°偏刀	手动
2	钻中心孔	1 210	30	3		$\phi6$ 中心钻	手动
3	调头夹持，手动车端面并保证总长	945	80	1	T01	90°偏刀	手动
4	粗车左端外轮廓	945	120	0.25	T01	90°偏刀	手动
5	精车左端外轮廓至尺寸	1 210	100	1	T02	90°偏刀	手动
6	调头一夹一顶，粗车右端外轮廓	945	120	0.5	T01	90°偏刀	自动
7	精车右端外轮廓至尺寸	1 210	80	0.25	T02	90°偏刀	自动
8	切 $\phi40$ 槽和螺纹退刀槽至尺寸	945	80	0.25	T03	切槽刀	自动
9	G92 车 M22×1.5 螺纹	640			T04	外螺纹刀	自动
编制	审核	批准		年 月 日		共 1 页	第 1 页

表 4—32　　　　数控加工工序卡（件二）

单位名称	南溪职业技术学校	产品名称或代号		零件名称		零件图号	
		技能大赛试题				4—16	
工序号	程序编号	夹具名称		使用设备		车间	
002	O0441～O0442	三爪卡盘，顶尖		CJK6132		数车实训车间	
工步号	工步内容	主轴转速 n(r/min)	进给速度 f(mm/min)	切削深度 a_p(mm)	刀具号	刀具名称	备注
1	卡盘夹持一端，车外圆长 25mm	945	100	1	T01	90°偏刀	手动
2	调头夹持，伸出 27mm 左右，车端面	945	80	1	T01	ϕ6 中心钻	手动
3	钻中心孔	1 210	30	1		ϕ6 中心钻	手动
4	麻花钻钻通孔	460	60	9		麻花钻	手动
5	粗车右端内圆锥孔	945	100	0.5	T03	盲孔车刀	自动
6	精车右端内圆锥孔至尺寸	1 210	80	0.25	T03	盲孔车刀	自动
7	粗车右端 ϕ45 外圆	945	120	1	T02	90°偏刀	自动
8	精车右端 ϕ45 外圆至尺寸	1 210	80	0.25	T02	90°偏刀	自动
9	调头垫铜皮夹持（找正）夹持长度 20mm，手动车端面保证总长	945	100	1	T01	90°偏刀	手动
10	粗车左端螺纹内孔	945	100	0.5	T03	盲孔车刀	自动
11	精车左端螺纹内孔至尺寸	1 210	80	0.25	T03	盲孔车刀	自动
12	G92 车 M22×1.5 螺纹	640			T04	螺纹刀	自动
13	粗车左端 R22.5 圆弧	945	120	1	T01	90°偏刀	自动
14	精车左端 R22.5 圆弧至尺寸	1 210	80	0.25	T02	90°偏刀	自动
编制	审核	批准		年　月　日		共 1 页	第 1 页

4. 轮廓节点的计算

根据图形特点，需要计算件一锥度 1∶4 的小端直径和件二的圆锥小端直径。根据已知条件可得：

件一　$d=D-L\times C=33-24\times\frac{1}{4}=27\text{mm}$

件二　$d=D-L\times C=33-24.4\times\frac{1}{4}=26.9\text{mm}$

5. 程序的编制（见表 4—33～表 4—36）

表 4—33　　件一左端加工参考程序

程序号	O0451		
程序段号	程序内容	程序段号	程序内容
N10	G98 G40；	N130	G40 G0 X100 Z50；
N20	M03 S1 T0101；	N140	M05；
N30	G0 X52 Z3；	N150	M00；
N40	G71 U1 R1；	N160	M03 S2 T0202；
N50	G71 P60 Q120 U0.5 F120；	N170	G0 X52 Z3；
N60	G42 G0 X27；	N180	G70 P60 Q120；
N70	G1 Z0 F80；	N190	G0 X100 Z50；
N80	X32.985 Z-24；	N200	T0100；
N90	Z-37；	N210	M30；
N100	X43；		
N110	X45 W-1；		
N120	Z-48；		

表 4—34　　件一右端加工参考程序

程序号	O0452		
程序段号	程序内容	程序段号	程序内容
N10	M03 S1 T0101；	N320	W1.5；
N20	G0 X52 Z2；	N330	U-3 W-1.5；
N30	G71 U1 R1；	N340	G0 X46；
N40	G71 P50 Q110 U0.5 F120；	N350	Z-49；
N50	G42 G0 X19；	N360	G1 X40.1 F40；
N60	G1 Z0 F80；	N370	X46；
N70	X21.8 Z-1；	N380	W2；
N80	Z-22；	N390	X40.1；
N90	X28；	N400	X45；
N100	G2 X45 W-17.6 R22.5；	N410	W0.5；
N110	G1 Z-49；	N420	X44 W-0.5；
N120	G40 G0 X150 Z3；	N430	X40；

续前表

程序段号	程序内容	程序段号	程序内容
N130	M05；	N440	Z-49；
N140	M00；	N450	X44；
N150	M03 S2 T0202；	N460	X45 W-0.5；
N160	G0 X52 Z3；	N470	G0 X150 Z3；
N170	G70 P50 Q110；	N480	M05；
N180	G0 X150 Z3；	N490	M00；
N190	M05；	N500	M03 S1 T0404；
N200	M00；	N510	G0 X25 Z3；
N210	M03 S1 T0303；	N520	G92 X21 Z-18.5 F1.5；
N220	G0 X23 Z-19；	N530	X20.6；
N230	G1 X18.1 F40；	N540	X20.3；
N240	X23 F150；	N550	X20.2；
N250	W-2.5；	N560	X20.14；
N260	X18.1 F40；	N570	G0 X150 Z3；
N270	X23 F150；	N580	T0100；
N280	Z-22；	N590	M30；
N290	X18 F40；		
N300	Z-19；		
N310	X21.9；		

表 4—35　　　　件二右端内外轮廓加工参考程序

程序号	O0453		
程序段号	程序内容	程序段号	程序内容
N10	G98 G40；	N180	M05；
N20	M03 S1 T0303；	N190	M00；
N30	G0 X18 Z3；	N200	M03 S1 T0202；
N40	G71 U0.5 R0.5；	N210	G0 X52 Z2；
N50	G71 P60 Q100 U-0.5 F120；	N220	G90 X48 Z-29 F120；
N60	G42 G0 X33.015；	N230	X46；
N70	G1 Z0；	N240	45.5；
N80	X26.9 Z-24.4 F80；	N250	M03 S2
N90	Z-28.4；	N260	G0 X43；
N100	X18；	N270	G1 Z0；
N110	G40 G0 X100 Z100；	N280	X45 Z-1 F80；

续前表

程序段号	程序内容	程序段号	程序内容
N120	M05；	N290	Z-29；
N130	M00；	N300	G0 X100 Z50；
N140	M03 S2 T0303；	N310	M30；
N150	G0 X18 Z3；		
N160	G70 P60 Q100；		
N170	G0 X100 Z50；		

表 4—36　　件二左端内外轮廓加工参考程序

程序号	O0454		
程序段号	程序内容	程序段号	程序内容
N10	G98 G40；	N230	M00；
N20	M03 S1 T0303；	N240	M03 S1 T0101；
N30	G0 X18 Z2；	N250	G0 X52 Z3；
N40	G90 X19 Z-18 F100；	N260	G71 U1 R1；
N50	X20；	N270	G71 P280 Q310 U0.5 F120；
N60	M03 S1；	N280	G42 G0 X28；
N70	G0 X23.5 Z2；	N290	G1 Z0 F80；
N80	G1 Z0；	N300	G2 X45 W-17.6 R22.5；
N90	X20.5 Z-1.5 F80；	N310	G40 X46；
N100	Z-17.6；	N320	G0 X100 Z50；
N110	G0 X19；	N330	M05；
N120	Z2；	N340	M00；
N130	X100 Z50；	N350	M03 S2 T0202；
N140	M05 S1 T0404；	N360	G0 X52 Z3；
N150	G0 X19 Z3；	N370	G70 P280 Q310；
N160	G92 X21 Z-19 F1.5；	N380	G0 X100 Z100；
N170	X21.4；	N390	T0100；
N180	X21.7；	N400	M30；
N190	X21.9；		
N200	X22；		
N210	G0 X100 Z50；		
N220	M05；		

6. 加工注意事项

本任务的加工注意事项除前面所述的以外，还要注意以下两点：

（1）加工件二的锥孔时，要注意锥度的配合检测，必须要用涂色法检验配合面积，以及长度。

（2）件二调头装夹时，要用百分表找正，以保证工件的同轴度。

【任务评价】

本任务主要是根据技能大赛试题评分要求标准而制定的。具体内容见表 4—37。

表 4—37　　技能大赛试题评分表

考件编号			姓名	准考证号		单位		
检测项目		序号	考核内容及要求	配分	评分标准	检测结果	得分	备注
基本检测		1	安全、文明生产	5				
件一	外圆	2	$\phi45\pm0.015$	4	超差不得分			
		3	$\phi33_{-0.03}^{0}$	4	超差不得分			
		4	$\phi40$	2	超差不得分			
		5	$\phi28\pm0.015$	4	超差不得分			
	长度	6	96 ± 0.03	3	超差不得分			
		7	$10_{-0.05}^{0}$	3	超差不得分			
		8	22 ± 0.03	3	超差不得分			
		9	$5_{0}^{+0.03}$	4	超差不得分			
	其他	10	6×2	2	超差不得分			
		11	M22×1.5−6g	6	螺纹环规检测合格			
		12	倒角 3 处	1				
		13	倒毛刺 2 处	1				
		14	圆弧 $R22.5$	1	R 规检验			
		15	表面粗糙度	4	粗糙度样板			
件二	外圆	16	$\phi45\pm0.015$	4	超差不得分			
		17	$\phi28\pm0.015$	4	超差不得分			
	长度	18	46 ± 0.03	3	超差不得分			
		19	17.6	2	超差不得分			
	其他	20	M22×1.5−6H	6	螺纹环规检测合格			
		21	倒角 3 处	1				
		22	◎ | $\phi0.03$ | A	3				
		23	圆弧 $R22.5$	1	R 规检验			
		24	表面粗糙度	4	粗糙度样板			

续前表

检测项目	序号	考核内容及要求	配分	评分标准	检测结果	得分	备注
配合	25	120±0.1	5	超差不得分			
	26	118±0.1	5	超差不得分			
	27	锥度配合面积不低于 70%	5	超出范围不得分			
	28	◎ | ϕ0.05 | *B*	5	超差不得分			
	29	◎ | ϕ0.05 | *B*	5	超差不得分			
阅卷教师			得分				

【拓展与练习】

根据所学知识，分析图 4—19 与图 4—20 中两个配合件，编写加工工艺卡片和加工程序。

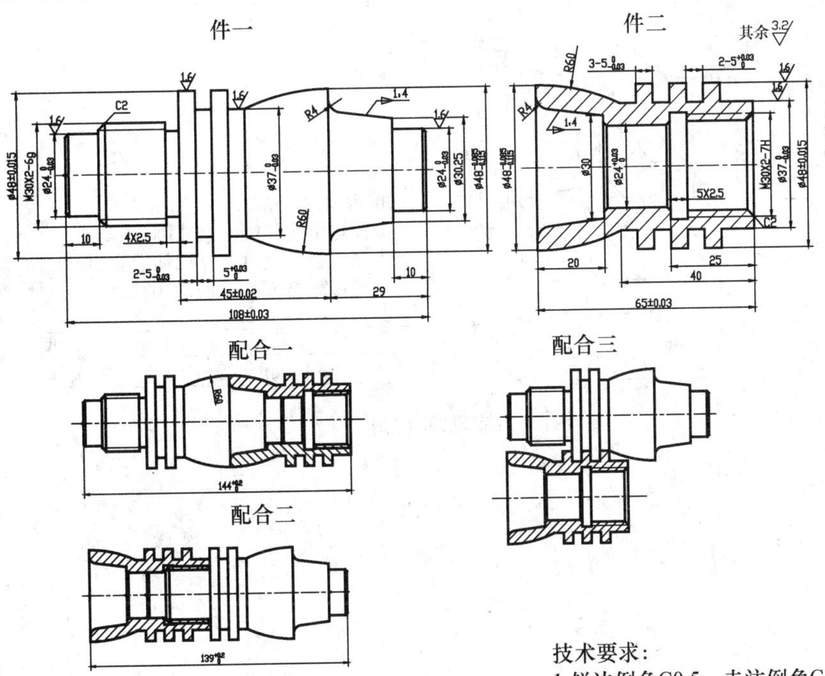

技术要求：
1.锐边倒角C0.5，未注倒角C1；
2.未注公差尺寸按IT12加工和检验。

零件材料	毛坯尺寸	加工时间
45钢	ϕ50mm×200mm	300min

图 4—19　练习题（一）

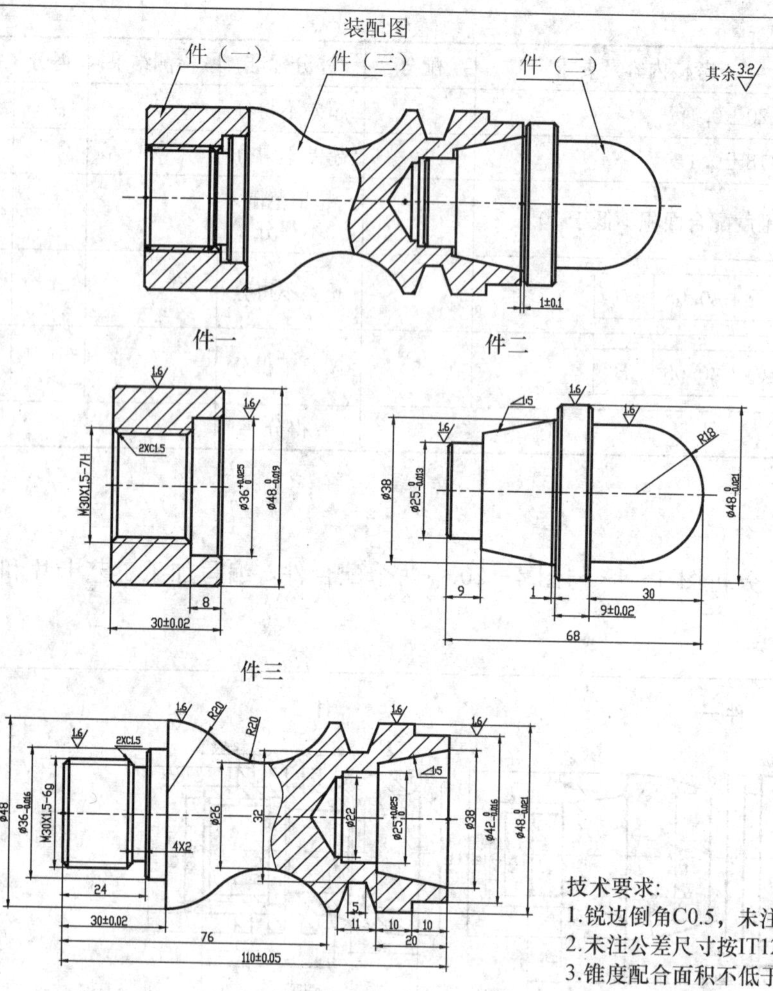

技术要求：

1.锐边倒角C0.5，未注倒角C1；

2.未注公差尺寸按IT12加工和检验；

3.锥度配合面积不低于70%。

零件材料	毛坯尺寸	加工时间
45钢	ϕ45mm×220mm	300min

图 4—20　练习题（二）

数控铣削篇

项目五　数控铣削编程与操作基础

任务 1　认识数控铣床

【任务描述】

图 5—1 所示为数控铣床，要求学生自身通过观察和教师的现场讲解了解各主要部分名称及功能。

图 5—1　数控铣床

【任务分析】

数控机床是数字控制机床（Computer numerical control machine tools）的简称，是一种装有程序控制系统的自动化机床，经运算处理由数控装置发出各种控制信号，控制机床的动作，按图纸要求的形状和尺寸，自动地将零件加工出来。数控机床较好地解决了复杂、精密、小批量、多品种的零件加工问题，是一种柔性的、高效能的自动化机床，代表了现代机床控制技术的发展方向，是一种典型的机电一体化产品。本任务着重介绍数控机床的结构、功能以及数控铣床的分类。

【任务实施】

1. 认真学习该任务的相关知识
2. 仔细观察数控车间的数控铣床，了解各组成部分的名称及功能

数控铣床各部分的名称及功能见表 5—1。

表 5—1　　数控铣床各部分名称及功能

序号	名称	功能
1	数控装置	接收输入的信号及指令，经过编译、插补运算和逻辑处理后，输出信号和指令到伺服系统，进而控制机床的各个部分进行动作。数控装置是数控机床的大脑
2	立柱	支撑主轴厢等部件
3	主轴厢	是用于布置机床工作主轴及其传动零件和相应的附加机构的。操作时主要用于安装刀具
4	防护门	安全防护作用
5	工作台	导向及支撑导轨上的部件。它的精度、刚度及结构形式等对机床的加工精度和承载能力有直接影响
6	底座	支撑床身及各部件

3. NC-32V 数控铣床的主要技术参数（见表 5—2）

表 5—2　　NC-32V 数控铣床主要技术参数

项目/型号		NC 32V（ZXK32B）
工作台	工作台面积（宽×长）mm	320×900
	T 型槽（槽数—槽宽×槽距）	3—14×63
	工作台承载工件重量 kg	300
行程	工作台左右行程（*X* 向）mm	550
	工作台前后行程（*Y* 向）mm	320
	主轴厢上下行程（*Z* 向）mm	300
	主轴端面距工作台面距离 mm	150～450
	主轴中心线至立柱导轨面距离 mm	230
主轴	主轴锥孔	BT40
	主轴电机功率 kW	3/3.7（选配）/4（选配）
	主轴转速范围 r/min	100—3 000（选配）；（200—6 000 标准）

续前表

项目/型号		NC 32V（ZXK32B）
进给	进给速度 mm/min	1～3 000
	X/Y/Z 快速移动速度 m/min	6
精度	线性坐标的定位精度 X/Y/Z mm	0.04/0.03/0.03
	线性坐标的重复定位精度 X/Y/Z mm	0.02/0.015/0.015
其他	冷却电机功率 kW	0.09
	冷却泵流量 L/min	25
	气源压力 MPa	0.3～0.4
	机床外形尺寸	2 250×2 100×1 950
	机床包装尺寸	2 400×2 250×2 480
	净重/毛重	1 300/1 600

【知识储备】

数控铣床是应用广泛的一种数控机床，在数控铣床上可以加工精度、表面粗糙度要求较高、轮廓形状复杂或难以控制尺寸的零件。

数控铣床的基本知识本书开始已介绍，下面主要阐述数控铣床的分类。

1. 按主轴布置形式分类

按机床主轴的布置形式及机床的布局特点分类，可分为立式数控铣床、卧式数控铣床和数控龙门铣床等。

（1）立式数控铣床。立式数控铣床一般可进行三坐标联动加工，目前三坐标立式数控铣床占大多数，如图 5—2 所示。立式数控铣床主轴与机床工作台面垂直，工件装夹方便，加工时便于观察，但不便于排屑。一般采用固定式立柱结构，工作台不升降。主轴厢做上下运动，并通过立柱内的重锤平衡主轴厢的质量。为保证机床的刚性，主轴中心线距立柱导轨面的距离不能太大，因此，这种结构主要用于中小尺寸的数控铣床。

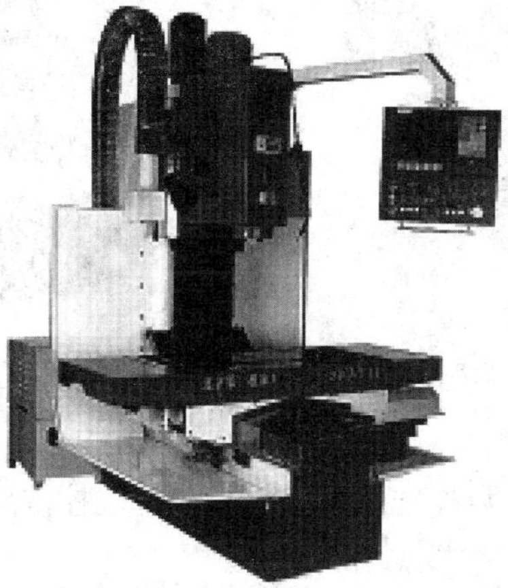

图 5—2　立式数控铣床

此外，还有的机床主轴可以绕 X、Y、Z 坐标轴中其中一个或两个做数控回转运动的四坐标和五坐标立式数控铣床。通常，机床控制的坐标轴越多，尤其是要求联动的坐标轴越多，机床的功能、加工范围及可选择的加工对象也越多。但随之而来的就是机床结构更加复杂，对数控系统的要求更高，编程难度更大，设备的价格也更高。立式数控铣床也可以附加数控转盘，采用自动交换台，增加靠模装置来扩大它的功能、加工范围及加工对象，进一步提高生产效率。

（2）卧式数控铣床。卧式数控铣床与通用卧式铣床相同，其主轴轴线平行于水平面，如图 5—3 所示。卧式数控铣床的主轴与机床工作台面平行，加工时不便于观察，但排屑顺畅。为了扩大加工范围和扩充功能，一般配有数控回转工作台或万能数控转盘来实现四坐标、五坐标加工，这样不但工件侧面上的连续轮廓可以加工出来，而且可以实现在一次安装过程中，通过转盘改变工位，进行“四面加工”。尤其是万能数控转盘可以把工件上各种不同的角度或空间角度的加工面摆成水平来加工，这样可以省去很多专用夹具或专用角度的成形铣刀。虽然卧式数控铣床在增加了数控转盘后很容易做到对工件进行“四面加工”，使其加工范围更加广泛，但从制造成本上考虑，单纯的卧式数控铣床现在已比较少，而多是在配备自动换刀装置（ATC）后成为卧式加工中心。

（3）数控龙门铣床。对于大尺寸的数控铣床，一般采用对称的双立柱结构，以保证机床的整体刚性和强度，这就是数控龙门铣床，如图 5—4 所示。数控龙门铣床有工作台移动和龙门架移动两种形式，主要用于大、中等尺寸，大、中等质量的各种基础大件，板件、盘类件、壳体件和模具等多品种零件的加工，工件一次装夹后可自动高效、高精度的连续完成铣、钻、镗和铰等多种工序的加工，适用于航空、重机、机车、造船、机床、印刷、轻纺和模具等制造行业。

图 5—3　卧式数控铣床

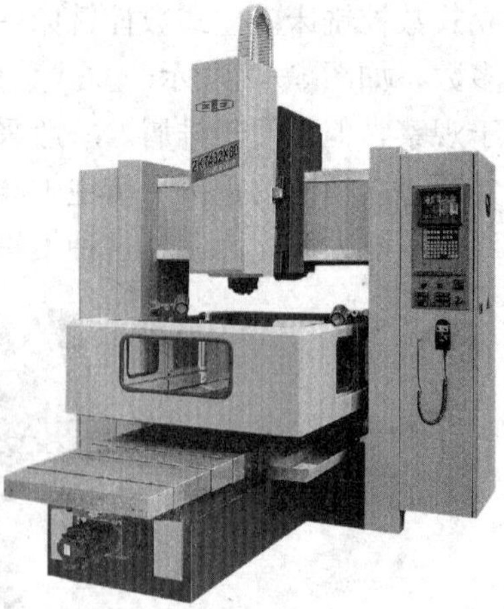

图 5—4　数控龙门铣床

2. 按数控系统的功能分类

按数控系统的功能分类，数控铣床可分为经济型数控铣床、全功能数控铣床和高速数控铣床等。

（1）经济型数控铣床。一般采用经济型数控系统，如 SE. MENS802S 等采用开环控制，可以实现三坐标联动。这种数控铣床成本较低，功能简单，加工精度不高，适用于一般复杂零件的加工，一般有工作台升降式和床身式两种类型，如图 5—5（a）所示。

（2）全功能数控铣床。采用半闭环控制或闭环控制，其数控系统功能丰富，一般可以实现四坐标以上的联动，加工适应性强，应用最广泛。如图 5—5（b）所示。

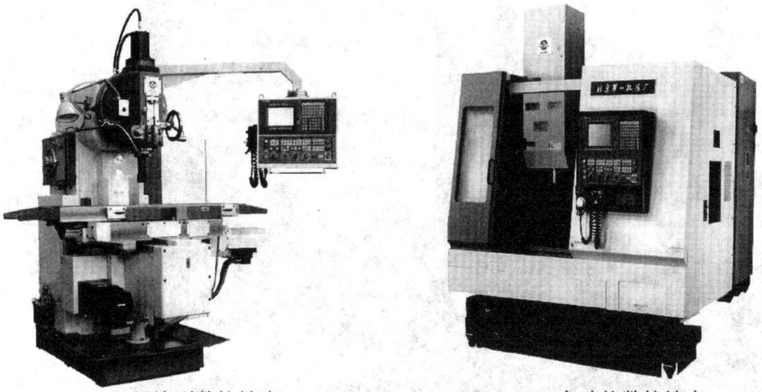

(a) 经济型数控铣床　　(b) 全功能数控铣床

图 5—5　数控铣床

（3）高速数控铣床。高速铣削是数控加工的一个发展方向，技术已经比较成熟，已逐渐得到广泛的应用。这种数控铣床采用全新的机床结构、功能部件和功能强大的数控系统，并配以加工性能优越的刀具系统，加工时主轴转速一般在 8 000～40 000r/min，切削进给速度可达 10～30m/min，可以对大面积的曲面进行高效率、高质量的加工，如图5—6所示。但目前这种机床价格昂贵，使用成本比较高。

图 5—6　高速数控铣床

【拓展与练习】

（1）对照普通铣床，简述普通铣床与数控铣床的区别。

（2）了解数控铣床的分类。

任务 2　认识 GSK983M 操作面板

【任务描述】

认真观察一台数控铣床的控制面板，了解各功能按键的作用，并执行开机、回参考点、主轴操作（正转、反转和停止）等操作，如图 5—7 所示。

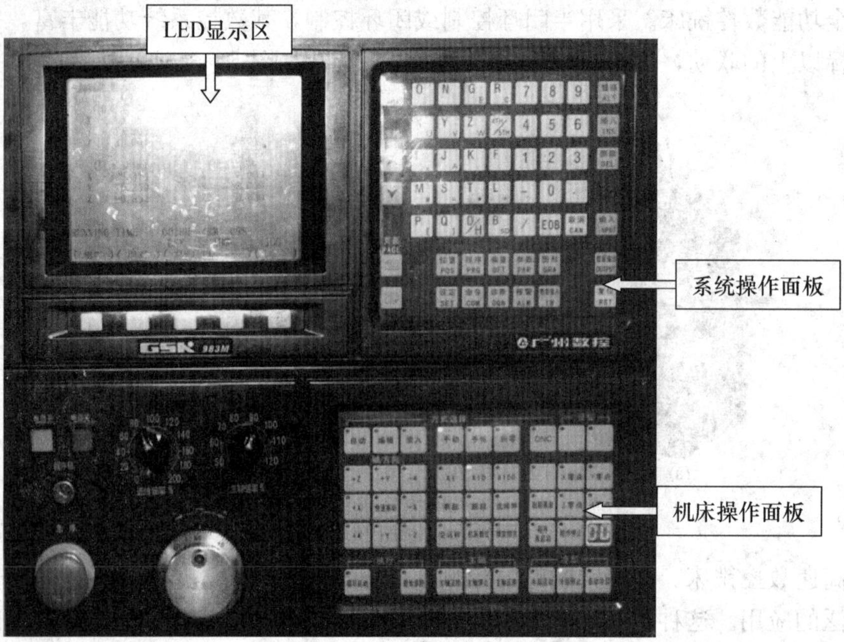

图 5—7 GSK983M 操作面板

【任务分析】

广州数控系统在我国应用较广，全中文界面易于操作便于初学者操作。本任务介绍系统操作面板和机床操作面板各按钮的功能，并对系统的开机、关机和回零等操作进行介绍。学员必须熟练掌握本任务要求的内容。

【任务实施】

1. 机床操作面板操作（见图 5—8）

图 5—8 机床操作面板

（1）电源接通与断开。

1）电源接通。

（a）确认机床各部位连接正确，安装稳固。

（b）按照机床说明书接通机床电源。

（c）按下 电源开 按钮，数控系统电源接通数秒后，LCD 上应有图像显示。

2）电源断开。

(a) 机床操作面板上的循环启动按钮指示灯熄灭。

(b) 机床可动部件停止运动。

(c) 以上确认后，按下电源关按钮 1～2s 即断开数控系统电源。

(d) 按照机床说明书切断机床电源。

注：接通和断开电源时，勿按 MDI 键盘上的键。

(2) 急停（红色）。

在紧急情况下，按下急停按钮，机床所有轴运动停止。同时按钮一直被自锁在停止位置。按钮释放方式通常是顺时针或逆时针旋转按钮来释放。

(3) 方式选择。

方式选择区各按钮功能见表 5—3。

表 5—3　　方式选择区各按钮功能

方式	功能
	可执行存储器内存的程序 可执行存储器内程序的顺序号检索
	使用于下面的操作 (1) 程序记录入存储器 (2) 程序的修改、插入和删除 (3) 存储器内程序编辑其他程序
	通过 MDI 和机床操作面板可以实现手动数据输入
	可执行点动进给和快速进给
	可执行手摇进给
	回机床零点
	运行由计算机现场传输过来的零件的加工程序

(4) 与手动运行有关的操作。

1) 点动进给。

(a) 选择手动方式。

(b) 在快速功能无效的前提下，选择运动轴，机床沿选择方向移动。

2) 快速移动。

(a) 选择手动方式。

(b) 按下快速移动按钮，快速功能有效。

(c) 选择运动轴，可使机床在选定方向上作快速移动。

3) 手轮进给。用手摇脉冲发生器，对机床的进给进行精度调整。

(a) 选择手轮方式。

（b）选择移动轴。

（c）旋转手摇脉冲发生器的手摇盘。

顺时针旋转为：＋方向。

逆时针旋转为：－方向。

4）操作面板上有选择开关。

X1 表示手轮转第一格的移动量为 0.001mm/0.0001inch；

X10 表示手轮转第十格的移动量为 0.01mm/0.001inch；X100 表示手轮转第一百格的移动量为 0.1mm/0.01inch。

5）回零。

操作步骤：按回零→“Z＋”→“X＋”、“Y＋”→机床自动运行直到“X 零点”、“Y 零点”、“Z 零点”指示灯都亮后→回零完毕。

由于机床采用增量式测量系统，故一旦机床断电，其上的数控系统就失去了对参考点坐标的记忆。当再次接通数控系统的电源后，操作者必须进行回零操作。其回零的目的在于让各坐标轴回到机床一固定点上，即机床的零点，也叫机床的参考点。另外，机床在操作过程中遇到急停信号或超程报警信号，待故障排除后，恢复机床工作时，也必须回零。

数控机床回零的主要作用：机床坐标系是机床固有的坐标系，机床坐标系的原点称为机床原点或机床零点。在机床经过设计、制造和调整后，这个原点便被确定下来，它是固定的点。数控装置上电时并不知道机床零点，为了正确地在机床工作时建立机床坐标系，通常在每个坐标轴的移动范围内设置一个机床参考点（测量起点），机床启动时，通常要进行机动或手动回参考点，以建立机床坐标系。机床参考点可以与机床零点重合，也可以不重合，通过参数指定机床参考点到机床零点的距离。机床回到了参考点位置，也就知道了该坐标轴的零点位置，找到所有坐标轴的参考点，CNC 就建立起了机床坐标系。

（5）与自动运行有关的部分操作。

1）单程序段。

当单段有效时，按下循环启动按钮，则控制装置每次只执行一个程序段后即停止。

2）跳过任选程序段。

当跳段或设定中菜单开关任选程序段跳过 1～9 开关为 ON 时，某程序段包含有“/n”（n＝1～9）时允许控制装置跳过此程序段。对于 n＝1～9 每个数字，分别各个开关与之对应。

3）空运行。

如果在存储器或 MDI 指令的循环运转中，“空运行”开关被设定在 ON 时，则 F 功能不起作用，机床移动的速度如表 5—4 所示。

表 5—4　　机床移动速度

快速移动按键 ON/OFF	快速移动时	切削进给时
快速移动按键 ON	快速移动	最大点动进给速度
快速移动按键 OFF	点动进给速度	点动进给速度

4）机床锁住。

机床锁住或设定中菜单“机床锁住”开关 ON 时，运动指令脉冲被抑制，因此进给循环启动或手动操作时的位置显示将按输入指令而不断更新，但机床本身并不运动和机床坐标不变。此功能用于检查程序。

5）辅助锁住。

辅助锁住或设定中菜单“辅助功能锁”开关 ON 时，M. S. T. 和 B 功能被锁住，G 功能照样执行，此功能也用于检查程序。

2. 系统操作面板操作

图 5—9 所示为 GSK983M 系统操作面板。左半部分包括 LED 显示屏，屏幕下方五个按键为软功能按键，根据具体显示的内容可以进行不同的操作。右半部分为系统操作按键，包括程序编辑按键和功能按键两个部分。程序编辑可以输入程序并对程序进行删除、插入等操作；功能按键可以实现位置的显示、参数的设定等操作。

图 5—9　系统操作面板

表 5—5 列出了程序编辑按钮各个按键的功能。

表 5—5　　程序编辑按钮各个按键的功能

图标	名称	功能
	页面键	用于显示屏幕向前翻一页或后翻一页
	光标键	光标向上或向下移动键
	复位键	按复位键可以 CNC 复位，用以消除报警
	输入键	当按下地址键或数字后，键入的数据还在缓冲器，只在屏幕上显示。按输入键，这些数据才读入寄存器
	取消键	按取消键从最后一个字符往前删除键入缓存器的数据

续前表

图标	名称	功能
	编辑键	（编辑键）此三键可以在输入的时候执行替换、插入、删除的编辑操作
	上档键	有些地址键包含有 2 种字符，按上档键来选择。屏幕上出现一个“^”符号时，可以输入键右下角的字符
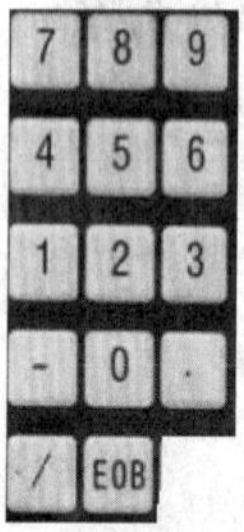	数字键	可以输入数字及标点符号。按 EOB 可以输入“;”号
	地址键	按地址键可以输入字母，符号等。实现程序的输入及编辑

功能按键用来选择显示不同种类的屏幕，表 5—6 列出了各功能按键的作用。

表 5—6　　功能按键的作用

按键	操作	作用
	按 1 次	当前位置显示
	按 1 次	设定数据的显示内容
	按 2 次	用户宏程序变数的显示和设定
	按 3 次	菜单开关的显示和设定
	按 1 次	显示程序内容
	按 2 次	显示程序目录（程序编号一览表）
	按 3 次	在编辑方式下显示程序内容；在其他方式下显示正在执行或已经执行过的程序段和下续程序段
	按 1 次	NC 参数的显示和设定
	按 2 次	PLC 参数的显示和设定

续前表

按键	操作	作用
偏置 OFT	按 1 次	偏移量的显示和设定
	按 2 次	工件坐标中工件原点坐标偏移量的显示和设定
报警 ALM	按 1 次	显示 NC 报警信息内容
	按 2 次	显示外部信息
命令 COM	按 1 次	显示指令值和由 MDI 输入的指令
	按 2 次	显示程序再启动的信息
诊断 DGN	按 1 次	显示系统诊断数据
	按 2 次	显示刀具寿命管理的信息

3. 操作注意事项

（1）操作数控铣床时应确保安全，包括人身和设备的安全。

（2）禁止多人同时操作机床。

（3）禁止让机床在同一方向连续“超程”。

（4）回零相关注意事项：

1）开机后对刀前要回零。

2）加工操作过程中遇到超程报警或急停，待故障排除后要重新回零，不用重新对刀。

3）对好刀后（加工操作过程中），机床断电，再次接通机床电源后要回零，不用重新对刀。

4）回零时要先回 Z 轴，然后再回 X、Y 轴，必须等三坐标回零指示灯都亮后再进行其他操作。

5）回零前要让机床三坐标轴位置距离零点位置远一些，否则会回零不到位，会出现超程报警。

【拓展与练习】

（1）与所见过的机床面板做比较，看各种系统控制面板的异同。

（2）数控机床控制面板上的红色按钮有几个？各有什么功能？

（3）按下主轴正转按键，仔细观察主轴的旋转方向（顺时针或逆时针）。

任务 3　数控铣削刀具的选用

【任务描述】

本任务通过对数控铣床常用刀具的学习，学会加工不同零件时使用相应的刀具，并知道合理使用刀具。

【任务分析】

美、德、日等世界制造业发达的国家无一例外都是刀具工业先进的国家。先进刀具不但是推动制造技术发展进步的重要动力，还是提高产品质量、降低加工成本的重要手段。刀具与机床一直是互相制约又相互促进的。今天先进的数控机床已经成为现代制造业的主要装备，它与同步发展起来的先进刀具一起共同推动了加工技术的进步，使制造技术进入了数控加工的新时代。通过本任务的学习，学生应能掌握正确选用数控刀具所必备的基础知识。

【任务实施】

1. 立铣刀的刃磨

（1）首先将刀刃端与垂直于轴线磨平。

（2）砂轮要打磨好，以每一刃的尖为基准，以保留刃尖为原则，修磨前、后角、副后角及刃偏角。

（3）完成后找一平台，将铣刀立起来，如果轴线垂直，所有刀刃尖都能对齐，刀刃的偏角对中均匀。

2. 认识与观察各种数控铣刀，了解其作用

3. 每位同学进行一次刀具的装卸

4. 注意事项

（1）现场参观数控刀具时要注意安全。

（2）刀具要小心轻放，避免损坏。

【知识储备】

1. 数控铣刀的分类

（1）按制造铣刀所用的材料分。

1）高速钢刀具。

高速钢（HSS）刀具过去曾经是切削工具的主流，随着数控机床等现代制造设备的广泛应用，大力开发了各种涂层和不涂层的高性能、高效率的高速钢刀具，高速钢凭借其在强度、韧性、热硬性及工艺性等方面优良的综合性能，在切削某些难加工材料以及在复杂刀具，特别是切齿刀具、拉刀和立铣刀制造中仍有较大的比重。但经过市场探索一些高端产品逐步已被硬质合金工具代替。

2）硬质合金刀具。

硬质合金是用高硬度、难熔的金属碳化物（WC、TiC 等）和金属黏结剂（C。、Ni 等）在高温条件下烧结而成的粉末冶金制品。硬质合金的常温硬度达 HRA89～93，760℃时其硬度为 HRA77～85，在 800℃～1 000℃时硬质合金还能进行切削，刀具寿命比高速钢刀具高几倍到几十倍，可加工包括淬硬钢在内的多种材料。但硬质合金的强度和韧性比高速钢差，常温下的冲击韧性仅为高速钢的 1/30～1/8，因此，硬质合金承受切削振动和冲击的能力较差。硬质合金是最常用的刀具材料之一，常用于制造车刀和面铣刀，也可用硬质合金制造深孔钻、铰刀、拉刀和滚刀。尺寸较小和形状复杂的刀具，可采用整体硬质合金制造，但整体硬质合金刀具成本高，其价格是高速钢刀具的 8～10 倍。ISO（国际标准化组织）把切削用硬质合金分为三类：P 类、K 类和 M 类。P 类（相当于我国 YT 类）硬质合金由 WC、TiC 和 Co 组成，也称钨钛钴类硬质合金，这类合金主要用于加工钢料。

常用牌号有 YT5（TiC 的质量分数为 5%）、YT15（TiC 的质量分数为 15%）等，随着 TiC 质量分数的提高，钴质量分数相应减少，硬度及耐磨性增高，抗弯强度下降，此类硬质合金不宜加工不锈钢和钛合金。K 类（相当于我国 YG 类）硬质合金由 WC 和 Co 组成，也称钨钴类硬质合金，这类合金主要用来加工铸铁、有色金属及其合金。常用牌号有 YG6（钴的质量分数为 6%）、YG8（钴的质量分数为 8%）等，随着钴质量分数增多，硬度和耐磨性下降，抗弯强度和韧性增高。M 类（相当于我国 YW 类）硬质合金是在 WC、TiC、Co 的基础上再加入 TaC（或 NbC）而成，加入 TaC（或 NbC）后，改善了硬质合金的综合性能。这类硬质合金既可以加工铸铁和有色金属，又可以加工钢料，还可以加工高温合金和不锈钢等难加工材料，有通用硬质合金之称，常用牌号有 YW1 和 YW2 等。

3）陶瓷刀具。

与硬质合金相比，陶瓷材料具有更高的硬度、红硬性和耐磨性。因此，加工钢材时，陶瓷刀具的耐用度为硬质合金刀具的 10～20 倍，其红硬性比硬质合金高 2～6 倍，且化学稳定性、抗氧化能力等均优于硬质合金。陶瓷材料的缺点是脆性大、横向断裂强度低、承受冲击载荷能力差，这也是近几十年来人们不断地对其进行改进的重点。

陶瓷刀具材料可分为三大类：第一，氧化铝基陶瓷。通常是在 Al_2O_3 基体材料中加入 TiC、WC、ZiC、TaC、ZrO_2 等成分，经热压制成复合陶瓷刀具，其硬度可达 HRC93～95，为提高韧性，常添加少量 Co、Ni 等金属。第二，氮化硅基陶瓷。常用的氮化硅基陶瓷为 Si_3N_4＋TiC＋Co 复合陶瓷，其韧性高于氧化铝基陶瓷，硬度则与之相当。第三，氮化硅—氧化铝复合陶瓷。又称为赛阿龙（Sialon）陶瓷，其化学成分为 77%Si_3N_4＋13%Al_2O_3，硬度可达 1 800HV，抗弯强度可达 1.20GPa，最适合切削高温合金和铸铁。

4）超硬刀具。

人造金刚石、立方氮化硼（CBN）等具有高硬度的材料统称为超硬材料。超硬刀具主要是以金刚石和立方氮化硼为材料制作的刀具，其中以人造金刚石复合片（PCD）刀具及立方氮化硼复合片（PCBN）刀具占主导地位。许多切削加工概念，如绿色加工、以车代磨、以铣代磨、硬态加工、高速切削、干式切削等都因超硬刀具的应用而起，故超硬刀具已成为切削加工中不可缺少的重要手段。

金刚石是世界上已知的最硬物质，并具有高导热性、高绝缘性、高化学稳定性、高温半导体特性等多种优良性能，可用于铝、铜等有色金属及其合金的精密加工，特别适合加工非金属硬脆材料。1955 年，美国 GE 公司采用高温高压法成功合成了人造金刚石，1966 年又研制出人造聚晶金刚石复合片，自此人造金刚石作为一类新型刀具材料得到迅速发展。但由于金刚石中的碳在高温下易与铁元素作用而迅速溶解，因此金刚石刀具不适合加工铁基合金，从而大大限制了金刚石在金属切削加工中的应用。

立方氮化硼（CBN）是硬度仅次于金刚石的超硬材料。虽然 CBN 的硬度低于金刚石，但其氧化温度高达 1 360℃，且与铁磁类材料具有较低的亲和性。因此，虽然目前 CBN 还是以烧结体形式进行制备，但仍是适合钢类材料切削、具有高耐磨性的优良刀具材料。由于 CBN 具有高硬度、高热稳定性、高化学稳定性等优异性能，因此特别适合加工高硬度、高韧性的难加工金属材料。如采用 CBN 可转位刀片干式精车淬硬齿轮，每个齿轮的加工成本可降低 60%；采用配装球形 CBN 刀片的立铣刀精铣大型硬质磨具，磨削时间可比传统工艺减少 80%。CBN 材料的不足之处是韧性较差的问题尚待解决。

（2）按铣刀结构形式不同分。

1）整体式：将刀具和刀柄制成一体。如钻头、立铣刀等。

2）镶嵌式：可分为焊接式和机夹式。

3）减振式：当刀具的工作臂长与直径之比较大时，为了减少刀具的振动，提高加工精度，多采用此类刀具。

4）内冷式：切削液通过刀体内部由喷孔喷射到刀具的切削刃部。

5）特殊型式：如复合刀具、可逆攻螺纹刀具等。

2. 数控铣刀的选择及应用

被加工零件的几何形状是选择刀具类型的主要依据。

（1）加工曲面类零件时，为了保证刀具切削刃与加工轮廓在切削点相切，而避免刀刃与工件轮廓发生干涉，一般采用球头铣刀（见图 5—10），粗加工用两刃铣刀，半精加工和精加工用四刃铣刀。

（2）铣较大平面时，为了提高生产效率和提高加工表面粗糙度，一般采用刀片镶嵌式盘形铣刀，如图 5—11 所示。

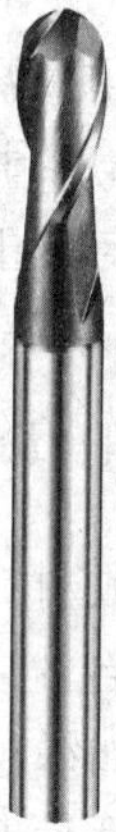

图 5—10　球头铣刀

图 5—11　盘形铣刀

（3）铣小平面或台阶面时一般采用通用铣刀，如图 5—12 所示。

（4）铣键槽时，为了保证槽的尺寸精度，一般用两刃键槽铣刀，如图 5—13 所示。

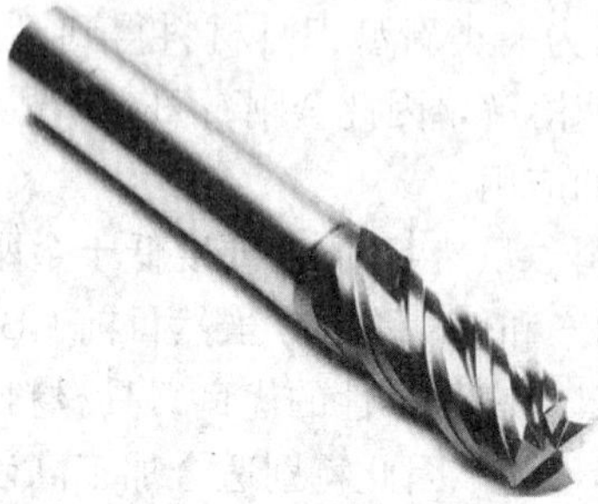

图 5—12　通用铣刀

图 5—13　两刃键槽铣刀

（5）孔加工时，可采用钻头、镗刀、铰刀等孔加工类刀具，如图 5—14 所示。

(a) 钻头

(b) 镗刀

图 5—14　孔加工刀具

3. 数控机床刀柄选择编辑

（1）刀柄结构形式。

数控机床刀具刀柄的结构形式分为整体式与模块式两种。整体式刀柄其装夹刀具的工作部分与它在机床上安装定位用的柄部是一体的。这种刀柄对机床与零件的变换适应能力较差。为适应零件与机床的变换，用户必须储备各种规格的刀柄，因此刀柄的利用率较低。模块式刀具系统是一种较先进的刀具系统，其每把刀柄都可通过各种系列化的模块组装而成。针对不同的加工零件和使用机床，采取不同的组装方案，可获得多种刀柄系列，从而提高刀柄的适应能力和利用率。

刀柄结构形式的选择应兼顾技术先进与经济合理：第一，对一些长期反复使用、不需要拼装的简单刀具以配备整体式刀柄为宜，使工具刚性好，价格便宜（如加工零件外轮廓用的立铣刀刀柄、弹簧夹头刀柄及钻夹头刀柄等）；第二，在加工孔径、孔深经常变化的多品种、小批量零件时，宜选用模块式刀柄，以取代大量整体式镗刀柄，降低加工成本；第三，对数控机床较多尤其是机床主轴端部、换刀机械手各不相同时，宜选用模块式刀柄。由于各机床所用的中间模块（接杆）和工作模块（装刀模块）都可通用，可大大减少设备投资，提高工具利用率。

（2）刀柄规格。

数控刀具刀柄多数采用 7∶24 圆锥工具刀柄，并采用相应型式的拉钉拉紧结构与机床主轴相配合。刀柄有各种规格，常用的有 40 号、45 号和 50 号。目前在我国应用较为广泛的有 ISO7388—1983、GB 10944—1989、MAS403—1982、ANSI/ASME B5.50—1985 等，选择时应考虑刀柄规格与机床主轴、机械手相适应。

（3）刀柄的规格数量。

整体式的 TSG 工具系统包括 20 种刀柄，其规格数量多达数百种，用户可根据所加工的典型零件的数控加工工艺来选取刀柄的品种规格，既可满足加工要求又不致造成积压。考虑到数控机床工作的同时还有一定数量的刀柄处于预调或刀具修磨中，因此通常刀柄的配置数量是所需刀柄的 2～3 倍。

（4）刀具与刀柄的配套。

关注刀柄与刀具的匹配，尤其是在选用攻螺纹刀柄时，要注意配用的丝锥传动方头尺寸。此外，数控机床上选用单刃镗孔刀具可避免退刀时划伤工件，但应注意刀尖相对于刀柄上键槽的位置方向：有的机床要求与键槽方位一致，而有的机床则要求与键槽方位垂直。

【拓展与练习】

（1）常用的数控刀具的材料有哪些？
（2）在实际加工中，如何选择数控铣刀？

任务 4　数控铣削编程基础（一）

【任务描述】

通过本任务的学习，了解数控编程的方法、步骤，掌握数控铣床的坐标系。分析图 5—15 所示零件，将各基点坐标值填入表 5—6 中。

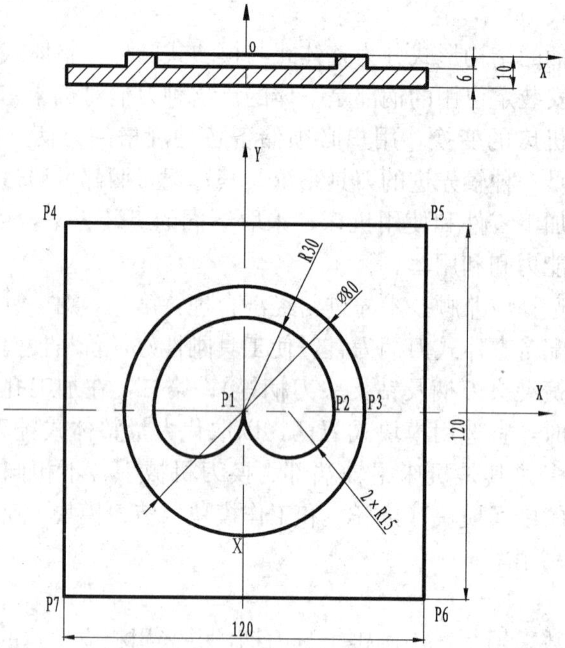

图 5—15　零件图

【任务分析】

编写程序前需先建立工件坐标系，然后计算各个关键点的坐标值。此零件外形为正方形，中间凸起部分为一圆台，凸台内部为圆弧组成的凹槽。本任务的目的是让学生掌握工件坐标的建立和熟悉点的计算方法。

【任务实施】

根据图 5—15 所示零件图，将点 $P1$～$P7$ 填入表 5—7 中。

表 5—7　各点坐标值

点	绝对坐标值（所有点相对于工件原点）			
	X 坐标	Y 坐标	Z 坐标	教师评分
P1				
P2				
P3				
P4				
P5				
P6				
P7				

【知识储备】

1. 数控编程

(1) 数控编程的概念。

在数控机床上加工零件，首先要进行程序编制，将零件的加工顺序、工件与刀具相对运动轨迹的尺寸数据、工艺参数（主运动和进给运动速度、切削深度等）以及辅助操作等加工信息，用规定的文字、数字、符号组成的代码，按一定的格式编写成加工程序单，并将程序单的信息通过控制介质输入到数控装置，由数控装置控制机床进行自动加工。从零件图纸到编制零件加工程序和制作控制介质的全部过程称为数控程序编制。

(2) 数控编程的方法。

1）手工编程。

手工编程时，整个程序的编制过程由人工完成。这就要求编程人员不仅熟悉数控代码及编程规则，而且必须具备机械加工工艺知识和一定的数值计算能力。手工编程对简单零件通常是可以胜任的，但对于一些形状复杂的零件或空间曲面零件，编程工作量十分巨大，计算烦琐，花费时间长，而且非常容易出错。不过，根据目前生产实际情况，手工编程在相当长的时间内还会是一种行之有效的编程方法。手工编程具有很强的技巧性，并有其自身特点和一些应该注意的问题。

2）自动编程。

自动编程是指编程人员只需根据零件图样的要求，按照某个自动编程系统的规定，编写一个零件源程序，输入编程计算机，再由计算机自动进行程序编制，并打印程序清单和制备控制介质。自动编程既可以减轻劳动强度，缩短编程时间，又可减少差错，使编程工作简便。

目前，实际生产中应用较广泛的自动编程系统由数控语言编程系统和图形编程系统。数控语言编程系统最主要的是美国的 APT（Automatically Programmed Tools，自动化编程工具），它是一种发展最早、容量最大、功能全面又成熟的数控编程语言，能用于点位、连续控制系统以及 2～5 坐标数控机床，可以加工极为复杂的空间曲面。数控图形编程系统是利用图形输入装置直接向计算机输入被加工零件的图形，无须再对图形信息进行转换，大大减少了人为错误，比语言编程系统具有更多的优越性和广泛的适应性，提高了编程的效率和质量。另外，由于 CAD（Computer Aided Design）的结果是图形，故可利用 CAD 系统的信息生成 NC（Numerical Control）程序单。所以，它能实现 CAD/CAM（Computer Aided Manufacturing）的集成化。正因为图形编程的这些优点，现在乃至将来一段时间内，它是自动编程的发展方向，必将在自动编程方面占主导地位。目前，生产实际中应用较多的商品化的 CAD/CAM 系统主要有国外引进的 UnigraphicsⅡ、Pro/Engineer、CATIA、Solidworks、Mastercam、SDRC/I-DEAS、DELCAM 等，技术较为成熟的国产 CAD/CAM 系统是北航海尔的 CAXA。在机械制造方面，CAD/CAM 系统的内容一般包含：二维绘图，三维线架、曲面、实体建模，真实感显示，特征设计，有限元前后置处理，运动机构造型，几何特性计算，数控加工和测量编程，工艺过程设计，装配设计，钣金件展引和排样，加工尺寸精度控制，过程仿真和干涉检查，工程数据管理等。其中，对产品模型进行计算机辅助分析，包括运动学及动力学分析与仿真（Kinematics & Dynamics）、有限元分析与仿真 FEA（Finite Element Analysis）、优化设计 OPT，又称为计算机辅助工程 CAE（Computer Aided Engineering）。

综上所述，对于几何形状不太复杂的零件和点位加工，所需的加工程序不多，计算也较简单，出错的机会较少，这时用手工编程还是经济省时的，因此，至今仍广泛地应用手工编程方法来编制这类零件的加工程序。但是对于复杂曲面零件，几何元素并不复杂、但程序量很大的零件（如一个零件上有数千个孔），以及铣削轮廓时数控装置不具备刀具半径自动偏移功能、而只能按刀具中心轨迹进行编程等情况。由于计算相当烦琐及程序量大，手工编程就很难胜任，即使能够编出来，也耗时长，效率低，易出错。据国外统计，用手工编程时，一个零件的编程时间与在机床上实际加工时间之比，平均约为 30∶1。数控机床不能开动的原因中有 20%～30%是由于加工程序不能及时编制出来而造成的，因此，必须要求编程自动化。

（3）数控编程的步骤。

数控编程的一般步骤如图 5—16 所示。

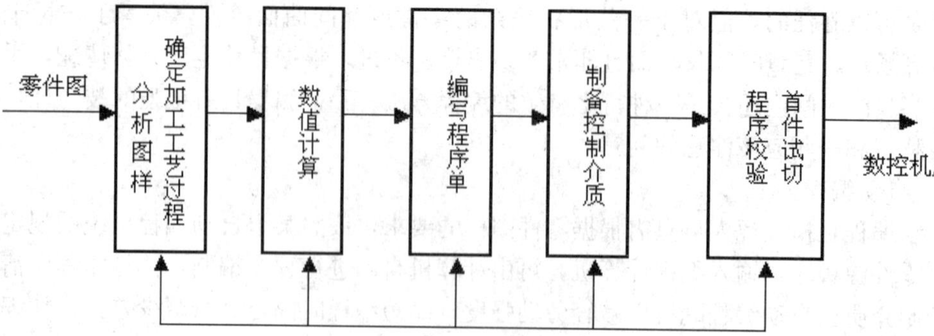

图 5—16　数控编程的步骤

1）分析图样、确定加工工艺过程。在确定加工工艺过程时，编程人员要根据图样对工件的形状、尺寸、技术要求进行分析，然后选择加工方案、确定加工顺序、加工路线、装卡方式、刀具及切削参数，同时还要考虑所用数控机床的指令功能，充分发挥机床的效能，加工路线要短，要正确选择对刀点、换刀点，减少换刀次数。

2）数值计算。根据零件图的几何尺寸、确定的工艺路线及设定的坐标系，计算零件粗、精加工各运动轨迹，得到刀位数据。对于形状比较简单的零件（如直线和圆弧组成的零件）的轮廓加工，需要计算出几何元素的起点、终点、圆弧的圆心、两几何元素的交点或切点的坐标值，有的还要计算刀具中心的运动轨迹坐标值。对于形状比较复杂的零件（如非圆曲线、曲面组成的零件），需要用直线段或圆弧段逼近，根据要求的精度计算出其节点坐标值，这种情况一般要用计算机来完成数值计算的工作。

3）编写零件加工程序单。加工路线、工艺参数及刀位数据确定以后，编程人员可以根据数控系统规定的功能指令代码及程序段格式，逐段编写加工程序单。此外，还应填写有关的工艺文件，如数控加工工序卡片、数控刀具卡片、数控刀具明细表、工件安装和零点设定卡片、数控加工程序单等。

4）制备控制介质。制备控制介质就是把编制好的程序单上的内容记录在控制介质（穿孔带、磁带、磁盘等）上作为数控装置的输入信息。目前，随着计算机网络技术的发展，可直接由计算机通过网络与机床数控系统通信。

5）程序校验与首件试切。程序单和制备好的控制介质必须经过校验和试切才能正式使用。校验的方法是直接将控制介质上的内容输入到数控装置中，让机床空运转，以检查机床的运动轨迹是否正确，还可以在数控机床的显示器上模拟刀具与工件切削过程的方法进行检验，但这些方法只能检验出运动是否正确，不能查出被加工零件的加工精度。因此有必要进行零件的首件试切。当发现有加工误差时，应分析误差产生的原因，找出问题所在，加以修正。所以作为一名编程人员，不但要熟练数控机床的结构、数控系统的功能及标准，而且必须是一名好的工艺人员，要熟悉零件的加工工艺、装夹方法、刀具、切削用量的选择等方面的知识。

2. 数控铣床坐标系

规定数控机床坐标轴和运动方向，是为了准确地描述机床运动，简化程序的编制，并使所编程序具有互换性。国际标准化组织目前已经统一了标准坐标系，我国也颁布了相应的标准（JB 3051—82），对数控机床的坐标和运动方向作了明文规定。

（1）数控铣床坐标系建立的原则。

1）刀具相对静止而工件运动。

2）标准坐标系是一个右手笛卡尔直角坐标系。在图 5—17 中，大拇指的方向为 X 轴的正方向，食指为 Y 轴的正方向，中指为 Z 轴正方向。

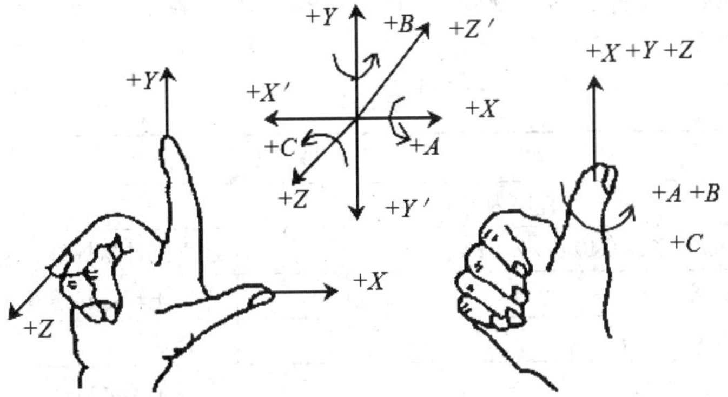

图 5—17　坐标轴的判定方法

（2）数控铣床的坐标系。

1）机床坐标系和机床原点。

机床坐标系是机床上固有的坐标系。机床坐标系的原点也称为机床原点或机床零点，在机床经过设计制造和调整后这个原点便被确定下来，它是固定的点。

在标准中，规定平行于机床主轴（传递切削力）的刀具运动坐标轴为 Z 轴，取刀具远离工件的方向为正方向。如果机床有多个主轴时，则选一个垂直于工件装夹面的主轴为 Z 轴。X 轴为水平方向，且垂直于 Z 轴并平行于工件的装夹面。对于刀具做旋转运动的机床（如铣床、镗床），当 Z 轴为水平时，沿刀具主轴后端向工件方向看，向右的方向为 X 的正方向；如 Z 轴是垂直的，则从主轴向立柱看时，对于单立柱机床，X 轴的正方向指向右边。上述正方向都是刀具相对工件运动而言。在确定了 X、Z 轴的正方向后，可按右手直角笛卡尔坐标系确定 Y 轴的正方向，即在 $Z-X$ 平面内，从 $+Z$ 转到 $+X$ 时，右螺旋应沿 $+Y$ 方向前进。

2）工件坐标系。

工件坐标系是编程人员在编程时使用的，编程人员选择工件上的某一已知点为原点称编程原点或工件原点。工件坐标系一旦建立便一直有效，直到被新的工件坐标系所取代。

工件坐标系的原点选择要尽量满足编程简单、尺寸换算少、引起的加工误差小等条件，一般情况下以坐标式尺寸标注的零件，编程原点应选在尺寸标注的基准点；对称零件或以同心圆为主的零件，编程原点应选在对称中心线或圆心上；Z 轴的程序原点通常选在工件的上表面。

【拓展与练习】

（1）简述数控铣床的坐标系及其方向是如何确定的。

（2）简述机床坐标系与工件坐标系的区别。

任务 5　数控铣削编程基础（二）

【任务描述】

请根据表 5—8 中文件名为“O0001”的程序单，填写表 5—9 中与程序结构相关的各项内容。

表 5—8　程序单

程序号	O0001	
程序段号	程序内容	程序说明
N10	G54 G90 G17 G40 G0 Z50；	建立工件坐标系，绝对编程
N20	M03 S800；	主轴正转，转速 800r/min
N30	G0 X50 Y-50；	刀具定位
N40	G1Z-2F150；	下刀至 2mm 深
N50	G1 X-50 Y-50；	直线插补至（－50，－50）

续前表

程序段号	程序内容	程序说明
N60	G1 X-50 Y50；	直线插补至（－50，50）
N70	G1 X50 Y50；	直线插补至（50，50）
N80	G1 X50 Y-50；	直线插补至（50，－50）
N90	G1 X-52 Y-50；	退刀
N100	G00 Z100；	升至安全高度 100mm
N120	M05；	主轴停止
N130	M30；	程序结束

【任务分析】

一个完整的程序由程序号、程序内容和程序结束三部分组成。数控铣削编程有规范的格式和指定的代码。本任务通过程序的阅读和知识的学习，学会规范的编写数控加工程序。

【任务实施】

1. 填写表 5—9 的内容

表 5—9 **任务实施表**

序号	项目	内容	教师评价
1	该程序的文件名		
2	该程序的程序号		
3	该程序包含几个程序段		
4	程序段“G54 G90 G17 G40 G0 Z50”包含几个指令		
5	程序段“G1 X50 Y50”包含几个尺寸字		
6	该程序的结束符是什么		

2. 在实训指导教师的指导下，在机床上输入表 5—7 中程序并执行单段空运行，观察走刀路径与图形显示

【知识储备】

1. 数控编程格式

国际上已形成了两个通用标准：国际标准化组织（ISO）标准和美国电子工业学会（EIA）标准。我国根据 ISO 标准制定了 JB 3051—82《数字控制机床坐标和运动方向的命名》等国标。由于生产厂家使用标准不完全统一，使用代码、指令含义也不完全相同，因此需参照机床编程手册。

（1）数控程序的结构。

（2）一个完整的数控程序是由程序号、程序内容和程序结束三部分组成。

例如：

O0029；…………………………………………………… 程序号

N10 G15 G17 G21 G40 G49 G80；
N20 G91 G28 Z0；
N30T1 M6；
N40 G90 G54 S500 M03；
……
……
……
…… 程序内容

N100 M30；……………………………………………………程序结束

1）程序号。程序号是一个程序必需的标识符，它是由地址符后带若干位数字组成。地址符常见的有："%"、"O"、"P"等。我国自主研发的数控系统——广州数控（GSK983M）用字母"O"，后面所带的数字一般为4～8位，如O2000。

2）程序内容。它表示数控加工要完成的全部动作，是整个程序的核心。它由许多程序段组成，每个程序段由一个或多个指令构成，程序段以"；"为结束符。

3）程序结束。它是以程序结束指令M02或M30，结束整个程序的运行。

（3）程序段格式。

零件的加工程序是由程序段组成。程序段格式是指一个程序段中，字、字符、数据的书写规则，通常有字—地址程序段格式、使用分隔符的程序段格式和固定程序段格式，最常用的为字—地址程序段格式。

一个程序段由若干个"字"组成；字则由地址字（字母）和数值字（数字及符号）组成。地址字有N、G、X、Y、Z、I、J、K、P、Q、R、A、B、C、F、S、T、M、L等，后面跟相应的数值字。

表示地址的英文字母的含义见表5—10。

表5—10　　地址字符含义

地址	功能	含义	地址	功能	含义
A	坐标字	绕 X 轴旋转	N	顺序号	程序段顺序号
B	坐标字	绕 Y 轴旋转	O	程序号	程序号、子程序的指定
C	坐标字	绕 Z 轴旋转	P		暂停时间或程序中某功能的开始使用的顺序号
D	刀具半径补偿号	刀具半径补偿指令	Q		固定循环终止段号或固定循环中的定距
E		第二进给功能	R	坐标字	固定循环定距离或圆弧半径的指定
F	进给速度	进给速度指令	S	主轴功能	主轴转速的指令
G	准备功能	动作方式指令	T	刀具功能	刀具编号的指令
H	刀具长度补偿号	刀具长度补偿指令	U	坐标字	与 X 轴平行的附加轴增量坐标值

续前表

地址	功能	含义	地址	功能	含义
I	坐标字	圆弧中心相对于起点的 X 轴向坐标	V	坐标字	与 Y 轴平行的附加轴增量坐标值
J	坐标字	圆弧中心相对于起点的 Y 轴向坐标	W	坐标字	与 Z 轴平行的附加轴增量坐标值
K	坐标字	圆弧中心相对于起点的 Z 轴向坐标	X	坐标字	X 轴的绝对坐标值或暂停时间
L	重复次数	固定循环及子程序重复次数	Y	坐标字	Y 轴的绝对坐标值
M	辅助功能	机床开/关指令	Z	坐标字	Z 轴的绝对坐标值

2. F、S、T 功能

(1) 进给功能 F。

F 指令用于控制刀具的进给功能。F 的单位取决于 G94（每分钟进给量 mm/min）或 G95（每转进给量 mm/r）。进给功能有两种：

1) 快速移动。

当指定定位指令 G00 时，刀具以 CNC 设置的快速移动速度移动，与 F 无关。

2) 进给速度。

刀具以程序中编制的切削进给速度 V_f 移动，V_f 可通过下面公式求得：

$$V_f = f \times n = f_z \times z \times n$$

式中：f_z——每齿进给量；

f——每转进给量；

z——齿数；

n——主轴转速。

F 指令是模态指令。当工作在 G01、G02 或 G03 方式下时，F 将一直有效直到被新的 F 值取代。借助操作面板上的倍率开关，F 可在一定范围内进行倍率调节。

(2) 主轴功能 S。

主轴功能 S 控制主轴转速，是由地址码 S 和在其后面的若干数字组成，单位为转/分钟（r/min）；S 是模态指令，S 功能只有在主轴速度可调节时有效。主轴转速 n 可通过下面公式求得：

$$n = \frac{1\,000 V_c}{\pi D}$$

式中：V_c——切削速度，单位 mm/min；

D——刀具直径，单位 mm。

1) 恒线速度控制（G96）。当数控机床的主轴为伺服主轴时，可以通过指令 G96 来设定恒线速度控制。系统执行 G96 指令后，便认为用 S 指定的数值表示切削速度。例如 G96 S200，表示切削速度为 200m/min。

2) 主轴转速控制（G97）。G97 是取消恒线速度控制指令。编程 G97 后，S 指定的数值表示主轴每分钟的转速。例如 G97 S1 200，表示主轴转速为 1 200r/min。

（3）刀具功能 T。

T 代码用于选择刀具，其后的数值表示选择的刀具号。T 代码与刀具的关系是由机床制造厂规定的。在加工中心上执行 T 指令时，刀库首先转动，选择所需的刀具，然后等待直到 M06 指令作用时自动完成换刀。T 指令同时调入刀补寄存器中的刀补值（刀具半径补长和刀具长度补偿）。T 指令为非模态指令，但被调用的刀补值一直有效到再次换刀调入新的刀补值。

3. 准备功能（G 功能）

数控机床的运动是由程序控制的，而准备功能是程序段的基本组成部分。目前国际上广泛应用的是 ISO 标准，我国根据 ISO 标准制定了 JB 3208—83《数控机床的准备功能 G 和辅助功能的代码》。使机床做某种操作的指令。用地址 G 和两位数字表示，从 G00—G99 共 100 种。数控铣削及加工中心编程常用准备功能指令，如表 5—11 所示。

表 5—11　　JB 3208—83 准备功能 G 代码

指令代码	功能	模态	组别	指令代码	功能	模态	组别
G00	快速点定位	*	01	G41	刀具半径左补偿	*	07
G01	直线插补	*	01	G42	刀具半径右补偿	*	07
G02	顺时针圆弧插补	*	01	G43	刀具长度正补偿	*	07
G03	逆时针圆弧插补	*	01	G44	刀具长度负补偿	*	07
G04	进给暂停		00	G49	刀具长度补偿取消	*	07
G09	准确停止			G50	比例缩放取消		
G15	极坐标指令取消	*		G51	比例缩放		
G16	极坐标指令	*		G52	局部坐标系		
G17	XY 平面选择	*	02	G53	机床坐标系		
G18	ZX 平面选择	*	02	G54—G59	工件坐标系		
G19	YZ 平面选择	*	02	G68	坐标系旋转		
G20	英制输入	*		G69	坐标系旋转取消		
G21	公制输入	*		G73、G74、G76、	固定循环指令		
G28	自动返回原点		00	G80	固定循环取消		
G29	从参考点返回		00	G81—G89	固定循环指令		
G33	螺纹切削	*		G90	绝对指令编程		
G40	刀具半径补偿取消	*	07	G91	增量指令编程		
G92	工件坐标系变更			G97	取消恒线速度指令		
G94	每分钟进给			G98	返回初始平面		
G95	主轴每转进给			G99	返回安全平面		
G96	恒线速度指令						

注：G 功能按组别可分为两大类。属于 00 组别的为非续效指令（非模态指令），即该指令的功能只在该程序段执行时有效。非 00 组别为续效指令（模态指令），即该指令不仅在该程序段有效，在后续程序段依然有效直到被同一组别的指令取代为止。不同组别的 G 功能可以在同一程序段中使用，但若同一组别在同一程序段中出现两个或两个以上时，则最后面的 G 功能有效。

（1）非模态G功能：只在所规定的程序段中有效，程序段结束时被注销。

例：N10 G04 P10.0；（延时10s）

N11 G91 G00 X-10.0 F200；（X负向移动10mm）

注解：N10程序段中G04是非模态G代码，不影响N11程序段的移动。

（2）模态G功能：一组可相互注销的G功能，这些功能一旦被执行，则一直有效，直到被同一组的G功能注销为止。

例：N15 G91 G01 X-10.0 F200；

N16 Y10.0；（G91，G01仍然有效）

N17 G03 X20 Y20 R20。（G03有效，G01无效）

4. 辅助功能M代码

控制机床及其辅助装置的通断的指令。用地址M和二位数字表示，从M00—M99共有100种，数控铣削及加工中心编程常用辅助功能指令，如表5—12所列。

表5—12　　JB 3208—83准备功能M代码

指令代码	功能	指令代码	功能
M00	程序停止	M06	更换刀具
M01	程序有条件停止	M08	冷却液开
M02	程序结束	M09	冷却液关
M03	主轴顺时针方向	M30	程序结束并返回起点
M04	主轴逆时针方向	M98	子程序调用
M05	主轴停止	M99	子程序返回

（1）CNC内定的辅助功能。

1）M00：程序暂停指令。

当CNC执行到M00指令时，将暂停执行当前程序，以方便操作者进行刀具和工件的尺寸测量、手动变速等操作。暂停时，机床的进给停止，而全部现存的模态信息保持不变，若要继续执行后续程序，需按机床控制面板上"循环启动"键方可进行。

2）M02：程序结束指令。

当CNC执行到M02指令时，机床主轴的转动，进给和冷却液全部停止，加工结束。

M02一般放在主程序的最后一个程序段中。

3）M30：程序结束并返回零件程序起点。

M30与M02指令功能基本相同，只是M30指令执行之后会返回到程序的开始，当按"循环启动"后，程序会重新执行一次。

4）子程序调用指令M98和子程序返回指令M99。

调用子程序指令M98使用格式如下：

M98 P ×××× L ××××；

其中，P：被调用的子程序序号；

L：重复调用次数。

（2）PLC 设定的辅助功能。

1）主轴控制指令 M03、M04、M05；

2）冷却液打开、停止指令 M08、M09。

【拓展与练习】

试着编写图 5—18 所示零件的加工程序，并在实训指导教师的指导下输入机床进行验证。

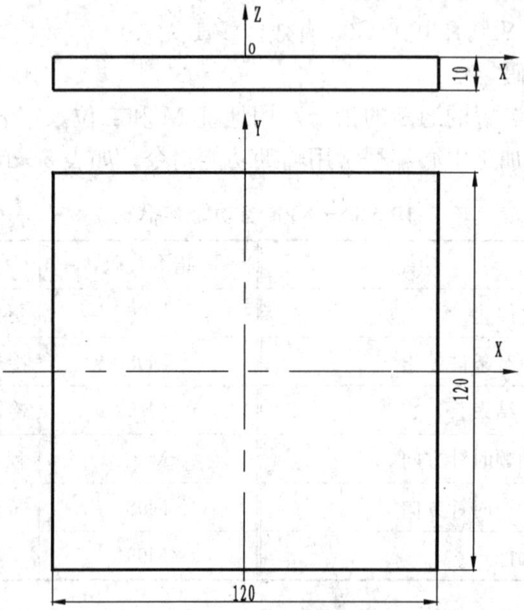

图 5—18　练习题

任务 6　数控铣床的对刀

【任务描述】

提供一个四方形零件（工件大小不限）。工件坐标系原点设在零件上表面，用分中法完成零件的对刀操作。

【任务分析】

对刀是数控加工中的主要操作和重要技能。对刀的准确性决定了零件的加工精度，同时对刀效率还直接影响数控加工效率。

不同的数控机床其对刀方法是不一样的，但原理及目的是相同的，即通过对刀操作来确定随编程而变化的工件坐标系的程序原点在唯一的机床坐标系中的位置。常用的对刀方法有两种：分中法和单边对刀法。

【任务实施】

1. 将 60mm×60mm×30mm 的毛坯料安装在平口钳上，夹紧并找正，夹持厚度约 20mm

2. 测量工件坐标系

（1）手动将刀具安装到主轴上。

（2）启动主轴：在 DNC 方式下连续按“命令”两次，输入“M03”按“输入”，再输入“S800”按“输入”。按“循环启动”启动主轴正转。

（3）进入“手动”方式，把屏幕切换到相对指令位置显示状态。

（4）测量 *X* 轴的坐标。

1）先找 *X* 轴一边，即将旋转的刀具轻微接触工件的一侧面。找好后相对坐标 *X* 数值清零。

2）同样方法再找另一边，记下此时屏幕显示的 *X* 坐标值，将 *X* 坐标值除以 2。再将 *X* 轴移到“*X*/2”的位置。

3）将此时的 *X* 坐标值输入到 G54 坐标系中：在“编辑”方式下，按“偏置”两次，出现“工件坐标偏置 01”，将光标移到“G54”处。输入“X 0”，再按“MEASUR”下面的软键，此时 *X* 坐标的对刀就完成了。

（5）用同样方法找 *Y* 轴的中点。

（6）测量 *Z* 轴坐标。若工件上表面是没有进行加工过的表面，可启动主轴，将旋转的刀具轻微接触到工件的上表面。此时，在“编辑”方式下，按“偏置”两次，出现“工件坐标偏置 01”，将光标移到“G54”处。输入“Z 0”，再按“MEASUR”下面的软键，此时 *Z* 坐标的对刀就完成了。

【知识储备】

下面仅就广州数控 GSK983M 为例介绍分中对刀法。

分中对刀法的操作：

1. *X*、*Y* 轴的设定

（1）先找 *X* 轴一边，找好后对相对坐标数值清零。再找另一边，记下数值，将数值除以 2，再将 *X* 轴移到“数值/2”的位置。将此时的位置输入到 G54 坐标里。

（2）用同样方法找 *Y* 轴的中点。

（3）屏幕切换到机床指令位置显示状态，此时机床实际坐标 *X*、*Y* 显示的位置即为工作坐标系原点。

2. *Z* 轴的设定

启动主轴。手动将旋转的刀具轻微接触到工件的上表面即停止进给。此时即为 *Z* 轴的 0 点位置。若工件上表面是经过精加工的零件，刀具不能接触到工件，可以在工件上表面放上一个量块（必须知道量块的尺寸），再将刀具轻微接触到量块的上表面，此时 *Z* 轴的数值为：*Z*=机械坐标 *Z* 值−量块的 *Z* 值。再将 *Z* 值输入 G54 坐标系中。

3. 加工坐标系选择指令 G54—G59

书写格式：G54 G90 G00（G01）X_Y_Z_（F_）；

该指令执行后，所有坐标值指定的坐标尺寸都是选定的工件加工坐标系中的位置。1～6 号工件加工坐标系是通过 CRT/MDI 方式设置的。

例：在图 5—19 中，用 CRT/MDI 在参数设置方式下设置了两个加工坐标系：

G54：X-50. Y-50. Z-10；

G55：X100. Y-100. Z-20.；

这时，建立了原点在 O′的 G54 加工坐标系和原点在 O″ 的 G55 加工坐标系。若执行下述程序段：

N10　G53　G90　X0　Y0　Z0

N20　G54　G90　G01　X50.　Y0　Z0　F100

N30　G55　G90　G01　X100.　Y0　Z0　F100

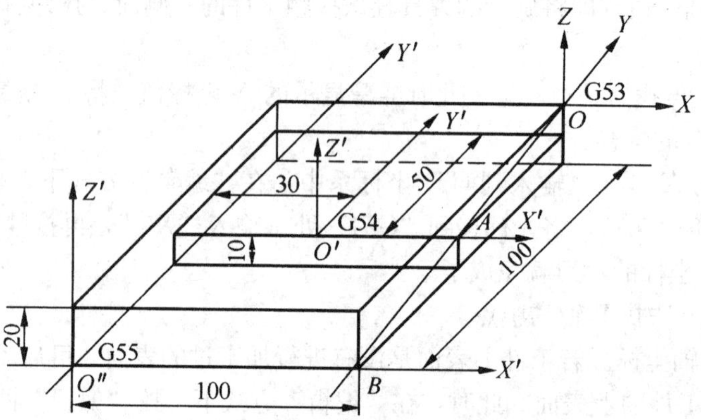

图 5—19　工件坐标系

则刀尖点的运动轨迹如图 5—19 所示。注意事项如下。

（1）G54 与 G55—G59 的区别。G54—G59 设置加工坐标系的方法是一样的，但在实际情况下，机床厂家为了用户的不同需要，在使用中有以下区别：利用 G54 设置机床原点的情况下，进行回参考点操作时机床坐标值显示为 G54 的设定值，且符号均为正；利用 G55—G59 设置加工坐标系的情况下，进行回参考点操作时机床坐标值显示零值。

（2）G92 与 G54—G59 的区别。G92 指令与 G54—G59 指令都是用于设定工件加工坐标系的，但在使用中是有区别的。G92 指令是通过程序来设定、选用加工坐标系的，它所设定的加工坐标系原点与当前刀具所在的位置有关，这一加工原点在机床坐标系中的位置是随当前刀具位置的不同而改变的。

G54—G59 是在加工前设定的坐标系，它通过确定工件坐标系的原点在机床坐标系的位置来建立坐标系。用 G54—G59 建立的坐标系，运行时与刀具的初始位置无关。用 G54—G59 建立坐标系的方法在批量加工中广泛使用。

（3）G54—G59 的修改。G54—G59 指令是通过 MDI 在设置参数方式下设定工件加工坐标系的，一旦设定，加工原点在机床坐标系中的位置是不变的，它与刀具的当前位置无关，除非再通过 MDI 方式修改。

（4）应用范围。上述加工坐标系的设置方法，仅是 FANUC 系统中常用的方法之一，其余不一一列举。其他数控系统的设置方法应按随机说明书执行。

（5）常见错误。

1）当执行程序段 G92 X10 Y10 时，常会认为是刀具在运行程序后到达 X10 Y10 点上。其实，G92 指令程序段只是设定加工坐标系，并不产生任何动作，这时刀具已在加工坐标系中的 X10 Y 10 点上。

2）G54—G59 指令程序段可以和 G00、G01 指令组合，如执行 G54 G90 G01 X10 Y10 时，运动部件在选定的加工坐标系中进行移动。程序段运行后，无论刀具当前点在哪里，它都会移动到加工坐标系中的 X10 Y10 点上。

【任务评价】

装夹好一任意尺寸的四方形零件，使用立铣刀完成零件的对刀操作，并将成绩填入下表 5—13。

表 5—13 任务评价表

序号（或）	零件尺寸	教师评价	备注

【拓展与练习】

（1）如果设定的工件坐标系零点在右端，那么 *X* 轴坐标应该怎样测量？

（2）对刀结束后，怎样验证自己对刀的正确性？

项目六　轮廓的编程与加工

任务 1　大平面的编程与加工

【任务描述】

如图 6—1 所示，毛坯尺寸为 100mm×100mm×30mm，材料为 45 钢，加工零件上表面。

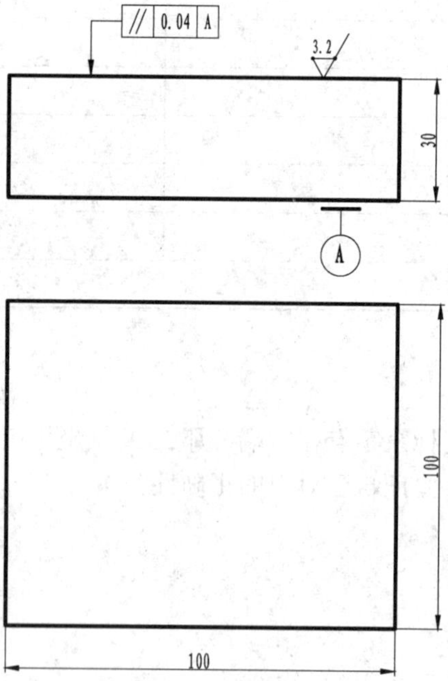

图 6—1　大平面的加工

【任务分析】

要完整加工出一个合格零件需要认真分析零件图，知道零件的结构和技术要求，然后制定零件的加工工艺，包括选择刀具、进给路线确定等，这样才能建立合理的坐标原点，使得编程简单合理。本任务加工的零件属于较大平面，加工平面时最好选择端铣刀，也可以选择立铣刀进行加工。为了更好地说明加工的步骤和方法，此处选择立铣刀进行加工。

【任务实施】

1. 分析零件图

该模板零件材料为 45 钢，毛坯规格为 100mm×80mm×32mm。

2. 加工工艺方案

(1) 装夹。

采用机用虎钳装夹工件，底部用平行垫铁垫起，工件高度要超出最大切削深度。

(2) 加工工艺路线。

加工路线根据“基面先行，先粗后精”的原则，采用先加工基面 A，先粗铣后精铣，从左下角开始，头尾双向加工的方法。然后，再精加工上表面，精铣路线采用单向进刀加工。图 6—2 (a) 所示为粗加工路线图，图 6—2 (b) 所示为精加工路线图。

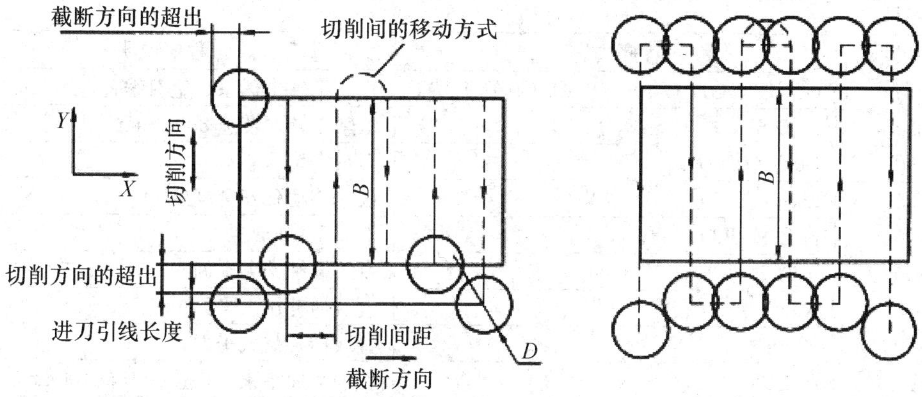

(a) 粗铣（双向多次铣削）　　(b) 精铣（双向多次铣削）

图 6—2　大平面加工路线图

3. 制定加工工序卡

加工工序卡见表 6—1。

表 6—1　　**加工工序卡**

单位名称	南溪职业技术学校		产品名称或代号		零件名称		零件图号	
			大平面加工				6—1	
工序号	程序编号		夹具名称		使用设备		车间	
001	O2001		机用虎钳		NC-32V (GSK983M)		数铣实训中心	
工步号	工步内容		主轴转速 n (r/min)	进给速度 V_f (mm/min)	切削深度 a_p (mm)	刀具号	刀具名称	备注
1	粗铣平面		800	300	1	T01	端铣刀	自动
2	精铣平面		1 200	150	0.5	T02	端铣刀	自动
编制		审核	批准		年　月　日		共 1 页	第 1 页

4. 数值计算

(1) 进给速度：$V_f = nf = nzf_z$。

式中：n——主轴转速；

f——进给量（mm/r）；

z——铣刀齿数；

f_z——每齿进给量。

(2) 切削深度：a_p一般取 0.2～0.5mm。

(3) 主轴转速：$n = 1\,000v/(\pi d)$。

式中：v——切削速度，mm/min；

d——刀具或工件直径，mm。

5. 参考程序（见表 6—2）

表 6—2　　铣削平面参考程序

程序号	O2001	
程序段号	程序内容	程序说明
N10	G54 G90 G17 G40 G49 G80 G0 Z50；	建立工件坐标系，绝对编程
N20	M03 S800；	主轴正转，转速 800r/min
N30	G0 X0. Y-50.；	刀具定位
N35	Z5.；	快速移动到安全高度
N40	G1Z-1. F300；	下刀至 1mm 深
N50	Y50.；	直线插补铣大平面
N60	X50.；	直线插补铣大平面
N70	Y-50.；	直线插补铣大平面
N100	G0Z100.；	铣削平面结束，快速抬刀至 100mm
N110	M05；	主轴停止
N120	M00；	程序暂停，手动安装 T02 刀具
N130	M03 S1200；	主轴正转，转速 1 200r/min
N140	G0 X0. Y-50.；	精铣定位
N150	Z5.；	快速移动到安全高度
N160	G1Z-1.5. F150；	下至 1～5mm 深，进给量为 150mm/min
N170	Y50.；	直线插补铣大平面
N180	X40.；	直线插补铣大平面
N190	Y-50.；	直线插补铣大平面
N200	G0Z100.；	快速抬刀至 100mm 处
N210	M05；	主轴停止
N220	M30；	程序结束

6. 操作要点

(1) 加工准备。

1) 开机，回参考点；

2) 输入程序并逐行检查程序；

3) 手动安装刀具（使用刀具直径为 60mm 的硬质合金端铣刀）；

4) 安装工件。

（2）对刀，设定工件坐标系。按照要求对刀，并将坐标值输入到 G54 坐标系中。

（3）程序调试。可将 Z 值正方向平移 10mm。方法是：按“偏置”，进入“工件坐标系偏置 01”，在“EXT”里将 Z 值修改为 10。在“自动”方式下按“循环启动”。观察刀具运动轨迹。

（4）工件加工。将“EXT”里的 Z 值恢复为 0。将进给速度调到低档，按下启动键。根据加工情况适当调节主轴转速和进给速度。

（5）工件测量。外廓尺寸可用游标卡尺检验。平面度可用百分表检验。

（6）加工结束，卸下工件。

【知识储备】

1. 快速定位指令 G00

指令格式：G00 X __ Y __ Z __；

功能：

（1）直线插补定位：刀具轨迹与直线（G01）相同，刀具以不超过每轴的快速移动速度，在最短的时间内定位。

（2）非直线定位：刀具分别以每轴的快速移动速度定位，刀具轨迹一般不是直线（定位效率较高）。

说明：

（1）X __ Y __ Z __：采用绝对指令时为终点坐标值，采用增量值指令时为刀具移动距离。

（2）执行 G00 后，系统把当前刀具移动方式的模态改为 G00 的方式。

（3）不指定定位参数刀具不移动，系统只改变当前刀具移动方式的模态为 G00。

（4）G00 与 G0 是等效格式。

（5）X、Y、Z 轴 G0 速度由数据参数设定。

限制：快速移动速度由参数设定，如在 G0 代码中设置 F 速度，本段 F 值无效，为后面加工的切削进给速度。

例如：G0 X0 Y10 F800；（采用系统参数设定的速度快速进给）

G1 X20 Y50；　　（采用 F800 的进给速度）

2. 直线插补指令 G01

指令代码格式：G01 X __ Y __ Z __ F __；

功能：刀具以参数 F 指定的进给速度（mm/min）沿直线移动到指定的位置。

说明：

（1）X、Y、Z 为终点坐标值。

（2）F 指定的进给速度，直到新的 F 值被指定之前一直有效。用 F 代码指令的进给速度是沿着直线轨迹插补计算出来的，如果在程序中 F 代码不指令，进给速度采用系统上电时默认的 F 值进给。

注意：

（1）格式中除 F 外的指令参数都是定位参数。

（2）当 G01 后不指定定位参数时刀具不移动，只改变当前刀具移动的方式的模态为 G01。

【任务评价】

表 6—3　　　　任务评价表

检测项目		序号	考核内容及要求	配分	评分标准	学生自测	小组检测	教师检测	备注
姓名				班级		日期			
项目名称			大平面的加工	零件图号	6—1	机床编号			
基本检测	程序	1	切削加工工艺制定正确	5	独立完成				
		2	切削用量选用合理	5	独立完成				
		3	程序正确、简单、规范	10	独立完成				
	操作	4	刀具的刃磨与安装	10	独立完成				
		5	设备的正确操作与维护保养	5					
		6	安全、文明生产	10					
尺寸检测	长度	7	100	5	超差不得分				
		8	80	5	超差不得分				
		9	30	15	超差不得分				
	形位公差	10	0.04 A	15	超差不得分				
	其他	11	表面粗糙度	5					
实训态度				10					
指导教师					互评员		总分		

【拓展与练习】

如图 6—3 所示，毛坯为 100mm×80mm×30mm，材料为 45 钢，加工零件上表面。

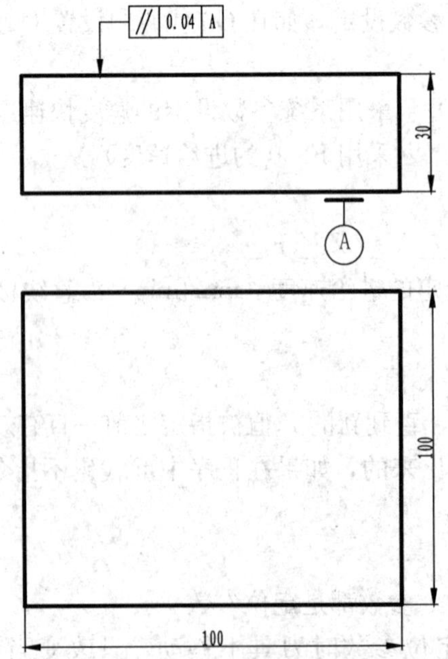

图 6—3　练习题

要求：

（1）填写加工工序卡。

（2）编写加工程序。

（3）按加工步骤进行零件的加工。

任务2　台阶面的编程与加工

【任务描述】

如图6—4所示，该零件需要加工3个台阶面，加工表面有一定的精度和表面粗糙度要求。

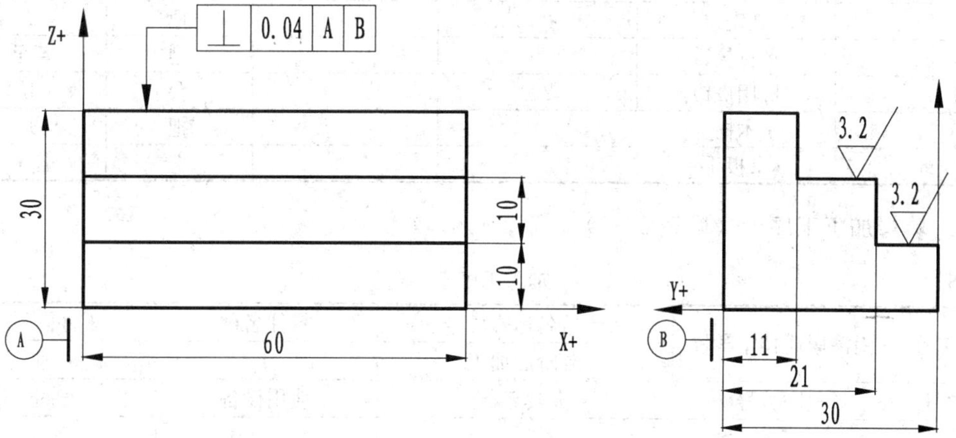

图6—4　台阶面的加工

【任务分析】

台阶面的加工在实际生产中较常见。图6—4所示零件为三台阶，编程时，为了程序更简单，易于操作，可以采用调用子程序来完成。同时，为了保证精度和编程的方便还要用到刀具半径补偿相关指令。工艺方面，采取的步骤是粗铣→精铣。此台阶面在考虑工艺时应该将编程原点设在零件的左下方。

【任务实施】

1. 分析零件图

该零件为3台阶面，材料为45钢，毛坯规格为60mm×30mm×30mm，加工表面有相应的形位精度和表面粗糙度要求。

2. 加工工艺分析

（1）工装。采用机用虎钳装夹工件，底部用平行垫铁垫起。高度要超出最大切削深度。

（2）加工工艺路线。

1）用端铣刀手动去表皮，深度为0.3mm。

2）利用层进法粗铣第二个台阶面，留0.5mm的精铣余量。

3）利用层进法粗铣第一个台阶面，留 0.5mm 的精铣余量。

4）精铣第二个台阶面，保证尺寸精度。

5）精铣第一个台阶面，保证尺寸精度。

3. 工、量、刃具准备（见表 6—4）

表 6—4　工、量、刃具清单

工、量、刃具清单			图号	6—4	
序号	名称	规格	精度	单位	数量
1	游标卡尺	0～150	0.02	把	1
2	深度游标尺	0～200	0.02	把	1
3	百分表及表座	0～10	0.01	套	1
4	端铣刀	ϕ90（5 刃）		把	1
5	立铣刀	ϕ12		把	2
6	平行垫铁			副	若干
7	机用虎钳	200		台	1
8	木槌			把	1
9	呆扳手			把	若干

4. 填写加工工序卡（见表 6—5）

表 6—5　加工工序卡

单位名称		南溪职业技术学校		产品名称或代号		零件名称		零件图号	
				台阶面加工				6—4	
工序号		程序编号		夹具名称		使用设备		车间	
001		O2002		机用虎钳		NC-32V（GSK983M）		数铣实训中心	
工步号	工步内容			主轴转速 n（r/min）	进给速度 V_f（mm/min）	切削深度 a_p（mm）	刀具号	刀具名称	备注
1	手动加工工件上表面			700	300	0.3		端铣刀	手动
2	粗铣第 2 台阶面			800	200	2	T01	立铣刀	自动
3	粗铣第 1 台阶面			800	200	2	T01	立铣刀	自动
4	精细第 2 台阶面			1 200	150	0.5	T02	立铣刀	自动
5	精细第 1 台阶面			1 200	150	0.5	T02	立铣刀	自动
编制		审核		批准		年　月　日		共 1 页	第 1 页

5. 参考程序（见表 6—6）

表 6—6　参考程序

程序号	O2002（在工件左下角建立工件坐标系）	
程序段号	程序内容	程序说明
N10	G54 G90 G17 G40 G49 G80 G0 Z50；	建立工件坐标系，绝对编程
N20	M03 S800；	主轴正转，转速 800r/min
N30	G0 X-8 Y0.；	刀具定位
N40	Z5.；	快速下刀至安全高度

续前表

程序段号	程序内容	程序说明
N50	G1Z-2. F200;	直线插补下刀至 2mm 深
N60	Y2.5;	直线插补铣削台阶面 2
N70	X68;	直线插补铣削台阶面 2
N100	Z-4;	直线插补铣削台阶面 2
N110	X-8;	直线插补铣削台阶面 2
N120	Z-6;	直线插补铣削台阶面 2
N130	X68;	直线插补铣削台阶面 2
N140	Z-8;	直线插补铣削台阶面 2
N150	X-8;	直线插补铣削台阶面 2
N160	Z-10;	直线插补铣削台阶面 2
N170	X68;	直线插补铣削台阶面 2
N180	Z-12;	直线插补铣削台阶面 2
N190	X-8;	直线插补铣削台阶面 2
N200	Z-14;	直线插补铣削台阶面 2
N210	X68;	直线插补铣削台阶面 2
N220	Z-16;	直线插补铣削台阶面 2
N230	X-8;	直线插补铣削台阶面 2
N240	Z-18;	直线插补铣削台阶面 2
N250	X68;	直线插补铣削台阶面 2
N260	Z-19.5;	直线插补铣削台阶面 2
N270	X-8;	直线插补铣削台阶面 2
N280	G0 Z-2;	台阶面 2 粗铣完成，快速抬刀至一2mm 处
N290	G1 Y12.5 F200;	直线插补铣削台阶面 1，进给量为 200
N300	X68;	直线插补铣削台阶面 1
N310	Z-4;	直线插补铣削台阶面 1
N320	X-8;	直线插补铣削台阶面 1
N330	Z-6;	直线插补铣削台阶面 1
N340	X68;	直线插补铣削台阶面 1
N350	Z-8;	直线插补铣削台阶面 1
N360	X-8;	直线插补铣削台阶面 1
N370	Z-9.5;	直线插补铣削台阶面 1
N380	X-68;	直线插补铣削台阶面 1
N390	G0 Z50;	粗铣完成，快速抬刀至 50mm 处
N400	M00;	程序暂停，手动换刀 T02
N410	M03 S1200;	启动主轴正转，转速 1 200r/min
N420	G0 X-8 Y0;	刀具定位
N430	Z-15;	快速下刀至一15mm 深
N440	G1 Z-20 F150;	直线插补精铣台阶面 1，进给量为 150
N450	G42 Y9 D2;	建立刀补，刀补号为 2
N460	X62;	直线插补精铣台阶面 1
N470	G0 Z-12;	快速抬刀至一12mm 处
N480	X-14;	刀具定位
N490	G1 Y19 F150;	直线插补铣削台阶面 2

续前表

程序段号	程序内容	程序说明
N500	Z-10；	直线插补铣削台阶面 2
N510	X72；	直线插补铣削台阶面 2
N520	G0 Z100；	铣削完成，快速抬刀至安全高度
N530	X100 Y100；	刀具远离工件，便于测量
N540	M05；	主轴停止
N550	M30；	程序结束

6. 操作要点

（1）加工准备。

1）开机，回参考点；

2）输入程序并逐行检查程序；

3）手动安装刀具（直径为 12mm 立铣刀）；

4）安装工件。

（2）对刀，设定工件坐标系。按照要求对刀，并将坐标值输入到 G54 坐标系中。

（3）程序调试。可将 Z 值正方向平移 50mm。方法是：按“偏置”，进入“工件坐标系偏置 01”，在“EXT”里将 Z 值修改为 50。在“自动”方式下按“循环启动”。观察刀具运动轨迹。

（4）工件加工。将“EXT”里的 Z 值恢复为 0。将进给速度调到低档，按下启动键。并根据加工情况适当调节主轴转速和进给速度。

（5）工件测量。外廓尺寸可用游标卡尺检验。深度用深度游标卡尺测量。垂直度可用百分表检测。

（6）加工结束，卸下工件。

【知识储备】

1. 建立刀具半径补偿的原因

在加工轮廓（包括外轮廓、内轮廓）时，由刀具的刃口产生切削，而在编制程序时，是以刀具中心来编制的（图 6—5），即编程轨迹是刀具中心的运行轨迹。这样，加工出来的实际轨迹与编程轨迹偏差刀具半径，这是在进行实际加工时所不允许的。为了解决这个矛盾，可以建立刀具半径补偿，使刀具在加工工件时，能够自动偏移编程轨迹刀具半径，即刀具中心的运行轨迹偏移编程轨迹刀具半径，形成正确加工。

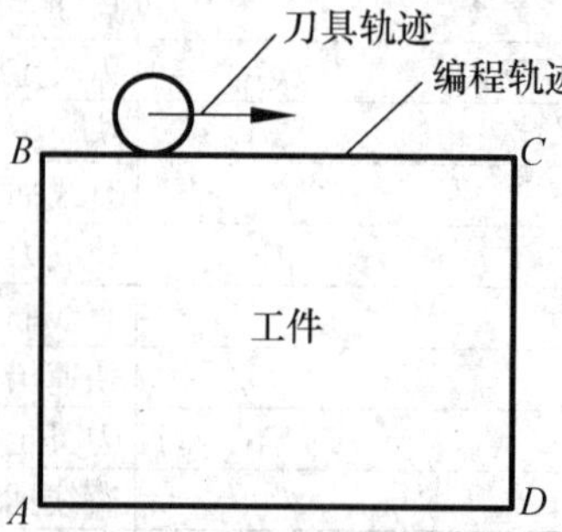

图 6—5 刀具轨迹与编程轨迹

2. 判别左、右刀补的方法

沿着刀具的前进方向，看刀具与工件的位置关系，如果刀具在工件的左侧，为左刀补，用指令 G41 表示；反之，用指令 G42 表示，如图 6—6 所示。

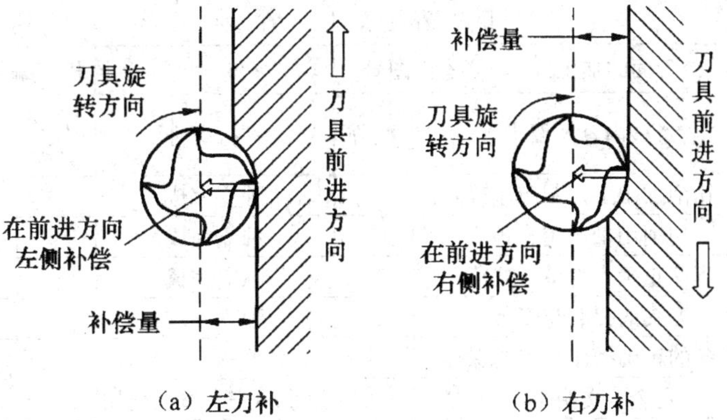

图 6—6　左、右刀补的判别

3. 建立刀具半径补偿的指令 G41、G42

(1) 指令格式。

G00（G01）G41（G42）X＿ Y＿ D＿；

G41：刀具半径左补偿；

G42：刀具半径右补偿；

X、Y：快速定位（直线插补）终点坐标值；

D：刀具半径补偿号。

(2) G40：取消刀具半径补偿。

说明：

1）建立刀补时只能在直线段建立，即使用 G00 或 G01，刀具中心在 *XOY* 平面中移动的过程中实现偏移，在 *Z* 方向上移动时不能建立刀具半径补偿（在 *XOY* 平面内的刀补）。考虑实际情况选择使用 G00、G01。刀具补偿的值在 D＿代码中赋予，与所使用的 D 代码数字大小没有关系，但同一补偿代码只能对一把刀具使用（D001-D400），其中 D000 默认为 0。

2）刀补建立后，只能沿着单一方向加工，即顺时针或逆时针方向加工工件（见图 6—7）。

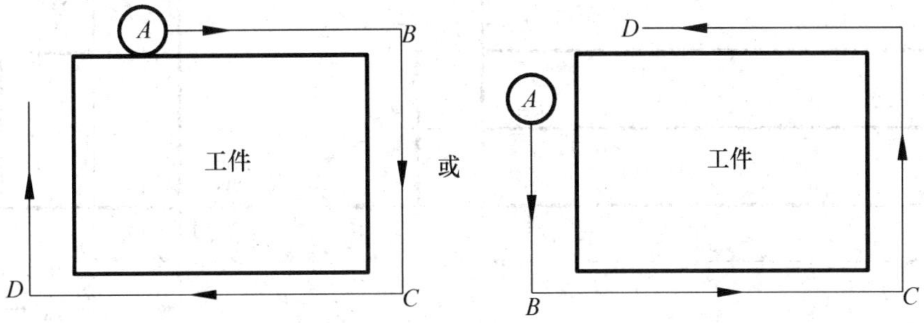

图 6—7　建立刀补后加工方向

【任务评价】

表 6—7　　　　任务评价表

姓名				班级			日期		
项目名称			台阶面的加工	零件图号	6—4		机床编号		
检测项目		序号	考核内容及要求	配分	评分标准	学生自测	小组检测	教师检测	备注
基本检测	程序	1	切削加工工艺制定正确	5	独立完成				
		2	切削用量选用合理	5	独立完成				
		3	程序正确、简单、规范	10	独立完成				
	操作	4	刀具的刃磨与安装	10	独立完成				
		5	设备的正确操作与维护保养	5					
		6	安全、文明生产	10	发生不安全情况全扣				
尺寸检测	长宽高	7	长度 60	5	超差不得分				
		8	高度 30	5	超差不得分				
		9	宽度 30	5	超差不得分				
		10	2×10	10	超差不得分				
		11	11	5	超差不得分				
		12	21	5	超差不得分				
	形位公差	13	0.04 A B	5	超差不得分				
	其他	14	表面粗糙度	15	每处降一级扣 5 分				
实训态度									
指导教师				互评员			总分		

【拓展与练习】

将例题中坐标平移至零件后下方（见图 6—8），请编写零件程序并进行加工。

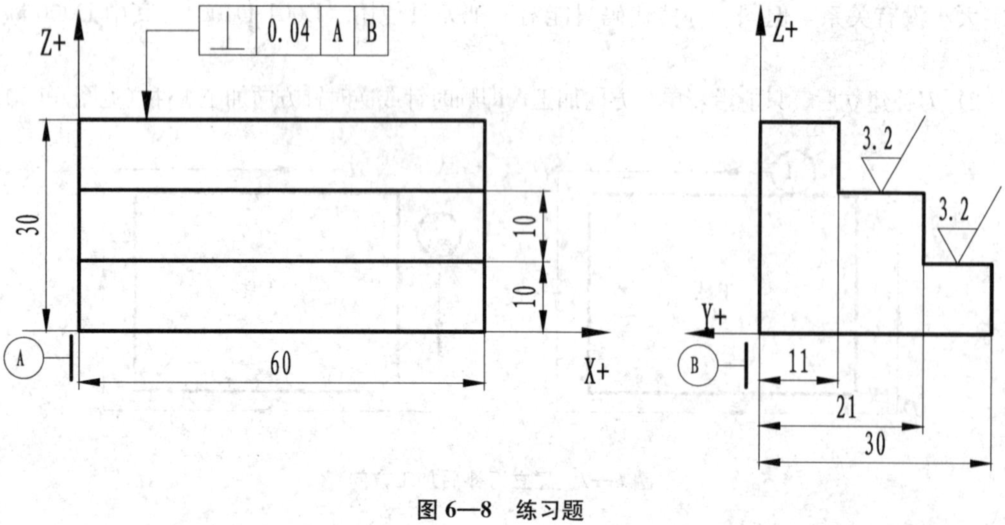

图 6—8　练习题

任务 3　外轮廓的编程与加工

【任务描述】

加工如图 6—9 所示零件凸台外轮廓，毛坯为 70mm×50mm×25mm 长方块（其余面已经加工），材料为 45 钢，单件生产。

要求：

(1) 使用 45 钢材料，按图完成零件的加工。

(2) 运用编程指令进行手工编程。

(3) 使用数控铣床进行对刀和实物加工。

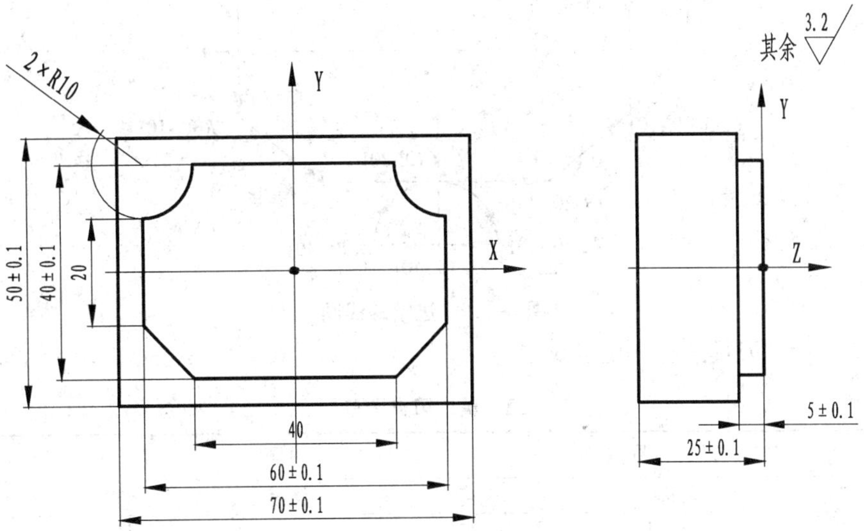

图 6—9　外轮廓的加工

【任务分析】

此零件凸台外形由直线和圆弧组成。因此需要用到圆弧插补指令，使用圆弧插补时重点要注意方向的判别。零件四周余量较大，一次进刀不能完成全部余量的切除，可采用调用子程序来解决。在考虑工艺时，为了达到精度，在刀具的切入和切出时要合理选用直线或圆弧走刀。

【任务实施】

1. 分析零件图样

零件轮廓由直线和圆弧组成，尺寸精度约为+0.1mm，表面粗糙度全部为 Ra3.2μm，没有形位公差项目的要求，整体加工要求不高。

2. 加工工艺分析

(1) 加工方案的确定。

根据图样加工要求，采用立铣刀粗铣→精铣完成。

（2）确定装夹方案。

该零件为单件生产，且零件外形为长方体，可选用平口虎钳装夹。工件上表面高出钳口 8mm 左右。

（3）进给路线的确定。

在数控加工中，刀具刀位点相对于工件运动的轨迹称为加工路线。为了保证表面质量，进给路线采用顺铣和圆弧进退刀方式，采用子程序对零件进行粗、精加工，该零件进给路线如图 6—10 所示。

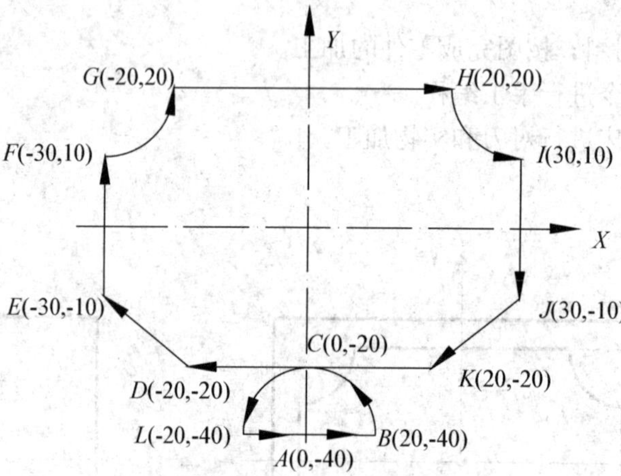

图 6—10　进给路线图

3. 工、量、刃具准备（见表 6—8）

表 6—8　　工、量、刃具清单

工、量、刃具清单			图号	6—9	
序号	名称	规格	精度	单位	数量
1	游标卡尺	0～150	0.02	把	1
2	深度游标尺	0～200	0.02	把	1
3	百分表及表座	0～10	0.01	套	1
4	端铣刀	ϕ90（5 刃）		把	1
5	立铣刀	ϕ12		把	2
6	平行垫铁			副	若干
7	机用虎钳	200		台	1
8	木槌			把	1
9	呆扳手			把	若干

4. 填写加工工序卡（见表 6—9）

表 6—9　　加工工序卡

单位名称	南溪职业技术学校	产品名称或代号	零件名称	零件图号
		外轮廓加工		6—9
工序号	程序编号	夹具名称	使用设备	车间
001	O2003	机用虎钳	NC-32V（GSK983M）	数铣实训中心

工步号	工步内容		主轴转速 n（r/min）	进给速度 V_f（mm/min）	切削深度 a_p（mm）	刀具号	刀具名称	备注
1	手动加工工件上表面		700	300	0. 3		端铣刀	手动
2	粗铣外轮廓		800	200	2	T01	立铣刀	自动
3	精铣外轮廓		1 200	150	0.5	T02	立铣刀	自动
编制		审核		批准	年 月 日		共 1 页	第 1 页

5. 加工程序编制

（1）工件坐标系的建立。

为使编程方便，工件坐标系建立在左右和前后对称中心线的交点上，*Z* 轴 0 点在工件上表面。

（2）基点坐标计算（见图 6—10）。

（3）编制加工程序。

加工程序见表 6—10。

表 6—10 **参考程序**

程序号	O2003	
程序段号	程序内容	程序说明
N10	G54 G90 G17 G40 G49 G80 G0 Z50；	建立工件坐标系，绝对编程
N20	M03 S800；	主轴正转，转速 800r/min
N30	G00 X0 Y-40；	刀具定位
N40	Z10；	接近工件
N50	G01 Z-4. 8 F 200；	*Z* 向下刀
N60	M98 P2004 D01；	调用子程序粗加工零件轮廓，D01=6. 3
N70	G00 Z50 M09；	*Z* 向抬刀并关闭冷却液
N100	M05；	主轴停
N110	G91 G00 Y200；	Y 轴工作台前移，便于测量
N120	M00；	程序暂停，进行测量
N130	G54 G90 G00 Y0；	Y 轴返回
N140	M03 S600；	启动主轴
N150	Z50 M08；	刀具到达安全高度并开启冷却液
N160	Z10；	接近工件
N170	G01 Z-5 F90；	*Z* 向下刀
N180	M98 P2004 D02；	调用子程序零件轮廓精加工 D02=6
N190	G00 Z50 M09；	刀具到达安全高度，并关闭冷却液
N200	M05；	主轴停
N210	M30；	主程序结束
备注：如四个角落有残留，可手动切除。		
程序号	O2004（子程序）	
程序段号	程序内容	程序说明
N10	G41 G01 X20 D01（D02）；	建立刀具半径补偿，*A*→*B*（图 6—10）
N20	G03 X0 Y-20 R20；	圆弧切向切入 *B*→*C*
N30	G01 X-20 Y-20；	走直线 *C*→*D*
N40	X-30 Y-10；	走直线 *D*→*E*

续前表

程序段号	程序内容	程序说明
N50	Y10；	走直线 $E \rightarrow F$
N60	G03 X-20 Y20 R10；	逆圆插补 $F \rightarrow G$
N70	G01 X20；	走直线 $G \rightarrow H$
N80	G03 X30 Y10 R10；	逆圆插补 $H \rightarrow I$
N90	G01 Y-10；	走直线 $I \rightarrow J$
N100	X20 Y-20；	走直线 $J \rightarrow K$
N110	X0；	走直线 $K \rightarrow C$
N120	G03 X-20 Y-40 R20；	圆弧切向切出 $C \rightarrow L$
N130	G40 G00 X0；	取消刀具半径补偿，$L \rightarrow A$
N140	M99；	子程序结束，返回主程序

6. 操作要点

（1）加工准备。

1）开机，回参考点；

2）输入程序并逐行检查程序；

3）手动安装刀具（直径为 12mm 立铣刀）；

4）安装工件。

（2）对刀，设定工件坐标系。按照要求对刀，并将坐标值输入到 G54 坐标系中。

（3）程序调试。可将 Z 值正方向平移 20mm。方法是：按“偏置”，进入“工件坐标系偏置 01”，在“EXT”里将 Z 值修改为 20。在“自动”方式下按“循环启动”。观察刀具运动轨迹。如加工路线不正确，则检查程序并进行修改。

（4）工件加工。将“EXT”里的 Z 值恢复为 0。将进给速度调到低档，按下启动键。并根据加工情况适当调节主轴转速和进给速度。

（5）工件测量。外廓尺寸可用游标卡尺检验。深度用深度游标卡尺测量。垂直度可用百分表检测。

（6）加工结束，卸下工件。

注意：

（1）编程时，注意 Z 方向的数值正负号。

（2）认真计算圆弧连接点和各基点的坐标值，确保走刀正确。

（3）安全第一，必须在教师的指导下，严格按照数控铣床安全操作规程，有步骤地进行。

（4）首次模拟可按控制面板上的“机床锁住”按钮，将机床锁住，看其图形模拟走刀轨迹是否正确，再关闭“机床锁住”进行刀具实际轨迹模拟。

【知识储备】

1. 圆弧插补指令 G02、G03

（1）圆弧插补方向的判别。

刀具在各坐标平面以一定的进给速度 F 进行圆弧插补运动，从当前位置（圆弧的起点），沿圆弧移动到指令给出的目标位置，切削出圆弧轮廓。G02 为顺时针圆弧插补指令，

G03 为逆时针插补指令。刀具在进行圆弧插补时必须规定所在平面（即 G17～G19），再确定回转方向，如图 6—11 所示，沿圆弧所在平面（如 *XY* 平面）的另一坐标轴的负方向（－*Z*）看去，顺时针方向为 G02 指令，逆时针方向为 G03 指令。

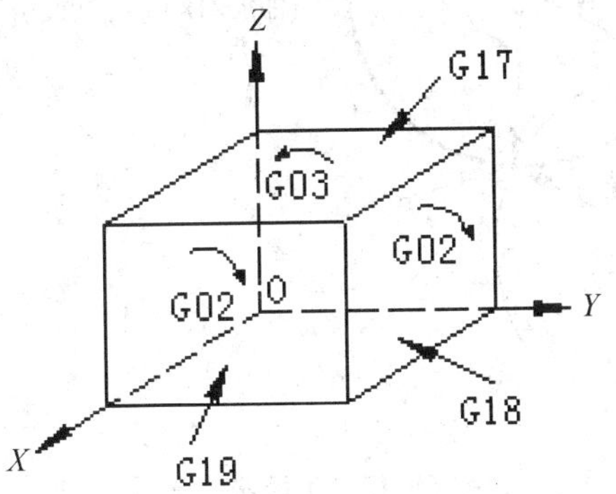

图 6—11　圆弧插补方向

（2）圆弧插补指令格式。

1）X－Y 平面上的圆弧（缺省平面）。

G17 $\left\{\begin{matrix}G02\\G03\end{matrix}\right\}$ X __ Y __ $\left\{\begin{matrix}R\text{—}\\I\_J\_\end{matrix}\right\}$ F __；

2）Z－X 平面上的圆弧。

G18 $\left\{\begin{matrix}G02\\G03\end{matrix}\right\}$ Z __ X __ $\left\{\begin{matrix}R\text{—}\\K\_I\_\end{matrix}\right\}$ F __；

3）Y－Z 平面上的圆弧。

G19 $\left\{\begin{matrix}G02\\G03\end{matrix}\right\}$ Y __ Z __ $\left\{\begin{matrix}R\text{—}\\J\_K\_\end{matrix}\right\}$ F __；

各指令地址的意义：

X、Y、Z：终点坐标位置，可用绝对值（G90）或增量值（G91）表示。

R：圆弧半径，以半径值表示（以 *R* 表示者又称为半径法）。

I、J、K：从圆弧起点到圆心位置，在 *X*、*Y*、*Z* 轴上的分向量（以 *I*、*J*、*K* 表示者又称为圆心法）。*X* 轴的分向量用地址 *I* 表示；*Y* 轴的分向量用地址 *J* 表示；*Z* 轴的分向量用地址 *K* 表示。

F：切削进给速率，单位 mm/min。

（3）圆弧插补指令表示方法。

圆弧的表示有圆心法及半径法两种，现分述如下：

1）半径法。

以 *R* 表示圆弧半径，以半径值表示。此法以起点及终点和圆弧半径来表示一圆弧，在圆上会有两段弧出现，如图 6—12 所示。圆心角＜180°的弧 *R* 为正值；圆心角＞180°的弧 *R* 为负值。

假设图 6—12 中，*R*＝50mm，终点坐标绝对值为（100.，80.）则

a）圆心角＞180°之圆弧（即路径 B）：

G90 G03 X100. Y80. R －50. F80；

b）圆心角＜180°之圆弧（即路径 A）：

G90 G03 X100.　Y80.　R50.　F80。

2）圆心法：*I*、*J*、*K* 后面的数值是定义为从圆弧起点到圆心位置，在 *X*、*Y*、*Z* 轴上

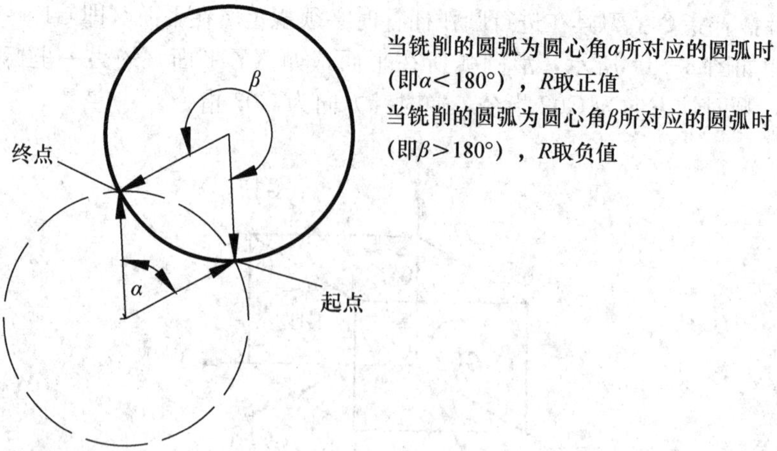

图 6—12　半径法铣圆弧

之分向量值（见图 6—13）。

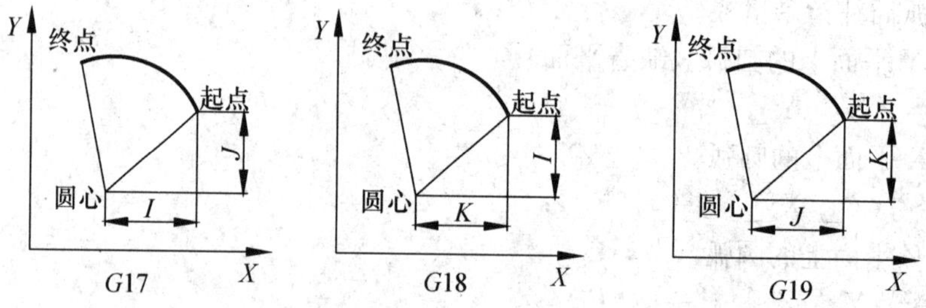

图 6—13　圆心法铣圆弧

数控铣床上使用半径法表示一圆弧。但若要铣削一整圆时，只能用圆心法表示，半径法无法执行。若用半径法以两个半圆相接，其真圆度误差会太大。

2. 切入、切出

刀具在切削开始和结束时按直线进入或退出为直线切入切出［见图 6—14（a)］，若按圆弧进入或退出就是圆弧切入切出［见图 6—14（b)］。

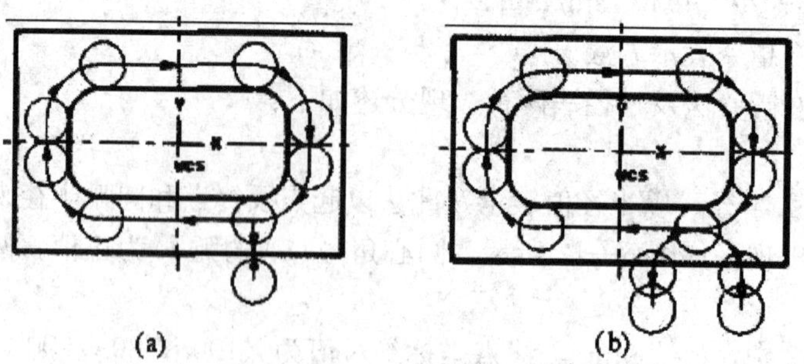

图 6—14　刀具的切入和切出

3. 子程序指令 M98 M99

在编制加工程序中，有时会遇到一组程序段在一个程序中多次出现，或者在几个程序中都要使用它。这个典型的加工程序可以做成固定程序，并单独加以命名，这组程序段就称为子程序。使用子程序可以减少不必要的编程重复，从而达到简化编程的目的。主程序可以调用子程序，一个子程序也可以调用下一级的子程序。子程序必须在主程序结束指令后建立，其作用相当于一个固定循环。子程序的调用在主程序中，调用子程序的指令是一个程序段，其格式随具体的数控系统而定，以下以 GSK982M 为例讲解。

（1）子程序调 M98 格式。

M98 P _ L _；

其中，M98：子程序调用字；

P：子程序号；

L：子程序重复调用次数。

（2）子程序的返回 M99。

子程序返回主程序用指令 M99，在子程序的结尾处使用。它表示子程序运行结束，请返回到主程序。

（3）子程序的嵌套。

子程序调用下一级子程序称为嵌套。上一级子程序与下一级子程序的关系，与主程序与第一层子程序的关系相同。子程序可以嵌套多少层由具体的数控系统决定。

【任务评价】

表 6—11 任务评价表

姓名					班级		日期			
项目名称		外轮廓的加工		零件图号		6—9	机床编号			
检测项目		序号	考核内容及要求	配分		评分标准	学生自测	小组检测	教师检测	备注
基本检测	程序	1	切削加工工艺制定正确	5		独立完成				
		2	切削用量选用合理	5		独立完成				
		3	程序正确、简单、规范	10		独立完成				
	操作	4	刀具的刃磨与安装	10		独立完成				
		5	设备的正确操作与维护保养	5						
		6	安全、文明生产	10		发生不安全情况全扣				
尺寸检测	长度	7	40±0.1	5		超差不得分				
		8	50±0.1	5		超差不得分				
		9	60±0.1	5		超差不得分				
		10	70±0.1	5		超差不得分				
		11	25±0.1	5		超差不得分				
		12	5±0.1	5		超差不得分				
		13	20	3		超差不得分				
		14	40	3		超差不得分				
	圆弧	15	2-*R*10	10		超差不得分				
	其他	16	表面粗糙度	9		每处降一级扣 1 分				

实训态度					
指导教师		互评员		总分	

【拓展与练习】

（1）何谓机床坐标系和工件坐标系？其主要区别是什么？

（2）什么是刀具的半径补偿和刀具长度补偿？在铣削编程时，为什么要进行刀具半径补偿？

（3）分析图 6—15 零件形状结构，制定加工工艺，编写零件加工程序并在机床上加工。

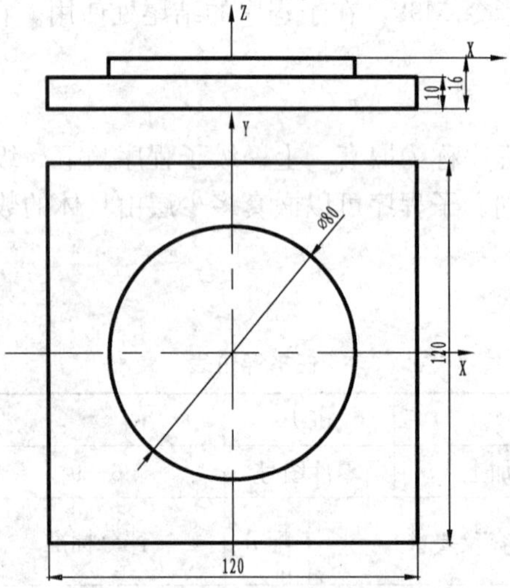

图 6—15　练习题

任务 4　内轮廓的编程与加工

【任务描述】

如图 6—16 所示的凹模零件图，材料为退火 45 钢，对一毛坯尺寸为 90mm×90mm×30mm 的零件进行内轮廓铣削加工。

【任务分析】

内轮廓类零件的加工主要考虑如何下刀。一般来说，可以先加工一工艺孔，然后采用垂直下刀进行内轮廓的铣削。也可不必钻工艺孔采用斜线下刀或螺旋下刀，但由于采用这两种方式下刀进给量不能太大，故效率不高。

为了编程简单，此零件的坐标原点设在圆弧的中心。这时对刀不能采用分中法。在加工此零件时，还要正确判别刀具半径补偿。

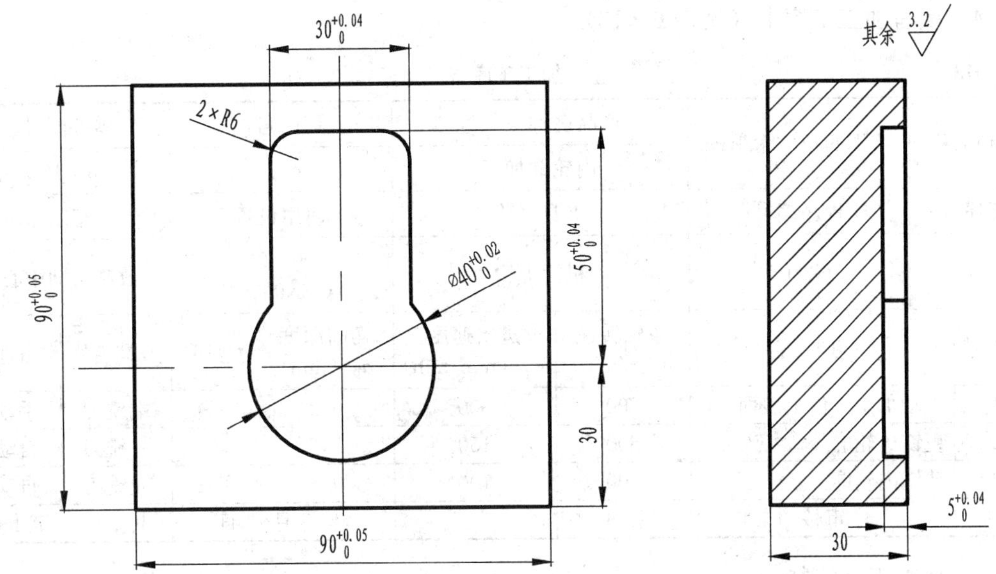

图 6—16　内轮廓的加工

【任务实施】

1. 分析零件图

该零件为一凹模零件，材料为 45 钢，毛坯规格为 90mm×90mm×30mm。加工内容主要是内轮廓。

2. 加工工艺分析

(1) 工装。

采用机用虎钳装夹工件，底部用平行垫铁垫起。高度要超出最大切削深度。

(2) 加工工艺路线。

1) 轮廓的粗加工，留 0.5mm 的精铣余量。

2) 轮廓的精加工。

3. 工、量、刃具准备（见表 6—12）

表 6—12　工、量、刃具清单

工、量、刃具清单			图号	6—16	
序号	名称	规格	精度	单位	数量
1	游标卡尺	0～150	0.02	把	1
2	深度游标尺	0～200	0.02	把	1
3	内径千分尺	25～50	0.01	把	1
4	百分表及表座	0～10	0.01	套	1
5	端铣刀	ϕ90（5 刃）		把	1
6	立铣刀	ϕ12		把	2
7	平行垫铁			副	若干
8	机用虎钳	200		台	1
9	木槌			把	1
10	呆扳手			把	若干

4. 填写加工工序卡（见表 6—13）

表 6—13　　　　加工工序卡

<table>
<tr><td colspan="2" rowspan="2">单位名称</td><td colspan="3" rowspan="2">南溪职业技术学校</td><td colspan="2">产品名称或代号</td><td colspan="2">零件名称</td><td colspan="2">零件图号</td></tr>
<tr><td colspan="2">内轮廓加工</td><td colspan="2"></td><td colspan="2">6—16</td></tr>
<tr><td colspan="2">工序号</td><td colspan="3">程序编号</td><td colspan="2">夹具名称</td><td colspan="2">使用设备</td><td colspan="2">车间</td></tr>
<tr><td colspan="2">001</td><td colspan="3">O2003</td><td colspan="2">机用虎钳</td><td colspan="2">NC-32V
（GSK983M）</td><td colspan="2">数铣实训中心</td></tr>
<tr><td>工步号</td><td colspan="4">工步内容</td><td>主轴转速
n（r/min）</td><td>进给速度
V_f（mm/min）</td><td>切削深度
a_p（mm）</td><td>刀具号</td><td>刀具名称</td><td>备注</td></tr>
<tr><td>1</td><td colspan="4">手动加工工件上表面</td><td>700</td><td>300</td><td>0.3</td><td></td><td>端铣刀</td><td>手动</td></tr>
<tr><td>2</td><td colspan="4">粗铣内轮廓</td><td>800</td><td>150</td><td>2</td><td>T01</td><td>立铣刀</td><td>自动</td></tr>
<tr><td>3</td><td colspan="4">精铣内轮廓</td><td>1 000</td><td>100</td><td>0.5</td><td>T02</td><td>立铣刀</td><td>自动</td></tr>
<tr><td>编制</td><td colspan="2"></td><td>审核</td><td></td><td>批准</td><td></td><td colspan="2">年　月　日</td><td>共 1 页</td><td>第 1 页</td></tr>
</table>

5. 加工程序编制

（1）工件坐标系的建立。为使编程方便，工件坐标系建立在圆的中心上，Z 轴 0 点在工件上表面。

（2）基点坐标计算。

（3）编制加工程序。

加工程序见表 6—14。

表 6—14　　　　参考程序

<table>
<tr><td>程序号</td><td colspan="2">O2005（铣削内轮廓）</td></tr>
<tr><td>程序段号</td><td>程序内容</td><td>程序说明</td></tr>
<tr><td>N10</td><td>G54 G90 G17 G40 G49 G80 G0 Z50；</td><td>建立工件坐标系，绝对编程</td></tr>
<tr><td>N20</td><td>M03 S800；</td><td>主轴正转，转速 800r/min</td></tr>
<tr><td>N30</td><td>G00 X0 Y0；</td><td>刀具定位</td></tr>
<tr><td>N40</td><td>Z10；</td><td>接近工件</td></tr>
<tr><td>N50</td><td>G01 Z0 F 150；</td><td>Z 向下刀至 0 点</td></tr>
<tr><td>N60</td><td>M98 P2006 L9；</td><td>调用子程序粗加工 ϕ40 凹槽</td></tr>
<tr><td>N70</td><td>G90 G42 G1 X-15D1 F150；</td><td>绝对编程，建立刀补 D1＝6.3</td></tr>
<tr><td>N100</td><td>Y44.；</td><td>对宽 30 槽进行粗加工</td></tr>
<tr><td>N110</td><td>G2 X-9 Y50 R6；</td><td>对宽 30 槽进行粗加工</td></tr>
<tr><td>N120</td><td>G1 X9；</td><td>对宽 30 槽进行粗加工</td></tr>
<tr><td>N130</td><td>G2 X15 Y44 R6；</td><td>对宽 30 槽进行粗加工</td></tr>
<tr><td>N140</td><td>G1 Y0；</td><td>对宽 30 槽进行粗加工</td></tr>
<tr><td>N150</td><td>G40 X0；</td><td>加工结束，取消刀补回到原点</td></tr>
<tr><td>N160</td><td>Z2；</td><td>抬刀到安全高度</td></tr>
<tr><td>N170</td><td>G0 Z100；</td><td>快速抬刀</td></tr>
<tr><td>N180</td><td>M00；</td><td>程序暂停，换刀 T02 进行精加工</td></tr>
</table>

续前表

程序段号	程序内容	程序说明
N190	G54 G90 G00 Y0；	建立工件坐标系
N200	M03 S1000；	主轴启动，转速 1 000r/min
N210	G0 X0 Y0；	刀具定位
N220	Z5.；	下刀至安全高度
N230	G1 Z-4.5 F100；	*Z* 向下刀至－4.5 点
N240	G42 X-20. Z-5. D2；	建立右刀补，D2＝6
N250	G2 I20；	精铣凹圆槽
N260	G40 G1 X0；	取消刀补，回到原点
N270	G42 X-15D2；	精铣削 30 凹槽，建立刀补 D2＝6
N280	Y44；	精铣削 30 凹槽
N290	G2 X-9 Y50 R6；	精铣削 30 凹槽
N300	G1 X9；	精铣削 30 凹槽
N310	G2 X15 Y44 R6；	精铣削 30 凹槽
N320	G1 Y0；	精铣削 30 凹槽
N330	G40 X0；	精铣凹槽结束，取消刀补，返回原点
N340	Z2；	抬刀至安全高度
N350	G0 Z100；	快速抬刀
N360	X100 Y100；	移动工件至（100，100）便于测量工件
N370	M05；	主轴停止
N380	M30；	程序结束
程序号	O2006（子程序）	
程序段号	程序内容	程序说明
N10	G91 G42 G1X-20 F100 D1；	增量编程 建立右刀补
N20	G02 I20 Z-0.5；	螺旋下刀至－0.5mm
N30	G90 G40 G1 X0；	绝对编程，回到点（0，0）
N40	M99；	子程序结束返回主程序

注：此程序用于内轮廓的铣削，外轮廓的铣削程序由学员自行编写。

6. 操作要点

（1）加工准备。

1）开机，回参考点；

2）输入程序并逐行检查程序；

3）手动安装刀具（直径为 12mm 立铣刀）；

4）安装工件。

（2）对刀，设定工件坐标系。按照要求对刀，并将坐标值输入到 G54 坐标系中。

（3）程序调试。可将 *Z* 值正方向平移 20mm。方法是：按“偏置”，进入“工件坐标系偏置 01”，在“EXT”里将 Z 值修改为 20。在“自动”方式下按“循环启动”。观察刀具运动轨迹。如加工路线不正确，则检查程序并进行修改。

（4）工件加工。将“EXT”里的 Z 值恢复为 0。将进给速度调到低档，按下启动键。并根据加工情况适当调节主轴转速和进给速度。

（5）工件测量。外廓尺寸可用游标卡尺检验。深度用深度游标卡尺测量。

（6）加工结束，卸下工件。

【知识储备】

1. 刀具半径补偿方向的判别

在任务 2 相关知识里已经介绍了刀具半径左补偿和右补偿的判别方法。在实际生产中要灵活运用。对于外轮廓而言，顺铣采用左刀补（G41），逆铣则采用右刀补（G42）。对于内轮廓而言，顺铣则采用右刀补（G42），逆铣则采用左刀补（G41）。

2. 铣削下刀方式

（1）垂直下刀。垂直下刀即将刀具垂直于工件材料表面进给，从而切削内腔轮廓零件。垂直下刀需要采用键槽铣刀，而不能采用立铣刀。因为键槽刀的端刃从侧刃贯穿至刀具中心，这样可以使用键槽刀直接向材料里进刀。而立铣刀的端刃为副切削刃，端刃主要在刀具的边缘部分，中心处没有切削刃，所以不能用立铣刀直接向材料里垂直进刀。若要采用立铣刀垂直进给，需要事先在工件上钻一工艺孔，否则立铣刀会折断。

（2）斜线下刀（左右下刀）。用立铣刀直接铣削没有钻削工艺孔的内轮廓零件时可采用斜线下刀。所谓斜线下刀即在两个切削层之间，刀具从上一层的高度沿斜线渐进切入工件毛坯直到下一层的高度，然后开始正式切削。实际应用中可以编写成子程序采用“左右”斜线方式切入。

（3）螺旋下刀。在两个切削层之间，刀具从上一层的高度沿螺旋线渐进切入工件毛坯直到下一层的高度，然后开始正式切削。

【任务评价】

表 6—15　　任务评价表

<table>
<tr><td colspan="3">姓名</td><td></td><td>班级</td><td></td><td colspan="2">日期</td><td colspan="2"></td></tr>
<tr><td colspan="3">项目名称</td><td>内轮廓的加工</td><td>零件图号</td><td>6—16</td><td colspan="2">机床编号</td><td colspan="2"></td></tr>
<tr><td colspan="2">检测项目</td><td>序号</td><td>考核内容及要求</td><td>配分</td><td>评分标准</td><td>学生自测</td><td>小组检测</td><td>教师检测</td><td>备注</td></tr>
<tr><td rowspan="6">基本检测</td><td rowspan="3">程序</td><td>1</td><td>切削加工工艺制定正确</td><td>5</td><td>独立完成</td><td></td><td></td><td></td><td></td></tr>
<tr><td>2</td><td>切削用量选用合理</td><td>5</td><td>独立完成</td><td></td><td></td><td></td><td></td></tr>
<tr><td>3</td><td>程序正确、简单、规范</td><td>10</td><td>独立完成</td><td></td><td></td><td></td><td></td></tr>
<tr><td rowspan="3">操作</td><td>4</td><td>刀具的刃磨与安装</td><td>10</td><td>独立完成</td><td></td><td></td><td></td><td></td></tr>
<tr><td>5</td><td>设备的正确操作与维护保养</td><td>5</td><td></td><td></td><td></td><td></td><td></td></tr>
<tr><td>6</td><td>安全、文明生产</td><td>10</td><td>发生不安全情况全扣</td><td></td><td></td><td></td><td></td></tr>
</table>

续前表

检测项目		序号	考核内容及要求	配分	评分标准	学生自测	小组检测	教师检测	备注
尺寸检测	轮廓尺寸	7	$90^{+0.05}_{0}$	5	超差不得分				
		8	$90^{+0.05}_{0}$	5	超差不得分				
		9	$30^{+0.04}_{0}$	5	超差不得分				
		10	$\phi 40^{+0.02}_{0}$	5	超差不得分				
		11	$50^{+0.04}_{0}$	5	超差不得分				
		12	2-*R*6	10	超差不得分				
		13	$5^{+0.04}_{0}$	10	超差不得分				
	其他	14	表面粗糙度	10	每处降一级扣 1 分				
实训态度									
指导教师				互评员			总分		

【拓展与练习】

分析如图 6—17 所示零件，制定加工工艺，编写零件的加工程序并进行加工。

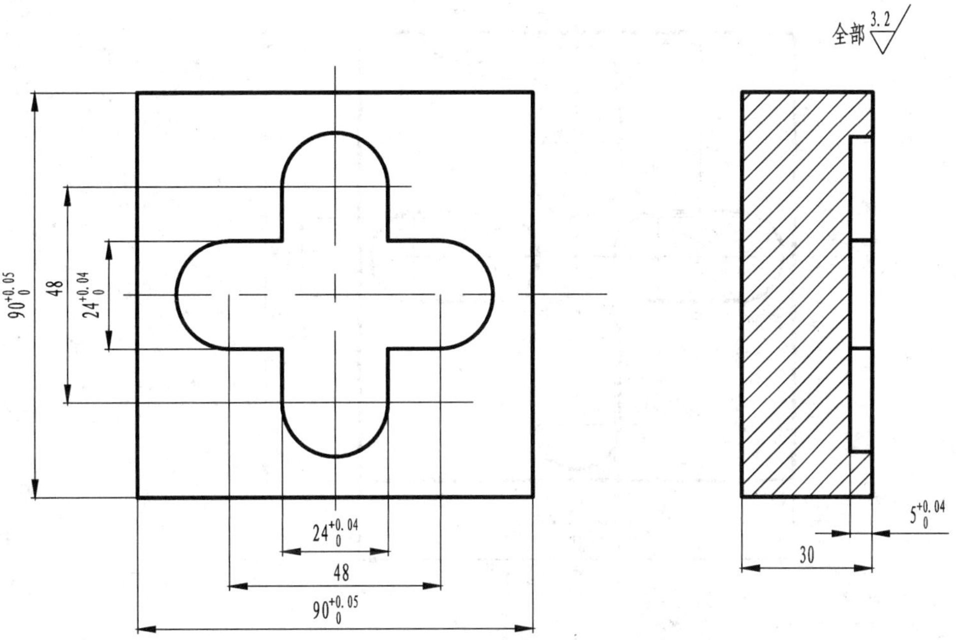

图 6—17　练习题

项目七　槽类零件的编程与加工

任务 1　键槽的编程与加工

【任务描述】

如图 7—1 所示的键槽类零件图，材料为退火 45 钢，对一毛坯尺寸为 80mm×80mm×15mm 的零件进行铣削加工。

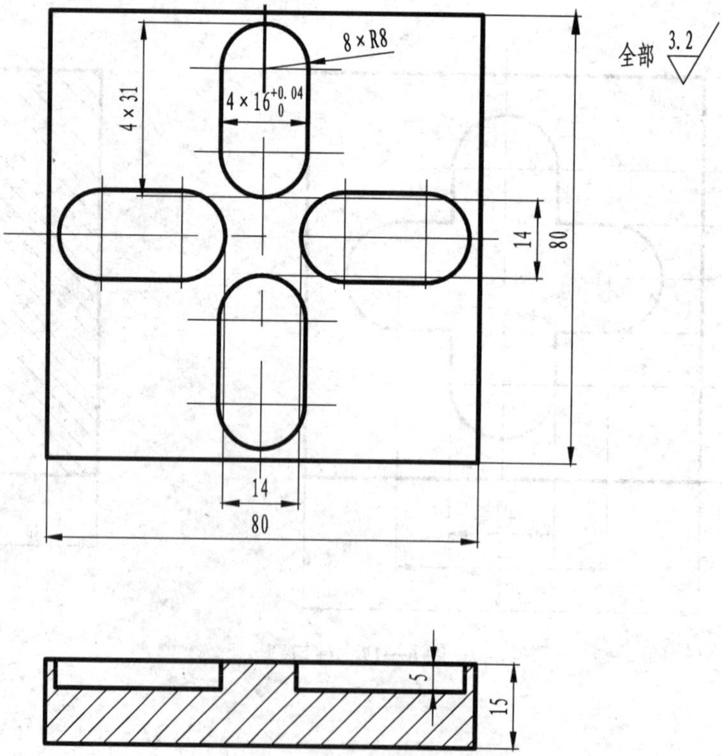

图 7—1　键槽的加工

【任务分析】

本任务要求加工四个大小、形状都相同的键槽。左右键槽可以使用同一个子程序进行加工。上下键槽使用另一个子程序进行加工。加工零件采用斜向下刀方式进行，采用粗→精加工安排加工工艺。

【任务实施】

1. 分析零件图

该零件的总体结构由四方形的毛坯料和四个宽 16mm 的键槽构成，其中，键槽的表面粗糙度值 Ra 为 3.2μm。零件以底部端面为定位基准，零件的上表面中心定为工件坐标系原点。零件的材料为 45 钢，毛坯尺寸为 80mm×80mm×15mm。

2. 加工工艺分析

(1) 工装。

采用机用虎钳装夹工件，底部用平行垫铁垫起。高度要超出最大切削深度。

(2) 加工工艺路线。

1) 粗加工零件右侧键槽，留 0.5mm 的精加工余量。

2) 粗加工零件左侧键槽，留 0.5mm 的精加工余量。

3) 粗加工零件上方键槽，留 0.5mm 的精加工余量。

4) 粗加工零件下方键槽，留 0.5mm 的精加工余量。

5) 换刀，精加工四个键槽。

3. 工、量、刃具准备（见表 7—1）

表 7—1　　工、量、刃具清单

工、量、刃具清单			图号	7—1	
序号	名称	规格	精度	单位	数量
1	游标卡尺	0～150	0.02	把	1
2	深度游标尺	0～200	0.02	把	1
3	内径千分尺	25～50	0.01	把	1
4	百分表及表座	0～10	0.01	套	1
5	立铣刀	ϕ12		把	2
6	平行垫铁			副	若干
7	机用虎钳	200		台	1
8	木槌			把	1
9	呆扳手			把	若干

4. 填写加工工序卡（见表 7—2）

表 7—2　　加工工序卡

单位名称	南溪职业技术学校	产品名称或代号	零件名称	零件图号
		键槽加工		7—1
工序号	程序编号	夹具名称	使用设备	车间
001	O2003	机用虎钳	NC-32V (GSK983M)	数铣实训中心

工步号	工步内容	主轴转速 n（r/min）	进给速度 V_f（mm/min）	切削深度 a_p（mm）	刀具号	刀具名称	备注
1	粗铣四个键槽	800	150	2	T01	立铣刀	自动
2	精铣四个键槽	1 000	100	0.5	T02	立铣刀	自动
编制	审核	批准		年　月　日		共1页	第1页

5. 加工程序编制

（1）工件坐标系的建立。

为使编程方便，工件坐标系正方形的中心，Z 轴 0 点在工件上表面。

（2）基点坐标计算。

（3）编制加工程序。

加工程序见表 7—3。

表 7—3　参考程序

程序号	O3001	
程序段号	程序内容	程序说明
N10	G54 G90 G17 G40 G49 G80 G0 Z50；	建立工件坐标系，绝对编程
N20	M03 S800；	主轴正转，转速 800r/min
N30	G00 X15 Y0；	刀具定位
N40	Z5；	接近工件
N50	G01 Z0 F150；	Z 向下刀至 0 点
N60	M98 P3002 L5；	调用子程序加工右侧键槽下刀
N70	G90 G42 G1 Y8 F150 D1；	绝对编程，建立刀补 D1＝6.3
N100	X30；	加工右侧键槽
N110	G02 Y-8 R8；	加工右侧键槽
N120	G01 X15；	加工右侧键槽
N130	G02 Y8 R8；	加工右侧键槽
N140	G40 G01 Y0；	键槽轮廓加工完成，取消刀补
N150	G0 Z5；	抬刀至 5mm 高度
N160	X-30；	刀具定位，准备铣削左侧键槽
N170	G01 Z0；	Z 向下刀至 0 点
N180	M98 P3002 L5；	调用子程序铣削右侧键槽，下刀
N190	G90 G42 G1 Y8 F150 D1；	绝对编程，建立刀补 D1＝6.3
N200	X-15；	加工左侧键槽
N210	G02 Y-8 R8；	加工左侧键槽
N220	G01 X-30；	加工左侧键槽
N230	G02 Y8 R8；	加工左侧键槽
N240	G40 G01 Y0；	键槽轮廓加工完成，取消刀补
N250	G0 Z5；	抬刀至 5mm 高度
N260	X0 Y30；	刀具定位，准备铣削上方键槽
N270	G01 Z0；	Z 向下刀至 0 点
N280	M98 P3003 L5；	调用子程序铣削上方键槽，下刀
N290	G90 G42 G1 X8 F150 D1；	绝对编程，建立刀补 D1＝6.3

续前表

程序段号	程序内容	程序说明
N300	Y15；	加工上方键槽
N310	G02 X-8 R8；	加工上方键槽
N320	G01 Y30；	加工上方键槽
N330	G02 X8 R8；	加工上方键槽
N340	G40 G01 X0；	键槽轮廓加工完成，取消刀补
N350	G00 Z5；	抬刀至 5mm 高度
N360	Y-15；	刀具定位，准备铣削下方键槽
N370	G01 Z0；	*Z* 向下刀至 0 点
N380	M98 P3003 L5；	调用子程序铣削下方键槽，下刀
N390	G90 G42 G1 X8 F150 D1；	绝对编程，建立刀补 D1=6.3
N400	Y-30；	加工下方键槽
N410	G02 X-8 R8；	加工下方键槽
N420	G01 Y-15；	加工下方键槽
N430	G02 X8 R8；	加工下方键槽
N440	G40 G01 X0；	键槽轮廓加工完成，取消刀补
N450	G01 Z5；	抬刀至 5mm 高度
N460	Z100；	快速抬刀至安全高度
N470	M00；	暂停，换刀 T02
N480	G54 G90 M03 S600；	主轴正转
N490	G00 X15 Y0；	刀具定位
N500	Z5；	快速下刀
N510	G01 Z-5；	进刀至 5mm 深
N520	G42 Y8 D2；	建立刀具半径补偿 D2=6.0
N530	X30；	精加工右侧键槽
N540	G02 Y-8 R8；	精加工右侧键槽
N550	G01 X15；	精加工右侧键槽
N560	G02 Y8 R8；	精加工右侧键槽
N570	G40 G01 Y0；	精加工结束，取消刀补
N580	Z5；	抬刀至 5mm 高度
N590	G00 X-15；	快速定位，准备铣削左侧键槽
N600	G01 Z-5；	下刀至 5mm 深
N610	G42 Y8 D2；	建立刀补 D=6.0
N620	G02 Y-8 R8；	精加工左侧键槽
N630	G01 Y-30；	精加工左侧键槽
N640	G02 Y8 R8；	精加工左侧键槽
N650	G01 X-15；	精加工左侧键槽
N660	G40 Y0；	精加工完成，取消刀补
N670	Z5；	抬刀至安全高度
N680	G00 X0 Y30；	快速定位，准备铣削上方键槽
N690	G01 Z-5；	进刀至 5mm 深
N700	G42 X8 D2；	建立刀具半径补偿
N710	Y15；	精加工上方键槽
N720	G02 X-8 R8；	精加工上方键槽

续前表

程序段号	程序内容	程序说明
N730	G01 Y30；	精加工上方键槽
N740	G02 X8 R8；	精加工上方键槽
N750	G40 G01 X0；	精加工完成，取消刀补
N760	Z5；	抬刀至安全高度
N770	G00 Y-15；	快速定位，准备铣削下方键槽
N780	G01 Z-5；	进刀至5mm深
N790	G42 X8 D2；	建立刀补，D=6.0
N800	Y-30；	精加工下方键槽
N810	G02 X-8 R8；	精加工下方键槽
N820	G01 Y-15；	精加工下方键槽
N830	G02 X8 R8；	精加工下方键槽
N840	G40 X0；	精加工结束，取消刀补
N850	Z5；	抬刀至安全高度
N860	G00 Z100；	快速抬刀至安全高度
N870	M05；	主轴停止
N880	M30；	程序结束
程序号	O3002（子程序1）	
程序段号	程序内容	程序说明
N10	G91 G1 X15 Z-0.5 F100；	增量编程 斜线下刀至－0.5mm
N20	X-15 Z-0.5；	斜线下刀至－1mm
N30	M99；	子程序结束返回主程序
程序号	O3003（子程序2）	
程序段号	程序内容	程序说明
N10	G91 G1 Y15 Z-0.5 F100；	增量编程 斜线下刀至－0.5mm
N20	Y30 Z-0.5；	斜线下刀至－1mm
N30	M99；	子程序结束返回主程序

6. 操作要点

（1）加工准备。

1）开机，回参考点；

2）输入程序并逐行检查程序；

3）手动安装刀具（直径为12mm立铣刀）；

4）安装工件。

（2）对刀，设定工件坐标系。按照要求对刀，并将坐标值输入到G54坐标系中。

（3）程序调试。可将 Z 值正方向平移10mm。方法是：按“偏置”，进入“工件坐标系偏置01”，在“EXT”里将 Z 值修改为10。在“自动”方式下按“循环启动”。观察刀具运动轨迹。如加工路线不正确，则检查程序并进行修改。

（4）工件加工。将“EXT”里的 Z 值恢复为0。将进给速度调到低档，按下启动键。并根据加工情况适当调节主轴转速和进给速度。

（5）工件测量。外廓尺寸可用游标卡尺检验。深度用深度游标卡尺测量。

（6）加工结束，卸下工件。

【任务评价】

表 7—4 任务评价表

姓名				班级			日期		
项目名称			键槽的加工	零件图号	7—1		机床编号		
检测项目		序号	考核内容及要求	配分	评分标准	学生自测	小组检测	教师检测	备注
基本检测	程序	1	切削加工工艺制定正确	5	独立完成				
		2	切削用量选用合理	5	独立完成				
		3	程序正确、简单、规范	10	独立完成				
	操作	4	刀具的刃磨与安装	10	独立完成				
		5	设备的正确操作与维护保养	5					
		6	安全、文明生产	10	发生不安全情况全扣				
尺寸检测	轮廓尺寸	7	$4\times16^{+0.04}_{0}$	8	超差不得分				
		8	4×31	8	超差不得分				
		9	8×*R*8	16	超差不得分				
		10	14（2 处）	4	超差不得分				
		11	5（4 处）	8	超差不得分				
	其他	12	表面粗糙度	11	每处降一级扣 1 分				
实训态度									
指导教师					互评员		总分		

【拓展与练习】

（1）自行制定图 7—1 加工工艺路线，并编写加工程序。

（2）请编写如图 7—2 所示零件加工程序并进行加工。

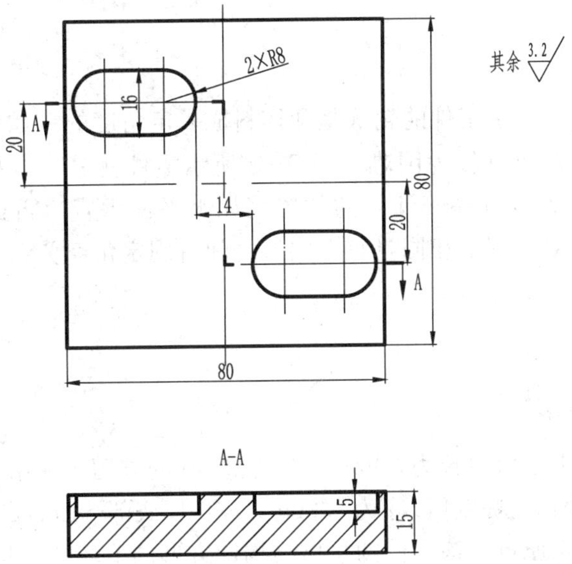

图 7—2 练习题

任务 2　凹槽的编程与加工

【任务描述】

根据图 7—3 所示零件，分析加工工艺并编写零件的加工程序，在数控铣床上完成零件的加工。

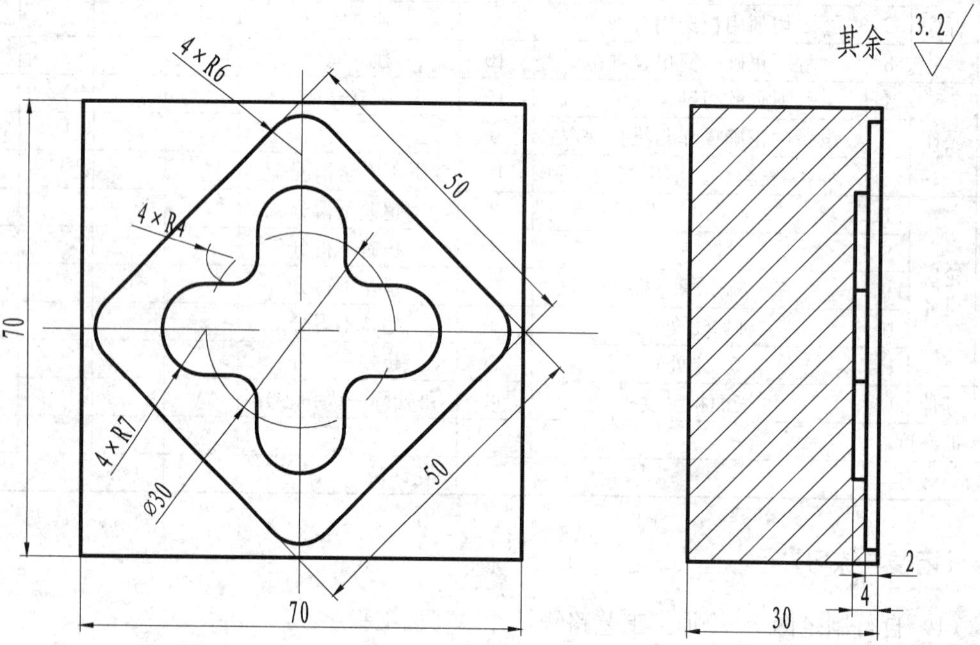

图 7—3　凹槽的加工

【任务分析】

在实际加工中，有许多工件的轮廓是和坯料成一定角度的。如果直接编写这种零件轮廓的加工程序，计算节点较为困难，图 7—3 所示零件就是一典型。这时，利用旋转指令把加工轮廓放置到节点易于计算的位置（如水平或垂直）再进行编程。可简化计算、编程的工作量。对于图形相同且每个图形之间有固定角度关系的工件可使用旋转功能指令。

【任务实施】

1. 分析零件图

该零件分两层，上层为边长为 50mm、深为 2mm 的方槽。在第一层的底面再往下加工 2mm 的十字槽。表面粗糙度值 *Ra* 为 3.2μm。零件以底部端面为定位基准，零件的上表面中心定为工件坐标系原点。该零件的总体结构四方形的毛坯料，材料为 45 钢，毛坯尺寸为 70mm×70mm×30mm。

2. 加工工艺分析

(1) 工装。

采用机用虎钳装夹工件，底部用平行垫铁垫起。高度要超出最大切削深度。

(2) 加工工艺路线。

1) 粗加工零件十字槽，留 0.5mm 的精加工余量。

2) 粗加工零件四方槽，留 0.5mm 的精加工余量。

3) 换刀，精加工各个槽。

3. 工、量、刃具准备（见表 7—5）

表 7—5 工、量、刃具清单

工、量、刃具清单			图号	7—3	
序号	名称	规格	精度	单位	数量
1	游标卡尺	0～150	0.02	把	1
2	深度游标尺	0～200	0.02	把	1
3	内径千分尺	25～50	0.01	把	1
4	百分表及表座	0～10	0.01	套	1
5	立铣刀	ϕ12		把	1
6	立铣刀	ϕ10		把	2
7	平行垫铁			副	若干
8	机用虎钳	200		台	1
9	木槌			把	1
10	呆扳手			把	若干

4. 填写加工工序卡（见表 7—6）

表 7—6 加工工序卡

单位名称	南溪职业技术学校		产品名称或代号		零件名称		零件图号	
			凹槽加工				7—3	
工序号	程序编号		夹具名称		使用设备		车间	
001	O3004		机用虎钳		NC-32V (GSK983M)		数铣实训中心	
工步号	工步内容		主轴转速 n (r/min)	进给速度 V_f (mm/min)	切削深度 a_p(mm)	刀具号	刀具名称	备注
1	粗铣十字槽		800	80	6	T01	立铣刀	自动
2	粗铣四方槽		800	150	2	T02	立铣刀	自动
3	精铣各槽		1 000	100	0.5	T03	立铣刀	自动
编制		审核	批准		年　月　日		共 1 页	第 1 页

5. 加工程序编制

(1) 工件坐标系的建立。为使编程方便，工件坐标系正方形的中心，Z 轴 0 点在工件上表面。

(2) 基点坐标计算。该零件由于应用坐标值旋转，故四方槽的计算变得简单。

(3) 编制加工程序。

加工程序见表 7—7。

表 7—7　参考程序

程序号	O3004	
程序段号	程序内容	程序说明
N10	G54 G90 G17 G40 G49 G80 G0 Z50；	建立工件坐标系，绝对编程
N20	M03 S800；	主轴正转，转速 800r/min
N30	G00 X-15 Y0；	刀具定位
N40	Z5；	接近工件
N50	G01 Z0 F150；	下刀至工件表面
N60	M98 P3005 L4；	调用子程序 O3005 左右下刀
N70	D1 M98 P3006 ；	调用子程序 O3006 粗加工十字槽及内腔，粗加工刀补值 D1＝5.3
N80	M00；	暂停，换刀并修改刀补值准备精铣
N90	G54 M03 S1000 G90 G00 Z50 ；	建立坐标系，主轴正转转速 1 000
N100	G01 Z-4 F150；	下刀至－4mm 深
N110	D2 M98 P3006；	调用子程序 O3006 精加工十字槽及内腔，精加工刀补值为 D2＝5
N120	G0 X100 Y100；	移动工件，便于测量
N130	M05；	主轴停止
N140	M30；	程序结束
程序号	O3005（子程序 1）	
程序段号	程序内容	程序说明
N10	G91 G1 X30 Z-0.5 F100；	增量编程 斜线下刀至－0.5mm
N20	Y-30 Z-0.5；	斜线下刀至－1mm
N30	M99；	子程序结束返回主程序
程序号	O3006（子程序 2）	
程序段号	程序内容	程序说明
N10	G90 G42 G1 Y7 F150 D1（D2）；	建立刀具右补偿，粗加工使用 D1＝5.3，精加工使用 D2＝5
N20	X-11；	加工十字槽轮廓
N30	G03 X-7 Y11 R8；	加工十字槽轮廓
N40	G01 Y15；	加工十字槽轮廓
N50	G02 X7 R7；	加工十字槽轮廓
N60	G01 Y11；	加工十字槽轮廓
N70	G03 X11 Y7；	加工十字槽轮廓
N80	G01 X15；	加工十字槽轮廓
N90	G02 Y-7 R7；	加工十字槽轮廓
N100	G01 X11；	加工十字槽轮廓
N110	G03 X7 Y-11 R7；	加工十字槽轮廓
N120	G01 Y-15；	加工十字槽轮廓
N130	G02 X-7 R7；	加工十字槽轮廓
N140	G01 Y-11；	加工十字槽轮廓

续前表

程序段号	程序内容	程序说明
N150	G03 X-11 Y-7 R7；	加工十字槽轮廓
N160	G01 X-15；	加工十字槽轮廓
N170	G02 Y7 R7；	加工十字槽轮廓
N180	G40 G01 Y0；	加工结束，取消刀补
N190	X0；	回到工件原点
N200	Z-2；	刀具抬高至−2mm，准备加工 50 方槽
N210	G68 X0 Y0 R45；	坐标系以（0，0）旋转，角度为 45°
N220	G42 G01 Y25 D1（D2）；	建立刀具右补偿，粗加工用 D1=5.3，精加工用 D2=5
N230	X19；	铣削方槽
N240	G02 X25 Y19 R6；	铣削方槽
N250	G01 Y-19；	铣削方槽
N260	G02 X19 Y-25 R6；	铣削方槽
N270	G01 X-19；	铣削方槽
N280	G02 X-25 Y-19 R6；	铣削方槽
N290	G01 Y19；	铣削方槽
N300	G02 X-19 Y25 R6；	铣削方槽
N310	G01X0；	铣削方槽
N320	G40 Y0；	铣削结束，取消刀补
N330	G69；	取消坐标系旋转
N340	G0 Z100；	快速移动至安全高度
N350	M99；	子程序结束，返回主程序

6. 操作要点

（1）加工准备。

1）开机，回参考点；

2）输入程序并逐行检查程序；

3）手动安装刀具（直径为 10mm 立铣刀）；

4）安装工件。

（2）对刀，设定工件坐标系。按照要求对刀，并将坐标值输入到 G54 坐标系中。

（3）程序调试。可将 Z 值正方向平移 10mm。方法是：按“偏置”，进入“工件坐标系偏置 01”，在“EXT”里将 Z 值修改为 20。在“自动”方式下按“循环启动”。观察刀具运动轨迹。如加工路线不正确，则检查程序并进行修改。

（4）工件加工。将“EXT”里的 Z 值恢复为 0。将进给速度调到低档，按下启动键。并根据加工情况适当调节主轴转速和进给速度。

（5）工件测量。外廓尺寸可用游标卡尺检验。深度用深度游标卡尺测量。

（6）加工结束，卸下工件。

【知识储备】

坐标系旋转功能指令格式。

$$\left.\begin{cases}G17\\G18\\G19\end{cases}\right\} G68\ X\_\ Y\_\ R\_$$

……

……

……

G69；

X、Y：旋转中心的坐标值（可以是 *X*、*Y*、*Z* 中的任意两个，它们由当前平面选择指令 G17、G18、G19 中的一个确定）。当 *X*、*Y* 省略时，G68 指令认为当前的位置即为旋转中心。

R：旋转角度。逆时针旋转定义为正方向，顺时针旋转定义为负方向。若程序中为设定 R 值，则参数 NO. 716 中的值为旋转角度。R 中指令须带小数点，若未带小数点，则旋转角度单位为 0.001 度。

G69：取消坐标系旋转。

说明：

（1）关于刀具补偿，首先对指令程序进行坐标旋转处理，坐标旋转后，才进行刀具补偿，刀具长度补偿，刀具位置偏移等偏移的处理。

（2）G68 的程序段之后，对绝对值位置指令之前的增量位置指令，被认为没有指令旋转中心。

【任务评价】

表 7—8　　任务评价表

检测项目		序号	考核内容及要求	配分	评分标准	学生自测	小组检测	教师检测	备注
姓名				班级			日期		
项目名称		凹槽的加工		零件图号	7—3		机床编号		
基本检测	程序	1	切削加工工艺制定正确	5	独立完成				
		2	切削用量选用合理	5	独立完成				
		3	程序正确、简单、规范	10	独立完成				
	操作	4	刀具的刃磨与安装	10	独立完成				
		5	设备的正确操作与维护保养	5					
		6	安全、文明生产	10	发生不安全情况全扣				
尺寸检测	轮廓尺寸	7	50（两处）	6	超差不得分				
		8	4×*R*6	12	超差不得分				
		9	4×*R*7	12	超差不得分				
		10	4×*R*4	12	超差不得分				
		11	2	3	超差不得分				
		12	4	3	超差不得分				
	其他	13	表面粗糙度	7	每处降一级扣 1 分				
实训态度									
指导教师					互评员		总分		

【拓展与练习】

应用所学知识，分析零件图 7—4，编制加工工艺和程序，完成零件的加工。

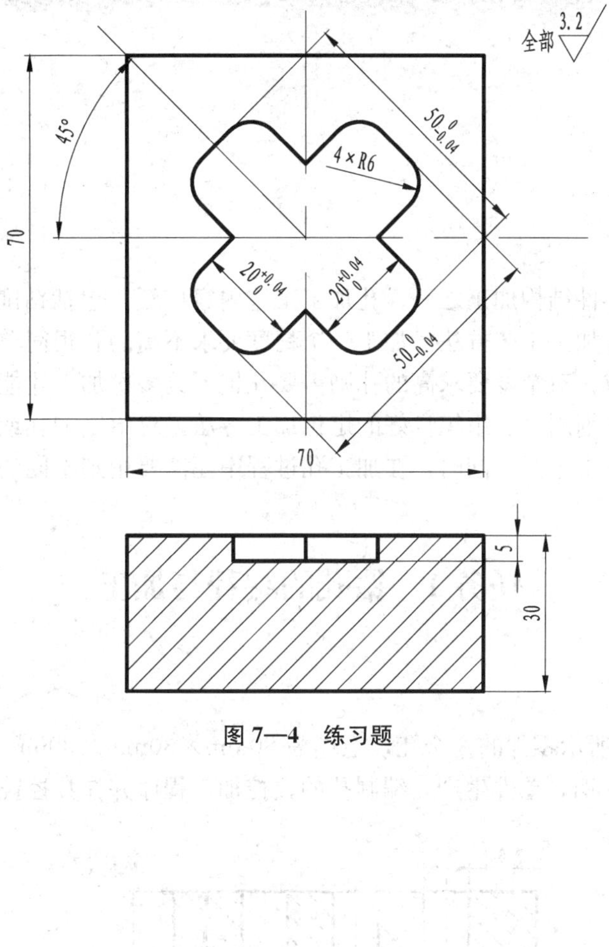

图 7—4　练习题

项目八　孔类零件的编程与加工

孔是最常见的零件结构加工之一，孔加工工艺内容广泛，包括钻削、扩孔、铰孔、锪孔、攻丝、镗孔等孔加工工艺方法。加工一个精度要求不高的孔很简单，往往只需一把刀具一次切削即可完成；对精度要求高的孔则需要几把刀具多次加工才能完成；加工一系列不同位置的孔需要计划周密、组织良好的定位加工方法。对给定的孔或孔系加工，选择适当的工艺方法显得非常重要。同时，在加工孔过程中还需要用到不同的指令，这些指令包括各种固定循环。

任务1　钻孔的编程与加工

【任务描述】

加工如图8—1所示零件的3个孔，毛坯为80mm×30mm×30mm长方块（其余面已经加工），材料为45钢，单件生产。编制孔的数控加工程序并在数控铣床上加工出零件。

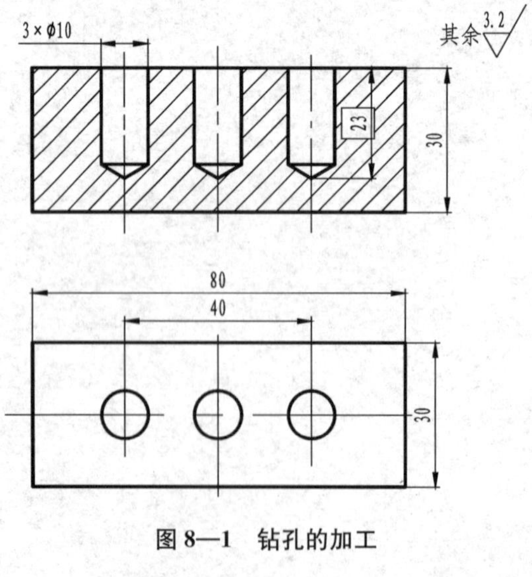

图8—1　钻孔的加工

要求：

（1）使用80mm×35mm×30mm的铝材，孔的尺寸精度为±0.1mm。

（2）运用编程指令进行手工编程。

(3) 使用数控铣床（加工中心）进行对刀和实物加工。

【任务分析】

分析此零件图可以看出此零件由三个盲孔组成。加工盲孔要注意加工的深度一定要把握好。此零件没有公差要求，安排工艺采用：打中心孔→钻孔两步完成。

本任务需要用到的刀具包括中心钻、麻花钻。也要用到钻孔的相关指令。

【任务实施】

1. 分析零件图样

零件形状比较简单，属于浅孔加工，孔的尺寸精度约为±0.1mm，工件表面已经加工，没有形位公差项目的要求，加工要求较低。

2. 加工工艺分析

(1) 加工方案的确定。根据图样加工要求，孔的精度要求较低，所以采用直接一次性钻孔完成孔的加工。

(2) 确定装夹方案。该零件为单件生产，且零件外形为长方体，可选用平口虎钳装夹。工件上表面高出钳口 8mm 左右。

3. 工、量、刃具准备（见表 8—1）

表 8—1　　工、量、刃具清单

工、量、刃具清单			图号	8—1	
序号	名称	规格	精度	单位	数量
1	游标卡尺	0～150	0.02	把	1
2	深度游标尺	0～200	0.02	把	1
3	内径千分尺	25～50	0.01	把	1
4	百分表及表座	0～10	0.01	套	1
5	麻花钻	ϕ10		把	1
6	平行垫铁			副	若干
7	机用虎钳	200		台	1
8	木槌			把	1
9	呆扳手			把	若干

4. 填写加工工序卡（见表 8—2）

表 8—2　　加工工序卡

单位名称	南溪职业技术学校		产品名称或代号		零件名称		零件图号	
			钻孔加工				8—1	
工序号	程序编号		夹具名称		使用设备		车间	
001	O3004		机用虎钳		NC-32V (GSK983M)		数铣实训中心	
工步号	工步内容		主轴转速 n (r/min)	进给速度 V_f (mm/min)	切削深度 a_p(mm)	刀具号	刀具名称	备注
1	钻孔		500	50	23	T01	麻花钻	自动
编制		审核	批准		年　月　日		共1页	第1页

5. 加工程序编制

(1) 工件坐标系的建立。

为使编程方便，工件坐标系正方形的中心，Z 轴 0 点在工件上表面。

(2) 编制加工程序（见表 8—3）。

表 8—3　参考程序

程序号	O4001（钻孔）	
程序段号	程序内容	程序说明
N10	G54 G90 G17 G40 G49 G80 G0 Z50；	建立工件坐标系，绝对编程
N20	M03 S500；	主轴正转，转速 500r/min
N30	G00 X-20 Y0；	刀具定位
N40	Z5；	接近工件
N50	G99 G82 X-20 Y0 Z-23 R2 P3000 F50；	钻削左边孔，深度 23，暂停 3 秒
N60	X0；	钻削中间孔
N70	X20；	钻削右边孔
N80	G80；	取消固定循环
N90	M30；	程序结束

6. 操作要点

(1) 加工准备。

1) 开机，回参考点；

2) 输入程序并逐行检查程序；

3) 手动安装刀具（直径为 10mm 立铣刀）；

4) 安装工件。

(2) 对刀，设定工件坐标系。按照要求对刀，并将坐标值输入到 G54 坐标系中。

(3) 程序调试。可将 Z 值正方向平移 10mm。方法是：按“偏置”，进入“工件坐标系偏置 01”，在“EXT”里将 Z 值修改为 20。在“自动”方式下按“循环启动”。观察刀具运动轨迹。如加工路线不正确，则检查程序并进行修改。

(4) 工件加工。将“EXT”里的 Z 值恢复为 0。将进给速度调到低档，按下启动键。并根据加工情况适当调节主轴转速和进给速度。

(5) 工件测量。外廓尺寸可用游标卡尺检验。深度用深度游标卡尺测量。

(6) 加工结束，卸下工件。

【知识储备】

1. 孔加工固定循环指令（见表 8—4）

表 8—4　GSK983M 孔加工固定循环指令一览表

G 指令代码	加工动作	孔底动作	返回方式	用途
G73	间歇进给	—	快速进给	高速深孔加工
G74	切削进给	暂停、主轴正转	切削进给	攻左旋螺纹孔
G76	切削进给	主轴准停、刀具位移	快速进给	精镗孔
G80	—	—	—	取消固定循环
G81	切削进给	—	快速进给	钻孔、钻中心孔

续前表

G指令代码	加工动作	孔底动作	返回方式	用途
G82	切削进给	暂停	快速进给	钻、锪、镗阶梯孔
G83	间歇进给	—	快速进给	排屑深孔加工
G84	切削进给	暂停、主轴反转	切削进给	攻右旋螺纹孔
G85	切削进给	—	切削进给	精镗孔、铰孔
G86	切削进给	主轴停	快速进给	镗孔
G87	切削进给	刀具位移、主轴正转	快速进给	反镗孔
G88	切削进给	暂停、主轴停	手动进给	镗孔
G89	切削进给	暂停	切削进给	精镗阶梯孔

2. 孔加工的六个动作（见图 8—2）

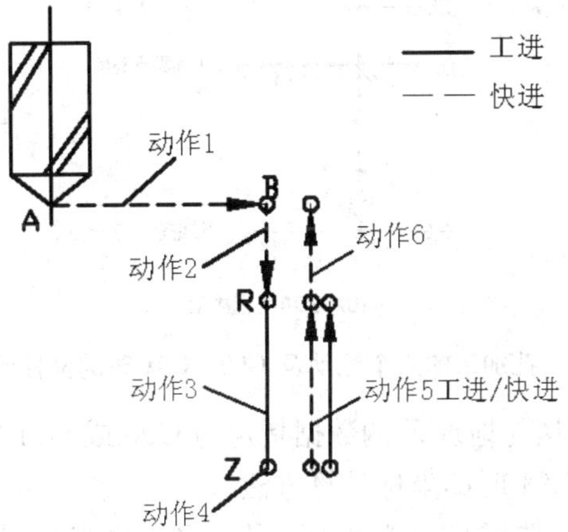

图 8—2　孔加工的六个动作

动作 1：G17 平面快速定位；

动作 2：*Z* 向快速进给到 *R* 点；

动作 3：*Z* 向切削进给至孔底；

动作 4：孔底部的动作；

动作 5：*Z* 向退刀；

动作 6：*Z* 轴快速返回起始位置。

3. 固定循环指令的一般格式

G73-G89 X＿Y＿Z＿R＿Q＿P＿F＿L＿；

G80；

X、Y：定孔在 *X*、*Y* 平面中的位置。

Z：定孔底平面的位置。

R：定安全平面的位置。

Q：当有间歇进给时，刀具每次加工深度；精镗或反镗孔循环中的退刀量。

P：定刀具在孔底的暂停时间，不加小数点，以毫秒（ms）表示。

F：孔加工切削进给时的速度。

L：定孔加工的循环次数，只对等间距孔有效，须以增量方式指定。

G80：取消固定循环。

注意：

（1）除 L 外，各参数均为模态值，在后面的重复加工中不必重新指定。

（2）固定循环可用 G80 和 01 组的 G 代码来取消。

（3）固定循环中不用刀具半径补偿。

4．数据形式 G90、G91（见图 8—3）

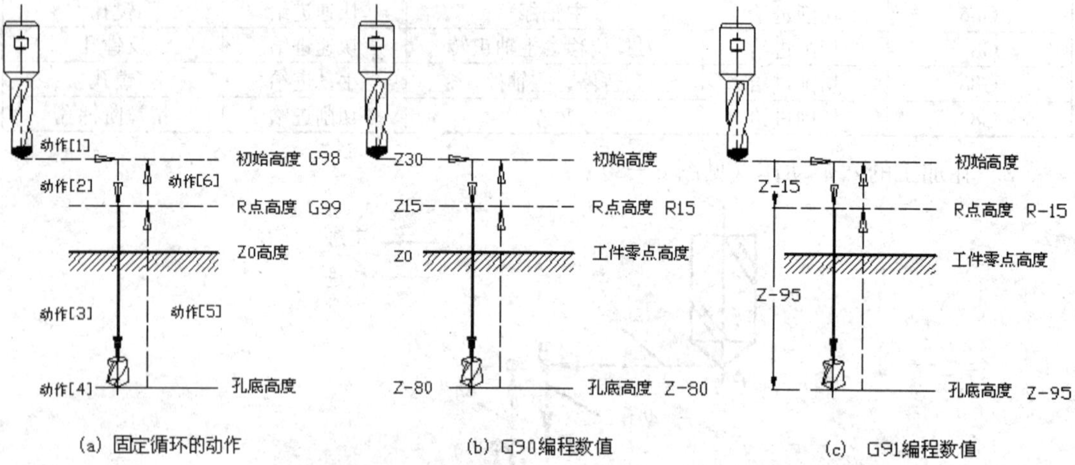

图 8—3 孔加工的六个运动及 G90、G91 时的坐标计算方法

固定循环指令中地址 *R* 与地址 *Z* 的数据指定与 G90 或 G91 的方式选择有关。图 8—3（b）、（c）所示为 G90 或 G91 时的坐标计算方法。

如图 8—3（b）所示，选择 G90 方式时，*R* 与 *Z* 一律取相对 *Z* 向零点的绝对坐标值。

如图 8—3（c）所示，选择 G91 方式时，则 *R* 是指自初始面到 *R* 面的距离，*Z* 是指自 *R* 点所在面到孔底平面的 *Z* 向距离。

X、*Y* 地址的数据指定与 G90 或 G91 的方式选择也有关。G91 模式下的 *X*、*Y* 数据值是相对前一个孔的 *X*、*Y* 方向的增量距离。

5．返回点平面指令 G98、G99

由 G98 或 G99 决定刀具在返回时到达的平面，如图 8—4 所示。

如用 G98 时，则返回到初始平面，返回面高度由初始点的 *Z* 值指定。

如用 G99 时，则返回时到达 *R* 点平面，返回面高度由 *R* 值指定。

G98 和 G99 代码只用于固定循环，它们的主要作用就是在孔之间运动时绕开障碍物。障碍物包括夹具、零件的突出部分、未加工区域以及附件等。

采用固定循环进行孔系加工时，一般不用返回到初始平面，只有在全部孔加工完成后，或孔之间存在凸台或夹具等干涉件时，才回到初始平面。

6．钻孔循环 G81、G82 指令详解

指令格式：

G81 X_ Y_ Z_ R_ F_ L_；

G82 X_ Y_ Z_ R_ P_ F_ L_；

X、Y：孔位数据。

Z：孔底平面位置。

R：指定安全平面的位置。

P：指定刀具在孔底的暂停时间，不加小数点，以毫秒（ms）表示。

F：孔加工切削进给时的速度。

L：指定孔加工的循环次数，只对等间距孔有效，须以增量方式指定。

动作分析：

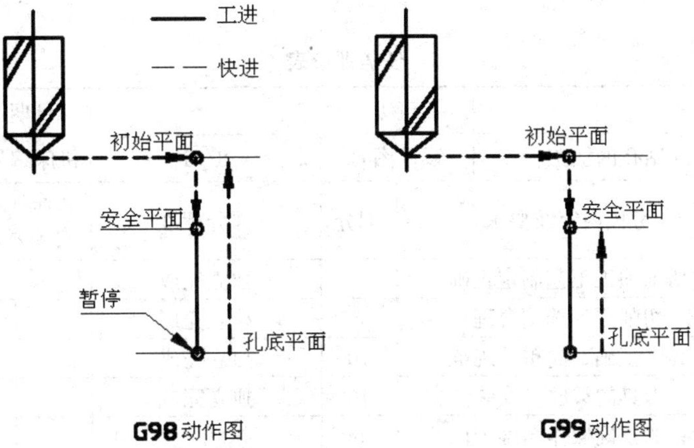

图 8—4　G98 与 G99 动作图

G81 刀具在 *X*、*Y* 平面快速定位至孔的上方，然后快速下刀到安全平面，在此处速度由快进转为工进，切削加工到孔底，然后从孔底快速退回到指定位置（初始平面或安全平面）。

G82 动作过程类似于 G81，只是在孔底增加了延时暂停功能。

7. 深孔钻削循环 G83

(1) 指令格式：G83 X__Y__Z__R__Q__F__；

Q：表示每次的切削深度，用增量值规定。

R：指定安全平面的位置。

F：孔加工切削进给时的速度。

(2) 孔加工动作图解及说明：

如图 8—5 所示为 G83 加工动作图解，指令应用说明如下：

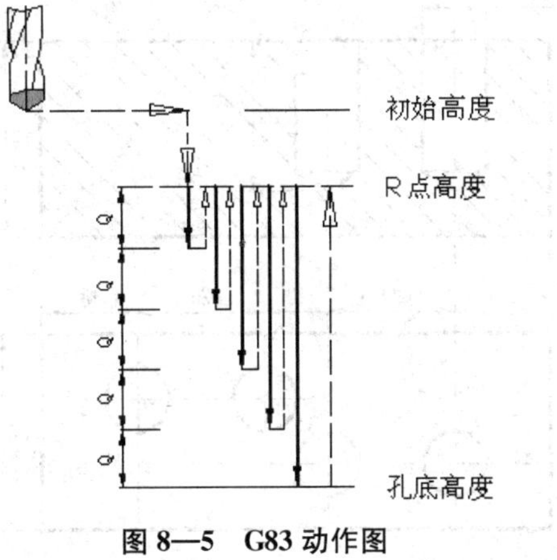

图 8—5　G83 动作图

G83 指令同样通过 Z 轴方向的间歇进给来实现断屑与排屑的目的刀具间歇进给后快速回退到 R 点，再 Z 向快速进给到上次切削孔底平面上方距离为 d 的高度处，从该点处，快进变成工进，工进距离为 $Q+d$。d 值由机床系统指定，无须用户指定。Q 值指定每次进给的实际切削深度，Q 值越小所需的进给次数就越多，Q 值越大则所需的进给次数就越少。

【任务评价】

表 8—5　　任务评价表

姓名				班级		日期			
项目名称		钻孔的加工		零件图号	8—1	机床编号			
检测项目		序号	考核内容及要求	配分	评分标准	学生自测	小组检测	教师检测	备注
基本检测	程序	1	切削加工工艺制定正确	5	独立完成				
		2	切削用量选用合理	5	独立完成				
		3	程序正确、简单、规范	10	独立完成				
	操作	4	刀具的刃磨与安装	10	独立完成				
		5	设备的正确操作与维护保养	5					
		6	安全、文明生产	10	发生不安全情况全扣				
尺寸检测	轮廓尺寸	7	3×ϕ10	18	超差一处扣 6 分				
		8	3 处 23	18	超差一处扣 6 分				
		9	孔距 40	12	超差不得分				
	其他	10	表面粗糙度	7	每处降一级扣 1 分				
实训态度									
指导教师					互评员		总分		

【拓展与练习】

应用所学知识，分析零件图 8—6，编制加工工艺和程序，完成零件的加工。

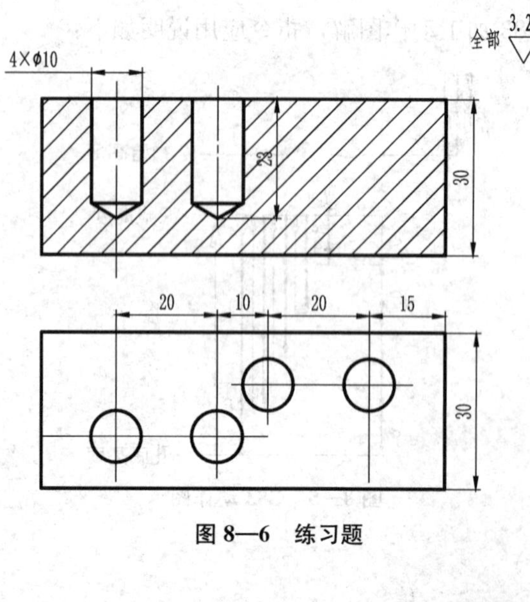

图 8—6　练习题

任务 2　铣孔的编程与加工

【任务描述】

根据图 8—7 所示零件，材料为 45 钢，分析工艺并编写程序，并在数控铣床上完成零件的加工。

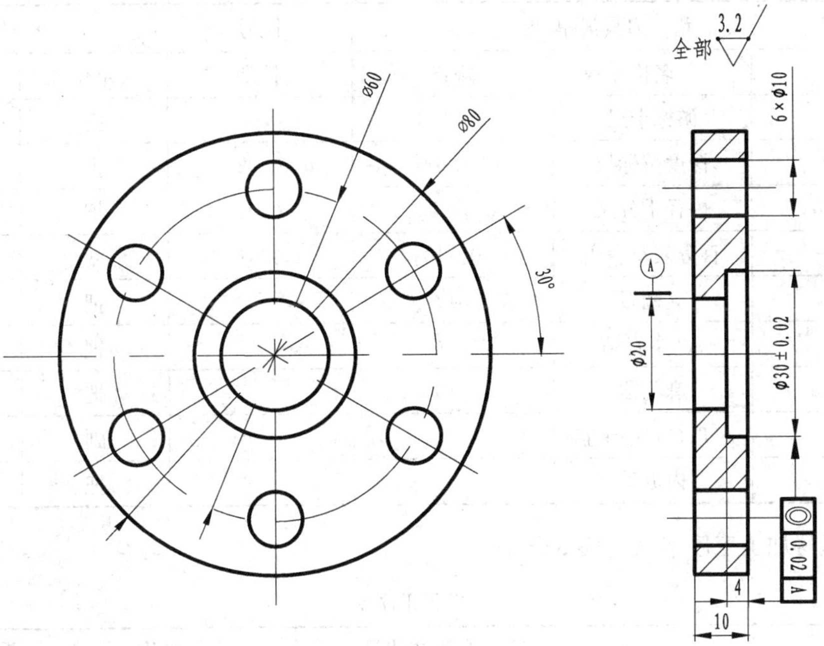

图 8—7　铣孔的加工

【任务分析】

一般要求有配合的场合都需进行孔的再加工，或进行铣削，或进行镗孔，或进行铰孔等，主要是提高孔的尺寸精度和形位精度。此零件中间为阶梯孔，根据公差要求，需要进行铣孔加工。ϕ60 圆上均匀分布 6 个 ϕ10 的通孔，只需钻孔即可。

为了保证铣孔的精度，下刀时可采用螺旋下刀。另外钻 6 个 ϕ10 的通孔可采用极坐标，这样编程简单。

【任务实施】

1. 分析零件图

该零件毛坯为 ϕ80 的盘形零件，厚度为 10mm，在 ϕ60 圆周上均布有 6 个 ϕ10 的通孔，均无公差要求，故可以直接钻孔。中心处为 ϕ20 和 ϕ30 组成的阶梯孔，需采用铣削工艺。

2. 加工工艺分析

（1）工装。该零件由于是单件生产，可采用三爪卡盘装夹。底部用垫铁垫好。

（2）加工工艺路线。

1）用 A2 中心钻钻 ϕ60 圆周上均布的 6 个通孔及中心处通孔的中心孔；

2）用 ϕ9 的麻花钻钻削 ϕ60 圆周上均布的 6 个通孔及中心处通孔；

3）用 ϕ10 的立铣刀铣削 ϕ60 圆周上均布的 6 个通孔；

4）用 ϕ12 的立铣刀铣削中心处台阶孔。

3. 工、量、刃具准备（见表 8—6）

表 8—6　　工、量、刃具清单

工、量、刃具清单			图号	8—7	
序号	名称	规格	精度	单位	数量
1	游标卡尺	0～150	0.02	把	1
2	深度游标尺	0～200	0.02	把	1
3	内径千分尺	25～50	0.01	把	1
4	百分表及表座	0～10	0.01	套	1
5	立铣刀	ϕ12		把	1
6	A2 中心钻			把	1
7	麻花钻	ϕ10		把	1
8	三爪自定心卡盘			副	1
9	内扳手			把	1

4. 填写加工工序卡（见表 8—7）

表 8—7　　加工工序卡

单位名称	南溪职业技术学校		产品名称或代号		零件名称		零件图号	
			铣孔加工				8—7	
工序号	程序编号		夹具名称		使用设备		车间	
001	O3004		机用虎钳		NC-32V (GSK983M)		数铣实训中心	
工步号	工步内容		主轴转速 n（r/min）	进给速度 V_f（mm/min）	切削深度 a_p（mm）	刀具号	刀具名称	备注
1	钻中心孔		2000	100		T01	A2 中心钻	自动
2	钻孔		800	80		T02	麻花钻	自动
3	铣台阶孔		800	80		T04	ϕ12 铣刀	自动
编制		审核	批准		年　月　日		共 1 页	第 1 页

5. 加工程序编制

（1）工件坐标系的建立。

为使编程方便，工件坐标系在毛坯件的中心，Z 轴 0 点在工件上表面。

（2）编制加工程序（见表 8—8）。

表 8—8　　参考程序

程序号	O4002	
程序段号	程序内容	程序说明
N10	G54 G90 G17 G40 G49 G43 H01 G80 G0 Z50；	建立工件坐标系，绝对编程
N20	M03 S2000；	主轴正转，转速 500r/min
N30	G00 X0Y0；	刀具定位
N40	G99 G81 Z-2 R2 F80；	钻台阶孔的中心孔
N50	G99 G81 X0 Y30 Z-2 R2 F80；	钻上部中心孔
N60	G68 X0 Y0 R60；	旋转坐标 60°
N70	G99 G81 X0 Y30 Z-2 F80；	钻中心孔
N80	G69；	取消旋转
N90	G68 X0 Y0 R120；	以工件中心旋转 120°
N100	G99 G81 X0 Y30 Z-2 F80；	钻中心孔
N110	G69；	取消旋转
N120	G68 X0 Y0 R180；	以工件中心旋转 180°
N130	G99 G81 X0 Y30 Z-2 F80；	钻中心孔
N140	G69；	取消旋转
N150	G68 X0 Y0 R240；	以工件中心旋转 240°
N160	G99 G81 X0 Y30 Z-2 F80；	钻中心孔
N170	G69；	取消旋转
N180	G68 X0 Y0 R300；	以工件中心旋转 300°
N190	G99 G81 X0 Y30 F80；	钻中心孔
N200	G69 G80；	取消旋转
N210	G00 Z100；	快速抬刀
N220	M00；	手动换 ϕ10 麻花钻
N230	G90 G54 G43 H02 G00 Z100；	建立工件坐标系，建立长度补偿
N240	M03 S800；	主轴正转
N250	G00 X0 Y0；	定位
N260	G99 G81 Z-13 R2 F80；	钻工件中心处通孔
N270	G99 G81 X0 Y30 Z-13 R2 F80；	钻上方 ϕ10 通孔
N280	G68 X0 Y0 R60；	旋转坐标系 60°
N290	G99 G81 X0 Y30 Z-13 F80；	钻 ϕ10 通孔
N300	G69；	取消旋转
N310	G68 X0 Y0 R120；	旋转坐标系 120°
N320	G99 G81 X0 Y30 Z-13 F80；	ϕ10 通孔
N330	G69；	取消旋转
N340	G68 X0 Y0 R180；	旋转坐标系 180°
N350	G99 G81 X0 Y30 Z-13 F80；	ϕ10 通孔
N360	G69；	取消旋转
N370	G68 X0 Y0 R240；	旋转坐标系 240°
N380	G99 G81 X0 Y30 Z-13 F80；	ϕ10 通孔
N390	G69；	取消旋转
N400	G68 X0 Y0 R300；	旋转坐标系 300°

续前表

程序段号	程序内容	程序说明
N410	G99 G81 X0 Y30 Z-13 F80；	ϕ10 通孔
N420	G69 G80；	取消旋转
N430	G00 Z100；	快速抬刀
N440	M00；	暂停，手动换 ϕ12 立铣刀
N450	G90 G54 G43 H03 G00 Z100；	建立 3 号刀具长度补偿
N460	X0 Y0；	定位
N470	Z10；	接近工件
N480	G1 Z-11 F80；	下刀至 11mm 深
N490	G42 X-8 Y-2.5 D01；	建立刀具右补偿
N500	G02 X-10 Y0 R10；	圆弧切入工件
N510	I10；	铣削 ϕ20 的孔
N520	X-8 Y2.5 R10；	圆弧切出
N530	G40 G01 X0 Y0；	取消刀具半径补偿
N540	Z-4；	抬刀至－4mm 处，准备铣削 ϕ30 孔
N550	G42 X-10 Y-5 D01；	建立刀具右补偿
N560	G02 X-15 Y0 R15；	圆弧切入
N570	I15；	铣削 ϕ30 的台阶孔
N580	X-10 Y5 R15；	圆弧切出
N590	G40 G01 X0 Y0；	取消刀补半径补偿
N600	G00 Z100；	快速抬刀至安全高度
N610	M05；	主轴停止
N620	M30；	程序结束

6. 操作要点

（1）加工准备。

1）开机，回参考点；

2）输入程序并逐行检查程序；

3）手动安装刀具（直径为 10mm 立铣刀）；

4）安装工件。

（2）对刀，设定工件坐标系。按照要求对刀，并将坐标值输入到 G54 坐标系中。

（3）程序调试。可将 Z 值正方向平移 10mm。方法是：按“偏置”，进入“工件坐标系偏置 01”，在“EXT”里将 Z 值修改为 20。在“自动”方式下按“循环启动”。观察刀具运动轨迹。如加工路线不正确，则检查程序并进行修改。

（4）工件加工。将“EXT”里的 Z 值恢复为 0。将进给速度调到低档，按下启动键。并根据加工情况适当调节主轴转速和进给速度。

（5）工件测量。外廓尺寸可用游标卡尺检验。深度用深度游标卡尺测量。

（6）加工结束，卸下工件。

【知识储备】

1. 极坐标指令 G16、G15

在常用数控系统中，极坐标的使用对于有些零件的加工非常方便，但 GSK983M 不支持极坐标。为了拓宽学生的知识面，此处以 FANUC 为例讲解极坐标的使用。

极坐标指令格式：

$$\begin{Bmatrix} G17 \\ G18 \\ G19 \end{Bmatrix} G16\ X\_\ Y\_$$

……

……

G15；

G16：使用极坐标；

X：以工件坐标系的零点（当使用 G90 时）或当前位置（当使用 G91 时）为零点，X 值为半径的圆；

Y：与极轴的夹角；

G15：取消极坐标。

说明：极坐标中半径和角度均可以用绝对值指令或增量值指令（G90，G91）。

以图 8—7 中 6 个 ϕ10 孔的钻削编程如下：

N10 G90 G54 G00 G43 Z100 H01；

N20 M03 S2000；

N30 X0 Y0；

N40 G99 G81 G16 X30 Y30 R5 Z-2 F100；（孔加工固定循环，极坐标编程；孔位置在以工件坐标系原点为圆心，以 35 为半径，并与极轴夹角为 30°的圆上）

N50 G91 Y60 K5；（增量编程，极角 60°为增量，循环加工 5 次）

N60 G80 G90 G00 G15 Z200；

N70 M05；

N80 M00；

2. 圆弧插补铣

当工件有预制孔时，铣孔走刀方式可采用圆弧插补铣（见图 8—8）。对于浅孔加工，或在铣刀没有插铣能力但又要求编程简单的情况下，圆弧插补铣就成为一种有效的加工方法。

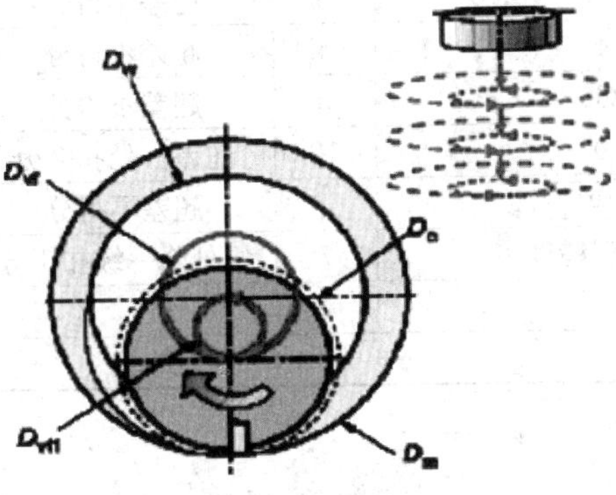

图 8—8　圆弧插补铣

3. 螺旋插补铣

螺旋铣是使刀具到达工件表面上一定距离，先切入至孔上一点，再螺旋向下切削到一定深度（见图 8—9）。螺旋插补铣具有恒接触、切入切出次数少和圆度好等优点。很多时候都编写成子程序来完成螺旋下刀，这在以前键槽铣削和内轮廓铣削时都使用过。

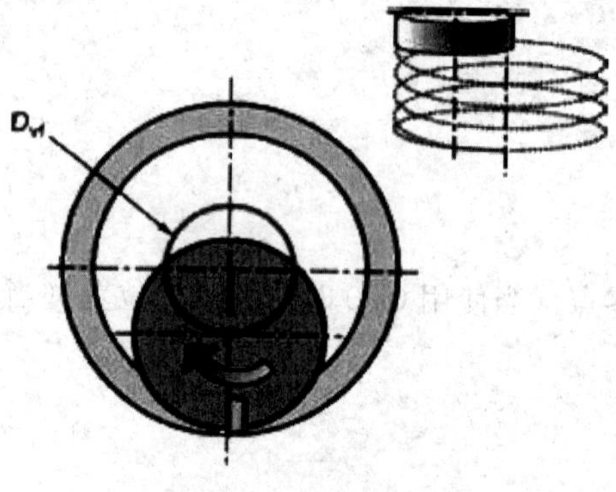

图 8—9　螺旋插补铣

【任务评价】

表 8—9

任务评价表

姓名				班级			日期		
项目名称		铣孔的加工		零件图号	8—7		机床编号		
检测项目		序号	考核内容及要求	配分	评分标准	学生自测	小组检测	教师检测	备注
基本检测	程序	1	切削加工工艺制定正确	5	独立完成				
		2	切削用量选用合理	5	独立完成				
		3	程序正确、简单、规范	10	独立完成				
	操作	4	刀具的刃磨与安装	10	独立完成				
		5	设备的正确操作与维护保养	5					
		6	安全、文明生产	10	发生不安全情况全扣				
尺寸检测	轮廓尺寸	7	6×ϕ10	18	超差一处扣 3 分				
		8	ϕ30±0.02	5	超差不得分				
		9	ϕ20	3	超差不得分				
		10	4	4	超差不得分				
		11	ϕ60	3	超差不得分				
		12	30°	12	超差一处扣 2 分				
		13	◎ 0.02 A	3	超差不得分				
	其他	14	表面粗糙度	7	每处降一级扣 1 分				
实训态度									
指导教师					互评员		总分		

【拓展与练习】

（1）如图 8—10 所示，结合前面所讲内容，使用极坐标指令编写工件的加工程序，并在仿真软件上演示加工过程。

(2) 应用所学知识，分析零件图 8—10，编制加工工艺和程序，在数控铣床上完成零件的加工。

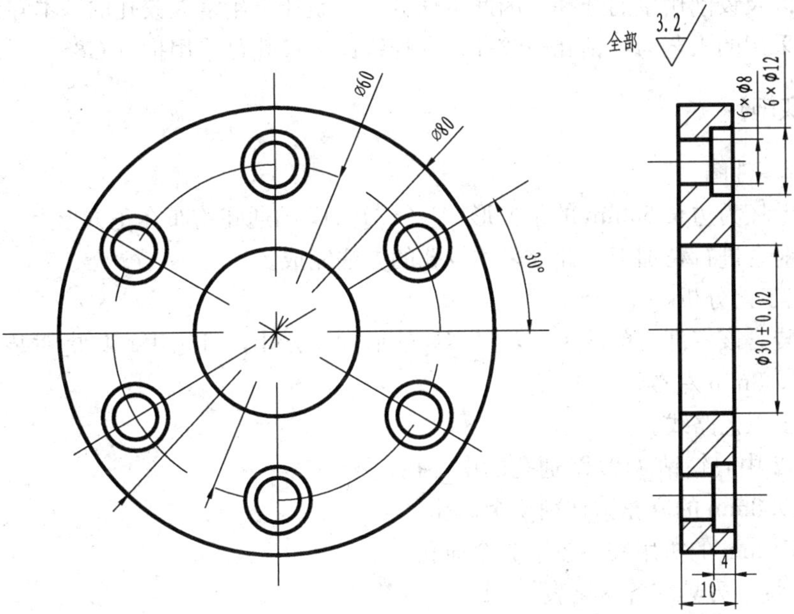

图 8—10 练习题

任务 3 铰孔的编程与加工

【任务描述】

根据图 8—11 所示零件，材料为 45 钢，分析工艺并编写程序，并在数控铣床上完成零件的加工。

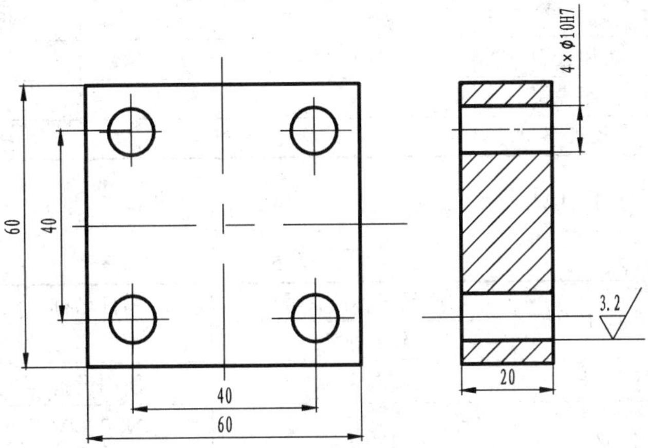

图 8—11 铰孔的加工

【任务分析】

此零件中四个通孔公差等级均为 H8，采用铰孔即可达到精度要求。铰孔最重要的是铰刀的选择以及铰削用量的选择。因此本任务重点是让学生掌握铰孔的基本知识。

本任务采用的工艺为：钻孔→铰孔；数控铣床上铰孔可采用指令 G85。

【任务实施】

1. 分析零件图

该零件毛坯为边长 60mm 的正方形。4 个 ϕ10H7 的通孔均布在正方形上。因为有公差要求，均需对孔进行精加工，此处采用铰孔的方法完成。

2. 加工工艺分析

（1）工装。该零件为单件生产，且零件外形为长方体，可选用平口虎钳装夹。工件上表面高出钳口 8mm 左右。

（2）加工工艺路线。

1）用 A2 中心钻钻 ϕ10H7 通孔的中心孔；

2）用 ϕ9.8mm 的麻花钻钻削 4 个通孔；

3）用 ϕ10mm 的机用铰刀铰削 4 个通孔。

3. 工、量、刃具准备（见表 8—10）

表 8—10　　工、量、刃具清单

工、量、刃具清单			图号	8—11	
序号	名称	规格	精度	单位	数量
1	游标卡尺	0～150	0.02	把	1
2	深度游标尺	0～200	0.02	把	1
3	内径千分尺	25～50	0.01	把	1
4	百分表及表座	0～10	0.01	套	1
5	立铣刀	ϕ12		把	1
6	A2 中心钻			把	1
7	麻花钻	ϕ9.8		把	1
8	机用铰刀	ϕ10		把	1
9	机用虎钳			台	1
10	呆扳手			把	1

4. 填写加工工序卡（见表 8—11）

表 8—11　　加工工序卡

单位名称	南溪职业技术学校	产品名称或代号	零件名称	零件图号
		铰孔加工		8—11
工序号	程序编号	夹具名称	使用设备	车间
001	O4003	机用虎钳	NC-32V (GSK983M)	数铣实训中心

工步号	工步内容			主轴转速 n（r/min）	进给速度 V_f（mm/min）	切削深度 a_p（mm）	刀具号	刀具名称	备注
1	钻中心孔			2000	100		T01	A2 中心钻	自动
2	钻孔			800	60		T02	麻花钻	自动
3	铣台阶孔			200	80		T03	ϕ10 铰刀	自动
编制		审核		批准		年　月　日		共 1 页	第 1 页

5. 加工程序编制

(1) 工件坐标系的建立。为使编程方便，工件坐标系在毛坯件的中心，Z 轴 0 点在工件上表面。

(2) 编制加工程序（见表 8—12）。

表 8—12　　**参考程序**

程序号	O4003（钻中心孔）	
程序段号	程序内容	程序说明
N10	G54 G90 G17 G40 G49 G80；	建立工件坐标系，绝对编程
N20	M03 S2000；	主轴正转，转速 2 000r/min
N30	G43 H01 G00 X0Y0 Z100；	建立刀具长度补偿，补偿号 01 号
N40	G98 G81 X-20 Y20 Z-2 R2 F100；	点钻第一个中心孔
N50	X20；	点钻第二个中心孔
N60	Y-20；	点钻第三个中心孔
N70	X-20；	点钻第四个中心孔
N80	G80；	取消固定循环
N90	G49 G00 Z100；	取消刀具长度补偿
N100	M05；	主轴停止
N110	M00；	程序暂停，手动换 ϕ9.8 麻花钻
N120	G90 G54 G00 X0 Y0；	建立工件坐标系，快速移动到工件原点
N130	M03 S800；	主轴正转，转速 800r/min
N140	G00 G43 Z100 H2；	建立长度补偿，补偿号 2 号
N150	G98 G83 X-20 Y20 Z-22 R2 Q5 F60；	点钻第一个孔
N160	X20；	点钻第二个孔
N170	Y-20；	点钻第三个孔
N180	X-20；	点钻第四个孔
N190	G80；	取消固定循环
N200	G00 Z100；	快速抬刀
N210	G00 G49 Z0；	取消刀具长度补偿
N220	M05；	主轴停止
N230	G91 G28 Z0；	返回到机床 Z 轴原点
N240	M00；	程序暂停，手动换 ϕ10 铰刀

续前表

程序段号	程序内容	程序说明
N250	G90 G54 G00 X0 Y0；	选择工件坐标系，快速移动到工件原点
N260	M03 S200；	主轴正转，钻速 200r/min
N270	G00 G43 Z100 H3；	建立长度补偿，补偿号 3 号
N280	G98 G85 X-20 Y20 Z-55 R2 F80；	使用镗孔循环铰削第一个孔
N290	X20；	使用镗孔循环铰削第二个孔
N300	Y-20；	使用镗孔循环铰削第三个孔
N310	X-20；	使用镗孔循环铰削第四个孔
N320	G80；	取消固定循环
N330	G00 Z100；	快速抬刀
N340	G00 G49 Z0；	取消长度补偿
N350	M05；	主轴停止
N370	M30；	程序结束

6. 操作要点

（1）加工准备。

1）开机，回参考点；

2）输入程序并逐行检查程序；

3）手动安装刀具（A2 中心钻）；

4）安装工件。

（2）对刀，设定工件坐标系。按照要求对刀，并将坐标值输入到 G54 坐标系中，注意长度补偿值的输入。

（3）程序调试。可将 Z 值正方向平移 10mm。方法是：按“偏置”，进入“工件坐标系偏置 01”，在“EXT”里将 Z 值修改为 20。在“自动”方式下按“循环启动”。观察刀具运动轨迹。如加工路线不正确，则检查程序并进行修改。

（4）工件加工。将“EXT”里的 Z 值恢复为 0。将进给速度调到低档，按下启动键。并根据加工情况适当调节主轴转速和进给速度。

（5）工件测量。外廓尺寸可用游标卡尺检验。深度用深度游标卡尺测量。

（6）加工结束，卸下工件。

【知识储备】

1. 铰孔加工概述

铰孔时，铰刀从工件孔壁上切除微量金属层，以提高其尺寸精度和减小其表面粗糙度值，铰孔是孔的精加工方法之一，常用作直径不很大、硬度不太高的工件孔的精加工。机铰生产率高，劳动强度小，适宜于大批量生产。

铰孔加工精度可达 IT9～IT7 级，表面粗糙度一般达 $Ra1.6 \sim 0.8\mu m$。这是由于铰孔所用的铰刀结构特殊，加工余量小，并用很低的切削速度工作的缘故。

直径在 100mm 以内的孔可以采用铰孔，孔径大于 100mm 时，多用精镗代替铰孔。在镗床上铰孔时，孔的加工顺序一般为：钻（或扩）孔→镗孔→铰孔。对于直径小于 12mm

的孔，由于孔小，镗孔非常困难，一般先用中心钻定位，然后钻孔、扩孔，最后铰孔，这样才能保证孔的直线度和同轴度。

一般来说，对于IT8级精度的孔，只要铰削一次就能达到要求；IT7级精度的孔应铰两次，先用小于孔径0.05～0.2mm的铰刀粗铰一次，再用符合孔径公差的铰刀精铰一次；IT6级精度的孔则应铰削三次。

铰孔对于纠正孔的位置误差的能力很差，因此，孔的有关位置精度应由铰孔前的预加工工序予以保证，在铰削前孔的预加工，应先进行减少和消除位置误差。如，对于同轴度和位置公差有较高要求的孔，首先使用中心钻或点钻加工，然后钻孔，接着是粗镗，最后才由铰刀完成加工。另外，铰孔前孔的表面粗糙度应小于$Ra3.2\mu m$。

铰孔操作需要使用冷却液，以得到较好的表面质量并在加工中帮助排屑。切削中并不会产生大量的热，所以选用标准的冷却液即可。

2. 铰刀的选择

铰孔的精度主要决定于铰刀的尺寸精度。

由于新的标准圆柱铰刀，直径上留有研磨余量，且其表面粗糙度也较差，所以在铰削IT8级精度以上孔时，应先将铰刀的直径研磨到所需的尺寸精度。

由于铰孔后，孔径会扩张或缩小，目前对孔的扩张或缩小量尚无统一规定，一般铰刀的直径多采用经验数值：

铰刀直径的基本尺寸＝孔的基本尺寸

上偏差＝2/3被加工孔的直径公差

下偏差＝1/3被加工孔的直径公差

例如：铰削$\phi 20H7(^{+0.021}_{0})$的孔，则选用的铰刀直径：

铰刀基本尺寸＝ϕ20mm

上偏差＝2/3×0.021 mm＝0.014mm

下偏差＝1/3×0.021 mm＝0.007mm

所以选用的铰刀直径尺寸为$\phi 20^{+0.014}_{+0.007}$mm。

3. 铰孔切削用量

（1）铰削余量。

铰削余量是留作铰削加工的切深的大小。通常进行铰孔余量比扩孔或镗孔的余量要小，铰削余量太大会增大切削压力而损坏铰刀，导致加工表面粗糙度很差。余量过大时可采取粗铰和精铰分开，以保证技术要求。如果毛坯余量太小会使铰刀过早磨损，不能正常切削，也会使表面粗糙度差。

一般铰削余量为0.1～0.25mm，对于较大直径的孔，余量不能大于0.3mm。

有一种经验建议留出铰刀直径1％～3％大小的厚度作为铰削余量（直径值），如ϕ20的铰刀加工ϕ19.6左右的孔直径比较合适：

$$20-(20\times 2/100)=19.6$$

对于硬材料和一些航空材料，铰孔余量通常取得更小。

（2）铰孔的进给率。

铰孔的进给率比钻孔要大，通常为它的2～3倍。取较高进给率的目的是使铰刀切削材料而不是摩擦材料。但铰孔的粗糙度 *Ra* 值随进给量的增加而增大。

进给量过小时，会导致刀具径向摩擦力的增大，铰刀会迅速磨损引起铰刀颤动，使孔的表面变粗糙。

标准高速钢铰刀加工钢件，要得到表面粗糙度 *Ra*0.63，则进给量不能超过 0.5mm/r，对于铸铁件，可增加至 0.85mm/r。

(3) 铰孔操作的主轴转速。

铰削用量各要素对铰孔的表面粗糙度均有影响，其中以铰削速度影响最大，如用高速钢铰刀铰孔，要获得较好的粗糙度 *Ra*0.63，对中碳钢工件来说，铰削速度不应超过 5m/min，因为此时不易产生积屑瘤，且速度也不高；而铰削铸铁时，因切屑断为粒状，不会形成积屑瘤，故速度可以提高到 8～10m/min。

通常铰孔的主轴转速可选为同材料上钻孔主轴转速的 2/3。例如，如果钻孔主轴转速为 500r/min，那么铰孔主轴转速定为它的 2/3 比较合理：

$$500\times 0.660=330\text{r/min}$$

4. 镗孔循环指令 G85

(1) G85 指令动作。

铰孔编程也需要用到固定循环。实际上并没有直接定义的铰孔循环。GSK983M 系统中比较合适铰孔的循环为 G85，该循环可实现进给运动“进”和进给运动“出”，且两种运动的进给率相同。G85 固定循环路线如图 8—12 所示。

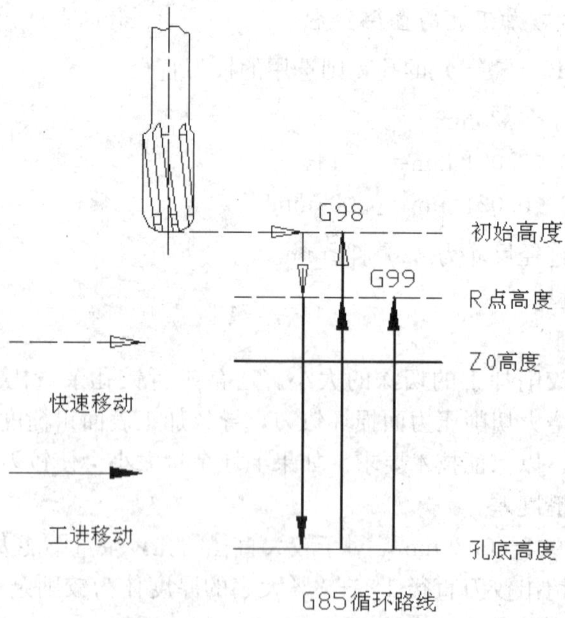

图 8—12　G85 固定循环路线图

(2) 指令格式：G85 X_ Y_ Z_ R_ L_ F_;

X、Y：孔位数据；

Z：底孔的位置；

R：指定安全平面的位置；

L：循环次数；

F：孔加工切削进给时的速度。

【任务评价】

表 8—13　　任务评价表

姓名				班级		日期			
项目名称			铰孔的加工	零件图号	8—11	机床编号			
检测项目		序号	考核内容及要求	配分	评分标准	学生自测	小组检测	教师检测	备注
基本检测	程序	1	切削加工工艺制定正确	5	独立完成				
		2	切削用量选用合理	5	独立完成				
		3	程序正确、简单、规范	10	独立完成				
	操作	4	刀具的刃磨与安装	10	独立完成				
		5	设备的正确操作与维护保养	4					
		6	安全、文明生产	10	发生不安全情况全扣				
尺寸检测	轮廓尺寸	7	两处 40	12	超差不得分				
		8	4×ϕ10H8	32	超差不得分				
	其他	9	表面粗糙度	12	每处降一级扣 3 分				
实训态度									
指导教师					互评员		总分		

【拓展与练习】

应用所学知识，分析图 8—13 零件，编制加工工艺和程序，并在数控铣床（加工中心）上完成零件的加工。

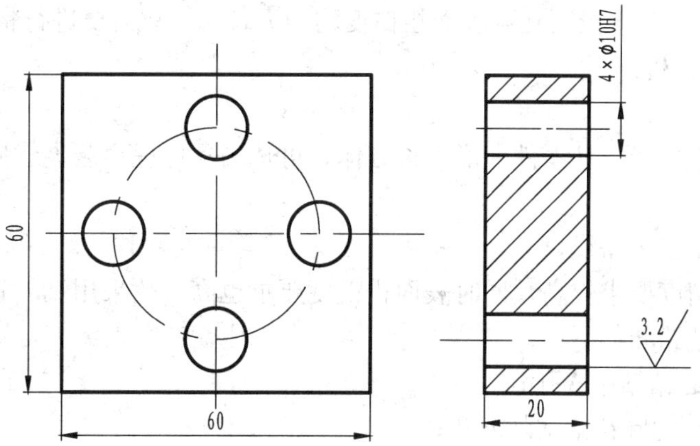

图 8—13　练习题

任务 4　镗孔的编程与加工

【任务描述】

根据图 8—14 所示孔类零件，材料为 45 钢，分析工艺并编写程序，并在数控铣床上完成零件的加工。

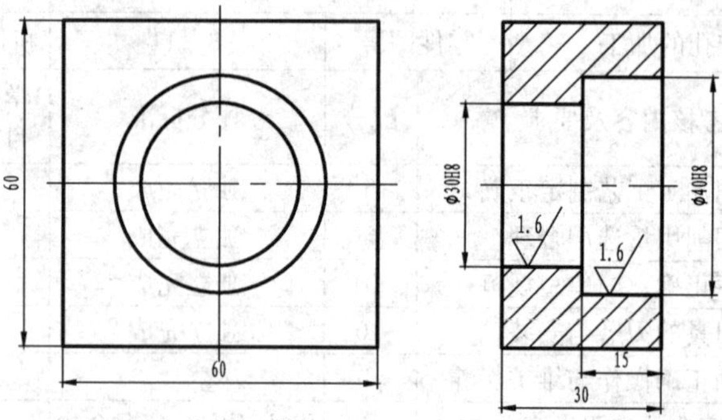

图 8—14　镗孔的加工

【任务分析】

图 8—14 所示零件为一阶梯孔，大孔与小孔的公差等级均为 8 级，表面粗糙度均为 $Ra1.6$。根据孔尺寸及精度要求，采用钻孔→用铣刀扩孔→镗孔安排加工工艺。

镗孔采用的指令为 G76。

【任务实施】

1. 分析零件图

该零件毛坯为边长 60mm 的正方形。中心处是一阶梯孔，大孔直径为 $\phi30$，小孔直径为 $\phi20$，公差等级均为 8 级。孔内表面粗糙度均为 $Ra1.6$。故需要进行精加工。

2. 加工工艺分析

（1）工装。

该零件为单件生产，且零件外形为长方体，可选用平口虎钳装夹。底部加垫铁将工件垫好。

（2）确定加工工艺路线。

该零件尺寸精度要求较高，同时表面粗糙度要求也高，故采用钻→铣→粗镗→精镗加工工艺。具体工艺路线如下：

1）用 A2 中心钻钻中心孔；

2）用 $\phi10$mm 的麻花钻钻削通孔；

3）用 $\phi12$ 的立铣刀扩孔，留粗镗余量；

4）粗镗阶梯孔；

5）精镗阶梯孔。

3. 工、量、刃具准备（见表 8—14）

表 8—14　　工、量、刃具清单

工、量、刃具清单			图号	8—14	
序号	名称	规格	精度	单位	数量
1	游标卡尺	0～150	0.02	把	1
2	深度游标尺	0～200	0.02	把	1
3	内径千分尺	25～50	0.01	把	1
4	百分表及表座	0～10	0.01	套	1
5	立铣刀	ϕ12		把	1
6	A2 中心钻			把	1
7	麻花钻	ϕ10		把	1
8	镗刀	ϕ26～ϕ33 ϕ32～ϕ40		把	2
9	机用虎钳	200		台	1
10	呆扳手			把	1

4. 填写加工工序卡（见表 8—15）

表 8—15　　加工工序卡

单位名称	南溪职业技术学校	产品名称或代号	零件名称	零件图号
		镗孔加工		8—14
工序号	程序编号	夹具名称	使用设备	车间
001	O4004	机用虎钳	NC-32V（GSK983M）	数铣实训中心

工步号	工步内容	主轴转速 n（r/min）	进给速度 V_f（mm/min）	切削深度 a_p（mm）	刀具号	刀具名称	备注
1	钻中心孔	2 000	100		T01	A2 中心钻	手动
2	钻孔	800	60	5	T02	麻花钻	自动
3	铣台阶孔	1 200	200	1	T03	ϕ12 铣刀	自动
4	镗孔	800	60	0.3	T04	微调镗刀	自动
编制	审核	批准		年　月　日		共 1 页	第 1 页

5. 加工程序编制

(1) 工件坐标系的建立。

为使编程方便，工件坐标系在毛坯件的中心，Z 轴 0 点在工件上表面。

(2) 编制加工程序（见表 8—16）。

表 8—16　　参考程序

程序号	O4004	
程序段号	程序内容	程序说明
N10	G54 G90 G17 G40 G49 G80；	手动换刀 ϕ10 麻花钻，建立坐标系
N20	M03 S800；	主轴正转，转速 800r/min
N30	G43 H01 G00 X0Y0 Z100；	建立刀具长度补偿，补偿号 01 号
N40	G98 G81 X0 Y0 Z-32 R2 F60；	钻通孔

续前表

程序段号	程序内容	程序说明
N50	G80；	取消固定循环
N60	G00 Z100；	快速抬刀
N70	G00 G49 Z0；	取消长度补偿
N80	M05；	主轴停止
N90	M00；	程序暂停，手动换刀 ϕ12 立铣刀
N100	G90 G54 G00 X0 Y0；	选择工件坐标系，快速移动到工件原点
N110	M03 S1200；	主轴正转，转速 1 200r/min
N120	G43 Z100　H02；	建立长度补偿，补偿号 02
N130	Z5；	接近工件
N140	G01 Z0 F200；	直线插补到工件表面
N150	G41 X-8 Y-7 D01；	建立刀具半径补偿
N160	G03 X0 Y-15R8；	圆弧切入工件
N170	M98 P4005 L15；	调用子程序实现螺旋下刀
N180	G03 J15；	铣平 ϕ30 底面
N190	G03 X8 Y-7 R8；	圆弧切出
N200	G01 G40 X0 Y0；	取消刀具半径补偿
N210	G00 G49 Z100；	取消长度补偿
N220	G80；	取消固定循环
N230	G00 Z100；	快速抬刀
N240	G00 G49 Z0；	抬刀
N250	M05；	主轴停止
N260	G91 G28 Z0；	返回机床原点
N270	M00；	暂停，手动换镗刀
N280	G90 G54 G0 X0 Y0；	选择工件坐标系，并快速移到工件原点
N290	M03 S800；	主轴正转
N300	G90 G00 G43 Z100 H03；	建立长度补偿，补偿号 03
N310	G98 G76 X0 Y0 Z-16 R2 Q1 F60；	粗镗孔
N320	G80；	取消固定循环
N330	G00 Z100；	快速抬刀
N340	M05；	主轴停止
N350	M00；	暂停，手动换刀
N370	G90 G54 G0 X0 Y0；	选择工件坐标系，并快速移到工件原点
N380	M03 S800；	主轴正转
N390	G90 G00 G43 Z100 H03；	建立长度补偿，补偿号 03
N400	G98 G76 X0 Y0 Z-16 R2 Q1 F60；	精镗孔
N410	G80；	取消固定循环
N420	G00 Z100；	快速抬刀
N430	M05；	主轴停止
N440	M30；	程序结束
程序号	O4005（螺旋下刀子程序）	
程序段号	程序内容	程序说明
N10	G91 G03 J15 Z-1；	增量编程，螺旋下刀
N20	G90；	绝对编程
N30	M99；	子程序结束返回主程序

6. 操作要点

（1）加工准备。

1）开机，回参考点；

2）输入程序并逐行检查程序；

3）手动安装刀具（A2 中心钻）；

4）安装工件。

（2）对刀，设定工件坐标系。按照要求对刀，并将坐标值输入到 G54 坐标系中，注意长度补偿值的输入。

（3）程序调试。可将 Z 值正方向平移 10mm。方法是：按“偏置”，进入“工件坐标系偏置 01”，在“EXT”里将 Z 值修改为 20。在“自动”方式下按“循环启动”。观察刀具运动轨迹。如加工路线不正确，则检查程序并进行修改。

（4）工件加工。将“EXT”里的 Z 值恢复为 0。将进给速度调到低档，按下启动键。并根据加工情况适当调节主轴转速和进给速度。

（5）工件测量。内径用内径千分尺检查。深度用深度游标卡尺测量。

（6）加工结束，卸下工件。

【知识储备】

1. 镗孔加工概述

（1）镗孔加工要求。

镗孔是加工中心的主要加工内容之一，它能精确地保证孔系的尺寸精度和形位精度，并纠正上道工序的误差。

通过镗削上加工的圆柱孔，大多数是机器零件中的主要配合孔或支承孔，所以有较高的尺寸精度要求。一般配合孔的尺寸精度要求控制在 IT7～IT8，机床主轴厢体孔的尺寸精度为 IT6，精度要求较低的孔一般控制在 IT11。

对于精度要求较高的支架类、套类零件的孔以及箱体类零件的重要孔，其形状精度应控制在孔径公差的 1/3～1/2。镗孔的孔距间误差一般控制在±0.025～0.06mm，两孔轴心线平行度误差控制在 0.03～0.10mm。镗削表面粗糙度，一般是 Ra1.6～0.4μm。

（2）镗孔加工方法。

孔的镗削加工往往要经过粗镗、半精镗、精镗工序的过程。粗镗、半精镗、精镗工序的选择，决定于所镗孔的精度要求、工件的材质及工件的具体结构等因素。

1）粗镗。

粗镗是圆柱孔镗削加工的重要工艺过程，它主要是对工件的毛坯孔（铸、锻孔）或对钻、扩后的孔进行预加工，为下一步半精镗、精镗加工达到要求奠定基础，并能及时发现毛坯的缺陷（裂纹、夹砂、砂眼等）。

粗镗后一般留单边 2～3mm 作为半精镗和精镗的余量。对于精密的箱体类工件，一般粗镗后还应安排回火或时效处理，以消除粗镗时所产生的内应力，最后再进行精镗。

由于在粗镗中采用较大的切削用量，故在粗镗中产生的切削力大、切削温度高，刀具磨损严重。为了保证粗镗的生产率及一定的镗削精度，因此要求粗镗刀应有足够的强度，能承受较大的切削力，并有良好的抗冲击性能；粗镗要求镗刀有合适的几何角度，以减小切削力，并有利于镗刀的散热。

2）半精镗。

半精镗是精镗的预备工序，主要是解决粗镗时残留下来的余量不均部分。对精度要求高的孔，半精镗一般分两次进行：第一次主要是去掉粗镗时留下的余量不均匀的部分；第二次是镗削余下的余量，以提高孔的尺寸精度、形状精度及减小表面粗糙度。半精镗后一般留精镗余量为0.3～0.4mm（单边），对精度要求不高的孔，粗镗后可直接进行精镗，不必设半精镗工序。

3）精镗。

精镗是在粗镗和半精镗的基础上，用较高的切削速度、较小的进给量，切去粗镗或半精镗留下的较少余量，准确地达到图纸规定的内孔表面。粗镗后应将夹紧压板松一下，再重新进行夹紧，以减少夹紧变形对加工精度的影响。通常精镗切削深度不小于0.01mm，进给量不小于0.05mm/r。

2. 镗刀选用

(1) 镗刀分类。

镗刀用于加工各类不同直径的孔，特别是位置精度要求较高的孔和孔系。镗刀的类型按功能可分为粗镗刀、精镗刀；按切削刃数量可分为单刃镗刀、双刃镗刀和多刃镗刀；按照工件加工表面特征可分为通孔镗刀、盲孔镗刀、阶梯孔镗刀和端面镗刀；按刀具结构可分为整体式、模块式等。

(2) 镗刀选用。

对于精度要求不高的几个同尺寸的孔，在加工时，可以用一把刀完成所有孔的加工后，再更换一把刀加工各孔的第二道工序，直至换最后一把刀加工最后一道工序为止。

精加工孔则需单独完成，每道工序换一次刀，尽量减少各个坐标的运动以减少定位误差对加工精度的影响。数控铣床常用的精镗孔刀具如图8—15所示的精镗微调镗刀。

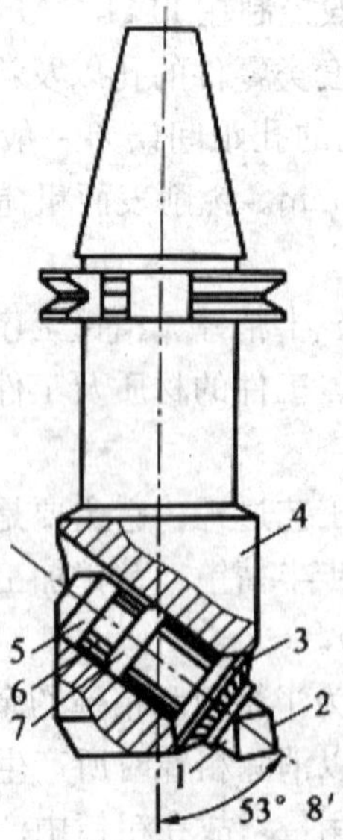

图8—15 精镗微调镗刀

1—刀体；2—刀片；3—微调螺母；4—刀杆；5—螺母；6—拉紧螺钉；7—导向键。

3. 精镗孔循环指令 G76

（1）指令格式：G76 X__ Y__ Z__ R__ Q__ P__ F__；

X、Y：孔位数据；

Z：孔底平面位置；

R：指定安全平面的位置；

Q：退刀量，值为正值，位移方向由 MDI 设定，可为±X 或±Y；

P：指定刀具在孔底的暂停时间，不加小数点，以毫秒（ms）表示；

F：孔加工切削进给时的速度。

（2）G76 指令动作。

G76 指令循环动作如图 8—16 所示，同样包括孔加工动作的六个步骤。

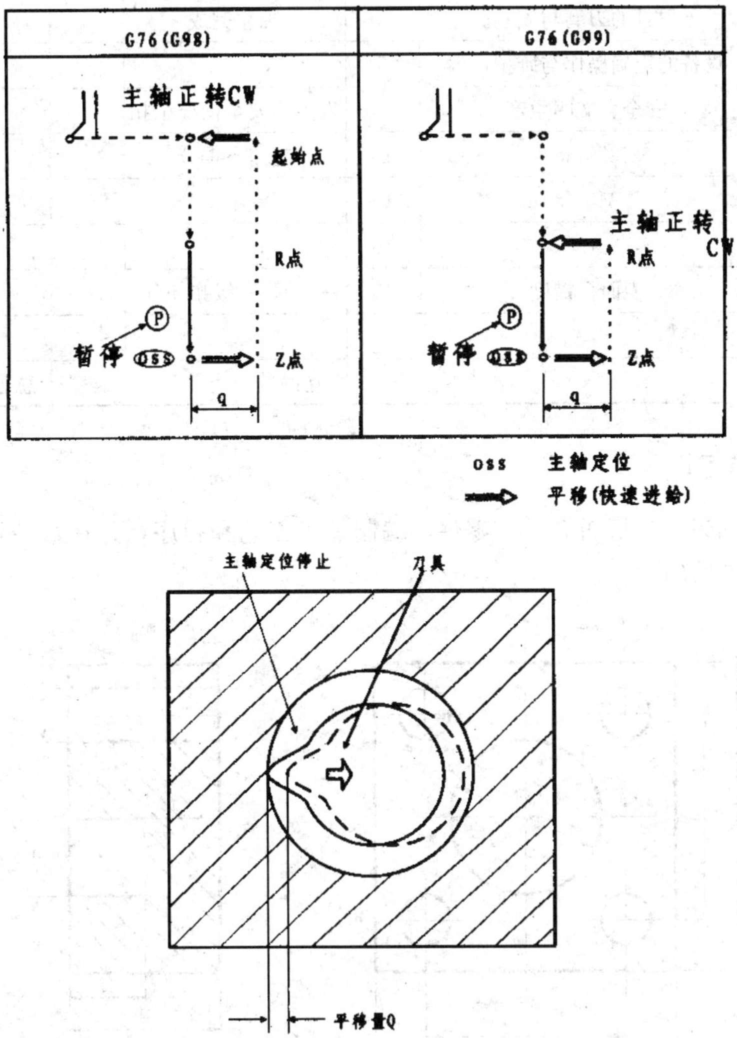

图 8—16 G76 镗孔循环动作图

【任务评价】

表 8—17　　任务评价表

姓名				班级		日期			
项目名称			镗孔的加工	零件图号	8—14	机床编号			
检测项目		序号	考核内容及要求	配分	评分标准	学生自测	小组检测	教师检测	备注
基本检测	程序	1	切削加工工艺制定正确	5	独立完成				
		2	切削用量选用合理	5	独立完成				
		3	程序正确、简单、规范	10	独立完成				
	操作	4	刀具的刃磨与安装	10	独立完成				
		5	设备的正确操作与维护保养	5					
		6	安全、文明生产	10	发生不安全情况全扣				
尺寸检测	线性尺寸	7	ϕ30H8	15	超差不得分				
		8	ϕ40H8	15	超差不得分				
		9	15	10					
	其他	10	表面粗糙度	15	每处降一级扣 5 分				
实训态度									
指导教师					互评员		总分		

【拓展与练习】

应用所学知识，分析图 8—17 零件，编制加工工艺和程序，并在数控铣床（加工中心）上完成零件的加工。

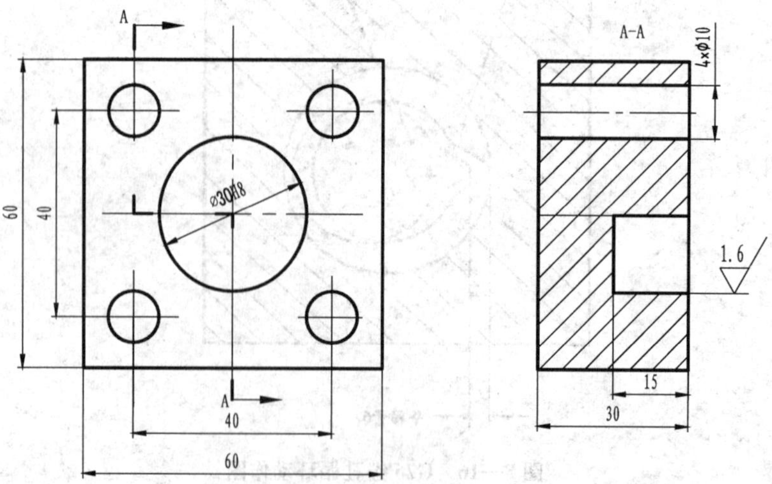

图 8—17　练习题

任务 5　螺纹的编程与加工

【任务描述】

根据图 8—18 所示零件，材料为 45 钢，分析工艺并编写程序，并在数控铣床上完成零件的加工。

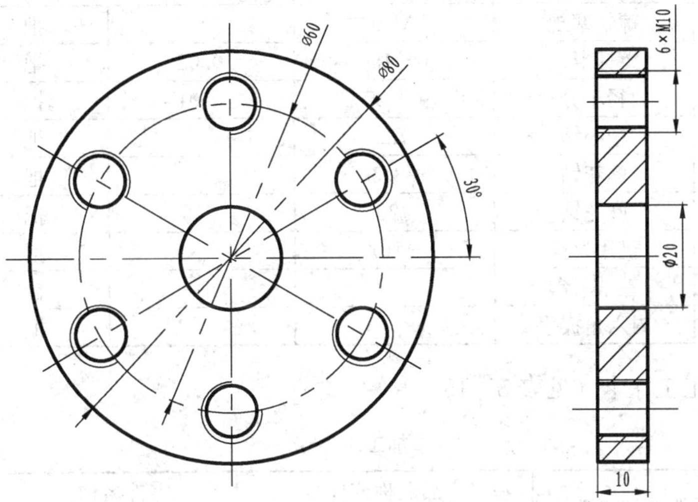

图 8—18　螺纹的加工

【任务分析】

数控铣床上加工螺纹生产效率不是很高，所以常用于单件生产。攻螺纹注意底孔直径要确定好，否则可能导致烂牙或螺纹尺寸达不到要求。

此零件均布的 6 个螺孔可采用钻孔→攻螺纹的步骤安排工艺。攻螺纹指令为 G84（右旋螺纹）或 G74（左旋螺纹）。

【任务实施】

1. 分析零件图

该零件毛坯为 $\phi80$ 的盘形零件，厚度为 10mm，在 $\phi60$ 圆周上均布有 6 个 M10 的螺纹通孔。中心处为 $\phi20$ 的通孔，无公差要求，钻孔即完成。

2. 加工工艺分析

（1）工装。

该零件是单件生产，外形为圆形，可采用三爪卡盘装夹，底部用垫铁垫好。

（2）确定加工工艺路线。

为了保证螺纹的精度和孔的位置精度，故采用钻中心孔→钻孔→攻螺纹加工工艺。具体工艺路线如下：

1）用 A2 中心钻钻中心孔；

2）用 $\phi 8.5$ 的麻花钻钻削通孔；

3）用 M10 的机用丝锥攻螺纹。

3. 工、量、刃具准备（见表 8—18）

表 8—18　　工、量、刃具清单

工、量、刃具清单			图号	8—18	
序号	名称	规格	精度	单位	数量
1	内螺纹千分尺	0～25	0.01	把	1
2	螺纹塞规	M10		把	1
3	游标卡尺	0～150	0.02	把	1
4	内径千分尺	0～25	0.01	把	1
5	中心钻	A2		把	1
6	麻花钻	$\phi 8.5$		把	1
7	麻花钻	$\phi 20$		把	1
8	机用丝锥	M10		把	1
9	三爪卡盘			台	1
10	内六角扳手			把	1

4. 填写加工工序卡（见表 8—19）

表 8—19　　加工工序卡

单位名称	南溪职业技术学校		产品名称或代号		零件名称		零件图号	
			螺纹加工				8—18	
工序号	程序编号		夹具名称		使用设备		车间	
001	O4005		机用虎钳		NC-32V (GSK983M)		数铣实训中心	
工步号	工步内容		主轴转速 n（r/min）	进给速度 V_f（mm/min）	切削深度 a_p（mm）	刀具号	刀具名称	备注
1	钻中心孔		2000	100		T01	A2 中心钻	手动
2	钻孔		800	60	5	T02	麻花钻	自动
3	攻螺纹		200	300	1.5	T03	机用丝锥	自动
编制		审核	批准		年　月　日		共 1 页	第 1 页

5. 尺寸计算

（1）攻螺纹底孔直径的计算。

零件采用 45 钢，属于中碳钢，且 M10 螺纹公称直径为 10mm，螺距为 1.5mm。

故 $D_{孔}=D-P=10-1.5=8.5$mm。

在钻孔时可采用 $\phi 8.5$mm 的麻花钻直接钻孔。

（2）攻螺纹时切削速度的计算。

攻螺纹时，切削速度 F 为攻螺纹时的主轴转速与螺纹的螺距之乘积，即 $F=S\times P=200\times 1.5=300$mm/min。

6. 加工程序编制

（1）工件坐标系的建立。

为使编程方便，工件坐标系在毛坯件的中心，Z 轴 0 点在工件上表面。

(2) 编制加工程序（见表 8—20）。

表 8—20 参考程序

程序号	O4005	
程序段号	程序内容	程序说明
N10	G54 G90 G17 G40 G49 G43 H01 G80 G0 Z50；	建立工件坐标系，绝对编程
N20	M03 S2000；	主轴正转，转速 500r/min
N30	G00 X0 Y0；	刀具定位
N40	G99 G81 Z-2 R2 F80；	钻原点中心孔
N50	G99 G81 X0 Y30 Z-2 R2 F80；	钻上部中心孔
N60	G68 X0 Y0 R60；	旋转坐标 60°
N70	G99 G81 X0 Y30 Z-2 F80；	钻中心孔
N80	G69；	取消旋转
N90	G68 X0 Y0 R120；	以工件中心旋转 120°
N100	G99 G81 X0 Y30 Z-2 F80；	钻中心孔
N110	G69；	取消旋转
N120	G68 X0 Y0 R180；	以工件中心旋转 180°
N130	G99 G81 X0 Y30 Z-2 F80；	钻中心孔
N140	G69；	取消旋转
N150	G68 X0 Y0 R240；	以工件中心旋转 240°
N160	G99 G81 X0 Y30 Z-2 F80；	钻中心孔
N170	G69；	取消旋转
N180	G68 X0 Y0 R300；	以工件中心旋转 300°
N190	G99 G81 X0 Y30 F80；	钻中心孔
N200	G69 G80；	取消旋转
N210	G00 Z100；	快速抬刀
N220	M00；	手动换 ϕ8.5 麻花钻
N230	G90 G54 G43 H02 G00 Z100；	建立工件坐标系，建立长度补偿
N240	M03 S800；	主轴正转
N250	G00 X0 Y0；	定位
N260	G99 G81 Z-13 R2 F80；	钻工件中心处通孔
N270	G99 G81 X0 Y30 Z-13 R2 F80；	钻上方 M10 螺纹底孔
N280	G68 X0 Y0 R60；	旋转坐标系 60°
N290	G99 G81 X0 Y30 Z-13 F80；	钻 M10 螺纹底孔
N300	G69；	取消旋转
N310	G68 X0 Y0 R120；	旋转坐标系 120°
N320	G99 G81 X0 Y30 Z-13 F80；	钻 M10 螺纹底孔
N330	G69；	取消旋转
N340	G68 X0 Y0 R180；	旋转坐标系 180°
N350	G99 G81 X0 Y30 Z-13 F80；	钻 M10 螺纹底孔
N360	G69；	取消旋转

续前表

程序段号	程序内容	程序说明
N370	G68 X0 Y0 R240;	旋转坐标系 240°
N380	G99 G81 X0 Y30 Z-13 F80;	钻 M10 螺纹底孔
N390	G69;	取消旋转
N400	G68 X0 Y0 R300;	旋转坐标系 300°
N410	G99 G81 X0 Y30 Z-13 F80;	钻 M10 螺纹底孔
N420	G69 G80;	取消旋转 取消固定循环
N430	G00 Z100;	快速抬刀
N440	M00;	暂停，手动换 ϕ20 麻花钻
N450	G90 G54 G43 H03 G00 Z100;	建立 3 号刀具长度补偿
N460	X0 Y0;	定位
N470	Z10;	接近工件
N480	G99 G81 X0 Y0 Z-13 F80;	钻中心处 ϕ20 的通孔
N490	G80;	取消固定循环
N500	M05;	主轴停止
N510	M00;	暂停，手动换 M10 的丝锥
N520	G90 G54 G43 H04 G00 Z100;	建立 4 号刀补，补偿号为 4 号
N530	M03 S200;	主轴正转，转速 200r/min
N540	G99 G84 X0 Y30 Z-12 R3 F300;	攻上方 M10 螺纹
N550	G68 X0 Y0 R60;	旋转坐标 60°
N560	G99 G84 X0 Y30 Z-12 R3 F300;	攻 M10 螺纹
N570	G69;	取消旋转
N580	G68 X0 Y0 R120;	旋转坐标 120°
N590	G99 G84 X0 Y30 Z-12 R3 F300;	攻 M10 螺纹
N600	G69;	取消旋转
N610	G68 X0 Y0 R180;	旋转坐标 180°
N620	G99 G84 X0 Y30 Z-12 R3 F300;	攻 M10 螺纹
N630	G69;	取消旋转
N640	G68 X0 Y0 R240;	旋转坐标 240°
N650	G99 G84 X0 Y30 Z-12 R3 F300;	攻 M10 螺纹
N660	G69;	取消旋转
N670	G68 X0 Y0 R300;	旋转坐标 300°
N680	G99 G84 X0 Y30 Z-12 R3 F300;	攻 M10 螺纹
N690	G69;	取消旋转
N700	G80;	取消固定循环
N710	G00 Z100;	快速抬刀 100mm
N720	M05;	主轴停止
N730	M30;	程序结束，返回开始

7. 操作要点

（1）加工准备。

1）开机，回参考点；

2）输入程序并逐行检查程序；

3）手动安装刀具（A2 中心钻）；

4）安装工件。

（2）对刀，设定工件坐标系。按照要求对刀，并将坐标值输入到 G54 坐标系中，注意长度补偿值的输入。

（3）程序调试。可将 Z 值正方向平移 10mm。方法是：按“偏置”，进入“工件坐标系偏置 01”，在“EXT”里将 Z 值修改为 20。在“自动”方式下按“循环启动”。观察刀具运动轨迹。如加工路线不正确，则检查程序并进行修改。

（4）工件加工。将“EXT”里的 Z 值恢复为 0。将进给速度调到低档，按下启动键。并根据加工情况适当调节主轴转速和进给速度。

（5）工件测量。内径用内径千分尺检查。深度用深度游标卡尺测量。

（6）加工结束，卸下工件。

【知识储备】

1. 攻螺纹底孔直径的确定

攻螺纹时，丝锥切削刃除起切削作用外，还对材料产生挤压，因此被挤压的材料在牙形顶端会凸起一部分。材料塑性越好，则挤压处的金属越多。此时，如果丝锥刀齿根部与工件牙形顶端之间没有足够的间隙，丝锥就会被挤压出来的材料扎住，造成崩刃、折断及工件螺纹烂牙，如图 8—19 所示。

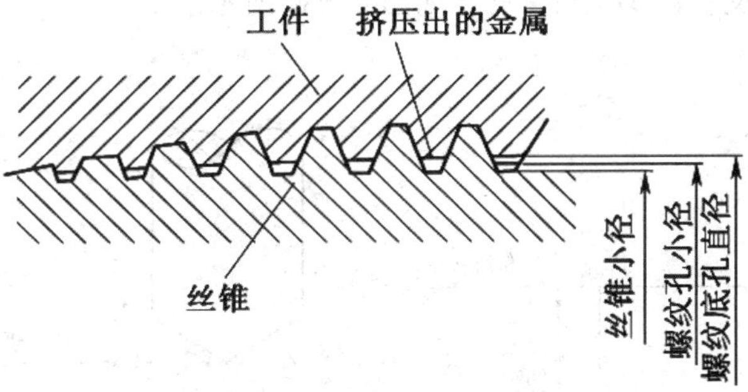

图 8—19　攻螺纹时的挤压现象

攻螺纹前底孔直径的大小应根据工件材料的塑性和扩张量来确定，通常根据经验值来计算。

加工钢件和塑性材料及钻孔扩张量中等的条件下：

$$D_{孔}=D-P$$

加工铸铁等脆性材料时：

$$D_{孔}=D-1.05P$$

式中：$D_{孔}$——攻螺纹前底孔直径，mm；

D——螺纹大径，mm；

P——螺距，mm。

2. 攻螺纹底孔深度的确定

攻盲孔时，由于丝锥切削部分不能切出完整的牙形，所以钻孔深度要大于所需的螺孔深度。一般要求：

$$H=h+0.7D$$

式中：H——底孔深度；

h——螺纹有效深度；

D——螺纹公称直径。

3. 攻螺纹循环指令 G84

(1) 指令格式：G98/G99　G84X _ Y _ Z _ R _ F _ L _；

X、Y：孔位数据；

Z：孔底位置；

R：安全平面位置；

F：切削进给速度，攻螺纹时，切削速度 $F=S\times P$，S 表示主轴转速，P 表示螺纹的螺距；

L：重复次数。

(2) G84 指令动作（见图 8—20）。

4. 左旋攻螺纹指令 G74

G74 与 G84 除主轴旋转的方向完全相反外，其他完全相同。进行左攻螺纹循环时，必须以 M04 指定主轴反转，G74 指令动作如图 8—21 所示。

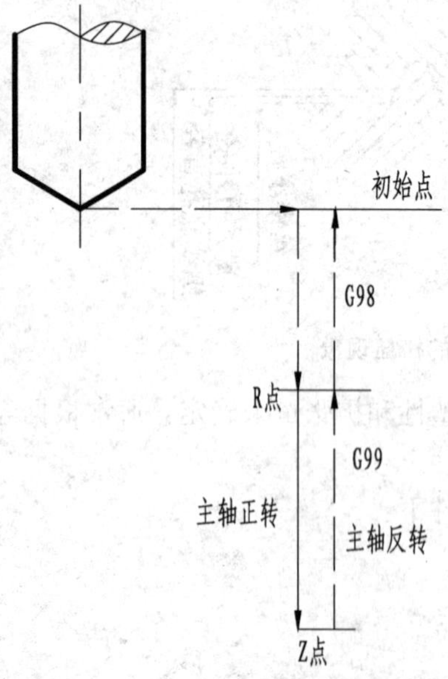

图 8—20　G84 指令动作图

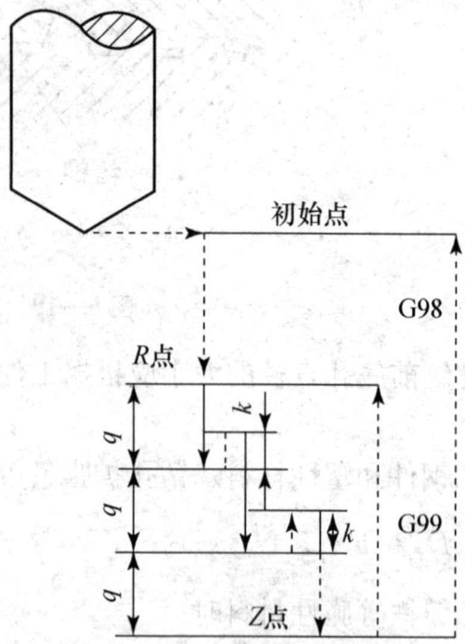

图 8—21　G74 指令动作图

【任务评价】

表 8—21　　　　任务评价表

检测项目		序号	考核内容及要求	配分	评分标准	学生自测	小组检测	教师检测	备注
姓名				班级		日期			
项目名称		螺纹的加工		零件图号	8—18	机床编号			
基本检测	程序	1	切削加工工艺制定正确	5	独立完成				
		2	切削用量选用合理	5	独立完成				
		3	程序正确、简单、规范	10	独立完成				
	操作	4	刀具的刃磨与安装	10	独立完成				
		5	设备的正确操作与维护保养	5					
		6	安全、文明生产	10	发生不安全情况全扣				
尺寸检测	线性尺寸	7	$\phi20$	5	超差不得分				
		8	6×M10	30	超差不得分				
		9	$\phi60$	10					
	其他	10	表面粗糙度	10	每处降一级扣 5 分				
实训态度									
指导教师				互评员		总分			

【拓展与练习】

应用所学知识，分析图 8—22 零件，编制加工工艺和程序，并在数控铣床（加工中心）上完成零件的加工。

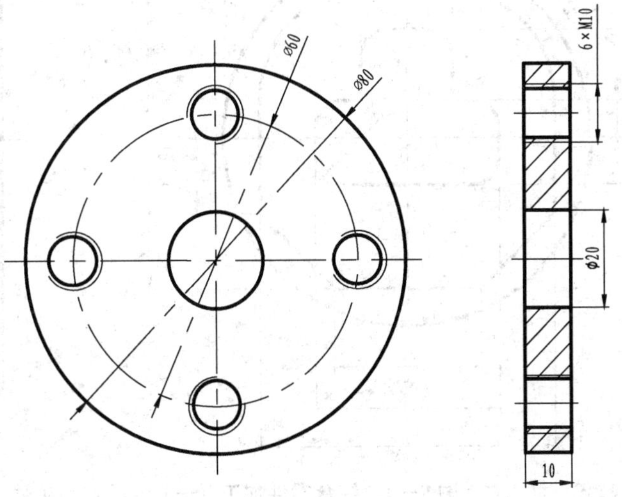

图 8—22　练习题

项目九　综合零件的编程与加工

本项目介绍了3个具有典型特征的加工课题，遵循由浅入深的原则编排。课题的选择上综合了前述讲解的大部分内容，也符合中级数控铣工国家标准要求。通过本项目的练习，掌握中等复杂零件的工艺分析与编程知识。

任务1　中级数控铣工试题（一）

【任务描述】

根据图9—1所示中级数控铣工试题，材料为45钢，分析工艺并编写程序，并在数控铣床上完成零件的加工。

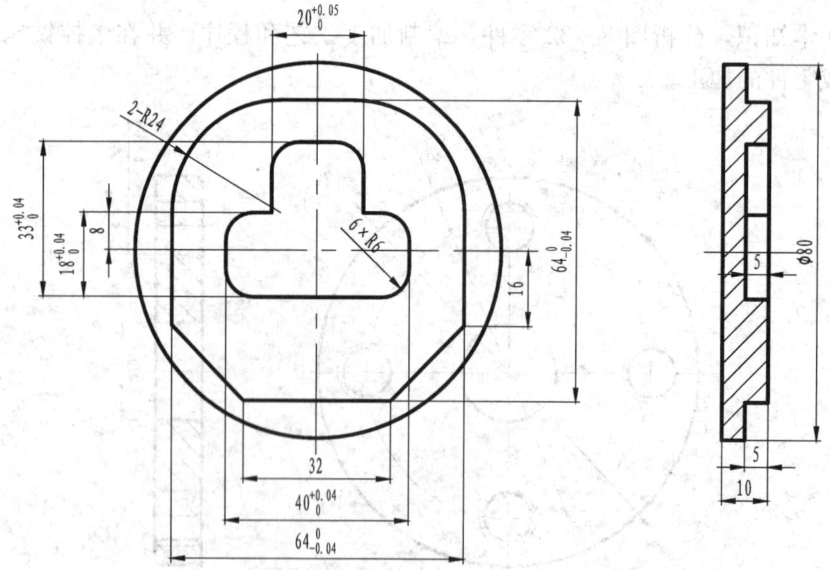

图9—1　综合零件加工（一）

【任务分析】

本任务综合了零件外轮廓、凹槽的加工，旨在复习外轮廓的加工工艺和指令、凹槽的加工等。此零件凸台包括圆弧和直线，凹槽包括直线和圆弧。加工零件时注意下刀方式要合理。

此零件的加工工艺安排：粗细外轮廓→粗细凹槽→精铣外轮廓→精铣凹槽。

【任务实施】

1. 分析零件图

此零件加工内容为凸台和槽。凸台属于外轮廓加工，凸台高度 5mm。槽宽由 18mm 和 20mm 两部分组成，均采用 R6 的倒角。

2. 加工工艺分析

（1）工装。

该零件是单件生产，外形为圆形，可采用三爪卡盘装夹，底部用垫铁垫好。

（2）确定加工工艺路线。

凸台加工余量较小，采用 ϕ16 的平底刀一次性完成加工。槽加工由于槽宽由 20mm 和 18mm 两部分组成，可采用 ϕ16 平底刀下刀去余量。因为圆弧半径为 $R6$，故采用 ϕ10 的平底刀完成精加工。

加工步骤为：

1）用 ϕ15 平底刀粗加工槽和凸台；

2）用 ϕ10 平底刀精加工槽；

3）用 ϕ10 平底刀精加工凸台。

3. 工、量、刃具准备（见表 9—1）

表 9—1　　工、量、刃具清单

工、量、刃具清单			图号	9—1	
序号	名称	规格	精度	单位	数量
1	游标卡尺	0～150	0.02	把	1
2	内径千分尺	0～25	0.01	把	1
3	外径千分尺	50～75	0.01	把	1
4	深度游标尺	0～150	0. 02	把	1
5	立铣刀	ϕ16		把	1
6	立铣刀	ϕ10		把	1
7	三爪卡盘			台	1
8	内六角扳手			把	1

4. 填写加工工序卡（见表 9—2）

表 9—2　　加工工序卡

单位名称	南溪职业技术学校	产品名称或代号	零件名称	零件图号
		综合零件加工（一）		9—1
工序号	程序编号	夹具名称	使用设备	车间
001	O5001	机用虎钳	NC-32V（GSK983M）	数铣实训中心

工步号	工步内容		主轴转速 n（r/min）	进给速度 V_f（mm/min）	切削深度 a_p（mm）	刀具号	刀具名称	备注
1	粗加工槽及外轮廓		600	80	8	T01	立铣刀	自动
2	精加工槽		800	100	0.5	T02	立铣刀	自动
3	精加工凸台		800	120	0.5	T02	立铣刀	自动
编制		审核	批准		年　月　日		共1页	第1页

5. 加工程序编制

（1）工件坐标系的建立。

为使编程方便，工件坐标系在毛坯件的中心，Z 轴 0 点在工件上表面。

（2）编制加工程序（见表 9—3）。

表 9—3　　参考程序

程序号	O5001	
程序段号	程序内容	程序说明
N10	G54 G90 G17 G40 G49 G43 H04 G80 G0 Z50；	建立工件坐标系，绝对编程
N20	M03 S600；	主轴正转，转速 500r/min
N30	G00 X-11.　Y-1.；	刀具定位
N40	Z5.；	接近工件
N50	G1 Z0 F80；	直线插补到工件表面
N60	M98 P5111 L5；	调用子程序，斜线下刀
N70	G90 G1 X10. F80；	绝对编程，平工件底面
N80	X0；	返回 0 点
N90	Y14.；	粗加工 20 方槽
N100	G0 Z50.；	快速抬刀
N110	X40.　Y-42.；	刀具定位，准备粗加工凸台
N120	Z5；	接近工件
N130	G1 Z-5. F100；	直线插补到 5mm 深
N140	G41 Y-32 D01；	建立刀具左补偿，接近工件外轮廓
N150	X-16.；	直线插补铣削凸台
N160	X-32. Y-10；	直线插补铣削凸台
N170	Y8；	直线插补铣削凸台
N180	G02 X-8. Y32 R24；	圆弧插补铣削凸台
N190	G01 X8.；	直线插补铣削凸台
N200	G02 X32 Y8 R24；	圆弧插补铣削凸台
N210	G01 Y-16.；	直线插补铣削凸台
N220	X-16. Y-32.；	直线插补铣削凸台
N230	G40 Y-48.；	凸台铣削完成，撤销刀补
N240	G0 Z100.；	快速抬刀
N250	M05；	主轴停止
N260	M00；	暂停，手动换刀 ϕ10 立铣刀
N270	G90 G54 G43 H05 G00 Z100；	选择坐标系，建立长度补偿 H05
N280	M03 S800；	主轴正转，转速 800r/min

续前表

程序段号	程序内容	程序说明
N290	G00 X0 Y0；	刀具定位
N300	Z5；	接近工件
N310	G01 Z-5. F100；	下刀 5mm 深
N320	G42 X-20 D02；	建立刀具半径补偿 02 号
N330	Y2；	精铣槽
N340	G02 X-14 Y8 R6；	精铣槽
N350	G1 X-10；	精铣槽
N360	Y17；	精铣槽
N370	G02 X-4 Y23 R6；	精铣槽
N380	G01 X4；	精铣槽
N390	G02 X10 Y17 R6；	精铣槽
N400	G01 Y8；	精铣槽
N410	X14；	精铣槽
N420	G02 X20 Y2 R6；	精铣槽
N430	G01 Y-4；	精铣槽
N440	G02 X14 Y-10 R6；	精铣槽
N450	G01 X-14；	精铣槽
N460	G02 X-20 Y-4 R6；	精铣槽
N470	G01 Y0；	精铣槽
N480	G40 X0；	槽加工完成，撤销刀补
N490	G00 Z100；	快速抬刀
N500	X40. Y-42.；	刀具定位，准备精加工凸台
N510	Z5；	接近工件
N520	G1 Z-5. F100；	直线插补至 5mm 深
N530	G41 Y-32 D03；	建立刀具左补偿 03 号
N540	X-16.；	精铣凸台
N550	X-32. Y-10；	精铣凸台
N560	Y8；	精铣凸台
N570	G02 X-8. Y32 R24；	精铣凸台
N580	G01 X8.；	精铣凸台
N590	G02 X32 Y8 R24；	精铣凸台
N600	G01 Y-16.；	精铣凸台
N610	X-16. Y-32.；	精铣凸台
N620	G40 Y-48.；	凸台精加工完成，撤销刀补
N630	G0 Z100.；	快速抬刀
N640	X100 Y100；	移动工件靠近操作者，便于测量
N650	M05；	主轴停止
N660	M30；	程序结束
程序号	O51111（子程序）	
程序段号	程序内容	程序说明
N10	G91 G1 X22 Z-0.5 F60；	斜线下刀
N20	X-22；	斜线下刀
N30	M99；	子程序结束，返回主程序

6．操作要点

（1）加工准备。

1）开机，回参考点；

2）输入程序并逐行检查程序；

3）手动安装刀具（ϕ16 立铣刀）；

4）安装工件。

（2）对刀，设定工件坐标系。按照要求对刀，并将坐标值输入到 G54 坐标系中，注意长度补偿值的输入。

（3）程序调试。可将 Z 值正方向平移 30mm。方法是：按“偏置”，进入“工件坐标系偏置 01”，在“EXT”里将 Z 值修改为 30 或更大值。在“自动”方式下按“循环启动”。观察刀具运动轨迹。如加工路线不正确，则检查程序并进行修改。

（4）工件加工。将“EXT”里的 Z 值恢复为 0。将进给速度调到低档，按下启动键。并根据加工情况适当调节主轴转速和进给速度。

（5）工件测量。内径用内径千分尺检查。深度用深度游标卡尺测量。

（6）加工结束，卸下工件。

【任务评价】

表 9—4　　　　任务评价表

姓名				班级		日期			
项目名称		综合零件加工（一）		零件图号	9—1	机床编号			
检测项目		序号	考核内容及要求	配分	评分标准	学生自测	小组检测	教师检测	备注
基本检测	程序	1	切削加工工艺制定正确	5	独立完成				
		2	切削用量选用合理	5	独立完成				
		3	程序正确、简单、规范	10	独立完成				
	操作	4	刀具的刃磨与安装	10	独立完成				
		5	设备的正确操作与维护保养	5					
		6	安全、文明生产	10	发生不安全情况全扣				
尺寸检测	线性尺寸	7	深度 5（两处）	6	超差不得分				
		8	两处 $64_{-0.04}^{0}$	10	超差不得分				
		9	$40_{0}^{+0.04}$	5					
		10	$33_{0}^{+0.04}$	5					
		11	$18_{0}^{+0.04}$	5					
		12	$20_{0}^{+0.04}$	5					
		13	32	3					
		14	6×R6	10					
		15	2×24	4					
	其他	16		2					
实训态度									
指导教师				互评员			总分		

【拓展与练习】

应用所学知识，分析图 9—2 零件，编制加工工艺和程序，并在数控铣床（加工中心）上完成零件凸台及型腔的加工（提示：可建立多个坐标系）。

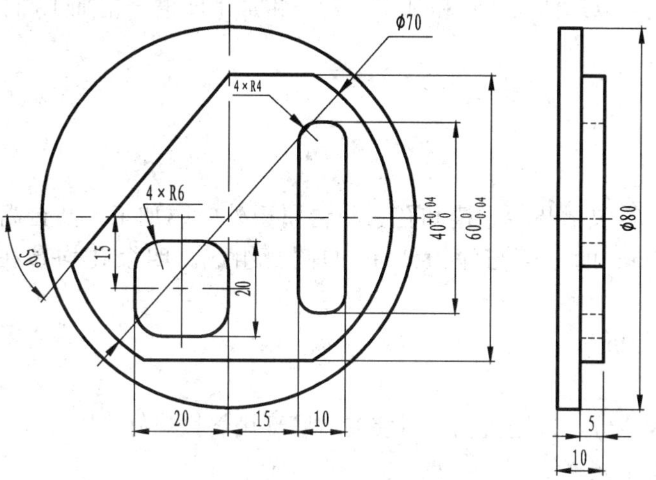

图 9—2　练习题

任务 2　中级数控铣工试题（二）

【任务描述】

根据图 9—3 所示中级数控铣工试题，材料为 45 钢，分析工艺并编写程序，并在数控铣床上完成零件的加工。

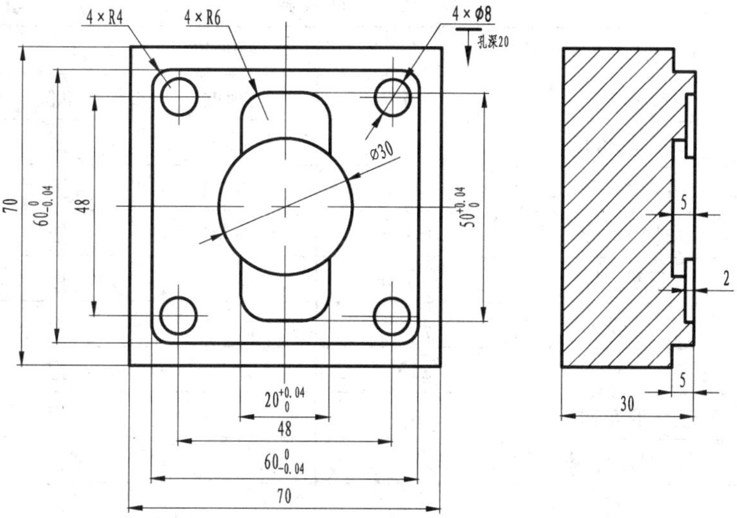

图 9—3　综合零件加工（二）

【任务分析】

图 9—3 所示零件由凸台、凹槽和孔组成。需要用到外轮廓、凹槽和孔加工知识。加工本零件一定注意仔细读懂零件图，特别是凹槽深度不一致。

零件加工工艺可以这样安排：粗加工凸台→粗加工凹槽→精加工凸台→精加工凹槽→钻孔。

【任务实施】

1. 分析零件图

此零件加工内容包括凸台、槽和孔。凸台属于外轮廓加工，凸台高度 5mm。槽由宽为 20mm，深为 2mm 的方槽与深为 3mm 的圆槽组成。四个孔均布在四个角落，孔深为 20mm。

2. 加工工艺分析

(1) 工装。

该零件外形为四方，采用机用虎钳装夹，底部用垫铁垫好。

(2) 确定加工工艺路线。

此零件可先加工凸台再加工方槽与圆槽，最后钻孔。零点设在工件的中心，Z 轴 0 点设在工件表面。

加工步骤为：

1）用 $\phi16$ 平底刀粗、精加工凸台；

2）用 $\phi16$ 平底刀粗加工槽；

3）用 $\phi10$ 平底刀精加工槽；

4）用 $\phi8$ 的麻花钻钻孔。

3. 工、量、刃具准备（见表 9—5）

表 9—5　　工、量、刃具清单

工、量、刃具清单			图号	9—3	
序号	名称	规格	精度	单位	数量
1	游标卡尺	0～150	0.02	把	1
2	内径千分尺	0～25	0.01	把	1
3	外径千分尺	50～75	0.01	把	1
4	深度游标尺	0～150	0.02	把	1
5	立铣刀	$\phi16$		把	1
6	立铣刀	$\phi10$		把	1
7	麻花钻	$\phi8$		把	1
8	机用虎钳			台	1
9	呆扳手			把	1

4. 填写加工工序卡（见表 9—6）

表 9—6 加工工序卡

单位名称	南溪职业技术学校	产品名称或代号		零件名称		零件图号	
		综合零件加工（二）				9—3	
工序号	程序编号	夹具名称		使用设备		车间	
001	O5002	机用虎钳		NC-32V（GSK983M）		数铣实训中心	
工步号	工步内容	主轴转速 n（r/min）	进给速度 V_f（mm/min）	切削深度 a_p（mm）	刀具号	刀具名称	备注
1	粗加工凸台及槽	600	60	5	T01	立铣刀	自动
2	精加工凸台	800	100	0.5	T01	立铣刀	自动
3	精加工槽	800	120	0.5	T02	立铣刀	自动
4	钻孔	800	60	20	T03	麻花钻	自动
编制	审核	批准		年 月 日		共 1 页	第 1 页

5. 加工程序编制

(1) 工件坐标系的建立。

为使编程方便，工件坐标系在毛坯件的中心，Z 轴 0 点在工件上表面。

(2) 编制加工程序（见表 9—7）。

表 9—7 参考程序

程序号	O5002	
程序段号	程序内容	程序说明
N10	G54 G90 G17 G40 G49 G80 G0 Z50；	手动装 16 刀，建立坐标系，绝对编程
N20	M03 S600 G43 H07；	主轴正转，转速 600r/min
N30	G00 X30 Y-45.；	刀具定位
N40	Z5.；	接近工件
N50	G01 Z-4.8 F60；	下 4.8mm 深，留 0.2mm 精铣余量
N60	D1 M98 P5211；	D1 粗刀补 8.2，调用子程序铣凸台
N70	Z-5.；	下 5mm 深
N80	D2 M98 P5211；	D2 精刀补 8，调用子程序铣凸台
N90	G0 Z50；	快速抬刀
N100	M05；	主轴停止
N110	M00；	暂停，测量工件
N120	G90 G54 G00 Z100；	选择坐标系，抬刀到安全高度
N130	X0 Y0；	刀具定位
N140	Z5；	接近工件
N150	G1 Z0 F60；	进刀至工件零点
N160	M98 P5212 L5；	调用子程序，螺旋下刀
N170	G42 X-15 D4；	建立右刀补，D4=8.2
N180	G2 I15；	对圆平底
N190	G40 G1 X0；	取消刀补
N200	Z-2；	抬刀至-2mm 处
N210	Y16；	粗铣 20 槽

续前表

程序段号	程序内容	程序说明
N220	Y-16；	粗铣 20 槽
N230	Z2；	槽粗细结束，抬刀至安全平面
N240	G0 Z100；	快速抬刀
N250	M05；	主轴停止
N260	M00；	暂停
N270	G90 G54G43 H08 G00 Z100；	选择坐标系
N280	M03 S800；	主轴正转，转速 800r/min
N290	X0 Y0；	刀具定位
N300	Z5；	接近工件
N310	G01 Z-5 F80；	直线插补下 5mm 深
N320	G42 X-15. D5；	建立刀补，D5＝5
N330	G02 I15；	精铣工圆槽子
N340	G40 G1 X0；	取消刀补
N350	Z-2；	抬刀至－2mm
N360	G42 X-10 D06；	建立刀补 D06＝5
N370	Y19；	精铣方槽子
N380	G02 X-4 Y25 R6；	精铣方槽子
N390	G01 X4；	精铣方槽子
N400	G02 X10 Y19 R6；	精铣方槽子
N410	G01 Y-19；	精铣方槽
N420	G02 X4 Y30 R6；	精铣方槽
N430	G01 X-4；	精铣方槽
N440	G02 X-10 Y-19 R6；	精铣方槽
N450	G01 Y19；	精铣方槽
N460	G40 X0；	方槽铣削结束，取消刀补
N470	G0 Z100；	快速抬刀至 100mm
N480	M05；	主轴停止
N490	M00；	手动换刀，准备钻孔
N500	G90 G54 G43 H09 G00 Z100；	建立刀具长度补偿，补偿号 09 号
N510	M03 S800；	主轴正转，转速 800r/min.
N520	G99 G81 X-24 Y-24 Z20 R5 F60；	钻孔，深度 20
N530	Y24；	钻孔，深度 20
N540	X24；	钻孔，深度 20
N550	Y-24；	钻孔，深度 20
N560	G80；	取消固定循环
N570	G00 Z100；	快速抬刀
N580	M05；	主轴停止
N590	M30；	程序结束
程序号	O5211 （铣凸台子程序）	
程序段号	程序内容	程序说明
N10	G41 G01 Y-30 D01（D2）；	建立刀具半径补偿
N20	X26；	直线插补铣凸台
N30	G02 X30 Y-26 R4；	圆弧插补铣凸台

续前表

程序段号	程序内容	程序说明
N40	G01 Y 26；	直线插补铣凸台
N50	G02 X-26 Y30 R4；	圆弧插补铣凸台
N60	G01 X26；	直线插补铣凸台
N70	G02 X30 Y26 R4；	圆弧插补铣凸台
N80	G01 Y-26；	直线插补铣凸台
N90	G02 X-26 Y-30 R4；	圆弧插补铣凸台
N100	G40 G1 Y-45；	凸台铣削结束，取消刀补
N110	G0 Z50；	快速抬刀
N120	X35 Y-45；	刀具定位
N130	M99；	子程序结束，返回主程序
程序号	O5212 （铣圆槽螺旋下刀）	
程序段号	程序内容	程序说明
N10	G42 G1 X-15 D3；	建立刀补，D3＝8.2
N20	G91 G02 I15 Z-1；	相对坐标编程，螺旋下刀
N30	G90 G40 G1 X0；	绝对编程取消刀补，刀具回到坐标原点
N40	M99；	子程序结束，返回主程序

6. 操作要点

（1）加工准备。

1）开机，回参考点；

2）输入程序并逐行检查程序；

3）手动安装刀具（ϕ16 立铣刀）；

4）安装工件。

（2）对刀，设定工件坐标系。按照要求对刀，并将坐标值输入到 G54 坐标系中，注意长度补偿值的输入。

（3）程序调试。可将 Z 值正方向平移 10mm 或更大值。方法是：按“偏置”，进入“工件坐标系偏置 01”，在“EXT”里将 Z 值修改为 10 或更大值。在“自动”方式下按“循环启动”。观察刀具运动轨迹。如加工路线不正确，则检查程序并进行修改。

（4）工件加工。将“EXT”里的 Z 值恢复为 0。将进给速度调到低档，按下启动键。并根据加工情况适当调节主轴转速和进给速度。

（5）工件测量。有公差要求的外形尺寸需用千分尺测量，其他外形尺寸用游标卡尺测量。内径用内径千分尺检查。深度用深度游标卡尺测量。每一次当程序暂停之后，测量工件再来修改刀补值，只有在机床精度在理想情况下参考程序中的刀补值才可使用。

（6）加工结束，卸下工件。

【任务评价】

表 9—8 任务评价表

姓名		班级		日期	
项目名称	综合零件加工（二）	零件图号	9—3	机床编号	

检测项目		序号	考核内容及要求	配分	评分标准	学生自测	小组检测	教师检测	备注
基本检测	程序	1	切削加工工艺制定正确	5	独立完成				
		2	切削用量选用合理	5	独立完成				
		3	程序正确、简单、规范	10	独立完成				
	操作	4	刀具的刃磨与安装	10	独立完成				
		5	设备的正确操作与维护保养	5					
		6	安全、文明生产	10	发生不安全情况全扣				
尺寸检测	凸台	7	深度 5（两处）	6	超差不得分				
		8	两处 $60_{-0.04}^{0}$	8	超差不得分				
		9	4×R4	6	超差不得分				
		10	深度 5	2	超差不得分				
		11	深度 2	2	超差不得分				
	槽	12	$20_{0}^{+0.04}$	4	超差不得分				
		13	$50_{0}^{+0.04}$	4	超差不得分				
		14	4×R4	4	超差不得分				
		15	ϕ40	3	超差不得分				
	孔	16	4×ϕ8	6	超差不得分				
		17	48	4	超差不得分				
		18	4×深 20	6	超差不得分				
实训态度									
指导教师					互评员		总分		

【拓展与练习】

应用所学知识，分析图 9—4 零件，编制加工工艺和程序，并在数控铣床（加工中心）上完成零件凸台、槽及孔的加工。

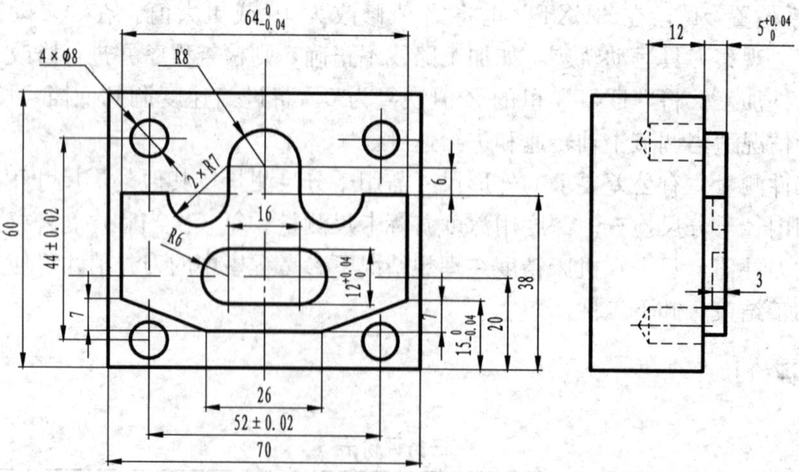

图 9—4　练习题

任务 3　中级数控铣工试题（三）

【任务描述】

根据图 9—5 所示中级数控铣工试题，材料为 45 钢，分析工艺并编写程序，并在数控铣床上完成零件的加工。

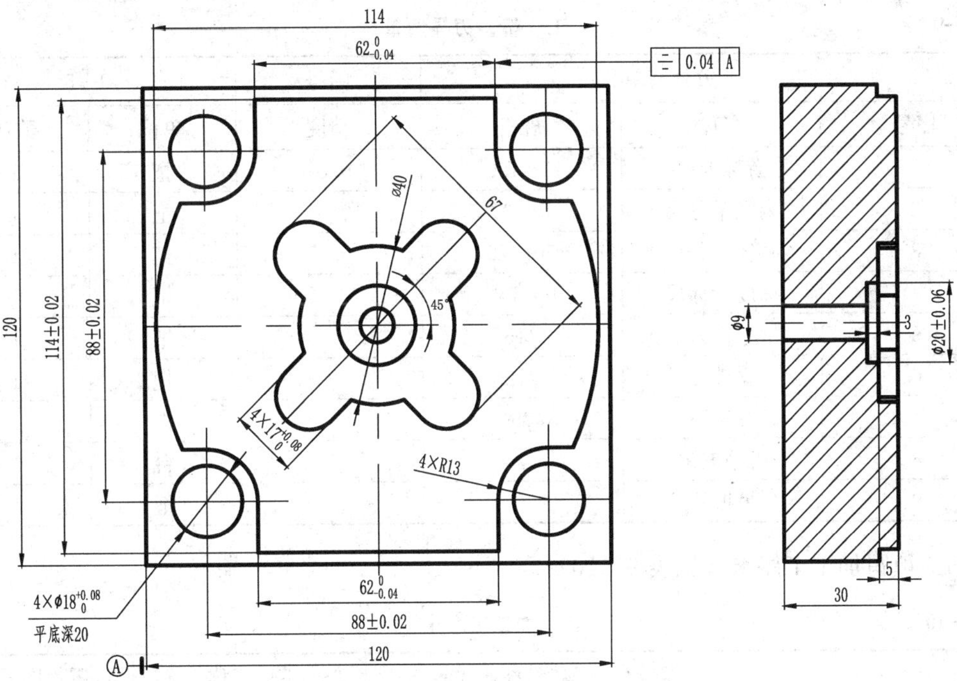

图 9—5　综合零件加工（三）

【任务分析】

该零件综合了复杂外轮廓和凹槽，孔加工包括铣孔和镗孔。工艺安排顺序为：铣凸台外轮廓→铣凹槽→钻孔→铣孔（或镗孔）。

【任务实施】

1. 分析零件图

此零件加工内容包括凸台、型槽和孔。凸台属于由直线与圆弧构成，凸台高度 5mm。型槽中圆直径为 40mm，深为 5mm，四方支耳宽为 17mm。孔包括四个直径为 ϕ18H8 的盲孔，槽底部还有一个阶梯孔。加工难度较大。

2. 加工工艺分析

（1）工装。

该零件外形为四方，采用机用虎钳装夹，底部用垫铁垫好。

（2）确定加工工艺路线。

此零件可分 4 个步骤完成，先粗、精铣凸台，然后铣型槽，最后加工孔。

加工步骤为：

1）用 ϕ20 平底刀粗、精加工凸台；

2）用 ϕ12 平底刀粗、精加工槽；

3）用 ϕ9 麻花钻钻 5 个孔；

4）用 ϕ12 的立铣刀铣孔。

3. 工、量、刃具准备（见表 9—9）

表 9—9　　工、量、刃具清单

工、量、刃具清单			图号	9—5	
序号	名称	规格	精度	单位	数量
1	游标卡尺	0～150	0.02	把	1
2	内径千分尺	0～25	0.01	把	1
3	外径千分尺	50～75	0.01	把	1
4	深度游标尺	0～150	0.02	把	1
5	立铣刀	ϕ16		把	1
6	立铣刀	ϕ12		把	1
7	麻花钻	ϕ9		把	1
8	机用虎钳			台	1
9	呆扳手			把	1

4. 填写加工工序卡（见表 9—10）

表 9—10　　加工工序卡

单位名称	南溪职业技术学校		产品名称或代号		零件名称		零件图号	
			综合零件加工（三）				9—5	
工序号	程序编号		夹具名称		使用设备		车间	
001	O5003		机用虎钳		NC-32V（GSK983M）		数铣实训中心	
工步号	工步内容		主轴转速 n（r/min）	进给速度 V_f（mm/min）	切削深度 a_p（mm）	刀具号	刀具名称	备注
1	粗加工凸台		600	100	4	T01	立铣刀	自动
2	精加工凸台		800	100	0.2	T02	立铣刀	自动
3	粗加工槽		600	80	4	T03	立铣刀	自动
4	精加工槽		800	80	0.2	T04	立铣刀	自动
5	钻孔		400	50	4.5	T05	麻花钻	自动
6	铣孔		800	60		T06	立铣刀	自动
编制		审核	批准		年　月　日		共 1 页	第 1 页

5. 加工程序编制

（1）工件坐标系的建立。

为使编程方便，工件坐标系在毛坯件的中心，Z 轴 0 点在工件上表面。

（2）编制加工程序（见表 9—11）。

表 9—11　　参考程序

程序号	O5003	
程序段号	程序内容	程序说明
N10	G54 G90 G17 G40 G49 G80 G0 Z50；	手动装 16 刀，建立坐标系，绝对编程
N20	M03 S600 G43 H07；	主轴正转，转速 600r/min
N30	G00 X60 Y-70；	刀具定位
N40	Z5.；	接近工件
N50	G01 Z-4.8 F100；	下 4.8mm 深，留 0.2mm 精铣余量
N60	D1 M98 P5311；	D1 粗刀补 8.2，调用子程序粗铣凸台
N70	G0 Z5；	接近工件
N80	G1 Z-5；	下 5mm 深
N90	D2 M98 P5311 S800；	D2 精刀补 8，调用子程序精铣凸台
N100	M05 H0；	主轴停止，取消长度补偿
N110	M00；	暂停，测量工件
N120	G90 G54G43 H08 G00 Z100；	选择坐标系，抬刀到安全高度
N130	M03 S600；	主轴正转，转速 600r/min
N140	G0 X0 Y0；	刀具定位
N150	Z5；	接近工件
N160	G1 Z0 F80；	进刀至工件零点
N170	M98 P5312 L5；	调用子程序，螺旋下刀
N180	G42 G1 X-20 D4；	建立右刀补，D4＝6.2
N190	G02 I20；	对圆平底
N200	G40 G1 X0；	取消刀补
N210	G68 X0 Y0 R45；	坐标系旋转 45 度
N220	G01 Z-5；	下 5mm 深
N230	D5 M98 P5313；	D5＝6.2 调用子程序粗铣型腔
N240	G01 Z-5；	下 5mm 深
N250	D6 M98 P5313；	D6＝6. 调用子程序精铣型腔
N260	G0 Z100；	快速抬刀
N270	G69；	取消坐标系旋转
N280	G0 Z100 H0；	快速抬刀，取消长度补偿
N290	M05；	主轴停止
N300	M00；	暂停，手动换刀 ϕ9 麻花钻
N310	G90 G54G43 H09 G00 Z100；	选择坐标系，建立长度补偿
N320	M03 S400；	主轴正转
N330	G99 G83 X0 Y0 Z-32 R5 Q5 F60；	钻中心处通孔
N340	X-44 Y-44 Z-20；	钻（－44，－44）处孔，孔深 20mm
N350	Y44；	钻（－44，44）处孔，孔深 20mm
N360	X44；	钻（44，44）处孔，孔深 20mm
N370	Y－44；	钻（44，－44）处孔，孔深 20mm

续前表

程序段号	程序内容	程序说明
N380	G80 H0;	取消固定循环，取消长度补偿
N390	M05;	主轴停止
N400	M00;	暂停，手动换 ϕ12 立铣刀
N410	G90 G54G43 H09 G00 Z100;	选择坐标系，建立长度补偿
N420	M03 S800;	主轴正转
N430	X0 Y0;	定位
N440	Z5.;	接近工件
N450	G1 Z-8 F60;	直线插补下 8mm 深
N460	G42 X-10 D07;	建立刀补半径右补偿
N470	G2 I10;	铣中心处深度为 3mm 的沉孔
N480	G40 G1 X0;	取消刀具半径补偿
N490	G0 Z10;	抬刀
N500	X-44 Y-44;	定位（−44，−44）处
N510	Z5;	接近工件
N520	G1 Z-5;	直线插补至孔口平面
N530	M98 P5314;	调用子程序螺旋下刀铣孔
N540	G0 Y44;	刀具定位（−44，44）处
N550	Z5;	接近工件
N560	G1 Z-5 F80;	直线插补至孔口平面
N570	M98 P5314;	调用子程序螺旋下刀铣孔
N580	G0 X44;	刀具定位（44，44）处
N590	Z5;	接近工件
N600	G1 Z0 F80;	直线插补至孔口平面
N610	M98 P5314;	调用子程序螺旋下刀铣孔
N620	G0 Y-44;	刀具定位（44，−44）处
N630	Z5;	接近工件
N640	G1 Z0 F80;	直线插补至孔口平面
N650	M98 P5314;	调用子程序螺旋下刀铣孔
N660	M05 H0;	主轴停止，取消长度补偿
N670	M30;	程序结束
程序号	O5311（铣凸台子程序）	
程序段号	程序内容	程序说明
N10	G41 G01 Y-57 D01（D02）;	建立刀具半径补偿
N20	X-31;	铣凸台外轮廓
N30	Y-44;	铣凸台外轮廓
N40	G03 X-44 Y-31 R13;	铣凸台外轮廓
N50	G01 X-50.293;	铣凸台外轮廓
N60	G02 X-57 Y0 R75;	铣凸台外轮廓
N70	X-50. 293 Y31 R75;	铣凸台外轮廓
N80	G01 X-44;	铣凸台外轮廓
N90	G3 X-31 Y44 R13;	铣凸台外轮廓

续前表

程序段号	程序内容	程序说明
N100	G1 X44；	铣凸台外轮廓
N110	G02 X57 Y0 R75；	铣凸台外轮廓
N120	X50．293 Y-31 R75；	铣凸台外轮廓
N130	G01 X44；	铣凸台外轮廓
N140	G03 X31 Y-44 R13；	铣凸台外轮廓
N150	G01 Y-70；	铣凸台外轮廓
N160	G40 X60；	铣削完成，取消刀补
N170	G00 Z100；	快速抬刀
N180	M99；	子程序结束，返回主程序
程序号	O5312（铣圆槽螺旋下刀）	
程序段号	程序内容	程序说明
N10	G42 G1 X-20 D3；	建立刀补，D3＝8.2
N20	G91 G02 I20 Z-1；	相对坐标编程，螺旋下刀
N30	G90 G40 G1 X0；	绝对编程取消刀补，刀具回到坐标原点
N40	M99；	子程序结束，返回主程序
程序号	O5313（铣型槽子程序）	
程序段号	程序内容	程序说明
N10	G42 G1 X-8.5 D05（D06）；	建立刀具半径补偿，D05＝6.2，D06＝6
N20	Y25；	铣型槽
N30	G02 X8.5 R8.5；	铣型槽
N40	G01 Y-25；	铣型槽
N50	G02 X-8.5 R8.5；	铣型槽
N60	G01 Y8；	铣型槽
N70	X25；	铣型槽
N80	G02 Y-8.5 R8.5；	铣型槽
N90	X-25；	铣型槽
N100	G02 Y8.5 R8.5；	铣型槽
N110	G01 X0；	铣型槽
N120	G40 Y0；	铣削完成，取消刀具半径补偿
N130	M99；	子程序结束，返回主程序
程序号	O5314（铣孔子程序）	
程序段号	程序内容	程序说明
N10	M98 P5315 L20；	调用下一级子程序 20 次实现螺旋铣孔
N20	G42 X-9 D06；	建立刀补
N30	G2 I9；	平 ϕ18 孔底
N40	G40 G01 X0；	取消刀补，刀具返回孔中心
N50	G0 Z100；	快速抬刀
N60	M99；	子程序结束返回主程序
程序号	O5315（嵌套子程序，用于螺旋下刀）	
程序段号	程序内容	程序说明
N10	G42 G1 X-9 D06；	建立刀具半径补偿
N20	G91 G02 I9 Z-1；	增量编程，螺旋下刀铣孔
N30	G90 G40 X0；	绝对编程，取消刀具半径补偿
N40	M99；	子程序结束，返回主程序

6. 操作要点

（1）加工准备。

1）开机，回参考点；

2）输入程序并逐行检查程序；

3）手动安装刀具（ϕ16 立铣刀）；

4）安装工件。

（2）对刀，设定工件坐标系。按照要求对刀，并将坐标值输入到 G54 坐标系中，注意长度补偿值的输入。

（3）程序调试。可将 Z 值正方向平移 10mm 或更大值。方法是：按“偏置”，进入“工件坐标系偏置 01”，在“EXT”里将 Z 值修改为 10 或更大值。在“自动”方式下按“循环启动”。观察刀具运动轨迹。如加工路线不正确，则检查程序并进行修改。

（4）工件加工。将“EXT”里的 Z 值恢复为 0。将进给速度调到低档，按下启动键。并根据加工情况适当调节主轴转速和进给速度。

（5）工件测量。有公差要求的外形尺寸需用千分尺测量，其他外形尺寸用游标卡尺测量。内径用内径千分尺检查。深度用深度游标卡尺测量。每一次当程序暂停之后，测量工件再来修改刀补值，只有在机床精度在理想情况下参考程序中的刀补值才可使用。

（6）加工结束，卸下工件。

【任务评价】

表 9—12　任务评价表

姓名				班级		日期			
项目名称		综合零件加工（三）		零件图号	9—5	机床编号			
检测项目		序号	考核内容及要求	配分	评分标准	学生自测	小组检测	教师检测	备注
基本检测	程序	1	切削加工工艺制定正确	5	独立完成				
		2	切削用量选用合理	5	独立完成				
		3	程序正确、简单、规范	10	独立完成				
	操作	4	刀具的刃磨与安装	10	独立完成				
		5	设备的正确操作与维护保养	5					
		6	安全、文明生产	10	发生不安全情况全扣				
尺寸检测	凸台	7	深度 5（两处）	2	超差不得分				
		8	114±0.02	2	超差不得分				
		9	114	1	超差不得分				
		10	两处 $62_{-0.04}^{0}$	4	超差不得分				
		11	4×R13	4	超差不得分				

续前表

检测项目		序号	考核内容及要求	配分	评分标准	学生自测	小组检测	教师检测	备注
尺寸检测	槽	12	67	1	超差不得分				
		13	$\phi 40$	1	超差不得分				
		14	$4\times 17^{+0.08}_{0}$	8	超差不得分				
		15	深度 5	2	超差不得分				
		16	$\phi 40$	1	超差不得分				
	孔	17	两处 88±0.02	4	超差不得分				
		18	$4\times\phi 18^{+0.08}_{0}$	8	超差不得分				
		19	4×深 20	4	超差不得分				
		20	$4\times\phi 20$	4	超差不得分				
		21	深度 3	3	超差不得分				
		22	$\phi 9$	2	超差不得分				
其他	位置公差	23	⌯ 0.04 A	4	超差不得分				
实训态度									
指导教师				互评员			总分		

【拓展与练习】

应用所学知识，分析图 9—6 零件，编制加工工艺和程序，并在数控铣床（加工中心）上完成零件凸台、槽及孔的加工。

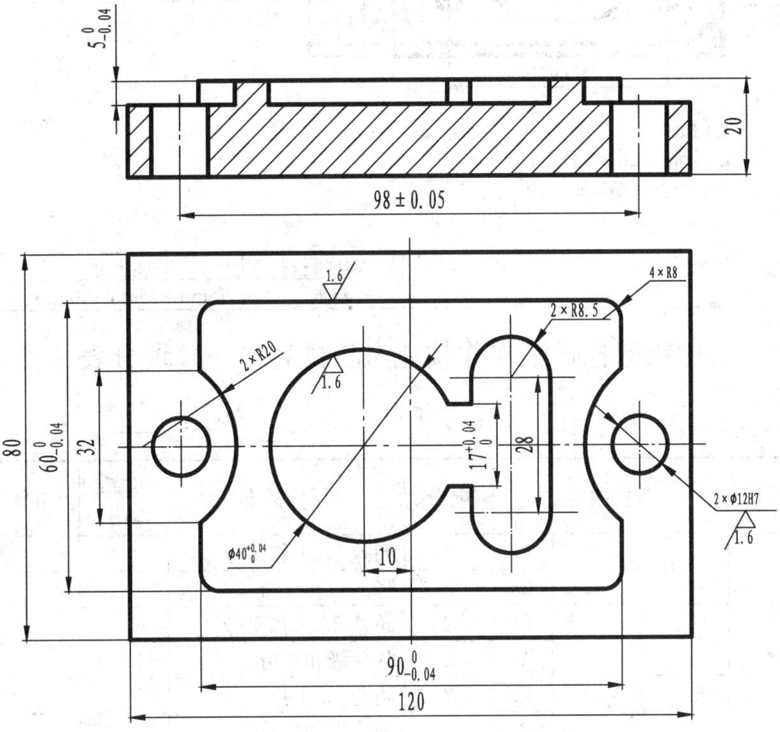

图 9—6　练习题

任务 4　中级数控铣工模拟试题

【模拟试题一】

考件编号：______　姓名：______　准考证号：______　单位：________

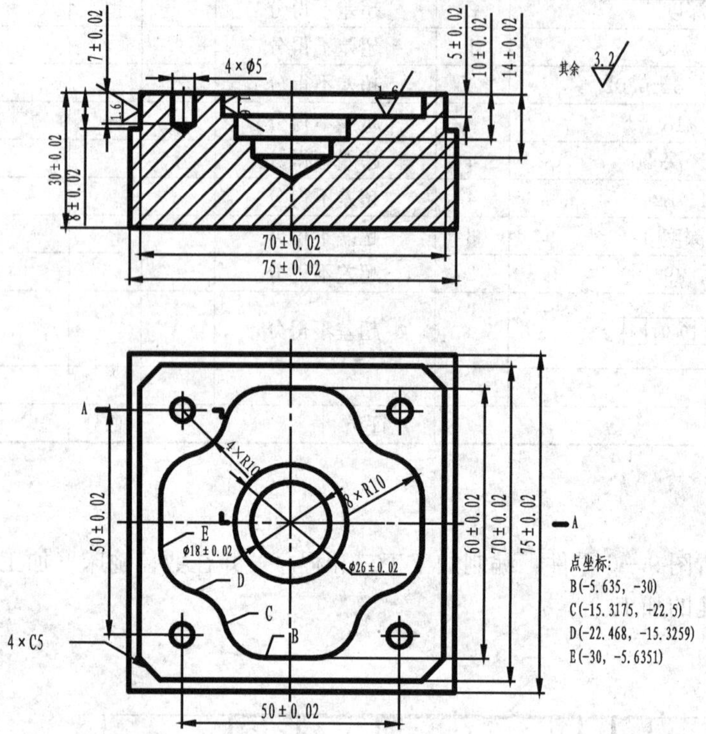

技术要求:
1.不得用锉刀或砂布修饰表面;
2.未注公差尺寸按GB1804-M执行。

零件材料	毛坯尺寸	加工时间
45钢	75mm×75mm×30mm	360min

中级数控铣工操作技能考核试卷（一）评分表

考件编号：______　姓名：______　准考证号：______　单位：________

序号	检测项目	考核内容		配分	评分标准	检测结果	扣分	得分	备注
1	外形	70±0.02	*IT*	4	超差 0.01 扣 1 分				
			Ra	2	降一级扣 1 分				
		5	*IT*	2	超差 0.01 扣 1 分				
			Ra	2	降一级扣 1 分				
		8±0.02	*IT*	2	超差 0.01 扣 1 分				
			Ra	2	降一级扣 1 分				

续前表

序号	检测项目	考核内容		配分	评分标准	检测结果	扣分	得分	备注
2	槽	32±0.05	*IT*	2	超差 0.01 扣 1 分				
			Ra	2	降一级扣 1 分				
		60±0.05	*IT*	2	超差 0.01 扣 1 分				
			Ra	2	降一级扣 1 分				
		ϕ18±0.02	*IT*	4	超差 0.01 扣 1 分				
			Ra	2	降一级扣 1 分				
		ϕ26±0.02	*IT*	4	超差 0.01 扣 1 分				
			Ra	2	降一级扣 1 分				
		*R*10	*IT*	2	超差 0.01 扣 1 分				
			Ra	2	降一级扣 1 分				
		ϕ5	*IT*	2	超差 0.01 扣 1 分				
			Ra	2	降一级扣 1 分				
		10±0.02	*IT*	2	超差 0.01 扣 1 分				
			Ra	2	降一级扣 1 分				
		5±0.02	*IT*	2	超差 0.01 扣 1 分				
			Ra	2	降一级扣 1 分				
		7±0.02	*IT*	2	超差 0.01 扣 1 分				
			Ra	2	降一级扣 1 分				
		50×50±0.02	*IT*	2	超差 0.01 扣 1 分				
			Ra	2	降一级扣 1 分				
		14±0.02	*IT*	2	超差 0.01 扣 1 分				
			Ra	2	降一级扣 1 分				
3	程序编制	建立工作坐标系		2	出现错误不得分				
		程序代码正确		4	出现错误不得分				
		刀具轨迹显示正确		3	出现错误不得分				
		程序要完整		4	出现错误不得分				
4	机床操作	开机及系统复位		3	出现错误不得分				
		装夹工件		2	出现错误不得分				
		输入及修改程序		5	出现错误不得分				
		正确设定对刀点		3	出现错误不得分				
		建立刀补		4	出现错误不得分				
		自动运行		3	出现错误不得分				
5	工、量、刃具的正确使用	执行操作规程		2	违反规程不得分				
		使用工具、量具		3	选择错误不得分				
6	加工时间	超过定额时间 5min 扣 1 分；超过 10min 扣 5 分，以后每超过 5min 加扣 5 分，超过 30min 则停止考试。							
7	文明生产	按有关规定每违反一项从总分中扣 3 分，发生重大事故取消考试，扣分不超过 10 分。							
监考人			检验员			得分			

【模拟试题二】

考件编号：______ 姓名：______ 准考证号：______ 单位：________

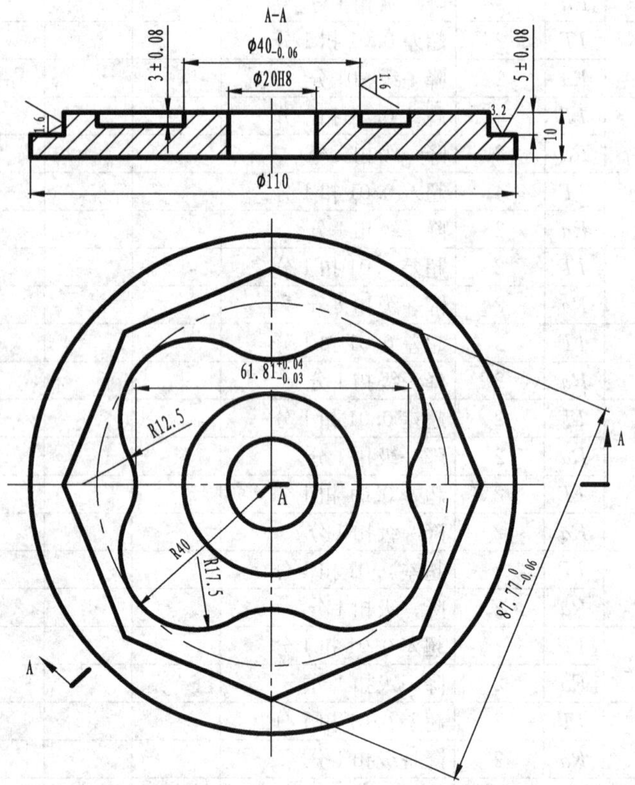

技术要求：
1. 不允许用锉刀及砂布修饰表面；
2. 未注公差尺寸按GB 1804-M。

零件材料	毛坯尺寸	加工时间
45钢	ϕ110mm×20mm	240min

中级数控铣工操作技能考核试卷（二）评分表

考件编号：______ 姓名：______ 准考证号：______ 单位：________

序号	项 目	考核内容		配分	评分标准	检测结果	扣分	得分	备注
1	外形	$87.77_{-0.06}^{0}$	*IT*	4	超差 0.01 扣 2 分				
			Ra	4	降一级扣 2 分				
		5±0.08	*IT*	4	超差 0.01 扣 2 分				
			Ra	4	降一级扣 2 分				
2	槽	$61.81_{-0.03}^{+0.04}$	*IT*	4	超差 0.01 扣 2 分				
			Ra	4	降一级扣 2 分				
		$\phi40_{-0.06}^{0}$	*IT*	4	超差 0.01 扣 2 分				
			Ra	4	降一级扣 2 分				
		*R*17.5	*IT*	4	超差 0.01 扣 2 分				
			Ra	2	降一级扣 2 分				
		*R*40	*IT*	4	超差 0.01 扣 2 分				
			Ra	4	降一级扣 2 分				
		*R*12.5	*IT*	4	超差 0.01 扣 2 分				
			Ra	4	降一级扣 2 分				
		3±0.08	*IT*	4	超差 0.01 扣 1 分				
			Ra	2	降一级扣 2 分				
3	程序编制	建立工作坐标系		2	出现错误不得分				
		程序代码正确		4	出现错误不得分				
		刀具轨迹显示正确		3	出现错误不得分				
		程序要完整		4	出现错误不得分				
4	机床操作	开机及系统复位		3	出现错误不得分				
		装夹工件		2	出现错误不得分				
		输入及修改程序		5	出现错误不得分				
		正确设定对刀点		3	出现错误不得分				
		建立刀补		4	出现错误不得分				
		自动运行		3	出现错误不得分				
5	工、量、刃具的使用	执行操作规程		4	违反规程不得分				
		使用工具、量具		3	选择错误不得分				
6	加工时间	超过定额时间 5min 扣 1 分；超过 10min 扣 5 分，以后每超过 5min 加扣 5 分，超过 30min 则停止考试。							
7	文明生产	按有关规定每违反一项从总分中扣 3 分，发生重大事故取消考试，扣分不超过 10 分。							

监考人		检验员		得 分	

【模拟试题三】

考件编号：______ 姓名：______ 准考证号：______ 单位：______

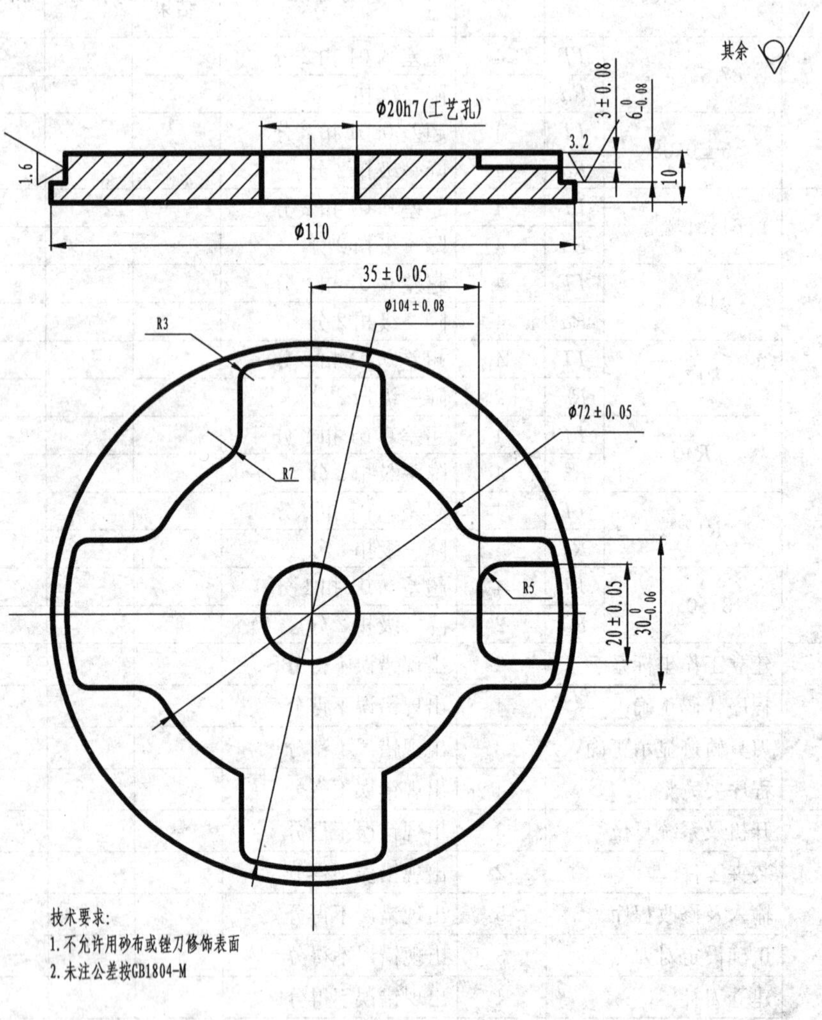

零件材料	毛坯尺寸	加工时间
45钢	ϕ110mm×20mm	240min

中级数控铣工操作技能考核试卷（三）评分表

考件编号：______ 姓名：______ 准考证号：______ 单位：________

序号	检测项目	考核内容		配分	评分标准	检测结果	扣分	得分	备注
1	外形	$\phi 72\pm 0.05$	*IT*	6	超差 0.01 扣 2 分				
			Ra	4	降一级扣 2 分				
		$\phi 104\pm 0.08$	*IT*	6	超差 0.01 扣 2 分				
			Ra	4	降一级扣 2 分				
		$30_{-0.06}^{0}$	*IT*	6	超差 0.01 扣 2 分				
			Ra	4	降一级扣 2 分				
		$6_{-0.08}^{0}$	*IT*	4	超差 0.01 扣 2 分				
			Ra	2	降一级扣 2 分				
		*R*7	*IT*	4	超差 0.01 扣 2 分				
			Ra	2	降一级扣 2 分				
		*R*3	*IT*	4	超差 0.01 扣 2 分				
			Ra	3	降一级扣 2 分				
2	槽	20 ± 0.05	*IT*	4	超差 0.01 扣 1 分				
			Ra	2	降一级扣 2 分				
		*R*5	*IT*	4	超差 0.01 扣 1 分				
			Ra	2	降一级扣 2 分				
		3 ± 0.08	*IT*	4	超差 0.01 扣 1 分				
			Ra	2	降一级扣 2 分				
3	程序编制	建立工作坐标系		2	出现错误不得分				
		程序代码正确		4	出现错误不得分				
		刀具轨迹显示正确		2	出现错误不得分				
		程序要完整		4	出现错误不得分				
4	机床操作	开机及系统复位		2	出现错误不得分				
		装夹工件		2	出现错误不得分				
		输入及修改程序		4	出现错误不得分				
		正确设定对刀点		2	出现错误不得分				
		建立刀补		4	出现错误不得分				
		自动运行		2	出现错误不得分				
5	工、量、刃具的使用	执行操作规程		2	违反规程不得分				
		使用工具、量具		3	选择错误不得分				
6	加工时间	超过定额时间 5min 扣 1 分；超过 10min 扣 5 分，以后每超过 5min 加扣 5 分，超过 30min 则停止考试。							
7	文明生产	按有关规定每违反一项从总分中扣 3 分，发生重大事故取消考试，扣分不超过 10 分。							
监考人			检验员			得分			

附　录

一、铣削用量计算公式及推荐值

1. 铣削速度 V_c：指铣刀旋转时的圆周线速度，单位为 m/min。

计算公式：$V_c=\pi dn/1\,000$

式中：d——铣刀直径，mm；

n——主轴（铣刀）；转速，r/min。

从上式可得到：

主轴（铣刀）转速 $n=1\,000V_c/\pi d$

附表 1　　铣削速度 V_c 推荐值

工作材料	硬度/HB	铣削速度 v/(m/min)	
		高速钢铣刀	硬质合金铣刀
低、中碳钢	255～290	15～36	54～115
高碳钢	325～375	8～12	36～48
合金钢	225～325	10～24	37～80
工具钢	200～250	12～23	45～83
灰铸铁	230～290	9～18	45～90
可锻铸铁	200～240	15～24	72～110
中碳铸钢	160～200	15～21	60～90
铝合金		180～300	360～600
铜合金		45～100	120～190
镁合金		180～270	150～600

2. 进给量 f：在铣削过程中，工件相对铣刀的移动速度称为进给量。

有三种表示方法：

(1) 每齿进给量 f_z，mm/z；

(2) 每转进给量 f，mm/r，$f=f_z\times z$；

(3) 每分钟进给量 vf（进给速度），mm/min；

三种进给量的关系为：

$$v_f=f\cdot n=f_z\cdot z\cdot n$$

附表 2　　进给速度 v_f 推荐值

工作材料	硬度/HB	高速钢铣刀		硬质合金铣刀	
		立铣刀	端铣刀	立铣刀	端铣刀
低碳钢	150～200	0.03～0.18	0.15～0.3	0.06～0.22	0.2～0.35
中、高碳钢	225～325	0.03～0.15	0.1～0.2	0.05～0.2	0.12～0.25
灰铸铁	180～220	0.05～0.15	0.15～0.3	0.1～0.2	0.2～0.4
可锻铸铁	200～240	0.05～0.15	0.15～0.3	0.08～0.15	0.15～0.3
合金钢	280～320	0.03～0.12	0.07～0.12	0.05～0.12	0.08～0.2
工具钢	HRC35～46			0.04～0.10	0.10～0.20
铝镁合金	95～100	0.05～0.12	0.2～0.3	0.08～0.3	0.15～0.38

3. 铣削层用量：

（1）铣削宽度 a_e：铣刀在一次进给中所切掉工件表层的宽度，单位为 mm。

一般取铣刀直径的 50%～60%。

（2）切削深度 a_p：铣刀在一次进给中切掉工件表层的厚度，单位为 mm。

一般粗加工立铣不得超过 7mm，端铣 2～5mm，精铣 0.1～0.5mm。

二、钻削切削用量选择参考表

附表 3　　钻中心孔的切削用量

刀具名称	钻中心孔公称直径（mm）	钻中心孔的切削进给量（mm/r）	钻中心孔切削速度 v（m/min）
中心钻	1	0.02	8～15
中心钻	1.6	0.02	8～15
中心钻	2	0.04	8～15
中心钻	2.5	0.05	8～15
中心钻	3.15	0.06	8～15
中心钻	4	0.08	8～15
中心钻	5	0.1	8～15
中心钻	6.3	0.12	8～15
中心钻	8	0.12	8～15
60°中心锪钻及带锥柄 60°中心锪钻	1	0.01	12～25
60°中心锪钻及带锥柄 60°中心锪钻	1.6	0.01	12～25
60°中心锪钻及带锥柄 60°中心锪钻	2	0.02	12～25
60°中心锪钻及带锥柄 60°中心锪钻	2.5	0.03	12～25
60°中心锪钻及带锥柄 60°中心锪钻	3.15	0.03	12～25
60°中心锪钻及带锥柄 60°中心锪钻	4	0.04	12～25
60°中心锪钻及带锥柄 60°中心锪钻	5	0.06	12～25
60°中心锪钻及带锥柄 60°中心锪钻	6.3	0.08	12～25
60°中心锪钻及带锥柄 60°中心锪钻	8	0.08	12～25

续前表

刀具名称	钻中心孔公称直径（mm）	钻中心孔的切削进给量（mm/r）	钻中心孔切削速度 v（m/min）
不带护锥及带护锥的60°复合中心钻	1	0.01	12～25
不带护锥及带护锥的60°复合中心钻	1.6	0.01	12～25
不带护锥及带护锥的60°复合中心钻	2	0.02	12～25
不带护锥及带护锥的60°复合中心钻	2.5	0.03	12～25
不带护锥及带护锥的60°复合中心钻	3.15	0.03	12～25
不带护锥及带护锥的60°复合中心钻	4	0.04	12～25
不带护锥及带护锥的60°复合中心钻	5	0.06	12～25
不带护锥及带护锥的60°复合中心钻	6.3	0.08	12～25
不带护锥及带护锥的60°复合中心钻	8	0.08	12～25

附表 4　　高速钢钻头切削用量选择表

钻孔的进给量（mm/r）					
钻头直径 d_o（mm）	钢 σ_b（MPa）＜800	钢 σ_b（MPa）800～1 000	钢 σ_b（MPa）＞1 000	铸铁、铜及铝合金 HB≤200	铸铁、铜及铝合金 HB＞200
≤2	0.05～0.06	0.04～0.05	0.03～0.04	0.09～0.11	0.05～0.07
2～4	0.08～0.10	0.06～0.08	0.04～0.06	0.18～0.22	0.11～0.13
4～6	0.14～0.18	0.10～0.12	0.08～0.10	0.27～0.33	0.18～0.22
6～8	0.18～0.22	0.13～0.15	0.11～0.13	0.36～0.44	0.22～0.26
8～10	0.22～0.28	0.17～0.21	0.13～0.17	0.47～0.57	0.28～0.34
10～13	0.25～0.31	0.19～0.23	0.15～0.19	0.52～0.64	0.31～0.39
13～16	0.31～0.37	0.22～0.28	0.18～0.22	0.61～0.75	0.37～0.45
16～20	0.35～0.43	0.26～0.32	0.21～0.25	0.70～0.86	0.43～0.53
20～25	0.39～0.47	0.29～0.35	0.23～0.29	0.78～0.96	0.47～0.56
25～30	0.45～0.55	0.32～0.40	0.27～0.33	0.9～1.1	0.54～0.66
30～50	0.60～0.70	0.40～0.50	0.30～0.40	1.0～1.2	0.70～0.80

注：

1. 表列数据适用于在大刚性零件上钻孔，精度在 H12～H13 级以下（或自由公差），钻孔后还用钻头、扩孔钻或镗刀加工，在下列条件下需乘修正系数：

（1）在中等刚性零件上钻孔（箱体形状的薄壁零件、零件上薄的突出部分钻孔）时，乘系数 0.75；

（2）钻孔后要用铰刀加工的精确孔，低刚性零件上钻孔，斜面上钻孔，钻孔后用丝锥攻螺纹的孔，乘系数 0.50。

2. 钻孔深度大于 3 倍直径时应乘修正系数。

钻孔深度（孔深以直径的倍数表示）	$3d_o$	$5d_o$	$7d_o$	$10d_o$
修正系数 lf	1.0	0.9	0.8	0.75

3. 为避免钻头损坏，当刚要钻穿时应停止自动走刀而改用手动走刀。

参考文献

[1] 蒋增福．车工工艺与技能训练．北京：高等教育出版社，2013．

[2] 张瑜胜．数控车工项目训练教程．北京：高等教育出版社，2011．

[3] GSK983M 铣床加工中心使用手册（上、下）．广州数控设备有限公司，2009．

[4] 刘振强．数控铣工项目训练教程．北京：高等教育出版社，2011．

[5] 郑书华，张凤辰．数控铣削编程与操作训练（第二版）．北京：高等教育出版社，2012．

[6] 翟瑞波，白一凡．数控机床编程与操作实例．北京：中国劳动社会保障出版社，2005．

[7] 何平．数控加工中心操作与编程实训教程（第 2 版）．北京：国防工业出版社，2010．

[8] 王荣兴．加工中心培训教程．北京：机械工业出版社，2009．

图书在版编目（CIP）数据

数控加工技术/廖声洋，周建主编. —北京：中国人民大学出版社，2014.6
中等职业教育数控技术应用专业规划教材
ISBN 978-7-300-19529-2

Ⅰ.①数… Ⅱ.①廖… ②周… Ⅲ.①数控机床-加工-中等专业学校-教材 Ⅳ.①TG659

中国版本图书馆 CIP 数据核字（2014）第 146944 号

中等职业教育数控技术应用专业规划教材
数控加工技术
主　编　廖声洋　周　建
副主编　宛永江
参　编　陈　胜　李茂林　黄小琴
Shukong Jiagong Jishu

出版发行	中国人民大学出版社		
社　　址	北京中关村大街 31 号	**邮政编码**	100080
电　　话	010－62511242（总编室）		010－62511770（质管部）
	010－82501766（邮购部）		010－62514148（门市部）
	010－62515195（发行公司）		010－62515275（盗版举报）
网　　址	http://www.crup.com.cn		
	http://www.ttrnet.com（人大教研网）		
经　　销	新华书店		
印　　刷	北京市鑫霸印务有限公司		
规　　格	185 mm×260 mm　16 开本	**版　　次**	2014 年 10 月第 1 版
印　　张	19.25	**印　　次**	2019 年 2 月第 2 次印刷
字　　数	451 000	**定　　价**	39.80 元
